P9-CQY-452

Le città d'Italia

SVIZZERA

AUSTRIA

Bolzano

Pieve di Cadore

Cortina

Trento

Riva

Udine

Gorizia

Bergamo

Vicenza

Trieste

Aosta

Como

Verona

Venezia

REPUBBLICA DI
SAN MARINO

Torino

Brescia

Milano

Padova

SLOVENIA

Asti

Parma

CROAZIA

Reggio

Modena

BOZNIA-ERZEGOVINA

Genova

Bologna

Ravenna

SERBIA

FRANCIA

Savona

Rimini

MONTENEGRO

La Spezia

Pisa

Firenze

Pesaro

MACEDONIA

Livorno

Arezzo

Urbino

Ancona

MARE LIGURE

Siena

Perugia

Recanati

Grosseto

Assisi

MARE ADRIATICO

CORSICA
(FRANCIA)

Spoleto

Pescara

Viterbo

Roma

Chieti

Tivoli

ITALIA

Ostia

Frosinone

Campobasso

Foggia

Bari

Napoli

Matera

Brindisi

Salerno

Taranto

Lecce

Sorrento

Potenza

Metaponto

SARDEGNA

Sassari

Paestum

Nuoro

MARE TIRRENO

Cagliari

Cosenza

USTICA

ISOLE
LIPARI

Crotone

Catanzaro

ISOLE
EGADI

Messina

Palermo

Trapani

Reggio Calabria

Marsala

SICILIA

Taormina

Agrigento

Catania

MARE IONIO

Gela

Siracusa

AFRICA

MARE MEDITERRANEO

Scala di chilometri

0   50   100   150   200

Scala di miglia

0   50   100   150   200

PREGO!

FOURTH EDITION

PREGO!
An Invitation to Italian

GRAZIANA LAZZARINO
UNIVERSITY OF COLORADO, BOULDER

MARA MAURI JACOBSEN
UNIVERSITY OF CALIFORNIA, BERKELEY

ANNA MARIA BELLEZZA
THE ITALIAN HISTORICAL SOCIETY OF
AMERICA, NEW YORK

McGraw-Hill, Inc.

New York   St. Louis   San Francisco   Auckland
Bogotá Caracas Lisbon London Madrid
Mexico City Milan Montreal New Delhi San Juan
Singapore Sydney Tokyo Toronto

This is an  book.

Prego!
An Invitation to Italian

Subject to the following notices, Copyright © 1995, 1990, 1984, 1980 by
McGraw-Hill, Inc. All rights reserved. Printed in the United States of
America. Except as permitted under the United States Copyright Act of 1976,
no part of this publication may be reproduced or distributed in any form or
by any means, or stored in a data base or retrieval system, without the prior
written permission of the publisher.

This book is printed on acid-free paper.

2 3 4 5 6 7 8 9 0   VNH   VNH   9 0 9 8 7 6 5

ISBN 0–07–037722–7 (Student Edition)
ISBN 0–07–037723–5 (Instructor's Edition)

Library of Congress Cataloging-in-Publication Data
Lazzarino, Graziana.
    Prego! : an invitation to Italian / Graziana Lazzarino, Mara Mauri
Jacobsen, Anna Maria Bellezza.—4th ed.
       p. cm.
    Includes index.
    ISBN 0–07–037722–7
    1. Italian language—Textbooks for foreign speakers—English.
I. Jacobsen, Mara Mauri. II. Bellezza, Anna Maria. III. Title.
PC1128.L35 1995   94–42536
458.2′421—dc20   CIP

This book was set in Palatino by York Graphic Services, Inc.
The editors were Robert Di Donato, Leslie Berriman, Marion Lignana
    Rosenberg, and Kathy Melee.
The production supervisor was Diane Renda.
The text and cover designer was M. Elizabeth Williamson.
The cover artist was Howard Munson.
Illustrations were by Stephanie O'Shaughnessy; maps were drawn by Lori
    Heckleman.
The text photographer was Stuart Cohen.
The photo researchers were Stephen Forsling, Lindsay Kefauver, and
    Darcy Wilding.
Von Hoffmann Press, Inc. was printer and binder.

CONTENTS

CAPITOLO 16 PARLARE DI POLITICA   333

CAPITOLO 17 IL MONDO DEL LAVORO   353

CAPITOLO 18 LA SOCIETÀ MULTICULTURALE   376

CAPITOLO 19 — CINEMA, TELEVISIONE, GIORNALI 393

CAPITOLO 20 — ITALIANI E AMERICANI 411

PREFACE

Welcome to the fourth edition of *Prego! An Invitation to Italian*. Since its first appearance in 1980, *Prego!* has been the leading introductory Italian program in North America, and each new edition has exceeded the success of the previous one.

◆ The fourth edition of *Prego!*, revised with thoughtful input from instructors throughout North America, moves further along the communicative spectrum, with a new emphasis on contemporary language and culture, an increased focus on vocabulary acquisition, a greater emphasis on skill development, and a wider variety of interactive activities.

◆ This new material has been carefully integrated with the clear, straightforward grammar presentations that have consistently provided a flexible framework easily adapted to a wide range of methodologies and classroom situations.

◆ A new video, filmed on location in Italy specifically for the *Prego!* program, also enhances the scope and interest of the text, bringing students face-to-face with the many engaging people, sights, and sounds of today's Italy.

◆ With its sparkling new design, exclusive color photographs taken in Italy this year exclusively for *Prego!*, and the winsome cartoons that have delighted users from the start, the fourth edition of *Prego!* offers a uniquely fresh and stimulating program for teaching Italian language and culture.

CHANGES IN THE FOURTH EDITION

Because of the overwhelmingly positive response from instructors, the general sequence of material in *Prego!* has not been dramatically altered. Instead, the fourth edition offers a substantial number of new and updated features.

ALL NEW DIALOGUES AND READINGS

All of the main dialogues and readings are completely new to the fourth edition. The dialogues highlight the people of contemporary Italy, speaking today's Italian and confronting the everyday issues of modern Italian society; the readings provide additional information on cultural themes, including *La società multiculturale*, new to the fourth edition. *E ora a voi* activities follow these sections; they include comprehension exercises, partner/pair and small group activities, and writing topics spinning off the *Dialogo* and the *Lettura*.

NEW CULTURAL COLLAGES

Four new cultural collages, *Ieri e oggi in Italia,* present fine art and literary selections on four distinct themes: the city, the banquet, theater, and work throughout the ages. The accompanying *Pensieri e parole* activities invite students to offer their personal responses to the images and texts presented.

IN ASCOLTO LISTENING COMPREHENSION SECTIONS

In ascolto is a new listening comprehension feature including activities in the main text coordinated with a cassette to be used in class. Students listen to brief passages and conversations, then do activities to check their comprehension of what they have heard. *In ascolto* activities appear following the *Vocabolario preliminare* and *Dialogo* sections in Chapters 1 through 20, and twice in the *Capitolo preliminare,* as well. Scripts and answers for *In ascolto* activities appear at the back of the Instructor's Edition.

SI DICE COSÌ! FEATURE

A new boxed feature, *Si dice così!* highlights idioms and colloquial expressions used in each chapter's *Dialogo;* the accompanying *Tocca a te!* exercises invite students to use these expressions in natural contexts.

ESPRESSIONI UTILI BOXES

New *Espressioni utili* boxes feature high-frequency expressions used in the *Dialogo* and *Lettura;* they can be activated at the instructor's discretion.

REVISED AND EXPANDED VOCABOLARIO PRELIMINARE

The *Vocabolario preliminare* sections have been expanded and revised to ensure that they present up-to-date, everyday expressions. Vocabulary control has been improved: students practice all material presented in this section before using the vocabulary in a more integrated way in later sections of the chapter. All of the opening *Dialoghi-lampo* are new. New *Parole-extra* boxes often appear in this section of the text; they are lists of related but non-active expressions that supplement the *Vocabolario preliminare.*

NEW EXERCISES AND ACTIVITIES

A wider range of contextualized exercises and activities, including interactive partner/pair and small-group work, appears throughout each chapter.

Improved Grammar Sections

A number of the minidialogues that introduce grammar points are new to this edition. Certain grammar points have been clarified for greater ease of assimilation.

Intermezzo and Ripasso Generale Sections

The *Intermezzo* and *Ripasso generale* sections have been moved to the Workbook. Nearly all the *Intermezzo* sections, now called *Attualità,* feature new realia and exercises.

Icons

New for the fourth edition of *Prego!* are icons highlighting the following skill-building activities: partner/pair and small-group work, reading, writing, and listening.

ORGANIZATION OF THE STUDENT TEXT

Prego! contains a preliminary chapter, twenty regular chapters, and four cultural collages.

The preliminary chapter offers a functional introduction to Italian language and culture; it gives students the basic tools they need to express themselves on a variety of daily topics. The major sections of the preliminary chapter—*Come si dice... in italiano?*; *Vocabolario per la classe*; *Alfabeto e suoni*; *Anno: stagioni, mesi e giorni*; *Numeri da uno a cento*; and *Parole simili*—introduce students to basic sounds, words, and phrases that can be used immediately in classroom interaction. A summarizing vocabulary list, *Parole da ricordare,* includes all of the active vocabulary and useful expressions from the preliminary chapter.

Chapters 1 through 20 are organized as follows:

▼ **Opening page.** A photo and caption introduce the cultural theme of the chapter. *In breve,* a brief outline, summarizes the chapter's grammar and cultural content.

▼ *Vocabolario preliminare.* This section introduces and practices the thematic vocabulary that students will use for self-expression and activities throughout the chapter. The *Dialogo-lampo* that begins this section is a brief and often humorous dialogue, accompanied by a visual, that sets the context for the vocabulary and exercises that follow.

▼ *Grammatica.* Two to six grammar points are presented in this section, each introduced in context by a brief dialogue or cartoon and accompanied by both focused exercises and more communicative activities.

▼ *Dialogo.* The main dialogue of each chapter presents real-life situations related to the chapter's cultural theme and introduces students to the people, customs, and institutions of contemporary Italy. *Si dice così!* boxes highlight colloquial expressions used in the *Dialogo; Tocca a te!* exercises provide additional practice of this material.

▼ *Piccolo ripasso.* Review exercises combine and reinforce the structures and vocabulary of the chapter.

▼ *Lettura.* The cultural readings integrate the chapter themes with new information. The *Prima di leggere* sections in Chapters 1 through 3 give students guidance and specific strategies for becoming more efficient readers.

▼ *Parole da ricordare.* This end-of-chapter vocabulary list contains all important words and expressions considered active.

▼ *Ieri e oggi in Italia* cultural collages, new to this edition, follow every fifth chapter.

It is hoped that the many instructors who liked the first three editions of *Prego!* will find that the fourth edition has retained the features they found appealing and, at the same time, has become a more functional, up-to-date, and culturally rich text that makes the teaching and learning of Italian even more enjoyable.

SUPPLEMENTARY MATERIALS

The following components may accompany the fourth edition of *Prego!*. Please contact your McGraw-Hill sales representative regarding the prices, policies, and availability of these materials.

INSTRUCTOR'S EDITION

The *Instructor's Edition* of the text, with annotations by Kenneth Berri and by Alberto Sbragia of the University of Washington, contains a wide variety of on-page annotations, including suggestions for presenting the grammar material, variation and expansion exercises, follow-up questions for the minidialogues that introduce many grammar points, and comprehension questions for the *Lettura* sections. New to the fourth edition are recurring tips on vocabulary recycling, as well as comprehension questions for the *Dialogo* sections.

WORKBOOK

The *Workbook,* by Mara Mauri Jacobsen and Anna Maria Bellezza, provides additional practice with vocabulary and structures through a variety of written exercises. Many of the *Workbook* exercises have been revised or completely rewritten to add context and to correspond to changes in the main text. Up-to-date authentic materials appear in each chapter in the *Attualità* section. New to the fourth edition are *Un po' di scrittura,* a writing activity, and *Proverbi e modi di dire,* boxes highlighting colorful and humorous bits of popular wisdom. *Ripasso generale* sections follow every fourth chapter. Answers to the *Workbook* exercises appear in the *Instructor's Manual.*

LABORATORY MANUAL

The *Laboratory Manual,* by Graziana Lazzarino and Marta Baldocchi of the College of Marin, provides listening and speaking practice outside the classroom. Material includes pronunciation practice, vocabulary and grammar exercises, dictations, and listening comprehension sections that simulate authentic interaction. A new feature, *Sara in Italia,* introduces students to the variety of regional accents they're likely to encounter in Italy.

AUDIOCASSETTES

The *Audiocassettes* for the laboratory program are provided to all adopting institutions and are also available for student purchase.

TAPESCRIPT

A *Tapescript* containing all of the material on the *Audiocassettes* is available to instructors only.

LISTENING COMPREHENSION TAPE

The *Listening Comprehension Tape,* coordinated with the *In ascolto* activities in the main text, is provided to all adopting institutions. Scripts and answers to *In ascolto* activities appear at the end of the *Instructor's Edition.*

INSTRUCTOR'S MANUAL AND TESTING PROGRAM

The *Instructor's Manual and Testing Program,* by Graziana Lazzarino, Dolores Pigoni of the University of Chicago, and Adriana de Marchi Gherini of the University of California at San Diego, contains information on planning a course syllabus, chapter-by-chapter teaching notes, expanded information on testing, sample oral interviews devised in accordance with ACTFL proficiency guidelines, answers to exercises in the student text, and discussions about interaction in the classroom, the use of authentic materials, and using *Prego!* in the proficiency-oriented classroom. The complete *Testing Program* is new to the fourth edition and includes two sets of written and oral tests for each chapter in the text.

VIDEO

The *Video* to accompany *Prego!*, filmed on location in Italy specifically for *Prego!*, is new to the fourth edition. The accompanying *Instructor's Guide,* by Adriana de Marchi Gherini of the University of California at San Diego, and Dolores Pigoni of the University of Chicago, contains activities coordinated with the video: vocabulary preparation; exercises to be done before, during, and after viewing the video; discussion questions; and cultural notes.

OVERHEAD TRANSPARENCIES

A set of full-color *Overhead Transparencies* is useful for presenting and practicing vocabulary.

SLIDES

A set of forty contemporary color *Slides* of Italy includes a booklet with commentary and questions.

MCGRAW-HILL ELECTRONIC LANGUAGE TUTOR

The *McGraw-Hill Electronic Language Tutor (MHELT 2.0)* includes all of the single-response exercises from the text. Newly upgraded for the fourth edition, it is available in IBM and Macintosh formats.

GUIDE TO LANGUAGE LEARNING

A Practical Guide to Language Learning: A Fifteen-Week Program of Strategies for Success, by H. Douglas Brown of San Francisco State University, is a brief introduction to the language learning process for beginning language students.

ACKNOWLEDGMENTS

The authors and publishers would again like to thank the instructors who participated in the various surveys and reviews that proved invaluable in the development of the first three editions of *Prego!* In addition, the publishers would like to acknowledge the many valuable suggestions of the following instructors, whose input was enormously useful in the development of the fourth edition. (Inclusion of their names here does not necessarily constitute an endorsement of the *Prego!* program or its methodology.)

Jessica Artioli, Webster University
Rosalia Ascari, Sweet Briar College
Giovanna Bellesia, Smith College
Edward E. Borsoi, Rollins College
B. Joy Bulluck, University of North Carolina at Asheville
Lillian Bulwa, Northeastern University
Anna B. Caflisch, Rice University
Linda L. Carroll, Tulane University
Carmelina Cartei, City University of New York, Hunter College
James Cascaito, Fashion Institute of Technology
Alva V. Cellini, Saint Bonaventure University
Bettye Chambers, Georgetown University
Henry Cohen, Kalamazoo College
Claudio Concin, City College of San Francisco
Deborah L. Contrada, University of Iowa
Sister Doloretta Dawid, Holy Family College
Laura Digregorio, Portland State University
Jeffrey Eugene di Iuglio, Curry College
Patricia F. Di Silvio, Tufts University
John P. Doohen, Morningside College
Giuseppe Faustini, Skidmore College
Charles A. Ferguson, Colby College
Christiana F. Fordyce, Salem State College
Joanne Basso Funigiello, College of William and Mary
Maria Galetta, New York University
Laura Gambini, University of San Francisco
Adriana De Marchi Gherini, University of California at San Diego
Franco Guidone, Diablo Valley College
Margherita M. Harwell, University of Illinois at Chicago
Sharon Harwood-Gordon, Memphis State University
Dave Henderson, Sonoma State University
Christine T. Hoppe, University of New Hampshire
Louis Kibler, Wayne State University
Hilary W. Landwehr, Northern Kentucky University
Giuseppe Leporace, University of Washington
Franco Manca, University of Nevada at Reno
Maria A. Mann, Nassau Community College
Pamela P. Marcantonio, University of Colorado at Boulder
Guido Mascagni, Oberlin College
Hans J. Mollenhauer, North Park College and Theological Seminary
Michela Montante, Marquette University
Rinamaria Narducci, Drexel University
Clara Orban, De Paul University
Anthony J. Palermo, John Carroll University
Raymond Petrillo, Texas A & M University
Robin Pickering-Iazzi, University of Wisconsin at Milwaukee
Diane De Pisa, Vista College
Concettina Pizzuti, Northwestern University
Peter Podol, Lock Haven University of Pennsylvania

Pia R. Raffaele, Immaculata College
Mary Beth Ricci, University of Missouri at Kansas City
Jill Ricketts, University of Rochester
Mary Teresa Roberti, Monroe County Community College
Nicholas Ruboli, Broward Community College
Camilla Presti Russell, University of Maryland
Myriam Swennen Ruthenberg, Florida Atlantic University
Meme Amosso Saccone, Johns Hopkins University
Munir Sarkis, Daytona Beach Community College
Jennifer Sault, Wake Forest University
Ute Striker, Haverford College
June N. Stubbs, Virginia Polytechnic Institute and State University
Giacomo A. Striuli, Providence College
Anthony Terrizzi, University of Massachusetts at Amherst
Fiorenza Weinapple, Yale University
Beth Wellington, Simmons College
Adelia Williams, Pace University Pleasantville-Briarcliff Campus
D. C. Woodcox, Northeast Missouri State University

Special thanks to Antonella Pease, Associate Professor Emeritus of the University of Texas, Austin, and Giovanna Bellesia of Smith College for their important contributions to previous editions of *Prego!*

Many people at McGraw-Hill deserve thanks and recognition for their excellent contributions to this fourth edition of *Prego!* Thanks in particular to Robert Di Donato for his constant support, his openness to new ideas, and his ability to keep a creative dialogue open among the many people involved in this fourth edition. Kenneth Berri was the development editor and worked carefully through several drafts of manuscript; he was also responsible for writing the new *In ascolto* listening comprehension scripts and accompanying activities as well as for revising and updating the *Instructor's Edition* notes. Marion Lignana Rosenberg came on board in the later stages and played an essential role in final developmental decisions on the text and in the development of all of the program's ancillary materials. Tracy Barrett of Vanderbilt University provided essential support in the final production process. Kathy Melee guided the project from final manuscript through all of the editing and design phases, including copyediting, typesetting, proofreading, page lay-out, photo selection, and line illustrations. Diane Renda was responsible for all production and manufacturing stages in the publication of *Prego!* Karen Judd managed the entire editing, design, and production process.

The elegant interior and cover designs were created by Elizabeth Williamson. Francis Owens, design manager, supervised all aspects of the book's design and look. Photographs were taken on location in Italy by Stuart Cohen. Photo research for the new cultural collages was done by Stephen Forsling.

The authors would like to thank Leslie Berriman, foreign language editor, for her valuable contributions to the previous edition and for managing the fourth edition in its later stages. Thanks to Thalia Dorwick, publisher, for her strong leadership of the *Prego!* program throughout all of its editions. Gratitude to Margaret Metz, foreign language marketing manager, and the McGraw-Hill sales staff for their unwavering support of *Prego!*

CAPITOLO PRELIMINARE

Benvenuti a Firenze! Prima
tappa: Palazzo Vecchio.

IN BREVE

A. Come si dice... in
   italiano?
B. Vocabolario per la
   classe
C. Alfabeto e suoni
D. Anno: stagioni,
   mesi e giorni
E. Numeri da uno a
   cento
F. Parole simili

A. COME SI DICE... IN ITALIANO?

How Do You Say . . . in Italian?

GREETING PEOPLE

ciao	*hi, hello, bye (informal)*
buon giorno	*good morning, good afternoon (morning until noon or later, depending on the region)*
buona sera	*good afternoon, good evening (afternoon, evening, and night)*
buona notte	*good night*
arrivederci	*good-bye*
arrivederLa	*good-bye (formal)*
a presto	*see you soon*

—Ciao e buona fortuna!

COMMUNICATING FURTHER

ecco...	*here is . . . , here are . . . , there is . . . , there are . . . (to point out people or things)*	per favore, per piacere	*please*
scusi	*excuse me (formal)*	piacere	*pleased to meet you*
scusa	*excuse me (informal)*	sono...	*I am . . .*
grazie	*thank you, thanks*	è...	*he/she is . . .*
prego	*you're welcome*	mi chiamo...	*my name is . . .*
		sono di...	*I am from . . .*

CIAO O BUON GIORNO?

Italians, in general, tend to be more formal than Americans in their social exchanges. They are formal with everyone except family, close friends, classmates, and young children. The language reflects the different degrees of formality or familiarity that exist in relationships between people. Compare the following two dialogues.

Laura meets Roberto on campus.

LAURA: Ciao, Roberto, come stai?
ROBERTO: Bene, grazie, e tu?
LAURA: Non c'è male,
Abbastanza bene, } grazie.
Così così,
ROBERTO: Ciao, Laura!
LAURA: Arrivederci!

Mrs. Martini sees her neighbor, Mr. Rossi, at the bank.

SIG.RA MARTINI: Buon giorno, signor Rossi, come sta?
SIG. ROSSI: Bene, grazie, e Lei?
SIG.RA MARTINI: Non c'è male,
Abbastanza bene, } grazie.
Così così,
SIG. ROSSI: ArrivederLa (Arrivederci), signora!
SIG.RA MARTINI: ArrivederLa (Arrivederci)!

TITOLI (*TITLES*)

Women are almost always greeted as **signora** or **signorina** in Italy: **Buon giorno, signora!** (for a married or older woman), **Buon giorno, signorina!** (for an unmarried or young woman). The last name may be added if known. The title **signore** is not used to greet men, however. Only people in service positions—servers, clerks, and so on—would say **Buon giorno, signore!** If you know a man's last name, however, it is acceptable—and common—to use **signore** (short form = **signor**) before the name: **Buon giorno, signor Rossi!**

Instructors are addressed as **professore** (*masc.*), shortened to **professor** before a name (e.g., **Buon giorno, professor Fasola!**), and **professoressa** (*fem.*).

LAURA: Hi, Roberto, how are you? ROBERTO: Fine, thanks, and you? LAURA: Not bad (Pretty well, So-so), thanks. ROBERTO: Bye, Laura! LAURA: Good-bye!
MRS. MARTINI: Good afternoon, Mr. Rossi, how are you? MR. ROSSI: Fine, thanks, and you?
MRS. MARTINI: Not bad (Pretty well, So-so), thanks. MR. ROSSI: Good-bye, Mrs. Martini.
MRS. MARTINI: Good-bye!

ESERCIZI

A **Presentazioni** (*Introductions*). Introduce yourself to the other students in the class. Tell them which city you come from.

> ESEMPIO: S1: Ciao, sono Marco. Sono di Atlanta.
> S2: Piacere! Sono Daniela. Sono di Boston.

Now introduce the student on your right to the student on your left.

> ESEMPIO: Ecco Daniela. È di Boston.

B **Per strada** (*On the street*). As Marco is walking in town, he meets several people. Play the role of Marco, greeting people formally or informally, as appropriate.

> ESEMPI: Marisa, a classmate → Ciao, Marisa!
> Carlo Barsanti, a professor, late afternoon →
> Buona sera, professore!

1. Paolo, one of Marco's closest friends **2.** Miss Bennett, Marco's English teacher **3.** Professor Musatti, Marco's psychology instructor **4.** Mrs. Bianchi, a friend of the family, 4 P.M.

C **Situazioni.** What would you say in the following situations?

> ESEMPIO: It is morning. You meet one of your instructors. How do you greet her? →
> Buon giorno, professoressa.

1. You meet Gina, an Italian classmate. How do you greet her?
2. A gentleman drops a ticket. You pick it up and give it to him. He thanks you. How do you respond?
3. You want to get someone's attention. What do you say?
4. You're going to bed. What do you say to your roommate?
5. You walk into a **pasticceria** (*pastry shop*). What do you say to the baker?

D **Dialoghi** (*Dialogues*). The following people meet in the street and stop to chat. Create short dialogues for each encounter.

> ESEMPIO: Alberto, an Italian student, meets his cousin Silvia. They've both had the flu. →
>
> ALBERTO: Ciao, Silvia, come stai?
> SILVIA: Così così. E tu?
> ALBERTO: Abbastanza bene oggi (*today*)!

1. Mr. Tozzi meets Ms. Andreotti; they are barely acquainted. **2.** Clara meets Antonella; they went to high school together. **3.** A student passes his/her professor on campus.

 **IN ASCOLTO**

Conversazioni. Take a moment to look over the options listed below. Then listen carefully to the brief conversations, and decide which is the most likely relationship between the people you hear.

1. _____ professoressa e studente
   _____ due (*two*) studenti
   _____ madre e figlio (*mother and son*)
2. _____ colleghi di lavoro (*co-workers*)
   _____ madre e figlio
   _____ due studenti
3. _____ professoressa e studente
   _____ colleghi di lavoro
   _____ madre e figlio
4. _____ professoressa e studente
   _____ due studenti
   _____ madre e figlio

B. VOCABOLARIO PER LA CLASSE

Per il professore (la professoressa)*

Ascoltate.	Listen.
Leggete.	Read.
Ripetete.	Repeat.
Rispondete.	Answer.
Scrivete.	Write.
Aprite i libri.	Open your books.
Chiudete i libri.	Close your books.
Fate l'esercizio.	Do the exercise.
Capite?	Do you understand?
Ancora una volta!	Once more!
Attenzione!	Careful! Pay attention!
Giusto!	Correct!
Molto bene! Benissimo!	Very good!
Sbagliato!	Wrong!

Tutti insieme!	All together!
Va bene.	OK.

Per lo studente (la studentessa)

Capisco.	I understand.
Non capisco.	I don't understand.
Come?	What? How?
Come si dice... ?	How do you say . . . ?
Come si pronuncia... ?	How do you pronounce . . . ?
Come si scrive... ?	How do you spell . . . ?
Cosa vuol dire... ?	What does . . . mean?
Ripeta, per favore.	Please repeat.

****Il, la, lo, l', le, i,** and **gli** all correspond to the English *the.* You'll learn how to use these forms in **Capitolo 2.**

C. ALFABETO E SUONI

Alphabet and Sounds

Like the other Romance languages (such as French, Spanish, Portuguese, and Rumanian), Italian derives from Latin, the language of the ancient Romans that was spoken throughout the Roman Empire.

Today Italian is spoken in Italy by 57 million Italians, in southern Switzerland (mainly in the canton of Ticino), and in those parts of the world (particularly the United States, South America, and Australia) where many Italians have immigrated.

Italian is a phonetic language, which means that it is spoken the way it is written. Italian and English share the Latin alphabet, but the sounds represented by the letters often differ considerably in the two languages.

The Italian alphabet has 21 letters, but it recognizes an extended set of 5 additional letters that occur in words of foreign origin. Here is the complete alphabet, with a key to Italian pronunciation.

a (a)	**n** (enne)	**j** (i lunga)
b (bi)	**o** (o)	**k** (cappa)
c (ci)	**p** (pi)	**w** (doppia vu)
d (di)	**q** (cu)	**x** (ics)
e (e)	**r** (erre)	**y** (ipsilon)
f (effe)	**s** (esse)	
g (gi)	**t** (ti)	
h (acca)	**u** (u)	
i (i)	**v** (vu)	
l (elle)	**z** (zeta)	
m (emme)		

Every letter is pronounced in Italian except **h.**

You will learn the sounds of Italian and acquire good pronunciation by listening closely to and imitating your instructor and the native speakers on the laboratory and Listening Comprehension tapes.

VOCALI (*VOWELS*)

Italian vowels are represented by the five letters **a, e, i, o,** and **u.** While **a, i,** and **u** are pronounced basically the same way throughout Italy, the pronunciation of **e** and **o,** when stressed, may be open (**bello, cosa**) or closed (**sete, come**), according to the region.

Italian vowels are always articulated in a sharp, clear fashion, regardless of stress; they are never pronounced weakly (as in the English word *other*), and there is no vowel glide (like the rise from *a* to *i* in the English word *crazy*).

a	(*father*)	patata	banana	sala	casa
e	(*late*)	sete	e	sera	verde (*closed* **e**)
	(*quest*)	setta	è	bello	testa (*open* **e**)
i	(*marine*)	pizza	Africa	vino	birra
o	(*cozy*)	nome	dove	volere	ora (*closed* **o**)
	(*cost*)	posta	corda	porta	cosa (*open* **o**)
u	(*rude*)	rude	luna	uno	cubo

Listen as your instructor says the following words, written identically in English and Italian, and notice the differences in pronunciation.

marina	Riviera	piano
gusto	trombone	opera
saliva	malaria	gala
camera	Coca-Cola	Elvira
formula	aroma	alibi
replica	propaganda	coma

CONSONANTI (*CONSONANTS*)

Most Italian consonants do not differ greatly from English, but there are some exceptions and a few special combinations.

1. Before **a, o,** or **u,** the consonants **c** and **g** have a hard sound. **C** is pronounced like the sound in *cat,* and **g** is pronounced like the sound in *go.*

casa	colore	curioso
gatto	gonna	gusto

2. Before **e** or **i,** the consonants **c** and **g** have a soft sound. **C** is pronounced like the sound in *church,* and **g** is pronounced like the sound in *gem.*

piacere	cinema
gelato	giorno

3. The combinations **ch** and **gh** have a hard sound, again as in the sounds of the English words *cat* and *go.*

Michele	Chianti
lunghe	laghi

4. Before a final **i** and before **i** + *vowel,* the combination **gl** is pronounced like **ll** in *million.*

gli   glielo   figli   foglio

5. The **gn** combination is pronounced like the *ny* in *canyon.*

signore	ignorante	sogno

CONSONANTI DOPPIE (*DOUBLE CONSONANTS*)

All Italian consonants except **q** have a corresponding double consonant, whose pronunciation is distinct from that of the single consonant. Failure to make this distinction will result in miscommunication.

Contrast the pronunciation of the following words.

sete / sette   papa / pappa   dona / donna

Listen as your instructor contrasts the English and Italian pronunciation of these words.

ballerina	zucchini	motto
antenna	piccolo	villa
mamma	confetti	Amaretto
spaghetti	Anna	

ACCENTO TONICO (*STRESS*)

Most Italian words are pronounced with the stress on the next-to-the-last syllable.

minestrone (mi ne STRO ne)
vedere (ve DE re)
domanda (do MAN da)

Some words are stressed on the last syllable; these words always have a written accent on the final vowel of that syllable.

virtù (vir TU)
però (pe RO)
così (co SI)

Some words are stressed on a different syllable, but this is rarely indicated in writing. As an aid to the student, this text indicates irregular stress by a dot below the stressed vowel in vocabulary lists and verb charts.

camera (CA me ra)
credere (CRE de re)
piccolo (PIC co lo)

A written accent is also used on a few words consisting of one syllable. In many cases the accent distinguishes words that are spelled and pronounced alike but have different meanings. Compare **si** (*oneself*) with **sì** (*yes*), and **la** (*the*) with **là** (*there*).

There are two written accents—(`) and (´)—in Italian. The latter indicates a closed pronunciation of **e** (as in **perché** [*why, because*]).

D. ANNO: STAGIONI, MESI E GIORNI

Year: Seasons, Months, and Days

STAGIONI (*SEASONS*)

primavera

estate

autunno

inverno

The names of seasons are not capitalized in Italian.

MESI (*MONTHS*)

gennaio   febbraio   marzo

aprile   maggio   giugno

luglio   agosto   settembre

ottobre   novembre   dicembre

—Che mese è? (In che mese siamo?)
—È settembre. (Siamo in settembre.)

What month is it? (What month are we in?)
It's September. (We're in September.)

The names of months are not capitalized in Italian.

GIORNI DELLA SETTIMANA (*DAYS OF THE WEEK*)

L	lunedì
M	martedì
M	mercoledì
G	giovedì
V	venerdì
S	sạbato
D	domẹnica

Che giorno è...?	*What day is . . . ?*	
oggi	*today*	
domani	*tomorrow*	
Che giorno è oggi?	*What day is it today?*	
Oggi è giovedì.	*Today is Thursday.*	
Domani è venerdì.	*Tomorrow is Friday.*	

SETTEMBRE						
L	M	M	G	V	S	D
				1	2	3
4	5	6	⑦	8	9	10
11	12	13	14	15	16	17
18	19	20	21	22	23	24
25	26	27	28	29	30	

The days of the week are not capitalized in Italian. The week begins with Monday.

ESERCIZI

A **Oggi e domani.** Put your knowledge of the calendar to the test.

1. Che giorno è oggi?
2. Che giorno è domani?
3. Che mese è?
4. Che stagione è?

B **Che confusione!** Your roommate is in a fog today, and you find yourself correcting everything he/she says. Working with a partner, ask and answer questions about **oggi** and **domani.**

ESEMPI: S1: È giovedì oggi?
         S2: No, è venerdì.

         S1: È sabato domani?
         S2: No, è domenica.

E. NUMERI DA UNO A CENTO

Numbers from One to One Hundred

As you learn the numbers from one to ten, notice how an Italian would write them. Pay particular attention to the figures 1, 4, and 7.

0	zero						
①	uno	11	undici	21	ventuno	31	trentuno
2	due	12	dodici	22	ventidue	32	trentadue
3	tre	13	tredici	23	ventitré	33	trentatré
④	quattro	14	quattordici	24	ventiquattro	40	quaranta
5	cinque	15	quindici	25	venticinque	50	cinquanta
6	sei	16	sedici	26	ventisei	60	sessanta
⑦	sette	17	diciassette	27	ventisette	70	settanta
8	otto	18	diciotto	28	ventotto	80	ottanta
9	nove	19	diciannove	29	ventinove	90	novanta
⑩	dieci	20	venti	30	trenta	100	cento

When **-tre** is the last digit of a larger number, it takes an accent: **ventitré, trentatré,** and so on.

The numbers **venti, trenta,** and so on drop the final vowel before adding **-uno** or **-otto: ventuno, ventotto.**

Esercizi

A **Numeri di telefono** (*Telephone numbers*). You need to phone the following people. Tell the operator the number you need to reach. (Note: In Italy, many phone numbers have six digits and are said in groups of two digits. In very large cities, like Rome, phone numbers may have up to eight digits.)

ESEMPIO: Centineo 21-46-67 → ventuno-quarantasei-sessantasette

1. Cagliero   23-97-08
2. Nappi   36-25-81-48
3. Ravera   45-94-46

4. Ferrero   61-11-50-19
5. Magri   01-14-76
6. Segni   14-58-31-63

B **Operazioni matematiche.** Working with a classmate, ask and answer simple math problems. Use the expressions **Quanto fa... ?** (*How much is . . . ?*), **più** (+), **meno** (−), **diviso** (÷), and **per** (×).

ESEMPIO: S1: Quanto fa 20 più 15?
S2: Fa 35. Quanto fa 6 per 9?
S1: Fa 54.

In Ascolto

A **Numeri di telefono.** Take a moment to look over the telephone numbers listed. Then listen carefully, and indicate the number you hear for each person or business.

—Uno, due, tre... uno, due, tre, ...pronto, pronto... prova microfono...

1. Elisabetta. Numero di telefono: _____.
   a. 77.31.32   **b.** 67.21.32   **c.** 66.48.35
2. Pasticceria (*Pastry shop*) Vanini. Numero di telefono: _____.
   a. 94.19.36   **b.** 35.78.22   **c.** 44.78.16
3. Signora Cecchettini. Numero di telefono: _____.
   a. 21.51.83   **b.** 91.15.53   **c.** 98.12.35
4. Ristorante Bianchi. Numero di telefono: _____.
   a. 12.18.26   **b.** 12.38.37   **c.** 13.18.21

B **Stagioni.** Take a moment to look over the dates listed below. Then listen carefully to the name of the season, and circle the date that falls within that season. Note that in Italian the day is given first, followed by the month, and then the year. For example, July 4, 1776, is **il 4 luglio, 1776.**

1. **a.** il 25 dicembre   **b.** il 16 giugno   **c.** il 4 marzo
2. **a.** il 31 ottobre   **b.** il 14 luglio   **c.** il 2 aprile
3. **a.** il 12 febbraio   **b.** il 5 maggio   **c.** il 25 novembre
4. **a.** il 10 settembre   **b.** il 6 agosto   **c.** il 22 gennaio

F. PAROLE SIMILI

Cognates

Learning Italian is made easier by the fact that many Italian words look like English words and have similar meanings. These words are called *cognates* or **parole simili.** There are only minor differences in spelling between English and Italian cognates.

stazione *station*
intelligente *intelligent*
possibile *possible*
museo *museum*
geloso *jealous*
professore *professor*

Once you learn several frequently occurring patterns, you will be able to recognize and remember new words. For example,

-zione → -tion	inflazione *inflation*
-tà → -ty	università *university*
-oso → -ous	famoso *famous*
-za → -ce	apparenza *appearance*

ATTENZIONE! There are also words that look alike in the two languages but that have different meanings. These are called *false cognates* or **falsi amici.**

parente = *relative* (not *parent*)
libreria = *bookstore* (not *library*)

ESERCIZI

A **Equivalenti inglesi.** Identify the following cognates by giving their English equivalents.

condizione	città	desideroso
conversazione	identità	geloso
descrizione	pubblicità	nervoso

B **Formazione di parole simili.** What patterns of cognate formation can you discover in these groups of Italian words? Can you give their English equivalents?

continente	digressione	incredịbile
frequente	discussione	possịbile
intelligente	espressione	probạbile
differenza	comunismo	colore
essenza	fascismo	dottore
pazienza	ottimismo	favore

C **Come si dice in italiano?** Give the Italian equivalents for the following words. Guess if you're not sure!

sensation	religious	urgent
depression	celebration	actor (*ct* = **tt**)
pessimism	nervous	eloquent
invention	curiosity	indifference
numerous	experience (*x* = **s**)	prosperity
impossible		

Turisti in Piazza San Marco a Venezia.

PAROLE DA RICORDARE

ESPRESSIONI (*Expressions*)

sono I am
è is
mi chiamo... my name is . . .
sono di... I'm from . . .

TITOLI (*Titles*)

professore professor (*m.*)
professoressa professor (*f.*)
signora Mrs.
signore Mr.
signorina Miss

ANNO (*Year*)

giorni days
  lunedì Monday
  martedì Tuesday
  mercoledì Wednesday
  giovedì Thursday
  venerdì Friday
  sabato Saturday
  domenica Sunday
settimana week
mesi months
  gennaio January
  febbraio February

marzo March
aprile April
maggio May
giugno June
luglio July
agosto August
settembre September
ottobre October
novembre November
dicembre December
oggi today
domani tomorrow

STAGIONI (*Seasons*)

primavera spring
estate summer
autunno fall
inverno winter

PRONOMI (*Pronouns*)

tu you (*fam.*)
Lei you (*form.*)

ALTRE PAROLE ED ESPRESSIONI

buon giorno good morning,
  good afternoon

buona sera good afternoon,
  good evening
buona notte good night
ciao hi, hello, bye (*inform.*)
arrivederci good-bye
  (*inform./form.*)
arrivederLa good-bye (*form.*)
a presto see you soon

ecco here is . . . , here are . . . ,
  there is . . . , there are . . .

Come stai? How are you?
  (*fam.*)
Come sta? How are you?
  (*form.*)

non c'è male not bad
abbastanza bene pretty good
così così so-so
bene well

grazie thank you, thanks
per favore, per piacere please
piacere pleased to meet you
prego you're welcome
scusa excuse me (*inform.*)
scusi excuse me (*form.*)
sì yes
no no

ARRIVO IN ITALIA

IN BREVE

Grammatica
A. Nomi: genere e numero
B. Articolo indeterminativo e **buono**
C. Pronomi soggetto e presente di **avere**
D. Espressioni idiomatiche con **avere**

Lettura
Una lezione di geografia

Un momento di relax in una piazza a Perugia.

VOCABOLARIO PRELIMINARE

Dialogo-lampo

UN TURISTA: Scusi, c'è una farmacia qui vicino?

UN ITALIANO: Sì, è proprio qui vicino: diritto, a destra, poi a sinistra, ancora diritto, a sinistra, poi a destra...

Una città italiana (An Italian City)

INDICAZIONI (*Directions*)

a sinistra to the left
a destra to the right
diritto straight ahead
vicino, qui vicino near, nearby
lontano far

LUOGHI (*Places*)

un aeroporto airport
un albergo hotel
una banca bank
un bar (un caffè) bar, café,
  coffee shop
una chiesa church
un cinema movie theater

una farmacia a pharmacy
un museo museum
un negozio shop, store
un ospedale hospital
una piazza square
un ristorante restaurant
una scuola school
uno stadio stadium
una stazione station
un supermercato supermarket
un ufficio postale post office
un'università university
una via street
un viale avenue
uno zoo zoo

MEZZI DI TRASPORTO (*Means of Transportation*)

un aeroplano airplane
un autobus bus
**un'automobile, una
  macchina** car
una bicicletta bicycle
una motocicletta motorcycle
un treno train

ALTRE (*Other*) ESPRESSIONI

c'è..., c'è...? there is ..., is
  there ...?
poi then
proprio just, really
tra between

ESERCIZI

A **Luoghi, cose e persone** (*Places, things, and people*). What are the things and people in list B that you would associate with the places in list A?

A	B
1. _____ un ristorante	**a.** una messa (*mass*)
2. _____ un ospedale	**b.** una fontana
3. _____ una scuola	**c.** un aeroplano
4. _____ una stazione	**d.** un animale
5. _____ un supermercato	**e.** una statua
6. _____ un bar	**f.** un atleta
7. _____ un museo	**g.** un cappuccino
8. _____ una piazza	**h.** un dottore
9. _____ un aeroporto	**i.** una studentessa
10. _____ una chiesa	**j.** banane e carote
11. _____ un albergo	**k.** una pizza
12. _____ uno zoo	**l.** un treno
13. _____ uno stadio	**m.** un turista

B **Mezzi di trasporto.** Match the people with the vehicles that made them famous!

A	B
1. _____ Amelia Earhart	**a.** una macchina
2. _____ Mario Andretti	**b.** una bicicletta
3. _____ Hell's Angels	**c.** un aeroplano
4. _____ Greg LeMond	**d.** un autobus
5. _____ Ralph Kramden	**e.** una motocicletta

C **Dov'è** (*Where is it*)? You are new in the area. Ask a local if a particular building is on a given street. Work with a partner and use the map on the following page.

ESEMPI: un museo / via Mazzini →
s1: Scusi, c'è un museo in via Mazzini?
s2: Sì, c'è un museo in via Mazzini.

un ristorante / via Garibaldi →
s1: Scusi, c'è un ristorante in via Garibaldi?
s2: No, non c'è un ristorante in via Garibaldi ma (*but*) c'è un ristorante in via XX Settembre.

1. una farmacia / viale Dante
2. un ufficio postale / via XX Settembre
3. una scuola elementare / via Gramsci
4. un cinema / via Botticelli
5. una banca / piazza Verdi

Scusi, dov'è il municipio?

D **Diritto, a destra, a sinistra...** Imagine you're at the train station, and that many tourists are asking you for directions. Give them a hand! Use the map and work in pairs. Your directions will start from the train station.

> ESEMPIO: s1: Scusi, c'è una banca qui vicino?
> s2: Sì, è in piazza Verdi. Diritto, poi a destra.

1. un ospedale
2. un'università
3. un ufficio postale

4. un ristorante
5. una farmacia

IN ASCOLTO

In centro (*Downtown*). Listen carefully, and look at the map above. Decide whether the statements you hear are true (**vero**) or false (**falso**).

	VERO	FALSO
1.	❏	❏
2.	❏	❏
3.	❏	❏
4.	❏	❏
5.	❏	❏

GRAMMATICA

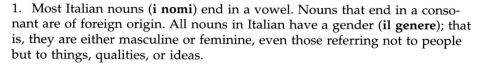

A Nomi: genere e numero

In una stazione italiana

VENDITORE: Panini, banane, gelati, vino, caffè, aranciata, birra...
TURISTA AMERICANA: Due panini e una birra, per favore!
VENDITORE: Ecco, signorina! Diecimila lire.
TURISTA AMERICANA: Ecco dieci dollari. Va bene?

1. Most Italian nouns (**i nomi**) end in a vowel. Nouns that end in a consonant are of foreign origin. All nouns in Italian have a gender (**il genere**); that is, they are either masculine or feminine, even those referring not to people but to things, qualities, or ideas.

    a. Generally, nouns ending in **-o** are masculine, nouns ending in **-a** are feminine.

       MASCULINE: amico, treno, dollaro, panino
       FEMININE: amica, bicicletta, lira, studentessa

    b. Nouns ending in **-e** may be masculine or feminine. The gender of these nouns must be memorized.

       MASCULINE: studente, ristorante, caffè
       FEMININE: automobile, notte, attenzione*

    c. Nouns ending in a consonant are usually masculine.

       bar, autobus, film, sport

    d. Abbreviated nouns retain the gender of the words from which they derive.

       foto *f.* (*from* fotografia)
       cinema *m.* (*from* cinematografo)
       moto *f.* (*from* motocicletta)
       auto *f.* (*from* automobile)
       bici *f.* (*from* bicicletta)

In an Italian railroad station VENDOR: Sandwiches, bananas, ice cream, wine, coffee, orange soda, beer . . . AMERICAN TOURIST: Two sandwiches and a beer, please! VENDOR: Here you are, miss. Ten thousand lire. AMERICAN TOURIST: Here's ten dollars. Is that OK?

*Nouns ending in **-zione** are feminine: **stazione, nazione, situazione, lezione,** etc.

2. Italian nouns change their vowel endings to indicate a change in number.

SINGOLARE		PLURALE	
Nouns ending in: **-o**	*change to:* **-i**	amico *friend* (m.) → amici *friends*
-a	**-e**	studentessa *student* (f.) → studentesse *students*
-ca	**-che**	amica *friend* (f.) → amiche *friends*
-e	**-i**	studente *student* (m.) → studenti *students*

3. Most words ending in **-io** have only one **i** in their plural endings.

> **negozio** → **negozi**
> **ufficio** → **uffici**

Exceptions (like **zio,** *uncle* → **zii,** *uncles*) will be noted in the **Parole da ricordare** lists.

4. Nouns ending with an accented vowel or a consonant do not change in the plural, nor do abbreviated words.

> **caffè** → **due caffè**   **foto** → **due foto**
> **film** → **due film**

ESERCIZI

A Plurali. Give the plural of the following nouns.

1. treno
2. lezione
3. tè (*tea*)
4. farmacia
5. lira
6. professore
7. bar
8. nome (*name*)
8. cognome (*last name*)
10. zio
11. autobus
12. negozio

B Due, per favore! Working with a partner, imagine that you are in a coffee shop (**caffè**). The waiter underestimates your appetite and offers you one of each of the following items, but you want two! Be polite and add **per piacere** or **per favore** to your request.

> ESEMPIO: **un espresso** →
>   s1: Un espresso, signore/a?
> s2: No, due espressi, per favore!

1. un gelato
2. un'aranciata
3. un caffè
4. una pizza
5. un panino
6. un cappuccino
7. uno scotch
8. una birra
9. un bicchiere di (*glass of*) vino
10. un bicchiere di latte (*milk*)

C Ecco! As you travel with a friend, call his/her attention to two of each of these items.

> ESEMPIO: **treno** → **Ecco due treni!**

1. aeroplano
2. automobile
3. chiesa
4. ristorante

5. caffè
6. banca
7. museo
8. piazza

9. motocicletta
10. cinema

B Articolo indeterminativo e **buono**

—Sì, sì... un momento...

1. The Italian indefinite article (**l'articolo indeterminativo**) corresponds to English *a/an* and is used with singular nouns. It also corresponds to the number *one*.

SINGOLARE	
Maschile	*Femminile*
uno zio (*uncle*) **un** cugino (*cousin, m.*) **un** amico	**una** zia (*aunt*) **una** cugina (*cousin, f.*) **un'**amica

Uno is used for masculine words beginning with **z** or **s** + *consonant;* **un** is used for all other masculine words.

Una is used for feminine words beginning with a consonant; **un'** is used for feminine words beginning with a vowel.

> un treno e una bicicletta
> un aeroplano e un'automobile
> uno stadio e una stazione

2. **Buono** follows the pattern of the indefinite article. It has four forms in the singular.

SINGOLARE*	
Maschile	*Femminile*
buono zio **buon** cugino **buon** amico	**buona** zia **buona** cugina **buon'**amica

Buono is used for masculine words beginning with **z** or **s** + *consonant;* **buon** is used for all other masculine words.

Buona is used for feminine words beginning with a consonant; **buon'** is used for feminine words beginning with a vowel.

> un buon vino e una buona birra
> un buon espresso e una buon'aranciata
> un buon lavoro (*job*) e un buono stipendio (*salary*)

ATTENZIONE! Compare these pairs of examples.

> **uno** scotch *but* **un** buono scotch
> **un'**aranciata *but* **una** buon'aranciata

In each pair, the articles change when they are followed by forms of **buono,** which begins with a consonant. The form of the article is determined by the word that immediately follows it, just as in English: *an apple,* but *a red apple.*

ESERCIZI

A **In un caffè.** You are at an Italian **caffè.** Call the server (**cameriere,** *m.*) and order each of the following items.

ESEMPIO: tè → Cameriere, un tè per favore!

1. Coca-Cola
2. caffè (*m.*)
3. scotch
4. birra
5. aranciata
6. bicchiere (*m.*) di latte
7. cappuccino
8. cioccolata (*hot chocolate*)

B **Un'amico, due amici.** Repeat the pattern in the example with each of the following nouns.

ESEMPIO: studente → uno studente, due studenti

1. via
2. ufficio
3. lezione
4. macchina
5. bicicletta
6. città
7. autobus
8. motocicletta

---

*You will learn the plural forms of **buono** in **Capitolo 2**.

C **Tutto** (*Everything*) **buono.** Supply the correct form of **buono.**

1. una _____ idea
2. un _____ ospedale
3. una _____ cameriera

4. una _____ banca
5. un _____ vino
6. un _____ stipendio

D **Complimenti.** You are invited to dinner by an Italian friend. Express your appreciation for everything her parents serve using **che** (*what a, what*).

ESEMPIO: caffè → Che buon caffè, signori!

1. pasta
2. panino
3. aranciata

4. pizza
5. cioccolata
6. gelato

7. cappuccino
8. tè

C Pronomi soggetto e presente di **avere**

MASSIMO: E Lei, signora, ha parenti in America?
SIGNORA PARODI: No, Massimo, non ho parenti, solo amici. E tu, hai qualcuno?
MASSIMO: Sì, ho uno zio in California e una zia e molti cugini in Florida.

1. The subject pronouns (**i pronomi soggetto**) are as follows:

	SINGOLARE		PLURALE
io	*I*	noi	*we*
tu	*you (familiar)*	voi	*you (familiar)*
Lei	*you (formal)*	Loro	*you (formal)*
lui	*he*	loro	*they (people), m. or f.*
lei	*she*		

a. **Io** (*I*) is not capitalized unless it begins a sentence.

b. There are usually no corresponding forms for *it* and *they* to refer to animals or things; the verb form alone is used.

MASSIMO: Mrs. Parodi, do you have any relatives in America?   MRS. PARODI: No, Massimo, I don't have any relatives, only friends. Do you have anyone?   MASSIMO: Yes, I have an uncle in California and an aunt and a lot of cousins in Florida.

c. There are four ways of saying *you* in Italian: **tu, voi, Lei,** and **Loro. Tu** (for one person) and **voi** (for two or more people) are the familiar forms, used only with family members, children, and close friends.

Tu, mamma.   Voi, ragazzi (*children*).

Lei (for one person, male or female) and its plural **Loro** are used in more formal situations to address strangers, acquaintances, older people, or people in authority. **Lei** and **Loro** are often written with a capital **L** to distinguish them from **lei** (*she*) and **loro** (*they*).

Lei, professore, e anche Lei,   *You, professor, and also you,*
  signorina.   *miss.*
Non Loro, signore e signori.   *Not you, ladies and gentlemen.*

Loro is used to address two or more people in very formal situations. It is often replaced by the more casual **voi.**

2. The present tense (**il presente**) of **avere** (*to have*) is as follows:

SINGOLARE			PLURALE		
(io)	ho	*I have*	(noi)	abbiamo	*we have*
(tu)	hai	*you have (fam.)*	(voi)	avete	*you have (fam.)*
(Lei)	ha	*you have (form.)*	(Loro)	hanno	*you have (form.)*
(lui) (lei)	ha	*he has* *she has*	(loro)	hanno	*they have*

Avere is an irregular verb (**un verbo irregolare**); it does not follow a predictable pattern of conjugation. The following rules apply to **avere** and to all Italian verbs.

a. In English, subject pronouns are always used with verb forms: *I have, you go, he is,* and so on. In Italian, the verb form itself identifies the subject. For this reason, subject pronouns are usually not expressed.

Ho una FIAT; ha quattro porte.   *I have a FIAT; it has four doors.*
Hai buon gusto!   *You have good taste!*
Abbiamo parenti in Italia.   *We have relatives in Italy.*

Subject pronouns *are* used, however, to emphasize the subject (*I have a job;* that is, *I'm the one who has a job*) or to contrast one subject with another (*I have this, you have that*).

Io ho un lavoro.   *I **do** have a job.*
Lui ha un gatto; lei ha un cane.   ***He** has a cat; **she** has a dog.*

b. **Lei** takes the third person singular verb form; **Loro** takes the third person plural form.

Lei, signora, ha un buon cane!   *You have a good dog, ma'am!*
Loro, signori, hanno amici qui?   *Do you have friends here,*
                                      gentlemen?

c. To make a verb negative (*I have* → *I don't have*), place the word **non** (*not*) directly before it.

Mario non ha soldi.	*Mario doesn't have money.*
Non hanno birra, hanno vino.	*They don't have beer, they have wine.*

d. To make a verb interrogative (*I have* → *do I have?*), add a question mark to the end of the sentence in writing. In speaking, the pitch of the voice rises at the end of the sentence.

Avete un buon lavoro.	*You have a good job.*
Avete un buon lavoro?	*Do you have a good job?*

If a subject (noun or pronoun) is expressed in the interrogative, it can

♦ stay at the beginning of the sentence, before the verb
♦ go to the end of the sentence
♦ less frequently go immediately after the verb

Mario ha una bicicletta?	*Does Mario have a bicycle?*
Ha una bicicletta Mario?	
Ha Mario una bicicletta?	

ESERCIZI

A **Quale** (*Which*) **pronome?** Which subject pronouns would you use to speak *about* the following?

ESEMPIO: your uncle → lui

1. your cousin Cecilia
2. your friends
3. the server
4. yourself
5. you and your brother
6. your aunts

B **Bene, grazie!** The following people have asked you how you are: **Come sta?** or **Come stai?** Answer, then ask how they are, using the appropriate equivalent for *you*.

ESEMPIO: your Aunt Teresa → Bene, grazie, e tu?

1. your cousin Anna
2. your friends
3. the server
4. your instructor, Mrs. Rossini
5. Mr. and Mrs. Cicero
6. your father

C **Avere o non avere...** Complete with the correct form of **avere**.

1. Voi _____[1] un appartamento, ma io _____[2] solo una stanza (*room*). Loro _____[3] due macchine, ma io _____[4] una moto. Tu e Paolo non _____[5] lezioni domani, ma io _____[6] cinque lezioni! Lui _____[7] un buono stipendio, ed* io non _____[8] soldi. Che sfortuna (*What bad luck*)!

---

*When used before a word beginning with a vowel, **e** often becomes **ed**.

2. Tu _____¹ un cane intelligente, ma noi _____² un cane stupido! Tu _____³ una buona moto, ma Carla _____⁴ solo (*only*) una bicicletta. Tu _____⁵ molti (*lots of*) soldi; Cinzia e Daniele non _____⁶ nemmeno (*even*) un lavoro! Come sei fortunato (*How lucky you are*)!

D **Paragoni** (*Comparisons*). Petty jealousies and insecurities are getting you down today. Tell what's bothering you filling in the blanks with the correct subject pronoun.

_____¹ non ho nemmeno una buona bicicletta, _____² avete una moto Guzzi. _____³ non abbiamo una lira (*a cent*), _____⁴ hanno due alberghi. _____⁵ non ho parenti, _____⁶ ha trenta cugini. _____⁷ non abbiamo nemmeno un cane, _____⁸ hai tre gatti.

D Espressioni idiomatiche*con **avere**

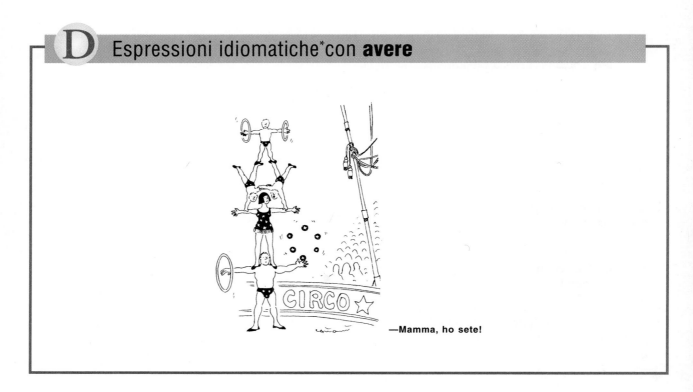

—Mamma, ho sete!

1. Many useful idiomatic expressions (**espressioni idiomatiche**) that indicate people's feelings or physical sensations are formed with **avere** + *noun*. The equivalent English expressions are generally formed with *to be* + *adjective*.

---

*An idiom is an expression peculiar to a language. When examined word by word, an idiom may not appear to make sense to speakers of another language. For example, in English, *to rain cats and dogs* means *to rain hard, to pour,* and not what it says literally.

NOMI		ESPRESSIONI	
caldo	*heat*	avere caldo	*to be (feel) warm (hot)*
freddo	*cold*	avere freddo	*to be (feel) cold*
fame (*f.*)	*hunger*	avere fame	*to be hungry*
sete (*f.*)	*thirst*	avere sete	*to be thirsty*
sonno	*sleep*	avere sonno	*to be sleepy*
fretta	*hurry, haste*	avere fretta	*to be in a hurry*
paura	*fear*	avere paura	*to be afraid*
bisogno	*need*	avere bisogno di	*to need, have need of*
voglia	*desire*	avere voglia di	*to want, to feel like*

Simona non ha sonno, ha fame!   *Simona isn't sleepy, she's hungry!*

—Avete bisogno di aiuto?   *Do you need help?*

—No, abbiamo bisogno di amici!   *No, we need friends!*

Ho caldo. Ho voglia di un   *I'm hot. I feel like having an*
   gelato.   *ice cream.*

2. The verb **avere** is also used to indicate age.

avere + *number* + **anni**	*to be . . . years old*

—Quanti anni hai?   *How old are you? (How many*
                                    years do you have?)

—Ho diciotto anni.   *I'm eighteen.*

—E Daniela, quanti anni ha?   *And Daniela, how old is she?*

—Lei ha vent'anni.   *She's twenty.*

ATTENZIONE: **vent'anni** *twenty years;* **ventun anni** *twenty-one years.*

ESERCIZI

Ⓐ **Ho...** Complete the following sentences with the appropriate word.

1. Brrr! Non avete _____?
2. Non hanno tempo (*time*), hanno _____!
3. Due aranciate, per favore! Abbiamo _____.
4. Maurizio ha _____: ecco una pizza!
5. Chi (*Who*) ha _____ di Virginia Woolf?
6. Hai diciotto o diciannove _____?
7. Avete _____ di un gelato o di una cioccolata?

B **Quanti anni hanno?** Give the age of each family member, using a complete sentence.

Giuseppe   Isabella
50   46
Carlo   Marta   Maurizio
25   21   17

Now ask several classmates how old they are.

C **Conversazione.** Ask a classmate / classmates / your instructor:

1. are you sleepy?
2. do you feel cold?
3. are you in a hurry?
4. are you afraid?
5. are you warm?

6. are you hungry?
7. do you need a glass?
8. do you feel like having a cappuccino or a coffee?

PICCOLO RIPASSO

A **Avere, non avere.** Ask a classmate whether he/she has one of the following items. The classmate will answer that he/she has one, two or more, or none.

ESEMPIO: bicicletta →
S1: Tu hai una bicicletta?
S2: Sì, ho una bicicletta. (Ho due, tre biciclette.) *o* No, non ho biciclette.

1. cugina
2. lavoro
3. lezione
4. gatto

5. foto
6. zio
7. amico
8. dollaro

B **Solo uno!** Working with a partner, answer each question by stating that you have only one of the things mentioned, but that it is a good one!

ESEMPIO: amici →
S1: Hai amici?
S2: Ho solo un amico, ma è un buon amico!

1. amiche
2. zii
3. gatti
4. lavori

5. bici
6. parenti
7. cugini
8. macchine

C **Qual è la domanda** (*question*)? Ask the questions that produced the following answers. Follow the models.

ESEMPI: Sì, ho un negozio. → Hai un negozio?

Sì, abbiamo sonno. → Avete sonno?

1. Sì, ho sete.
2. Sì, ha vent'anni.
3. Sì, abbiamo una professoressa.
4. Sì, abbiamo un buon dottore.

5. Sì, ho molti bicchieri.
6. Sì, abbiamo fretta.
7. Sì, ho bisogno di soldi.
8. Sì, hanno voglia di un cappuccino.

D **Situazioni.** You've just arrived in Italy, and you and your host family are getting to know each other. With a partner, create conversations for these situations.

1. Ask Paolo, the son in the family, how old he is and then tell him your age. Tell him that you don't have any money and that you need a job. Paolo has a job, but it isn't a good job. Ask Paolo if he has an apartment. Tell Paolo that you have a dog that is eleven years old.
2. Mr. Conti is a guest at the home of your hosts. Ask if he is thirsty and if he feels like having an orange soda. Say that you and Paolo are in a hurry, and that you have a class. Tell Mr. Conti good-bye, and tell everyone else you'll see them soon.

DIALOGO

ESPRESSIONI UTILI

NOTE: The expressions in the **Espressioni utili** section are for recognition only. You are not responsible for learning these words until they reappear in the **Vocabolario preliminare** and/or the **Parole da ricordare** section of a subsequent chapter. Your instructor may wish to change this policy at his or her discretion.

Finalmente!	At last!
benvenuto/a	welcome
adesso	now
Che bello!	How nice!
allora	so
prima	first
poi	then

Finalmente in Italia!

Stazione di Luino (Lago Maggiore). Barbara e Mauro aspettano° Julie, una buon'amica di Barbara.   *(they) are waiting for*

BARBARA: Ecco Julie!
MAURO: Dov'è?
BARBARA: Ma lì,° la ragazza con lo zaino°!   *there / la... the girl with the backpack*
JULIE: Barbara! Mauro! Ciao!
BARBARA: Finalmente! Benvenuta a Luino! Come stai?
JULIE: Benissimo! Un viaggio° lungo e avventuroso: Olanda, Germania,   *trip*
Belgio, Svizzera e adesso°... in Italia!   *now*
BARBARA: Che bello! Allora... hai sonno? Hai fame? Hai sete?
JULIE: Ho sete, ma prima ho bisogno di cambiare i soldi.° C'è una banca   *cambiare... to change money*
qui vicino?
BARBARA: Sì, è proprio qui vicino, in piazza, tra il negozio di biciclette e il
Caffè Centrale.
MAURO: Ma hai così° fretta?   *such a*
JULIE: Eh sì. Non ho lire, ho solo dollari.
MAURO: Allora, prima in banca e poi al Caffè Centrale!
BARBARA: OK! Hai bisogno d'altro,° Julie?   *anything else*
JULIE: Sì... di una buona lezione di geografia sull'Italia!

SI DICE COSÌ!

Proprio (*inv.*)* is used to emphasize something. Depending on the context, it can mean *really*, *just*, or *right*.

Ho proprio voglia di un gelato!   *I really feel like having an ice cream!*
Arrivo dal cinema proprio adesso.   *I just (now) got back from the movies.*

TOCCA A TE!

Tell a friend in Italian that:

1. you are really sleepy.
2. you are really in a hurry.
3. you really need a bicycle.
4. the post office is right here, in the square.
5. you're really afraid.
6. you're really cold.

*inv. = invariable = does not change form

E ORA A VOI

A **Benvenuta Julie!** Have you understood? Place a check mark next to the correct answer.

1. Julie è arrivata (*has arrived*):
   _____ in Olanda.
   _____ a Luino.
   _____ in Svizzera.
2. Julie ha:
   _____ sonno.
   _____ caldo.
   _____ sete.
3. La banca è:
   _____ vicino all'università.
   _____ tra il Caffè Centrale e l'ufficio postale.
   _____ tra il negozio di biciclette e il Caffè Centrale.
4. Julie ha bisogno di:
   _____ una bicicletta.
   _____ dollari.
   _____ lire.
5. Julie, Barbara e Mauro vanno prima (*are going first*):
   _____ a scuola.
   _____ al Caffè Centrale.
   _____ in banca.

B **Alla stazione degli autobus.** You and Marco are at the bus station in Cagliari (Sardegna) waiting for Federico. Unscramble the dialogue by numbering each statement in the order it should appear. For guidance, refer back to the **Dialogo.**

_____   TU: Ma lì, il ragazzo con lo zaino!
_____   MARCO: Dov'è?
_____   TU: Ecco Federico!
_____   TU: Noi bene, e tu? E il viaggio?
_____ FEDERICO: Eh... stupendo, fantastico... Perugia, Napoli, Messina e finalmente... Cagliari!
_____ FEDERICO: Ciao! Come state?

IN ASCOLTO

Dov'è Julie? Listen to Barbara, Mauro, and Julie. Then complete the following statements according to what you hear.

1. Julie è vicino _____.
   a. al bar   **b.** alla banca   **c.** al negozio
2. Julie non ha bisogno di _____.
   a. cambiare i soldi   **b.** una buona lezione   **c.** un buon caffè

3. Adesso Julie ha _____.
   a. freddo **b.** sete **c.** fame
4. C'è _____ qui vicino.
   a. un museo **b.** un buon caffè **c.** un cinema
5. Il caffè è tra _____ e _____.
   a. la banca / il bar **b.** il museo / la chiesa **c.** il museo / la banca

GUIDA ALLA LETTURA

The readings in *Prego!* have several purposes: they are designed to strengthen your Italian reading skills, give you an understanding of Italian culture, and dispel some common stereotypes about Italy and Italians. You should approach these readings in several stages.

♦ First, go through the reading quickly once or twice, just to grasp the general meaning. (You don't need to understand every word or expression right away!)
♦ Once you've gotten the gist, do a more thorough reading. This time, work through the more difficult sentences, making use of marginal glosses and relying on cognates and on the context to help you understand.
♦ When you're comfortable with the details of the text, do a quick final reading, focusing on the meaning and progression of the whole (and not on particulars).

In the **Capitolo preliminare,** you learned about frequently occurring patterns in Italian that can help you recognize cognates. The cultural readings in *Prego!* contain a fair number of new words, but many of them are cognates.

Can you guess the meaning of these cognates, taken from the **Lettura** in this chapter?

lago	centrale	intenzione
pittoresco	ovest	visitare
nord	est	vulcano
montagna	sud	costa

Use the general context and your knowledge of a subject to figure out the meaning of new words. Can you guess the meaning of the highlighted word in these sentences, based on the context?

La catena delle Alpi **percorre** tutto il Nord, dalla Liguria, a ovest, al Friuli Venezia Giulia, a est.
La catena della Sierra Nevada **percorre** tutta la California, da nord a sud.

Using these strategies will make your reading in Italian easier and more productive. Try using them now with the reading that follows. **Buon lavoro!**

Julie is on the go again, visiting friends in Parma. Mauro writes and gives her the geography lesson she requested.

UNA LEZIONE DI GEOGRAFIA

Sole e tranquillità sul Lago di Garda.

Il Lago Maggiore è un lago grande° e pittoresco nell'Italia del Nord tra il Piemonte e la Lombardia.* Sei arrivata° a Luino, sulla sponda° lombarda del Lago Maggiore.

    Anche il Lago di Como è in Lombardia, mentre il Lago di Garda è tra la Lombardia, il Veneto e il Trentino Alto Adige.

    Le montagne intorno° al Lago Maggiore sono le Alpi Centrali. La catena° delle Alpi percorre° tutto il° Nord, dalla° Liguria, a ovest, al Friuli

big

Sei... You arrived / sulla... on the shore

around / chain

runs across / tutto... the whole / from

---

*Il Piemonte, la Lombardia, il Veneto, il Trentino Alto Adige, la Liguria, il Friuli Venezia Giulia, l'Umbria, il Lazio, la Sicilia, and la Sardegna are ten of the twenty regions in Italy. Look at the map at the front of the book to find out the names of the other regions.

Venezia Giulia, a est. La catena degli Appennini, invece,° percorre l'Italia *instead*
da nord a sud.

Se hai intenzione di visitare anche l'Italia centrale, includi i laghi nel
tuo° itinerario: il Lago Trasimeno in Umbria, vicino a Perugia; il Lago di *nel... in your*
Bolsena e il Lago di Bracciano nel Lazio, non lontano da Roma.

In Sicilia e in Sardegna non ci sono grandi laghi, ma devi° assoluta- *you must*
mente vedere° l'Etna, il famoso vulcano vicino a Catania, e le meravigliose° *see / wonderful*
coste della Sardegna! Basta così! Buon viaggio!

E ORA A VOI

A **Vero o falso?** Correct any false statements.

1. Il Lago Maggiore è in Toscana.
2. I tre laghi nel Nord d'Italia sono il Lago Maggiore, il Lago di Garda e
   il Lago Trasimeno.
3. Le Alpi percorrono l'Italia da nord a sud.
4. Il Lago di Bolsena è nel Lazio.
5. Luino è sul Lago Maggiore.
6. L'Etna è un lago.

B **Montagna, regione, lago o città? Nord, centro o sud?** Identify the following places as mountains, regions, lakes, or cities by checking the appropriate box. Then indicate whether they're found in northern, central, or
southern Italy. Refer back to the **Lettura,** and use the maps at the front of
the book for additional guidance.

	montagna	regione	lago	città	nord	centro	sud
1. Appennini							
2. Maggiore							
3. Perugia							
4. Luino							
5. di Bolsena							
6. Umbria							
7. di Garda							
8. Sardegna							
9. Sicilia							

PAROLE DA RICORDARE

VERBI

avere to have
   avere... anni to be . . . years old
   avere bisogno di to need, have need of
   avere caldo to be warm, hot
   avere fame to be hungry
   avere freddo to be cold
   avere fretta to be in a hurry
   avere paura to be afraid
   avere sete to be thirsty
   avere sonno to be sleepy
   avere voglia di to feel like

NOMI

aeroplano, aereo airplane
aeroporto airport
albergo (*pl.* **alberghi**) hotel
amica friend (*f.*)
amico (*pl.* **amici**) friend (*m.*)
appartamento apartment
aranciata orangeade, orange soda
autobus (*m.*) bus
automobile, auto (*f.*) automobile, car
banca bank
bar (*m.*) bar; café, coffee shop
bicchiere (*m.*) (drinking) glass
bicicletta, bici bicycle, bike
birra beer
caffè (*m.*) coffee; café, coffee shop
cameriera (*f.*) server
cameriere (*m.*) server
cane (*m.*) dog
chiesa church
cinema (*m., inv.*) movie theater
cioccolata (hot) chocolate
città city

cognome (*m.*) last name
cugina, cugino cousin
dollaro dollar
farmacia pharmacy
fotografia, foto photograph
gatto cat
gelato ice cream
latte (*m.*) milk
lavoro job
lezione lesson; class
lira lira (*Italian currency*)
macchina car
motocicletta, moto motorcycle
museo museum
negozio shop, store
nome (*m.*) name; noun
ospedale (*m.*) hospital
panino sandwich; hard roll
parola word
parente (*m.*) relative
piazza square
ristorante (*m.*) restaurant
scuola school
soldi (*m. pl.*) money
stadio stadium
stazione station
stipendio salary
studente (*m.*) student
studentessa (*f.*) student
supermercato supermarket
tè (*m.*) tea
treno train
ufficio postale post office
università university
via street
viale (*m.*) avenue
vino wine
zia aunt
zio (*pl.* **zii**) uncle

PRONOMI

io I
noi we

lei she
lui he
Lei you (*form.*)
voi you (*pl. fam.*)
Loro you (*pl. form.*)

AGGETTIVI

buono good

ALTRE PAROLE ED ESPRESSIONI

a at; in; to
a destra to the right
a sinistra to the left
allora then
c'è there is, is there
che... what . . . , what a . . .
come va? how is it going?
con with
di of
diritto straight ahead
dove where
   dov'è...? where is . . . ?
   dove sono...? where are . . . ?
e, ed (*before vowels*) and
finalmente at last
in in
lontano far
ma but
non not
o or
poi then
proprio just, really
solo only
tra between
va bene? is that OK?
vicino, qui vicino near, nearby; close by

CAPITOLO

2

COME SIAMO?

Roma: una fotografia in Piazza di Spagna.

VOCABOLARIO PRELIMINARE

Dialogo-lampo

JOANN: Ciao, sono in stazione, binario* otto!
FRANCESCA: Bene! Ma... come sei?
JOANN: Sono alta, bionda, ho i capelli lunghi.†
FRANCESCA: Non c'è problema!

Un aggettivo per tutti (An Adjective for Everyone)

allegro cheerful
alto tall
antipatico unpleasant,
   disagreeable
basso short
bello beautiful, handsome
bianco white
biondo blond
bravo good, able
bruno dark
brutto ugly, plain
cattivo bad, naughty
giovane young
grande big

grasso fat
intelligente intelligent
magro thin
piccolo small
simpatico nice
stupido stupid
triste sad
vecchio old

AGGETTIVI DI NAZIONALITÀ‡

africano African
americano American
canadese Canadian

cinese Chinese
coreano Korean
francese French
giapponese Japanese
inglese English
irlandese Irish
italiano Italian
messicano Mexican
polacco Polish
russo Russian
spagnolo Spanish
tedesco German

---

*track
†*i... long hair*
‡Adjectives of nationality are not capitalized in Italian.

PAROLE-EXTRA

Per descrivere caratteristiche psicologiche

annoiato	bored		**gentile**	kind
ansioso	anxious		**nervoso**	nervous
arrabbiato	angry		**noioso**	boring
avaro	stingy		***ospitale**	hospitable
calmo	calm, relaxed		**preoccupato**	worried
deluso	disappointed, frustrated		***soddisfatto**	satisfied
depresso	depressed		**solo**	alone, lonely
divertente	amusing, entertaining		**stanco**	tired
eccitato	excited		**stressato**	stressed
entusiasta	enthusiastic		***sensibile**	sensitive
*felice	happy		**serio**	serious
generoso	generous			

ESERCIZI

A **Ideali.** What qualities do you desire in your **amico ideale**? Pick at least four adjectives from the preceding lists. Start your statement with **Il mio** (*My*) **amico ideale è...**

ESEMPIO: Il mio amico ideale è intelligente, simpatico, divertente e sensibile.

Now complete the following statements.

Il mio professore ideale è...
Il mio compagno di stanza (*roommate*) ideale è...

B **Quale nazionalità?** A friend is telling you about the new people at the International House. Give their nationality, as in the example.

ESEMPIO: Karol è di Varsavia (*Warsaw*). → È polacco.

1. Li è di Pechino.
2. José è di Barcellona.
3. Vladimir è di Mosca (*Moscow*).
4. La professoressa Dupuy è di Parigi (*Paris*).
5. Walter è di Bonn.
6. Ako è di Tokio.
7. Il professor Lee è di Seoul.
8. Pablo è di Città del Messico.

---

*To form the opposite of the adjectives with an asterisk, place **in-** before the word. For example, **felice** → **infelice**.

C **Come sono** (*What are they like*)? Describe each person using at least three expressions from the **Vocabolario preliminare.**

ESEMPIO: Billy Joel → Billy Joel è americano; è bravo e simpatico!

1. Michael Jordan
2. Elvis Stojko
3. Sting
4. Luciano Pavarotti
5. Danny DeVito
6. Liam Neeson
7. Nelson Mandela
8. Il papa (*The pope*)

D **Secondo me** (*In my opinion*)... People's opinions can diverge. Alternating with your partner, express your disagreement as in the example.

ESEMPIO: David Letterman / simpatico →
s1: Secondo me, David Letterman è simpatico.
s2: No, secondo me è antipatico!

1. Woody Allen / divertente
2. Ross Perot / intelligente
3. Drew Barrymore / felice
4. Francis Ford Coppola / stressato
5. Barbara Walters / sensibile
6. Eddie Murphy / brutto

—Io non sono vegetariano, e tu?

IN ASCOLTO

Nuovi (*New*) **compagni di stanza.** Listen to the three conversations between students comparing their new roommates. Then complete the sentences according to what you've heard. Don't worry if you don't understand every word; listen for key words from the **Vocabolario preliminare.**

1. La nuova compagna di stanza di Laura è _____.
   a. bionda **b.** bruna **c.** bassa
2. Pietro è _____.
   a. alto **b.** antipatico **c.** basso
3. La compagna di stanza di Francesca è _____.
   a. irlandese **b.** inglese **c.** francese

GRAMMATICA

A Aggettivi

ALBERTO: È simpatica Giovanna?
ROSARIA: Sì, è una ragazza molto simpatica e anche intelligente e sensibile.
ALBERTO: E Paolo com'è?
ROSARIA: È carino, alto e bruno. È un ragazzo intelligente ma non molto simpatico.

1. In English, adjectives have only one form: *tall, intelligent.* In Italian most have either four forms or two forms, depending on their masculine singular ending.

a. Adjectives whose masculine singular form ends in **-o** have four endings.

	SINGOLARE	PLURALE
Maschile	**-o** alt**o**	**-i** alt**i**
Femminile	**-a** alt**a**	**-e** alt**e**

As with feminine nouns, feminine adjectives ending in **-ca** have the plural ending **-che**.

    simpatica, simpatiche   tedesca, tedesche

And most adjectives ending in **-io** have only one **i** in their masculine plural endings.

    vecchio, vecchi   grigio (*gray*), grigi

b. Adjectives whose masculine singular form ends in **-e** have two endings.

ALBERTO: Is Giovanna nice? ROSARIA: Yes, she's a very nice young woman and (she's) also intelligent and sensitive. ALBERTO: And Paolo, what's he like? ROSARIA: He's cute, tall, and has dark hair. He's an intelligent young man but not very nice.

	SINGOLARE	PLURALE
Maschile e Femminile	**-e** intelligent**e**	**-i** intelligent**i**

2. Adjectives agree in gender and number with the nouns they modify. ATTENZIONE! This does not mean that the endings always have the same form.

È un uomo bell**o** e intelligent**e**.	*He's a handsome and intelligent man.*
Queste donne sono bell**e** e intelligent**i**.	*These women are good-looking and intelligent.*

3. Most adjectives follow the noun they modify.

una persona avara	*a stingy person*
due lezioni facili	*two easy lessons*

Colors are among these adjectives.

azzurro *blue*	marrone (*inv.*) *brown*
bianco (*m. pl.*, bianchi) *white*	nero *black*
castano *light brown*	rosso *red*
grigio *gray*	verde *green*

Piera ha gli occhi azzurri e i capelli neri.	*Piera has blue eyes and black hair.*

4. Demonstrative adjectives, such as **questo/a/i/e** (*this, these*), and adjectives indicating quantity, such as **quanto/a/i/e** (*how much, how many*) or **molto/a/i/e** (*much, a lot of, many*), always precede the noun.

Quanti bicchieri abbiamo?	*How many glasses do we have?*
Ho molti panini e molte aranciate.	*I have a lot of sandwiches and orange sodas.*

In addition, the following commonly used adjectives often precede the nouns they modify.*

bello	piccolo
brutto	altro (*other*)
buono	bravo (*good, able*)
cattivo	stesso (*same*)
grande	vecchio
caro (*dear, expensive*)†	

—È un vino molto, molto **vecchio...**

Hanno una bella casa.	*They have a beautiful house.*
Mario è un bravo professore.	*Mario is a good teacher.*

*This rule on position is not ironclad. These adjectives, with the exception of **altro** (*other*), can also follow the noun when emphasis is desired.

Una pizza grande o una pizza piccola?

†When **caro** means *dear* it precedes the noun; when it means *expensive* it follows the noun.

un **caro** ragazzo	*a dear boy*
un'automobile **cara**	*an expensive car*

5. When modified by such adverbs as **molto** (*very*) and **piuttosto** (*rather*), *all* adjectives follow the noun.

Hanno una casa molto bella.	*They have a very beautiful home.*
È un professore molto bravo.	*He's a very good teacher.*
Ecco due esercizi piuttosto facili.	*Here are two rather easy exercises.*

ATTENZIONE! Adverbs are invariable in form: they do not make gender and number agreements as adjectives do.

Hanno molte (*adj.*) case.	*They have many houses.*
Questa casa è molto (*adv.*) vecchia.	*This house is very old.*

6. The adjective **buono** has the regular forms **buono** and **buona** in the singular when it follows the noun it modifies or the verb **essere**. It is always regular in the plural: **buoni** and **buone**.

Questo ristorante non è buono.	*This restaurant isn't good.*
Sono due buoni bambini.	*They're two good children.*

Esercizi

A **Un giro** (*tour*) **in città.** You are a tour guide leading a group of inquisitive travelers. Following the example, point out famous landmarks in response to their questions. Work with a partner. Use **C'è** (*Is there*) in the question.

> ESEMPIO: museo →
> s1: C'è un museo in questa via?
> s2: Sì, ecco un museo famoso!

1. ristorante
2. chiesa
3. stadio
4. bar
5. stazione
6. università
7. cinema
8. piazza

B **Il contrario.** You and your friend Carlo do not see eye to eye today. Give the opposite of everything Carlo says.

> ESEMPIO: Che brutta stazione! → Che bella stazione!

1. Che buon odore!
2. Che cane nervoso!
3. Che bella bicicletta!
4. Che ragazzi allegri!
5. Che bambina felice!
6. Che chiese grandi!
7. Che ragazzo sensibile!
8. Che bambini buoni!

C **Due amici.** Describe Patrizia and Giorgio to the class. Complete the following passages by supplying the correct endings to the incomplete words.

1. Patrizia è una ragazza molt_____[1] simpatic_____[2] È generos_____[3] e divertent_____[4] ed è sempre allegr_____[5] Ha molt_____[6] amiche: amiche italian_____[7] american_____[8] frances_____[9] ingles_____[10] tedesc_____[11]

2. Giorgio ha un lavoro molt_____¹ buon_____² in un negozio di moto-
ciclette molt_____³ grand_____.⁴ Ha un appartamento molt_____⁵
bell_____⁶ e una moto molt_____⁷ bell_____,⁸ ma è molt_____⁹
avar_____¹⁰!

D **Quale nazionalità?** You have media idols confused today. Working in
pairs, ask your classmate each question. He/She will answer in the
negative and then offer the correct information.

> ESEMPIO: s1: Clint Eastwood è tedesco?
>   s2: No, non è tedesco; è americano.

1. Oprah Winfrey è canadese?
2. Daniel Day-Lewis è cinese?
3. Cecilia Bartoli è spagnola?
4. Fergie e Diana sono tedesche?

5. Clinton e Gore sono coreani?
6. Gerard Depardieu è italiano?
7. Isabella Rossellini è francese?
8. Yeltsin è polacco?

B Superlativo assoluto

> MARK: Sono stanchissimo e ho anche molta fame!
> ALBERTO: Sei fortunato... sono un bravissimo
>   cuoco! A casa c'è un arrosto buonissimo!

The absolute superlative (e.g., very good, extremely intelligent, quite old) can
be formed in two ways.

a. by dropping the final vowel of the masculine plural form of the adjective and adding **-issimo (-issima, -issimi, -issime)**

bravo	→ bravi	→ bravissimo	*(very good)*
triste	→ tristi	→ tristissimo	*(very sad)*
stanco	→ stanchi*	→ stanchissimo	*(very tired)*

Ecco una piazza famosissima.   *Here's a very famous square.*
Ecco due chiese vecchissime.   *Here are two very old churches.*

b. by using adverbs such as **molto** and **estremamente** before the adjective

È un ragazzo estremamente
  sensibile.   *He's an extremely sensitive boy.*

È una bambina molto allegra.   *She is a very happy child.*

MARK: I'm really tired and very hungry.   ALBERTO: You're lucky . . . I'm an excellent cook! At
home there's a very good roast.

*Variations in plural forms are indicated in the **Parole da ricordare** sections. You will learn more
about irregular plurals in **Capitolo 15**.

ATTENZIONE! All adjectives modified by **-issimo** have four forms, even if the original adjective has only two. Observe the following:

Lamberto è intelligente; anche
   Donata è intelligente.

Lamberto is smart; Donata is
   smart, too.

ma

Lamberto è intelligentissimo;
   anche Donata è
   intelligentissima.

Lamberto is very smart;
   Donata is very smart, too.

ESERCIZI

A **Caratteristiche.** Gianpaolo is talking about some friends and relatives. What are they like? Transform his statements as in the example.

> ESEMPIO: Simone è un bambino piccolo. →
> È un bambino piccolissimo.

1. Papà (*Dad*) è alto.
2. Daniela ha i capelli corti (*short*).
3. La nonna (*Grandmother*) è elegante.
4. Le mie (*My*) zie sono gentili.
5. I miei (*My*) gatti sono grassi.
6. La mia ragazza (*My girlfriend*) è sensibile.
7. Il nonno (*Grandfather*) è simpatico.
8. Le bambine di Daniela sono allegre.

B **Personalità del cinema.** Working with a partner, ask questions about the following people. Answer using **certo** (*sure*) and a form of the absolute superlative.

> ESEMPIO: Holly Hunter (brava) →
> s1: È brava Holly Hunter?
> s2: Certo, è bravissima!

1. Denzel Washington (bravo)
2. Angelica Huston (seria)
3. Robin Williams (divertente)
4. Bernardo Bertolucci (famoso)
5. Rosie Perez (carina)
6. Sophia Loren (bella)
7. Spike Lee (intelligente)
8. Joe Pesci (buffo [*funny*])

C **In città.** You're out walking around town. Alternating with a partner, indicate your agreement with his or her observations. Use **molto** or **estremamente** in your responses.

> ESEMPI: stadio / grande →
> s1: Che stadio grande!
> s2: Hai ragione; è uno stadio molto grande.

negozi / caro →
s2: Che negozi cari!
s1: Hai ragione; sono (*they are*) negozi estremamente cari.

1. bar / piccolo
2. stazione / brutto
3. signore (*f. pl.*) / magro

4. cinema / bello
5. cani / nervoso
6. mensa (*cafeteria*) / cattivo

C Presente di **essere**

	SINGOLARE			PLURALE	
(io)	sono	*I am*	(noi)	siamo	*we are*
(tu)	sei	*you are (fam.)*	(voi)	siete	*you are (fam.)*
(Lei)	è	*you are (form.)*	(Loro)	sono	*you are (form.)*
(lui)		*he is*	(loro)*		
(lei) }	è	*she is*	(—) }	sono	*they are*
(—)		*it is*			

1. Like the verb **avere, essere** is irregular in the present tense. Note that the form **sono** is used with both **io** and **loro.**

Sono un ragazzo italiano.
Non sono annoiati.
È un esercizio facile.
Noi siamo pronti; voi siete pronti?

I am an Italian boy.
They are not bored.
It's an easy exercise.
We are ready; are you ready?

2. **Essere** is used with **di** + *name of a city* to indicate city of origin (the city someone is from). To indicate country of origin, an adjective of nationality is generally used: *He is from France = He is French =* **È francese.**

Io sono di Chicago; tu di dove sei?

I'm from Chicago; where are you from?

---

*The pronouns **loro, lui,** and **lei** are used for people only, not for things.

In **Capitolo 5** you will learn how to indicate your state of origin.

3. **Essere** + **di** + *proper name* is used to indicate possession. No apostrophe *s* is used in Italian to indicate possession: *It is Anna's = It is of Anna* = **È di Anna.**

> Questa chitarra è di Francesco.   *This guitar is Francesco's.*

To find out who the owner of something is, ask: **Di chi è** + *singular* or **Di chi sono** + *plural.*

> Di chi è questo cane? Di chi   *Whose dog is this? Whose dogs*
>   sono questi cani?   *are these?*

ESERCIZI

A **Trasformazioni.** Replace the subject with each subject in parentheses and change the verb form accordingly.

1. Rosaria e Alberto sono in Italia. (noi / io / voi / tu / Massimo)
2. Mark non è di Firenze. (loro / Annamaria e io / tu e Stefano / Lei / Loro)

B **Dopo una festa.** You're straightening up after a party. Alternating with a partner, find out who owns the following items.

> ESEMPI: questa radio (Antonio) →
>   s1: Di chi è questa radio?
>   s2: È di Antonio.
>
>   queste foto (Luisa) →
>   s2: Di chi sono queste foto?
>   s1: Sono di Luisa.

1. questo Cd (Patrizia)	4. questi panini (Luigi)
2. questo gelato (Luciano)	5. quest'orologio (*watch*) (Giulia)
3. questi bicchieri (Anna)	6. questa bicicletta (Marco)

C **Intervista** (*Interview*). In Italian, interview a classmate to find out where he/she is from. Report what you find out to the class. Include a brief description of your classmate, using expressions from the **Vocabolario preliminare** and the **Parole-extra.**

> ESEMPIO: Ragazzi, ecco Giovanni. È canadese; è di Montreal. Giovanni è biondo, gentile e molto intelligente.

Now introduce yourself, telling where you are from and what you are like.

> ESEMPIO: Io sono Jim; sono di Detroit; sono nervoso e stressato ma simpatico.

D C'è e com'è

—C'è un telegramma per il direttore: chi è di loro due?

1. **C'è** (from **ci è**) and **ci sono** correspond to the English *there is* and *there are*. They state the existence or presence of something or someone.

C'è tempo; non c'è fretta.	*There's time; there is no hurry.*
Ci sono molti italiani a New York.	*There are many Italians in New York.*

Don't confuse **c'è** and **ci sono** with **ecco** (*here is, here are; there is, there are*), which is used when you point at or draw attention to something or someone (singular or plural).

Ecco una parola difficile!	*Here is a difficult word!*
C'è una parola difficile in questa frase.	*There's a difficult word in this sentence.*
Ecco due statue famose!	*Look at (those) two famous statues!*
Ci sono due statue famose in questa piazza.	*There are two famous statues in this square.*

C'è and **ci sono** also express the idea of *being in* or *being here/there*.

—Scusi, c'è Maria?	*Excuse me, is Maria in?*
—No, non c'è.	*No, she isn't.*
—Ci sei sabato?	*Are you here Saturday?*
—Sì, ci sono.	*Yes, I am.*

2. **Come** is used with all persons of **essere** in questions to find out what people or things are like.

Come sei?	*What are you like?*
Com'è il museo d'arte moderna?	*What is the museum of modern art like?*

In addition, **come** + **essere** is used in exclamations.

Come sei triste!	*How sad you are!*
Com'è dolce questo caffè!	*How sweet this coffee is!*
Come sono buoni questi panini!	*How good these sandwiches are!*

Notice the word order: **come** + *verb* + *adjective*. The subject, if expressed, is at the end of the exclamation.

> Com'è grande questo museo!   *How big this museum is!*

Exclamations of this kind are used much more frequently in Italian than in English.

> Com'è bella questa casa!   *This is really a nice house!*
> *My, what a lovely house!*

Esercizi

A **Quanti sono?** Answer each question using the information given in parentheses.

> ESEMPIO: C'è un aeroporto? (tre) → Sì, ci sono tre aeroporti.

1. C'è una stazione? (due)
2. C'è una chiesa? (molte)
3. C'è un supermercato? (molti)
4. Ci sono uffici postali? (uno)
5. Ci sono ospedali? (uno)
6. C'è una piazza? (cinque)
7. C'è un'università? (tre)
8. Ci sono cinema? (due)

B **La vostra** (*Your*) **città.** How many of the buildings mentioned in Exercise A are located in your hometown?

> ESEMPIO: C'è un cinema, ci sono tre supermercati, non ci sono ospedali.

C **Esclamazioni.** Laura has a matter-of-fact manner, whereas you tend to be a little more exuberant. With your partner taking the part of Laura, repeat each of Laura's statements as an exclamation.

> ESEMPIO: casa (piccolo) →
> s1: Questa casa è piccola.
> s2: Com'è piccola questa casa!

1. fotografie (brutto)
2. orologio (caro)
3. bicchieri (bello)
4. caffè (nero)
5. camerieri (gentile)
6. gatto (grasso)
7. bambina (calmo)
8. ragazze (serio)

D **Persone «ultra».** You are talking to the various people listed below. Create a full exclamation, using the indicated adjective. Begin each exclamation with **come**.

> ESEMPI: un ragazzo / alto → Come sei alto!
> due amici / intelligente → Come siete intelligenti!

1. un'amica / calmo
2. un amico / depresso
3. due signore / antipatico
4. due signori / allegro
5. due bambini / triste
6. un cugino / serio
7. un dottore / arrabbiato
8. una signora / ospitale

E Articolo determinativo

Donatella mostra a Giovanna una vecchia fotografia di famiglia.

DONATELLA: Ecco la nonna e il nonno, la zia Luisa e lo zio Massimo, papà
e la mamma molti anni fa... Carini, no?
GIOVANNA: E i due in prima fila chi sono?
DONATELLA: Sono gli zii di Chicago.

In English the definite article has only one form: *the*. In Italian **l'articolo determinativo** has different forms according to the gender, number, and first letter of the noun or adjective it precedes.

	SINGOLARE	PLURALE	
Maschile	**lo** studente **lo** zio **il** bambino **l'**amico	**gli** studenti **gli** zii **i** bambini **gli** amici	before **s** + *consonant* or **z** before other consonants before vowels
Femminile	**la** studentessa **la** zia **la** bambina **l'**amica	**le** studentesse **le** zie **le** bambine **le** amiche	before all consonants before vowels

1. Here are some rules for using definite articles.

  ♦ **Lo** (*pl.* **gli**) is used before masculine nouns beginning with **s** + *consonant* or **z**.
  ♦ **Il** (*pl.* **i**) is used before masculine nouns beginning with all other consonants.
  ♦ **L'** (*pl.* **gli**) is used before masculine nouns beginning with a vowel.
  ♦ **La** (*pl.* **le**) is used before feminine nouns beginning with any consonant.
  ♦ **L'** (*pl.* **le**) is used before feminine nouns beginning with a vowel.

2. The article agrees in gender and number with the noun it modifies and is repeated before each noun.

la Coca-Cola e **l'**aranciata	*the Coke and orange soda*
gli italiani e **i** giapponesi	*the Italians and the Japanese*
le zie e **gli** zii	*the aunts and uncles*

Donatella is showing Giovanna an old family photograph. DONATELLA: Here are Grandma and Grandpa, Aunt Luisa and Uncle Massimo, Dad and Mom many years ago . . . Cute, aren't they? GIOVANNA: Who are the two in the front row? DONATELLA: They are my aunt and uncle from Chicago.

3. The first letter of the word immediately following the article determines the article's form. Compare the following.

il giorno	*the day*
l'altro giorno	*the other day*
lo zio	*the uncle*
il vecchio zio	*the old uncle*
l'amica	*the girlfriend*
la nuova amica	*the new girlfriend*

4. In Italian, the definite article must always be used before the name of a language, except when the preposition **in**, or one of the verbs **parlare** (*to speak*) or **studiare** (*to study*) *directly* precede the name of the language; in those cases, the use of the article is optional.

Studio l'italiano.	*I study Italian.*
Parlo italiano.	*I speak Italian.*
Parlo bene l'italiano.	*I speak Italian well.*
Il film è in italiano.	*The movie is in Italian.*

5. Definite articles are used before titles when talking *about* people, but omitted when talking *to* people. Observe the following.

La signora Piazza ha fame?	*Is Mrs. Piazza hungry?*
Signora Piazza, ha fame?	*Mrs. Piazza, are you hungry?*

6. The definite article is used before the days of the week to indicate a repeated, habitual activity. Compare the following.

Domenica studio.	*I'm studying on Sunday.*
Marco non studia mai la domenica.	*Marco never studies on Sundays.*

Esercizi

A All'università. Mirella is telling a friend about the instructors in the **facoltà** (*department*) **di lingue moderne.** Complete her sentences with the appropriate forms of the definite article.

ESEMPIO: <u>La</u> professoressa Shen insegna (*teaches*) <u>il</u> cinese. È simpatica e molto seria.

1. _____ professor Martín insegna _____ spagnolo. È un po' noioso.
2. _____ professoresse Moeller e Schmidt insegnano _____ tedesco; hanno scritto (*they wrote*) _____ libro utilizzato in questa facoltà.
3. _____ dottor Reynolds insegna _____ inglese; è piuttosto antipatico.
4. _____ signorina Rochester è assistente; prepara _____ esami e riceve (*sees*) _____ studenti.
5. _____ professori Brunetti e Vignozzi insegnano _____ italiano. Sono simpatici!
6. _____ signor Collard e _____ signorina Laurent sono assistenti; insegnano _____ francese. Sono molto divertenti.

B **La famiglia di Piero.** Complete the exercise, using the correct form of the definite article.

Ecco _____¹ famiglia di Piero. _____² uomini (*men*) sono tutti (*all*) alti e bruni, ma _____³ donne sono bionde e piuttosto basse. _____⁴ zii e _____⁵ zie di Piero sono molti e anche _____⁶ cugini. _____⁷ bambini di Piero hanno sette e nove anni, _____⁸ bambina è molto divertente. _____⁹ parenti di Piero sono tutti simpatici. (E anche _____¹⁰ cane Fido!)

C **È l'unico!** You are a native of a small town. With your partner taking the part of a big-city visitor, answer each question by stating that there is only one (**l'unico/a**) of the things he/she is looking for.

ESEMPIO: ristorante →
　　　　s1: Dove sono i ristoranti?
　　　　s2: Ecco il ristorante; è l'unico.

1. ospedale
2. ufficio postale
3. banca
4. museo
5. cinema
6. bar
7. chiesa
8. stadio

F **Bello e quello**

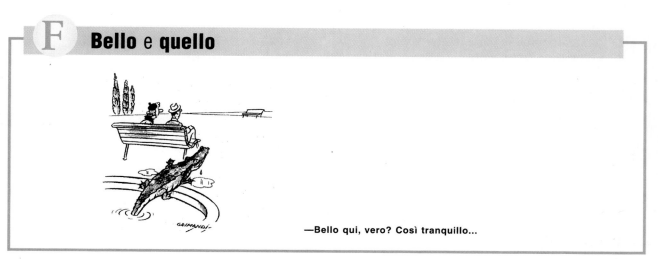

—Bello qui, vero? Così tranquillo...

1. The adjectives **bello** (*beautiful, handsome, nice, fine*) and **quello** (*that*) have shortened forms when they precede the nouns they modify. Note that the shortened forms are similar to endings of the definite article.

	SINGOLARE	PLURALE	
Maschile	bello / quello bel / quel bell' / quell'	begli / quegli bei / quei begli / quegli	before **s** + *consonant* or **z** before other consonants before vowels
Femminile	bella / quella bell' / quell'	belle / quelle belle / quelle	before all consonants before vowels

Chi è quel bell'uomo?	*Who's that handsome man?*
Che bei capelli e che begli occhi!	*What beautiful hair and eyes!*
Quell'americana è di Boston.	*That American woman is from Boston.*
Quelle case sono vecchie.	*Those houses are old.*

2. **Bello** retains its full form when it follows the noun it modifies or the verb **essere.**

Un ristorante bello non è sempre buono.	*An attractive restaurant is not always good.*
Quel ristorante è bello.	*That restaurant is attractive.*

ESERCIZI

Ⓐ Proprio quelli. Give the correct form of **quello.**

ESEMPIO: Quei ragazzi sono tedeschi.

1. _____ foto è vecchia.
2. _____ automobile verde è una Volvo.
3. Come sono soddisfatti _____ avvocati (*lawyers*)!
4. È irlandese _____ studente?
5. È buona _____ mensa?
6. _____ bambini hanno i capelli rossi.
7. _____ ospedale è grande.
8. Com'è bello _____ negozio!

Ⓑ Com'è bella l'Italia! Claudia is very impressed by Italy and Italians, but you are even more impressed. Expand on Claudia's exclamations by adding the appropriate form of **bello.**

ESEMPIO: Che macchina! → Che bella macchina!

1. Che tempo!
2. Che negozi!
3. Che albergo!
4. Che automobile!
5. Che biciclette!
6. Che chiesa!
7. Che zoo!
8. Che occhi e che capelli!

Ⓒ Persone gentili. Pay compliments to a classmate, using the appropriate form of **bello.** Here are some words you may need to use.

ESEMPIO: Laura, che bella maglietta e che bei pantaloni!

Parole utili: capelli, felpa (*sweatsuit*), giacca (*jacket*), golf (*sweater*), gonna (*skirt*), maglietta (*T-shirt*), occhi, orologio, pantaloni (*m. pl., pants*), scarpe (*shoes*), stivali (*m. pl., boots*), vestito (*dress*)

PICCOLO RIPASSO

A **Ecco!** You are pointing out people and things to a new classmate. Give the correct indefinite article in the first blank and the correct definite article in the second blank.

> ESEMPIO: Ecco una bicicletta; è la bicicletta di Roberto.

1. Ecco _____ donna simpatica e intelligente; è _____ madre di Vincenzo.
2. Ecco _____ automobile nuova; è _____ automobile di Laura.
3. Ecco _____ studente entusiasta; è _____ studente canadese.
4. Ecco _____ signore arrabbiato; è _____ zio di Adriano.
5. Ecco _____ ragazza felice; è _____ altra cugina di Giulia.
6. Ecco _____ bicchiere elegante; è _____ stesso tipo che (*that*) abbiamo noi.
7. Ecco _____ scooter nero; è _____ scooter di Susanna.
8. Ecco _____ studentessa ansiosa; è _____ ragazza di Claudio.

B **Solo uno...** Gianpaolo seems to be seeing double today. Alternating with a partner, tell him that you see only one of the people or things he mentions. Use **Vedi** (*Do you see*) . . . and **Vedo solo** (*I see only*) . . . in your questions and answers.

> ESEMPIO: le belle biciclette →
> s1: Vedi quelle belle biciclette?
> s2: Vedo solo una bella bicicletta!

1. i bei bambini
2. i professori delusi
3. le belle foto
4. le ragazze annoiate

5. gli uomini magri
6. le signore irlandesi
7. i cani nervosi
8. le automobili giapponesi

C **Avere o essere?** Alternating with a partner, ask questions using either **avere** or **essere,** according to the example.

> ESEMPIO: voi / un cane (un gatto) →
> s1: Voi avete un cane?
> s2: No, non abbiamo un cane; abbiamo un gatto.

1. lui / caffè (tè)
2. voi / di Milano (di Bologna)
3. Lei / vent'anni (ventun anni)
4. tu / fame (sete)

5. Paola / bionda (bruna)
6. quei bambini / un insegnante (*teacher*) messicano (un insegnante coreano)

D **Altissimi!** Paola has just returned from New York; she's describing the city to a friend. Paraphrase her statements using an alternate form of the **superlativo assoluto.**

> ESEMPIO: I grattacieli (*skyscrapers*) sono molto alti. →
> I grattacieli sono altissimi.

1. La città è molto grande.
2. I ristoranti sono carissimi.
3. La metropolitana (*subway*) è molto efficiente.
4. Le persone sono estremamente stressate.
5. L'aeroporto è molto brutto.
6. I musei sono bellissimi.

DIALOGO

ESPRESSIONI UTILI

Ben arrivato!	Welcome!
Non preoccuparti!	Don't worry!
Questo e altro!	Anything you want!

Aeroporto della Malpensa a Milano.
Mark è in una cabina telefonica; è solo,
stanco, un po' preoccupato ma anche
eccitato. È il primo viaggio in Italia! Ha
un numero di telefono: l'amico di un
amico di un amico...

Pronto? Sono in una cabina telefonica...

ROSARIA: Pronto!

MARK: Buon giorno. Sono Mark, l'amico di David. C'è Alberto per favore?

ROSARIA: Ciao Mark! Ben arrivato! Sì, Alberto è qui... Eccolo!°   *Here he is!*

ALBERTO: Ehi Mark! Come va? Dove sei?

MARK: Tutto bene, grazie! Sono all'aeroporto. Come arrivo lì?°   *there*

ALBERTO: Vengo io° in macchina, non preoccuparti!   *I am coming*

MARK: Grazie mille... ma non c'è un autobus?

ALBERTO: Sì, ma per l'amico di David... questo e altro! Piuttosto, come sei?
         Alto, basso, biondo, bruno...

MARK: Sono di statura media,° ho i capelli neri e ricci,° la barba° e gli   *di... of average height / curly / beard*
      occhiali°... e tu?   *glasses*

ALBERTO: Io ho i capelli castani e un po'° grigi, i baffi° e una bellissima   *a bit / moustache*
         cravatta° verde! Sono lì in mezz'ora!°   *tie / half an hour*

SI DICE COSÌ!

Pronto! Italians answer the phone in different ways.

Pronto!	Hello!
Pronto, chi parla?	Hello, who is speaking?
Sì?	Yes?
Casa Rossi!	Rossi residence!

The reply is usually: **Buon giorno, sono...** Literally, **pronto** means *ready* or *quick*.

Non sono ancora pronto.	*I am not ready yet.*
Luca ha sempre la risposta pronta.	*Luca is always quick to answer.*

TOCCA A TE!

Call a friend in Italy! Alternating with a partner, practice making phone calls.

ESEMPIO: Call Sandro in Genoa. It's before noon.
  s1: Pronto!
  s2: Buon giorno, c'è Sandro per favore?
  s1: Ma... chi parla?
  s2: Sono un amico americano...

1. Call Cinzia and Daniela. It's just past dinner time.
2. Call Professor (*f.*) De Mauro. It's morning.
3. Call Stefano, a friend of a friend. It's late evening.
4. Call Mr. Lusetti. It's before noon.

E ORA A VOI

Ⓐ **L'amico di un amico.** Where is Mark? What's he like? What's Alberto like? Complete the following sentences.

1. Mark è in una _____.
2. Mark è un po' preoccupato ma anche _____.
3. Mark ha i capelli _____.
4. Alberto ha i capelli _____.
5. Alberto ha una bellissima _____.

Ⓑ **Sono di statura media...** Like Mark, you're in a phone booth and you need to tell a friend of a friend what you look like. Choose the appropriate expressions.

SONO

di statura media	bruno/a
alto/a	piuttosto magro/a
basso/a	un po' grasso/a
biondo/a	

HO	HO GLI OCCHI	HO I CAPELLI
la barba	verdi	rossi
i baffi	azzurri	lunghi
una treccia (*braid*)	grigi	corti (*short*)
la coda di cavallo (*ponytail*)	neri	ricci
la frangia (*bangs*)	castani	lisci (*straight*)
gli occhiali		

In ASCOLTO

Com'è? Come sono? Rosanna is picking up some people at the train station. Take a moment to look over the statements, then listen carefully, and check off the information that applies.

1. Fabio è:
   _____ alto.
   _____ magro.
   _____ elegante.
2. I bambini del signor Winkler:
   _____ sono biondi.
   _____ sono piccoli.
   _____ hanno gli occhi verdi.
3. La signora Manfredi ha gli occhi:
   _____ verdi.
   _____ molto azzurri.
   _____ nerissimi.

4. Roberto è:
   _____ italiano.
   _____ americano.
   _____ africano.
5. La signorina Mori:
   _____ ha gli occhi neri.
   _____ è sensibile.
   _____ è gentilissima.

LETTURA

GUIDA ALLA LETTURA

Remember that there is more than one way to approach a text, depending on your reasons for reading it. As you already know, your goal in these first **letture** is not to understand every word or to master every grammatical construction. You're simply trying to get a feel for the language and to grasp the main points of the passage.

One technique that can be very useful is anticipating content—that is, trying to predict the content of a text. This reading is entitled **Milano e i milanesi.** Pause for a moment and think. What might this passage be about? You can surely expect to find some information about life in Milan, and about the people who live there. Before you read the passage, make a quick list of the types of information you might expect to find in it. Once you have finished reading the passage, compare your list with the information you read. Were you generally on target?

Approaching a text with some general thoughts about its content will make your reading more productive and efficient.

ESPRESSIONI UTILI

Per forza!	No wonder!
Bella vita!	(What a) great life!
Non è così semplice!	It's not that easy!
È tutta da scoprire!	It's all (waiting) to be discovered!
di nuovo	again

Mark is relaxing during his visit to Milan: he's seated in a **caffè** near the Teatro alla Scala, jotting down in his travel diary impressions of the city and of his friend Alberto.

MILANO E I MILANESI

Quanto mi piace Milano!

Cinque giorni a Milano e sono già innamorato di° due milanesi. Per forza! Alberto è simpaticissimo, sempre entusiasta, informato di tutti gli eventi culturali, aperto,° disponibile,° divertente... Rosaria, la moglie, è allegra, ospitale, anche lei sempre impegnata° in varie attività. Hanno milioni di amici in tutta Italia, e in tutto il mondo:° russi, inglesi, tedeschi, somali, messicani... Fanno° video culturali in vari paesi.° Bella vita!

già... / already in love with

open / helpful

engaged

world

they make / vari... different countries

«Ma no, non è così semplice,» dice Alberto, «molte volte sono stanco, insoddisfatto, deluso... non ho abbastanza° tempo per gli amici. La vita a Milano è interessante ma anche difficile. Un po' come a New York.»

enough

«Forse... ma per me Milano e i milanesi sono fantastici!»

«Sì, Milano è unica, ma così è Napoli, Palermo, Roma, Venezia, Genova... Sono tutte città fantastiche; e anche le piccole città come Mantova, Verona, Padova, Spoleto, Amalfi, Assisi... L'Italia è tutta da scoprire!»

L'entusiasmo di Alberto è contagioso. Domani sono di nuovo in viaggio.

E ORA A VOI

A **Non è così semplice...**

1. Secondo Mark, Alberto è _____.
   a. simpatico ma un po' noioso
   b. disponibile e informato
   c. non molto aperto
2. Secondo Mark, Rosaria è _____.
   a. attiva e ospitale
   b. troppo triste
   c. allegra ma piuttosto pigra
3. Secondo Alberto, _____.
   a. la vita a Milano è molto facile
   b. le città italiane sono tutte da scoprire
   c. solo le grandi città sono interessanti

B **Com'è grande il mondo!** Match the nationalities of column A with the countries of column B. Guess the English equivalents!

	A		B
1.	_e_ danese	a.	Australia
2.	___ norvegese	b.	Egitto
3.	___ greco	c.	Somalia
4.	___ austriaco	d.	Svezia
5.	___ egiziano	e.	Danimarca
6.	___ algerino	f.	Norvegia
7.	___ australiano	g.	Austria
8.	___ svedese	h.	Filippine
9.	___ israeliano	i.	Svizzera
10.	___ palestinese	j.	Algeria
11.	___ somalo	k.	India
12.	___ indiano	l.	Israele
13.	___ filippino	m.	Grecia
14.	___ svizzero	n.	Palestina

PAROLE DA RICORDARE

VERBI

essere to be

NOMI

il bambino, la bambina child; little boy, little girl
i capelli (*m. pl.*) hair
il compagno/la compagna di stanza roommate
la donna woman
la famiglia family
la madre, la mamma mother, mom
la mensa cafeteria
il nonno, la nonna grandfather, grandmother
l'occhio eye
l'orologio watch, clock
il padre, il papà father, dad
il ragazzo, la ragazza boy, girl; young man, young woman; boyfriend, girlfriend
il tempo time
l'uomo (*pl.* **gli uomini**) man

AGGETTIVI

africano African
allegro cheerful
alto tall, high
altro other
americano American
antipatico (*m. pl.* **antipatici**) unpleasant, disagreeable

azzurro blue
basso short (*in height*)
bello beautiful; handsome
bianco (*m. pl.* **bianchi**) white
biondo blond
bravo good, able
bruno dark
brutto ugly
canadese Canadian
carino pretty, cute
caro expensive; dear
castano light brown
cattivo bad; naughty
cinese Chinese
coreano Korean
corto short (*in length*)
difficile difficult
elegante elegant
facile easy
famoso famous
francese French
giapponese Japanese
giovane young
grande big, great, large
grasso fat
grigio gray
inglese English
intelligente intelligent
irlandese Irish
italiano Italian
lungo (*m. pl.* **lunghi;** *f. pl.* **lunghe**) long
magro thin
marrone (*inv.*) brown
messicano Mexican
molto much, many, a lot of

nero black
nuovo new
piccolo small, little
polacco (*m. pl.* **polacchi**) Polish
quanto how much, how many
quello that
questo this, these
rosso red
russo Russian
simpatico (*m. pl.* **simpatici**) nice, likable
spagnolo Spanish
stanco (*m. pl.* **stanchi**) tired
stesso same
stupido stupid
tedesco (*m. pl.* **tedeschi**) German
triste sad
vecchio old
verde green

ALTRE PAROLE ED ESPRESSIONI

anche also, too
c'è, ci sono... there is, there are . . .
come how
  com'è, come sono? what's he/she/it like? what are they like?
di dove sei (è)? where are you from?
molto (*inv.*) very, a lot
piuttosto (*inv.*) rather

STUDIARE IN ITALIA

IN BREVE

Domani ricominciamo la scuola...

VOCABOLARIO PRELIMINARE

Dialogo-lampo

MARCO: Io faccio* Economia e
Commercio, per i soldi.
E tu, che facoltà fai?†

ANDREA: Io faccio medicina... per passione.

il corso course, class
la facoltà school, department
la materia subject
gli orali oral exams
gli scritti written exams
il semestre, il trimestre
    semester, quarter

ALCUNE FACOLTÀ UNIVERSITARIE

l'antropologia anthropology

l'architettura architecture
(l')economia e (il) commercio
    economics and business
la giurisprudenza law
l'ingegneria engineering
(le) lettere literature, liberal
    arts
**(le) lingue e (le) letterature
straniere** foreign
    languages and literature
la matematica mathematics

la medicina medicine
la psicologia psychology
le scienze politiche political
    science
la sociologia sociology
(la) storia e (la) filosofia
    history and philosophy

PAROLE-EXTRA

Altre materie di studio (Other Subjects of Study)

l'arte drammatica dramatic
    art, theatre
l'astronomia astronomy
la biologia biology
la chimica chemistry
il cinema film

l'educazione fisica physical
    education
la fisica physics
l'informatica computer
    science

**la scienza delle
    comunicazioni**
    communication, mass
    media
la storia dell'arte art history

---

*faccio = *I'm taking, I'm studying, I'm majoring in*
†che... *what's your major?*

ESERCIZI

A **Per quale corso?** Identify the courses in which these topics might be discussed.

ESEMPIO: *atmosfera e spazio* → in un corso di astronomia

1. l'esistenzialismo in Europa
2. le banche e gli investimenti
3. *La primavera* di Botticelli
4. l'evoluzione della specie
5. i capolavori (*masterpieces*) di Frank Lloyd Wright
6. la dinamica della famiglia
7. le funzioni digestive
8. le teorie di Einstein e Heisenberg
9. il greco moderno
10. Fellini, Visconti e Antonioni

B **In una libreria.** Now imagine you work in the campus bookstore. Match the books with the course titles.

A	B
1. _____ *Stanislavksi e il teatro*	**a.** l'informatica
2. _____ *Lo sport e i bambini*	**b.** la biologia
3. _____ *I media d'oggi*	**c.** la sociologia
4. _____ *La struttura cellulare*	**d.** la chimica
5. _____ *La trigonometria*	**e.** la matematica
6. _____ *L'intelligenza artificiale*	**f.** l'arte drammatica
7. _____ *I gas nobili*	**g.** la scienza delle comunicazioni
8. _____ *La società post-industriale*	**h.** l'educazione fisica

C Conversazione.

1. Quante e quali (*what*) sono le facoltà di quest'università (questo *college*)?
2. Ha gli orali questo semestre? Ha gli scritti? In quali materie?
3. Ha una materia preferita? Quale?
4. Quale, secondo Lei, è una materia noiosa?
5. Alcuni (*A few*) stereotipi: come sono gli studenti di ingegneria? di lettere? di giurisprudenza? di educazione fisica? di arte drammatica?

 IN ASCOLTO

Che facoltà fai? Several young people tell what they're studying and what they plan to become. You'll hear each statement twice. Listen carefully, then indicate whether the combination of majors and professions is logical or illogical.

	LOGICO	ILLOGICO
1.	❑	❑
2.	❑	❑
3.	❑	❑
4.	❑	❑
5.	❑	❑

GRAMMATICA

A Presente dei verbi in -are

LUCIANO: Noi siamo una famiglia d'insegnanti e di studenti: la mamma insegna matematica in una scuola media, papà è professore di francese, Gigi e Daniela frequentano le elementari ed io frequento l'università (studio medicina). Tutti studiamo e lavoriamo molto. Soltanto il gatto non studia e non lavora. Beato lui!

1. The infinitives of all regular verbs in Italian end in **-are, -ere,** or **-ire** and are referred to as first, second, or third conjugation verbs, respectively. In English the infinitive (**l'infinito**) consists of *to + verb*.

   lavor**are** (*to work*)   ved**ere** (*to see*)   dorm**ire** (*to sleep*)

2. Verbs with infinitives ending in **-are** are called first conjugation, or **-are,** verbs. The present tense of a regular **-are** verb is formed by dropping the infinitive ending **-are** and adding the appropriate endings to the resulting stem. There is a different ending for each person.

lavorare (*to work*) INFINITIVE STEM: **lavor-**	
Singolare	*Plurale*
lavor**o** *I work, am working* lavor**i** *you (fam.) work, are working* lavor**a** *you (form.) work, are working* lavor**a** he / she / it *works, is working*	lavor**iamo** *we work, are working* lavor**ate** *you (fam.) work, are working* lavor**ano** *you (form.) work, are working* lavor**ano** *they work, are working*

Note that in the third person plural the stress falls on the same syllable as in the third person singular form.

LUCIANO: We are a family of teachers and students: Mother teaches math in a junior high school, Dad is a French instructor, Gigi and Daniela go to elementary school, and I go to the university (I study medicine). We all study and work a lot. Only the cat doesn't study or work all day. Lucky him!

3. The present tense in Italian corresponds to three English present tense forms.

Studio la lezione.	*I study the lesson.* *I am studying the lesson.* *I do study the lesson.*

4. Other **-are** verbs that are conjugated like **lavorare** are

abitare *to live*	imparare *to learn*
arrivare *to arrive*	insegnare *to teach*
ballare *to dance*	parlare *to speak, talk*
cantare *to sing*	ricordare *to remember*
comprare *to buy*	suonare *to play (a musical*
frequentare *to attend*	*instrument)*
guidare *to drive*	tornare *to return*

Senza parole

5. Verbs whose stem ends in **i-,** such as **cominciare, mangiare,** and **studiare,** drop the **i** of the stem before adding the **-i** ending of the second person singular and the **-iamo** ending of the first person plural.

cominciare (*to begin*)	**mangiare** (*to eat*)	**studiare** (*to study*)
comincio	mangio	studio
cominc**i**	mang**i**	stud**i**
comincia	mangia	studia
cominc**iamo**	mang**iamo**	stud**iamo**
cominciate	mangiate	studiate
cominciano	mangiano	studiano

6. Verbs whose stem ends in **c-** or **g-,** such as **dimenticare** and **spiegare,** insert an **h** between the stem and the endings **-i** and **-iamo** to preserve the hard **c** and **g** sounds of the stem.

dimenticare (*to forget*)	**spiegare** (*to explain*)
dimentico	spiego
dimenti**chi**	spie**ghi**
dimentica	spiega
dimenti**chiamo**	spie**ghiamo**
dimenticate	spiegate
dimenticano	spiegano

7. Common adverbs of time, such as **spesso** (*often*) and **sempre** (*always, all the time*), are usually placed immediately after the verb.

Parliamo sempre l'italiano in classe.	*We always speak Italian in class.*

Never is expressed by placing **non** in front of the verb and **mai** after it.

> Luigi **non** guida **mai**.   *Luigi never drives.*

8. *Yes/no* questions are those that can be answered by a simple *yes* or *no* (*Are you a student?* → *Yes* [*I am*].). Word order in this type of question is identical to that of affirmative sentences except that the subject, if expressed, can be placed at the end of the sentence. There is a difference in the intonation, however. The pitch of the voice goes up at the end of a question.

> Parlano russo.   *They speak Russian.*

> Parlano russo?   *Do they speak Russian?*

ESERCIZI

A **Trasformazioni.** Replace the subject with each subject in parentheses and change the verb form accordingly.

1. Marco frequenta l'Università di Roma. (io / la cugina di Roberto / voi / tu)
2. Io studio medicina. (noi / loro / Lisa / tu)
3. Tu insegni lingue? (loro / voi / Lei, signora / Loro)
4. Impariamo l'italiano. (io / gli studenti / Paola / voi due)
5. Cominciamo gli studi in agosto. (tu / Marco / voi due / io)
6. Dimentico sempre i verbi! (noi / tu / Gino / gli altri)

B **Preparativi per una festa** (*Preparations for a party*). Fill in the blanks with the correct verb endings.

1. Io compr_____¹ i dolci (*desserts*). Cinzia e Francesca compr_____² il vino e la birra. Franco suon_____³ la chitarra (*guitar*) e tu, Carlo, cant_____.⁴ Stasera tutti noi ball_____!⁵
2. Franco, ricord_____¹ Maria, la cugina di Francesca? È una ragazza molto intelligente: studi_____² informatica e matematica. Lei e un'amica arriv_____³ alle (*at*) otto. Chi (*Who*) guid_____⁴ stasera (*tonight*)? Tu e Francesca lavor_____⁵ domani?

C **Perché?** Your partner tells you things he/she never does. React by asking why (**perché**). Your partner should justify the answer.

> ESEMPIO: arrivare in orario (*on time*) →
> s1: Non arrivo mai in orario.
> s2: Perché non arrivi mai in orario?
> s1: Perché non ho una macchina!

Possibilità: lavorare il lunedì, suonare il piano, frequentare le lezioni, guidare la domenica, parlare con i professori, ballare con gli amici, cantare in italiano, ricordare i verbi

❶ Domande.

   1. Chiedete a (*Ask*) un compagno (una compagna) se studia molto o poco. Chiedete dove studia, a casa o in biblioteca (*at the library*), e quando: la mattina, nel pomeriggio, la sera o la notte?*

   2. Una domanda per la professoressa (il professore): quante lingue parla? Secondo (*According to*) gli studenti, la professoressa (il professore) parla sempre italiano in classe? È sempre allegra/o? Spiega bene?

B Andare, dare, fare e stare

CRISTINA: Patrizia, tu e Fabrizio andate a casa di Stefano stasera per la festa in onore di Valentina?

PATRIZIA: Purtroppo no, perché ho gli scritti di filosofia domani e così sto a casa e vado a letto presto; Fabrizio lavora...

CRISTINA: Ah sì? E che cosa fa?

PATRIZIA: Dà lezioni di karatè e fa un sacco di soldi!

Many important Italian verbs are irregular: they do not follow the regular pattern of conjugation (infinitive stem + endings). They may have a different stem or different endings. You have already learned two irregular Italian verbs: **avere** and **essere.** There are only four irregular verbs in the first conjugation:

    andare (*to go*), **dare** (*to give*), **fare** (*to do; to make*), **stare** (*to stay*)

1. **Dare** and **stare** are conjugated as follows:

dare (*to give*)	stare (*to stay*)
do	sto
dai	stai
dà	sta
diamo	stiamo
date	state
danno	stanno

CRISTINA: Patrizia, are you and Fabrizio going to Stefano's tonight for the party they're having for Valentina? PATRIZIA: Unfortunately we aren't because I have a written exam in philosophy and so I'm staying home and going to bed early; Fabrizio is working . . . CRISTINA: Is he? What does he do? PATRIZIA: He gives karate lessons and makes a lot of money!

*La mattina, nel pomeriggio, la sera, la notte: *in the morning, in the afternoon, in the evening, at night.*

The verb **stare** is used in many idiomatic expressions. It has different English equivalents according to the adjective or adverb that accompanies it.

stare attento/a/i/e *to pay attention*
stare bene/male *to be well / not well*
stare zitto/a/i/e *to keep quiet*

—Ciao, zio, come stai?	*Hi, Uncle, how are you?*
—Sto bene, grazie.	*I'm fine, thanks.*
Molti studenti non stanno attenti.	*Many students don't pay attention.*

One important idiom with **dare:**

dare un esame (gli orali, gli scritti)	*to take an exam (one's orals, one's written exams)*
Do gli orali a giugno. E tu?	*I'm taking my orals in June. And you?*

2. **Andare** and **fare** are conjugated as follows:

andare *(to go)*	fare *(to do; to make)*
vado	faccio
vai	fai
va	fa
andiamo	facciamo
andate	fate
vanno	fanno

If **andare** is followed by another verb (*to go dancing, to go eat*), the sequence **andare + a +** *infinitive* is used.* **Andare** is conjugated, but the second verb is used in the infinitive. Note that it is necessary to use **a** even if the infinitive is separated from the form of **andare**.

Quando andiamo a ballare?	*When are we going dancing?*
Chi va in Italia a studiare?	*Who's going to Italy to study?*

A means of transportation, if indicated with **andare,** is preceded by **in.**

andare in aeroplano	*to fly*
andare in automobile (in macchina)	*to drive, to go by car*
andare in bicicletta	*to ride a bicycle*
andare in treno	*to go by train*

—Ecco, adesso fai come faccio io...

---

*The **andare + a +** *infinitive* construction is *not* equivalent to the future tense; it conveys the idea of *going somewhere* to do something. In Italian, the present tense is used to indicate action in the near future. You'll learn the future tense in **Capitolo 10.**

but

> andare a piedi   *to walk*

As a general rule, when **andare** is followed by the name of a country, the preposition **in** is used; when it is followed by the name of a city, **a** is used.

> Vado in Italia, a Roma.   *I'm going to Italy, to Rome.*

Fare expresses the basic idea of doing or making, as in **fare gli esercizi** and **fare il letto,** but it is also used in many idioms and weather expressions.

fare una domanda	*to ask a question*
fare una fotografia	*to take a picture*
Che tempo fa?	*How's the weather?*
Fa bello (brutto).	*It's nice (bad) weather.*
Fa caldo (freddo).	*It's hot (cold).*
Fa fresco.	*It's cool.*

Esercizi

A **Trasformazioni.** Replace the subject with each subject in parentheses, and change the verb form accordingly.

1. Marcella dà gli scritti domani. (loro / tu / voi / io)
2. Stiamo a casa stasera. (il dottor Brighenti / voi / tu / Laura e Roberto)
3. Vanno a letto presto. (Lei, professore / io / noi / voi)
4. Il bambino fa molti errori. (tu / voi / noi / questi studenti)

B **Buon viaggio!** A classmate tells you what city he/she is going to visit. Express your enthusiasm about the choice of country, following the example.

I paesi: Canada, Francia, Germania, India, Inghilterra (*England*), Irlanda, Italia, Spagna (*Spain*)

> ESEMPIO: Roma →
> S1: Vado a Roma.
> S2: Oh, vai in Italia! Fortunato/a!

1.	Toronto	**3.**	Calcutta	**5.**	Parigi	**7.**	Londra
2.	Madrid	**4.**	Berlino	**6.**	Dublino	**8.**	Firenze

C **Incontri** (*Meetings*). With a partner, act out encounters in which you greet the following people (with **ciao, buon giorno, buona sera** . . .) and ask *How are you?* Your classmate responds. Don't accept the same answer twice!

1. _____, zio, _____?

2. _____, professore, _____?

3. _____, professori, _____?

4. _____, signora, _____?

5. _____, ragazzi, _____?

6. _____, mamma, _____?

D **Curioso/a!** You are curious to know where your classmates go to do certain things. Ask questions using **andare** + **a** + *infinitive.*

> ESEMPIO: mangiare la pizza →
> S1: Dove vai a mangiare la pizza?
> S2: Vado da Pinocchio's a mangiare la pizza. E tu?
> S1: Non vado mai da Pinocchio's; vado da Sal's a mangiare la pizza.

Possibilità: a casa di un amico (un'amica), in biblioteca, in centro (*downtown*), in discoteca, in una libreria...

1. ballare
2. comprare i nuovi libri
3. studiare

4. dare un esame
5. lavorare

E Conversazione.

1. Che tempo fa oggi? **2.** Lei sta a casa quando fa bello? Guida volentieri (*gladly*) quando fa brutto? **4.** Sta a letto volentieri quando fa freddo? Mangia meno (*less*) quando fa caldo? **5.** Lei fa molte domande in classe? Sta sempre attento/a quando il professore (la professoressa) spiega? **6.** Come va a casa la sera? **7.** Lei ha una macchina fotografica? Fa molte foto? **8.** Va a ballare il sabato?

C Il presente progressivo e il gerundio

—Sbagliando s'impara!

1. The gerund (**il gerundio**) is one of the Italian forms that correspond to the **-ing** verb form in English. The gerund is formed by adding **-ando** to the stem of **-are** verbs. Its form is invariable.

> lavorare → lavor**ando**
> ballare → ball**ando**

2. Italian constructions with the gerund have many possible English equivalents.

Lavorando con un compagno, completate l'esercizio.	*Working with a classmate, complete the exercise.*
Frequentando regolarmente le lezioni, imparo molto.	*By attending classes regularly, I learn a lot.*
Andando in macchina, penso sempre ai miei problemi!	*While I drive, I always think about my problems!*

3. A form of **stare** in the present tense can be combined with the *gerund* to form the *present progressive* tense (**il presente progressivo**): **sto cantando** (*I am singing*). This tense is used to stress that an action is in progress.

—Che cosa **state facendo**?	*What are you doing?*
—**Stiamo studiando.**	*We are (in the process of) studying.*
—Dove **stai andando**?	*Where are you going (right now)?*
—**Sto andando** a scuola.	*I am going to school.*

4. In Italian, the gerund can never be used as the subject of a sentence or as a direct object. As you will learn in **Capitolo 17,** the infinitive is used in these cases.

Imparare bene una lingua non è facile.	*Learning a language well is not easy.*
Preferisci **cantare** o **ballare**?	*Do you prefer singing or dancing?*

ATTENZIONE! **Fare** has an irregular gerund: **facendo.**

ESERCIZI

A **Come impariamo?** Replace the italicized word with the appropriate form of the verb.

> ESEMPIO: *Sbagliando* s'impara (*One learns by making mistakes*).

1. lavorare
2. osservare
3. studiare
4. viaggiare (*to travel*)
5. stare attenti

B **All'università.** Using the present progressive, report what the following people are doing right now.

> ESEMPIO: Claudio parla con Fabrizio. →
> Claudio sta parlando con Fabrizio.

1. Simone e Danilo arrivano in bicicletta.
2. Noi mangiamo un panino.
3. Giovanna dà lezioni di matematica.
4. Io studio per gli scritti di medicina.
5. Tu fai una foto.
6. Voi comprate libri.

D L'ora

Sono le sette e un quarto (e quindici). Susanna fa colazione.

Sono le otto meno cinque. Arriva all'università.

Sono le nove. È a lezione di chimica.

È mezzogiorno. (Sono le dodici.) Mangia un panino con gli amici.

È l'una. Studia in biblioteca.

Sono le quattro e tre quarti (e quaranta-cinque). (Sono le cinque meno un quarto [meno quindici].) Va a nuotare in piscina.

Sono le sette e mezzo
(e trenta). Guarda la TV.

È mezzanotte. Studia
di nuovo.

È l'una. Va a letto.

1. *What time is it?* is expressed in Italian by **Che ora è?** or **Che ore sono?**
The answer is **È** + **mezzogiorno** (*noon*), **mezzanotte** (*midnight*), **l'una** (*one o'clock*), or **Sono le** + *number of the hour* for all other times.

2. Fractions of an hour are expressed by **e** + *minutes elapsed*. From the half hour to the next hour, time can also be expressed by giving the next hour **meno** (*minus*) the number of minutes before the coming hour. **Un quarto** (*A quarter*) and **mezzo** (*a half*) often replace **quindici** and **trenta**. **Un quarto d'ora** and **mezz'ora** mean *a quarter of an hour* and *half an hour.*

3. To indicate A.M., add **di mattina** to the hour; to indicate P.M., add **del pomeriggio** (*12* P.M. to 5 P.M.), **di sera** (5 P.M. to midnight), or **di notte** (*mid-night to early morning*) to the hour.

Esercizi

A **Dov'è Michele?** You have to find your friend Michele. Unfortunately he's not in his room, but you find his schedule. Using the day and time, can you locate him? (Note that Italian uses a comma instead of a colon to separate the hours from the minutes.)

	LUNEDÌ	MARTEDÌ	MERCOLEDÌ	GIOVEDÌ	VENERDÌ
9,00 10,00	Chimica	Storia moderna	Chimica	Storia moderna	Chimica
11,00 1,00	Italiano Letteratura americana	Italiano	Italiano Letteratura americana	Italiano	Italiano Letteratura americana
2,00		Psicologia		Psicologia	

ESEMPIO: lunedì / 9,00 →
È lunedì, sono le nove. Michele è a lezione di chimica.

1. venerdì / 1,30
2. mercoledì / 9,15
3. lunedì / 1,20
4. martedì / 10,45
5. giovedì / 11,05
6. martedì / 2,50

B **Dove sei?** Ask a classmate where he/she usually is at these times.

   ESEMPIO: 10:00 A.M. →
               S1: Sono le dieci di mattina. Dove sei?
               S2: Se sono le dieci, sono a lezione d'italiano!

Luoghi (*places*): a casa, a scuola, in biblioteca, a lezione di... , alla (*at the*) mensa con gli amici, a letto, in palestra (*at the gym*)...

1. 3:00 A.M.   **4.** 5:00 P.M.
2. 7:00 P.M.   **5.** 9:00 A.M.
3. 12:00 P.M.   **6.** 2:00 P.M.

E   Aggettivi possessivi

    GIANNI: Chi è il tuo professore preferito?
  ROBERTO: Be', veramente ho due professori preferiti: il professore di
              biologia e la professoressa d'italiano.
    GIANNI: Perché?
  ROBERTO: Il professore di biologia è molto famoso: i suoi libri sono
              usati nelle università americane. La professoressa d'italiano
              è molto brava; apprezzo la sua pazienza e il suo senso
              dell'umorismo.

1. As you know, one way to indicate possession in Italian is to use the preposition **di: il professore di Roberto.** Another way to show possession is to use the possessive adjectives (**gli aggettivi possessivi**). They correspond to English *my, your, his, her, its, our,* and *their.*

	SINGOLARE		PLURALE	
	Maschile	*Femminile*	*Maschile*	*Femminile*
my	il mio	la mia	i miei	le mie
your (tu)	il tuo	la tua	i tuoi	le tue
your (Lei)	il Suo	la Sua	i Suoi	le Sue
his, her, its	il suo	la sua	i suoi	le sue
our	il nostro	la nostra	i nostri	le nostre
your (voi)	il vostro	la vostra	i vostri	le vostre
your (Loro)	il Loro	la Loro	i Loro	le Loro
their	il loro	la loro	i loro	le loro

GIANNI: Who is your favorite professor?   ROBERTO: Well, I really have two favorite professors: the biology professor and the Italian professor.   GIANNI: Why?   ROBERTO: The biology professor is very famous: his books are used in American colleges. The Italian professor is very good; I appreciate her patience and sense of humor.

2. In contrast to English usage, Italian possessive adjectives are preceded by definite articles and agree in gender and number with the noun possessed, *not* with the possessor. If the noun is masculine, the possessive adjective is masculine; if the noun is feminine, the possessive adjective is feminine.

Dov'è il mio libro?	*Where is my book?*
Dov'è la mia matita?	*Where is my pencil?*
Dove sono i miei libri?	*Where are my books?*
Dove sono le mie matite?	*Where are my pencils?*

The agreement with the nouns possessed and not the possessor is particularly important in the third person singular. Italian forms do not distinguish between *his* (belonging to him) and *her* (belonging to her). What matters is the gender of the noun.

la casa di Roberto → la sua casa*	*Robert's house → his house*
la casa di Laura → la sua casa*	*Laura's house → her house*
l'appartamento di Roberto → il suo appartamento	*Robert's apartment → his apartment*

3. The English phrases *of mine* and *of yours* (*a friend of mine, two friends of yours*) are expressed in Italian by placing the possessive adjective before the noun, without the definite article. There is no Italian equivalent for *of* in these constructions.

un mio amico	*a friend of mine*
questo mio amico	*this friend of mine*
due tuoi amici	*two friends of yours*

ESERCIZI

A **Trasformazioni.** Create new sentences with the words in parentheses.

1. Ecco il nostro amico! (professore / professoressa / amici / amiche)
2. Ricorda il suo cognome? (parole / albergo / domanda / materie)
3. Parlano con i loro amici. (bambini / bambine / dottore / dottoressa)
4. Dov'è la vostra università? (esame / aeroporto / stazione / corso)

B **Dove sono?** You're having trouble remembering where various things are today. Working with a partner, ask where the following items are. Use the given information in your response.

> ESEMPIO: io / moto (in garage) →
> S1: Dov'è la mia moto?
> S2: La tua moto è in garage.

1. voi / ristorante (in via del Sole)
2. tu / foto (*pl.*) (in un album)
3. loro / macchina (qui vicino)
4. tu / libro (in biblioteca)
5. lui / banca (in via Perugia)

---

*To make the distinction between *his* and *her* clear, one would say **la casa di lui** or **la casa di lei**.

C **Un ficcanaso** (*busybody*). Lamberto is looking through some photos on your desk and wants to know who the people are. Alternating with a partner, ask and answer questions as in the example.

ESEMPIO: due amici →
S1: Chi sono?
S2: Sono due miei amici.

1. un'amica
2. un professore
3. due cugine

4. due colleghi (*co-workers*)
5. una parente
6. due zii

F Possessivi con termini di parentela

—Romeo, sta arrivando mio padre! Sento[a] la sua moto!   [a]*I hear*

The possessive adjective is used *without* the article when referring to relatives in the singular. **Loro,** the exception, always retains the article, as do possessive adjectives that refer to relatives in the plural.

mio zio	*but*	**i miei** zii
tuo cugino		**i tuoi** cugini
sua sorella		**le sue** sorelle
nostra cugina		**le nostre** cugine
vostra madre		**le vostre** madri
(**il loro** fratello)		(**i loro** fratelli)

If the noun expressing a family relationship is modified by an adjective or a suffix, the article is retained.

mia sorella   *but*   **la mia** cara sorella; **la mia** sorellina (*little sister*)*

Here are the most common names indicating a family relationship. You are already familiar with many of them.

---

*Suffixes are presented in **Capitolo 8.**

cugino, cugina	*cousin*
figlio, figlia	*son, daughter*
fratello, sorella	*brother, sister*
genitori	*parents*
marito, moglie	*husband, wife*
il/la nipote	*nephew, niece; grandchild*
nonno, nonna	*grandfather, grandmother*
zio, zia	*uncle, aunt*

Papà, mamma, nonno, and **nonna** retain the article because they are considered terms of endearment.

> È italiano il tuo papà? E la tua mamma?

The expression **Mamma mia!** has nothing to do with one's mother. It is an exclamation corresponding to English *Good heavens!*

ESERCIZI

A **Trasformazioni.** Create new sentences by substituting the words in parentheses for the italicized words. Make any necessary changes.

1. Oggi arriva mia *madre*. (padre / zii / zie / sorella)
2. Ecco i tuoi *genitori*! (fratello / sorellina / bravo nipote / figlie)
3. Dove abita Sua *zia*? (nonni / cugina / figlio / nipoti italiane)

B **Come sta la famiglia?** Alternating with a partner, imagine that you run into an Italian friend. Find out how various members of his/her family are. Start with **Come sta... ? Come stanno... ?** and ask about as many relatives as possible.

> ESEMPIO: S1: Come sta tua moglie?
> S2: Mia moglie sta benone (*very well*), grazie!

PICCOLO RIPASSO

A **Mini-dialoghi.** Fill in the blanks with the correct verb forms.

1. S1: Com'_____ (essere) brava la professoressa Vanoli! _____ (spiegare) tutto (*everything*) molto bene e _____ (dare) molti esempi. E i tuoi professori, come _____ (essere)?
   S2: Non bravi come lei (*her*)! Loro _____ (dare) molti compiti (*homework*) e non _____ (essere) mai in ufficio quando noi _____ (avere) bisogno di aiuto (*help*).

2. s1: Ciao, Paola! Come _____ (stare)?

s2: Ciao, Daniele! Oggi _____ (stare) poco bene.

s1: Allora, perché non _____ (tornare) a casa e _____ (andare) a letto?

s2: Ora _____ (comprare) un po' di succo d'arancia (*orange juice*) e poi _____ (andare) a casa.

3. s1: Giorgio, cosa _____ (fare) tu e Michele alla festa di Giulia stasera?

s2: Noi _____ (cantare) e _____ (suonare) la chitarra. E tu dove _____ (andare)?

s1: Purtroppo, stasera _____ (stare) a casa e _____ (fare) gli esercizi d'informatica.

s2: Come _____ (andare) il corso?

s1: Abbastanza bene. Noi _____ (imparare) il BASIC e _____ (avere) un sacco di (*tons of*) compiti, ma non _____ (essere) molto difficili.

B **Manuela ed io.** Manuela has only one of everything (friends, courses, etc.); you have multiples. Respond to her statements as in the example, making all necessary changes.

ESEMPIO: Il mio insegnante è bravo. (noioso) →
I miei insegnanti sono noiosi.

1. Mio fratello arriva oggi. (domani)
2. Il mio corso è difficile. (facile)
3. Mia sorella va in Francia. (Italia)
4. Il mio amico compra sempre libri usati. (nuovo)
5. Mia cugina frequenta l'università a Pisa. (Napoli)
6. Il mio professore è messicano. (africano)

C **Non ora!** Alternating with a classmate, explain why you aren't coming to the movies. Follow the example.

ESEMPIO: studiare matematica →
s1: Vieni (*Are you coming*) al cinema?
s2: No; sto studiando matematica.

1. lavorare
2. suonare il violino
3. dare una lezione d'italiano
4. fare i compiti
5. parlare con i miei genitori

D **Intervista.** Interview another student by asking the following questions or questions of your own; then present the information to the class.

ESEMPIO: Roberto studia informatica, lavora in una banca e quando ha tempo va a ballare.

1. Quante materie studi questo trimestre/semestre? Che facoltà frequenti?
2. Hai un lavoro? Dove lavori? **3.** Parli inglese a casa o un'altra lingua?
4. La tua ragazza (il tuo ragazzo) abita in questa città? **5.** Vai a molte feste? **6.** Quando vai a una festa, balli?

Before reading the dialogue, take a look at this chart on the Italian educational system and familiarize yourself with its most important features.

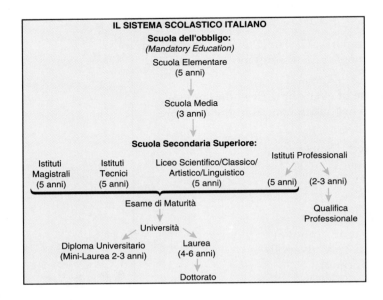

IL SISTEMA SCOLASTICO ITALIANO

Scuola dell'obbligo:
(Mandatory Education)

Scuola Elementare
(5 anni)

↓

Scuola Media
(3 anni)

↓

Scuola Secondaria Superiore:

Istituti Magistrali (5 anni)	Istituti Tecnici (5 anni)	Liceo Scientifico/Classico/ Artistico/Linguistico (5 anni)	(5 anni)	Istituti Professionali (2-3 anni)

Esame di Maturità → Qualifica Professionale

Università

Diploma Universitario (Mini-Laurea 2-3 anni) — Laurea (4-6 anni)

Dottorato

NOTE: All secondary schools (**scuole secondarie superiori**), which have a duration of 5 years, give access to a university. Some schools, like the **Istituti Magistrali** and **Tecnici,** allow students to continue at a university or to enter the job market directly. For example, the **Diploma Magistrale** is sufficient qualification to teach in elementary schools. Other schools, like the **Licei,** prepare students to enter a university but don't offer any immediate qualification for the job market.

Oral exams, called **interrogazioni,** are common in Italian schools.

ESEMPIO: Domani ho una interrogazione di filosofia.

ESPRESSIONI UTILI

Lasciamo perdere!	Forget about it! (Let's drop the subject!)
Beati voi!	Lucky you (*pl.*)!
per fortuna	fortunately
Non ne posso più!	I can't take it anymore!

Due studenti ripassano gli appunti prima di un esame.

È il 30 giugno. Mariella, Stefano e Patrizia stanno studiando per gli esami di maturità.° Mariella e Patrizia frequentano il Liceo Scientifico. Stefano frequenta il Liceo Classico.

baccalaureate degree

MARIELLA: Non ne posso più! Sono sfinita°! Per fortuna tra° due giorni cominciano gli scritti: lunedì italiano, martedì matematica, e poi ancora° una settimana prima degli orali.

worn-out / in

still

PATRIZIA: Sei pronta? Io no! Sto ancora ripassando° tutto il Rinascimento,° ma il mio grosso° problema è la trigonometria.

reviewing / tutto... *the whole Renaissance*
big

MARIELLA: Se hai voglia, stasera possiamo° studiare insieme. Ripassiamo l'esistenzialismo, il neorealismo e facciamo un po' di matematica.

we can

PATRIZIA: Perfetto, porto° i miei appunti° di italiano.

I'll bring / notes

(Arriva Stefano.)

MARIELLA: Ciao Stefano! Sei ancora vivo°? Come va il ripasso?

alive

STEFANO: Lasciamo perdere! Sto ancora preparando greco e latino per gli scritti. Beati voi al Liceo Scientifico! Non fate greco! Per noi, al Liceo Classico, è una materia importantissima.

PATRIZIA: Ma noi abbiamo chimica! Quando dai gli orali?

STEFANO: Tra due settimane purtroppo. Le interrogazioni orali non sono il mio punto forte°... la mia paura è di dimenticare tutto quando sono lì, davanti ai° professori!

punto... *strong point*
davanti... *in front of the*

PATRIZIA: Studi con noi per gli orali?

STEFANO: OK! Per me va benissimo. Dove?

MARIELLA: A casa mia, stasera alle otto. Portate tutti i vostri appunti!

SI DICE COSÌ!

Non ne posso più!   I can't take it anymore!

ESEMPIO: Sto studiando giorno e notte per gli scritti di filosofia. Non ne posso più!

TOCCA A TE!

In which situations would you use this expression?

1. _____ dopo un ripasso di cinque ore
2. _____ dopo un concerto jazz
3. _____ dopo un pranzo (*lunch*) di quattro ore
4. _____ dopo un viaggio di due giorni
5. _____ dopo un corso di cinese
6. _____ dopo un pomeriggio al caffè
7. _____ dopo una serata con gli amici
8. _____ dopo un esame di trigonometria

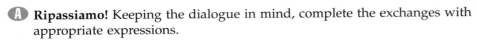

E ORA A VOI

A **Ripassiamo!** Keeping the dialogue in mind, complete the exchanges with appropriate expressions.

1. s1: Domani ho una _____ di latino.
   s2: Anch'io! Ma non sono proprio _____!

2. s1: Marco, come va il ripasso?
   s2: _____!

3. s1: Debora, quando _____ gli orali?
   s2: La settimana prossima.

4. s1: Studiamo insieme stasera?
   s2: Sì, a casa mia. Portate i vostri _____ di storia.

5. s1: Luca, studiate _____ al Liceo Classico?
   s2: Sì, è una _____ importante.

B **La settimana di Patrizia al liceo:**

	LUNEDÌ	MARTEDÌ	MERCOLEDÌ	GIOVEDÌ	VENERDÌ	SABATO
8,00	italiano	storia	latino	ed. fisica	filosofia	latino
9,00	italiano	filosofia	latino	ed. fisica	storia	storia dell'arte
10,00	chimica	inglese	matematica	italiano	fisica	italiano
11,00	matematica	inglese	fisica	chimica	fisica	filosofia
12,00	matematica	storia dell'arte	astronomia	storia	latino	inglese

Indicate the total hours per week Patrizia spends on each subject.

ESEMPIO: Patrizia ha: _4_ ore di italiano.

1. _____ ore di latino.
2. _____ ore di storia.
3. _____ ore di filosofia.
4. _____ ore di matematica.
5. _____ ore di chimica.
6. _____ ore di fisica.
7. _____ ore di storia dell'arte.
8. _____ ore di inglese.
9. _____ ore di educazione fisica.
10. _____ ore di astronomia.

Patrizia ha un totale di _____ ore alla settimana.

C **La vostra settimana all'università.** Make a table like the one in exercise B. List your own courses by subject. Which subjects require the most class time? Compare your schedule with those of your classmates.

 IN ASCOLTO

La vita degli studenti (*Student life*). Fabio and Laura have a tough week ahead of them. Listen carefully to their conversation, then complete the sentences according to what you hear.

1. Domani Laura ha gli scritti di _____. Oggi sta _____.
2. I due amici hanno intenzione di _____ insieme.
3. Fabio porta tutti _____.
4. Fabio ha gli orali di _____ mercoledì.
5. Ha paura di _____ le date importanti.

 LETTURA

ESPRESSIONI UTILI

fare quattro passi	to go for a stroll
prendere un po' d'aria	to catch some air
essere portato/a per...	to have a gift for . . .
prendere in considerazione	to consider

GUIDA ALLA LETTURA

The title of the following reading, **Itinerari scolastici,** serves as an introduction to its theme. Anticipation and prediction, discussed in **Capitolo 2,** can be very useful when you approach a reading. Skimming and scanning are other techniques you can use.

To skim is to read quickly for the main points. By skimming a passage you can get the gist of the information presented. Scanning is the technique of looking through a text for specific words and expressions. Once you have identified even a small number of key words, additional details of the text are clarified and begin to fall into place.

Start by skimming the following text once or twice. Try to determine the main topics of the reading. Then go back and read the entire passage. Taking just a few moments to gather basic information before you actually start to read a text will greatly increase the ease and productivity of your reading.

Note that this reading contains a number of examples of the **preposizione articolata,** a form you will not learn until **Capitolo 5.** This should not pose any obstacle to your understanding, however. Look at the following examples of this form from the reading. Can you guess their meaning from context?

Ricordate il primo giorno di scuola **alle** Elementari?
Cosa fare **nella** vita?

Buona lettura!

ITINERARI SCOLASTICI

Io studio scienze politiche qui, all'Università Statale di Milano.

D opo tre lunghe ore di ripasso a casa di Mariella, Stefano propone° di andare a fare quattro passi in piazza per prendere un po' d'aria. Insieme ricordano il loro passato° di studenti.

suggests

past

«Ricordate il primo° giorno di scuola alle Elementari?—dice° Mariella— Quanto tempo fa! Cinque anni con la maestra Vanoli e poi ancora tutti insieme alle Medie per altri tre anni, nella famosa sezione C.»

first / says

Stefano sorride:°

smiles

«Eh sì... otto anni di scuola dell'obbligo e finalmente a quattordici anni, la grande decisione: continuare gli studi o no? Quale scuola scegliere°? Cosa fare nella vita? Sono portato per gli studi umanistici, scientifici o tecnici?»

to choose

«E qui, le separazioni—ricorda Patrizia—io e Mariella allo Scientifico, tu Stefano al Classico, Monica al Linguistico, Paolo all'Istituto Tecnico... Cinque anni duri° ma anche divertenti, ogni° mattina, dal lunedì al sabato, con gli stessi compagni di classe.»

hard / every

Mariella pensa un attimo,° poi continua:

moment

«E adesso, incredibile ma vero, siamo già° all'esame di maturità, l'ultimo° ostacolo prima dell'università. A questo punto, non sono più sicura di fare medicina. Sei anni più la specializzazione sono troppi per me. Non ho voglia di finire a trent'anni! Sto prendendo in considerazione la «mini-laurea» che dura° solo due o tre anni, oppure psicologia: quattro anni come la maggior parte° delle altre facoltà umanistiche.»

already

last

lasts

la... the majority

Stefano è un po' sorpreso, ma conclude:

«Be'... intanto° dobbiamo° passare questi esami!»

meanwhile / we have to

E ORA A VOI

A **L'itinerario scolastico di Mariella.** Put into chronological order Mariella's proposed **itinerario scolastico.**

_____ Medie
_____ Liceo Scientifico
_____ Elementari
_____ Mini-laurea (o laurea)
_____ Esame di maturità

B **Avete capito?** Complete the sentences based on what you've read.

1. Stefano propone di:
_____ fare quattro passi.
_____ prendere un po' d'aria.
_____ andare al bar.
2. La scuola d'obbligo dura:
_____ otto anni.
_____ cinque anni.
_____ quattordici anni.
3. Nel liceo di Mariella gli studenti vanno a scuola:
_____ ogni pomeriggio.
_____ ogni mattina dal lunedì al venerdì.
_____ ogni mattina dal lunedì al sabato.
4. L'esame di maturità è l'ultima prova (_test_) prima:
_____ del liceo.
_____ dell'università.
_____ delle scuole medie.
5. Mariella a questo punto sta pensando di fare:
_____ astronomia.
_____ medicina.
_____ un corso di due o tre anni.
6. Per Stefano, l'importante è:
_____ avere professori divertenti.
_____ passare questi esami.
_____ fare medicina.

C **Sei portato/a per le lingue?** Working with a partner, find out what your academic strengths and weaknesses are. Use the items listed below; you can also refer back to the **Vocabolario tematico** and the **Parole-extra.**

ESEMPIO: S1: Per quali materie sei portato/a?
S2: Sono portato/a per la matematica e per le materie scientifiche in generale. E tu?
S1: Io non sono assolutamente portato per le materie scientifiche ma sono portato per...

Materie: le lingue, gli studi scientifici, lo sport, gli studi umanistici, le materie tecniche, l'arte drammatica, la giurisprudenza, la musica...

PAROLE DA RICORDARE

VERBI

abitare to live
andare to go
   andare a + *inf.* to go (*to do something*)
   andare a piedi to walk
   andare in aeroplano to fly
   andare in automobile to drive, go by car
   andare in bicicletta to ride a bicycle
   andare in treno to go by train
arrivare to arrive
ballare to dance
cantare to sing
cominciare to begin, start
comprare to buy
dare to give
   dare un esame to take a test
dimenticare to forget
fare to do; to make
   Fa bello (brutto). It's nice (bad) weather.
   Fa caldo/freddo/fresco. It's hot/cold/cool out.
   fare una domanda to ask a question
   fare una fotografia to take a picture
frequentare to attend (*a school*)
guidare to drive
imparare to learn
insegnare to teach
lavorare to work
mangiare to eat
parlare to speak, talk
ricordare to remember
spiegare to explain
stare to stay
   stare attento to pay attention
   stare bene/male to be well/ill
   stare zitto to keep quiet
studiare to study
suonare to play (*a musical instrument*)
tornare to return

NOMI

l'antropologia anthropology
l'architettura architecture
la biblioteca library
la casa house, home
la chitarra guitar
il compito assignment
il commercio business
il corso course (*of study*)
il dolce dessert
la domanda question
l'economia economy
le elementari elementary school
l'errore (*m.*) mistake
l'esame (*m.*) examination
la facoltà school, department
la festa party
il figlio / la figlia son / daughter
la filosofia philosophy
il fratello brother
i genitori parents
la giurisprudenza law
l'ingegneria engineering
l'insegnante (*m./f.*) teacher
la letteratura literature
le lettere literature, liberal arts
il letto bed
il libro book
la lingua language
la matematica mathematics
la materia subject
la matita pencil
la mattina (in the) morning
la medicina medicine
la musica music
il/la nipote nephew, grandson / niece, granddaughter
la notte night; at night
gli orali oral exams
il pomeriggio afternoon
   nel pomeriggio in the afternoon
la psicologia psychology

la scienza science
   le scienze politiche political science
gli scritti written exams
il semestre semester
la sera (in the) evening
la sociologia sociology
la sorella sister
la storia history
lo studio study
il trimestre quarter

AGGETTIVI

preferito favorite
pronto ready
quale? which?
straniero foreign
tutto/a/i/e + *art.* all, every, the whole

ALTRE PAROLE ED ESPRESSIONI

a casa home, at home
   a casa di at/to someone's house
a letto in bed, to bed
che cosa? cosa? what?
Che ora è? Che ore sono? What time is it?
Che tempo fa? How's the weather?
Chi... ? Who . . . ?
meno less
non... mai never
ora now
per for
perché because; why
presto early
purtroppo unfortunately
sempre always, all the time
spesso often
stasera tonight, this evening
un sacco di a ton of
volentieri gladly, willingly

INTERESSI E PASSATEMPI

Un «madonnaro» a Roma:
dipingere sulla strada.

IN BREVE

Grammatica
A. Presente dei verbi in -ere e -ire
B. Dire, uscire e venire; dovere, potere e volere
C. Ancora sul gerundio
D. *Presente* + da + *espressioni di tempo*
E. Interrogativi

Lettura
Le sere di Rossana

VOCABOLARIO PRELIMINARE

Dialogo-lampo

MARITO: Che giornata! Oggi non ho proprio voglia di fare niente.
MOGLIE: Ma caro, questo è il tuo passatempo preferito!

Passatempi

andare al cinema (al ristorante, a teatro, a un concerto, a una riunione) to go to the movies (out to eat, to the theater, to a concert, to a meeting)

andare in barca a vela to go sailing

ascoltare dischi (Cd) to listen to records (CDs)

correre to run

cucinare to cook

dipingere to paint

disegnare to draw

dormire to sleep

fare aerobica to do aerobics

fare esercizi di yoga to practice yoga

fare un giro in bicicletta (in macchina, in motocicletta, a piedi) to go for a bicycle ride (a car ride, a motorcycle ride, a walk)

giocare a tennis (a pallone, a pallacanestro) to play tennis (soccer, basketball)

guardare la televisione (una rivista, un catalogo) to watch television (to look through a magazine, a catalogue)

leggere il giornale to read the newspaper

nuotare to swim

passeggiare to stroll, to go for a walk

prendere lezioni di ballo (musica, fotografia, karatè) to take dancing (music, photography, karate) lessons

pulire la casa (il frigo, la camera, il bagno) to clean house (the fridge, one's room, the bathroom)

sciare to ski

scrivere una lettera (racconti, poesie) to write a letter (short stories, poems)

seguire un corso di (ceramica, scultura, recitazione) to take a class in (ceramics, sculpture, acting)

suonare la chitarra (il piano, il sassofono) to play the guitar (the piano, the saxophone)

uscire con gli amici to go out with friends

viaggiare to travel

ESERCIZI

A **I passatempi preferiti.** Abbinate le persone della colonna A con gli interessi e passatempi della colonna B.

<table>
<tr><td colspan="2" align="center">A</td><td colspan="2" align="center">B</td></tr>
<tr><td>**1.**</td><td>_____ Jane Fonda e Susan Powter</td><td>**a.**</td><td>guardare la televisione</td></tr>
<tr><td>**2.**</td><td>_____ Steffi Graf</td><td>**b.**</td><td>sciare</td></tr>
<tr><td>**3.**</td><td>_____ Garry Trudeau e
Charles M. Schultz</td><td>**c.**</td><td>nuotare</td></tr>
<tr><td>**4.**</td><td>_____ la famiglia Bundy</td><td>**d.**</td><td>correre</td></tr>
<tr><td>**5.**</td><td>_____ Bill Clinton</td><td>**e.**</td><td>fare aerobica</td></tr>
<tr><td>**6.**</td><td>_____ Matt Biondi e Willie</td><td>**f.**</td><td>giocare a tennis</td></tr>
<tr><td>**7.**</td><td>_____ Florence Griffith Joyner e
Carl Lewis</td><td>**g.**</td><td>suonare il sassofono</td></tr>
<tr><td>**8.**</td><td>_____ Tommy Moe e Alberto Tomba</td><td>**h.**</td><td>disegnare</td></tr>
</table>

B **Preferisco** (*I prefer*)... Create frasi complete combinando gli elementi delle quattro colonne.

ESEMPIO: Preferisco leggere il giornale da solo/a (*alone*).

Preferisco	leggere ascoltare andare prendere lezioni di seguire un corso di scrivere cucinare viaggiare fare un giro	gli spaghetti fotografia ceramica a piedi in Italia i dischi il giornale al cinema una lettera	da solo/a. *o* con gli amici.

C **Io invece...** Alternandovi con un compagno (una compagna) parlate dei vostri passatempi preferiti secondo l'esempio. Usate le espressioni **preferisco, preferisci** (*you prefer*), **anch'io...** (*I also*) e **Io, invece...** (*I, instead*).

ESEMPIO: il sabato sera →
S1: Il sabato sera preferisco andare a teatro. E tu, cosa preferisci fare?
S2: Anch'io preferisco andare a teatro. (Io, invece, preferisco andare al ristorante.)

1. il venerdì sera
2. la domenica pomeriggio
3. in una giornata piovosa (*rainy*)
4. in una bella giornata di giugno
5. durante l'inverno

D Ho voglia di... In gruppi di quattro o cinque intervistate i compagni seguendo l'esempio. Usate **avere voglia di.**

ESEMPIO: s1: Cosa hai voglia di fare adesso (*now*)?
s2: Io ho voglia di fare un giro in motocicletta? E tu?
s1: Io, invece, ho voglia di giocare a tennis.

Poi riportate i risultati alla classe e confrontate (*compare*) le risposte.

Una serata tranquilla? Simone e Flaminia stanno parlando dei loro programmi (*plans*) per la sera. Ascoltate attentamente, poi correggete le frasi sbagliate.

1. Simone ha voglia di uscire stasera.
2. Flaminia non può (*cannot*) uscire perché ha una lezione di piano.
3. Stasera danno un film di Fellini alla TV.
4. Flaminia ha bisogno di leggere il giornale.
5. Simone ha intenzione di fare gli esercizi di yoga.

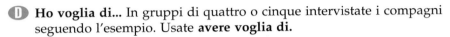

A Presente dei verbi in **-ere** e **-ire**

È una serata come tutte le altre in casa Bianchi: la mamma e la nonna guardano la televisione, papà legge il giornale (lui non guarda mai la televisione, preferisce leggere), lo zio Tony scrive una lettera, Luigino dorme, Franca e Sergio ascoltano un disco.

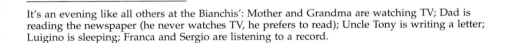

It's an evening like all others at the Bianchis': Mother and Grandma are watching TV; Dad is reading the newspaper (he never watches TV, he prefers to read); Uncle Tony is writing a letter; Luigino is sleeping; Franca and Sergio are listening to a record.

1. The present tense of regular verbs ending in **-ere** (second conjugation) and of many verbs ending in **-ire** (third conjugation) is formed by adding the appropriate endings to the infinitive stem.

-ere VERBS		-ire VERBS (FIRST GROUP)	
scrivere (*to write*)		**dormire** (*to sleep*)	
scrivo	scriviamo	dormo	dormiamo
scrivi	scrivete	dormi	dormite
scrive	scrivono	dorme	dormono

Note that the endings are the same for both conjugations except in the second person plural: **-ete** for **-ere** verbs, **-ite** for **-ire** verbs.

Scrivete molte lettere?	*Do you write many letters?*
Dormono i bambini?	*Are the children sleeping?*

2. Other **-ere** verbs conjugated like **scrivere** are

bere* *to drink*	Io non bevo latte.
correre *to run*	Perché correte ogni (*every*) giorno?
dipingere *to paint*	Raffaella dipinge bene.
leggere *to read*	Carlo legge il giornale.
perdere† *to lose*	Tu perdi sempre le chiavi (*keys*)!
prendere *to take*	Noi prendiamo lezioni di ballo.
ricevere *to receive*	Chi riceve molte riviste?
rispondere *to answer, reply*	Perché non rispondi in italiano?
vedere *to see*	Vedono un film.

Note that most verbs ending in **-ere** have the stress not on **-ere** but on the preceding syllable: **prendere, ricevere.**

3. Some **-ire** verbs conjugated like **dormire** are

aprire *to open*	Apriamo la finestra (*window*).
offrire *to offer*	Offro un caffè a tutti.
partire *to leave*	Quando partite?—Partiamo domani.
sentire *to hear*	Sentite la voce (*voice*) di Mario?
servire *to serve*	Servi vino bianco?

***Bere** uses the stem **bev-** with regular **-ere** endings: **bevo, bevi, beve, beviamo, bevete, bevono.**
†**Perdere** can mean *to lose, to waste,* or *to miss.* Observe the following:

Perdo sempre le penne!	*I'm always losing pens!*
Non **perdiamo** tempo.	*Let's not waste time.*
Non voglio **perdere** quel concerto.	*I don't want to miss that concert.*

4. Not all verbs ending in **-ire** are conjugated like **dormire** in the present. Many **-ire** verbs follow this pattern:

-ire VERBS (SECOND GROUP)	
capire (*to understand*)	
capisco	capiamo
capisci	capite
capisce	capiscono

The endings are the same as for the verb **dormire,** but **-isc-** is inserted between the stem and the ending in all but the first and second person plural. The pronunciation of **-sc-** changes according to the vowel that follows: before **o** it is pronounced like *sk* in *sky;* before **e** and **i** it is pronounced like *sh* in *shy.*

The following **-ire** verbs are conjugated like **capire:**[*]

finire *to finish, end*	I ragazzi finiscono gli esercizi.
preferire *to prefer*	Preferite leggere o scrivere?
pulire *to clean*	Quando pulisci la casa?

5. When two verbs appear together in series (*you prefer to read*), the first is conjugated and the second stays in the infinitive form.

Voi preferite leggere.	*You prefer to read.*

ESERCIZI

A **Trasformazioni.** Replace the subject with each subject in parentheses, and change the verb form accordingly.

1. Tu leggi il giornale. (la nonna / io e Carlo / voi / gli italiani)
2. Noi apriamo la porta (*door*). (voi / il cugino di Marco / loro / io)
3. Marco pulisce il frigo. (noi / i ragazzi / io / voi)
4. I bambini non rispondono. (io / il professore / voi / tu)
5. Laura beve solo acqua minerale. (i miei amici / voi due / noi / tu)

B **Il week-end di Laura.** Complete Laura's story by adding the appropriate verb endings.

Laura è una ragazza indaffarata (*busy*)! Il venerdì sera segu_____[1] un corso di recitazione. Il sabato mattina corr_____[2] e pul_____[3] la camera; nel pomeriggio diping_____[4] e fin_____[5] i compiti (*homework*). Il sabato sera prefer_____[6] andare in discoteca con gli amici. E cosa fa la domenica? Dorm_____![7]

---

[*]In this text the infinitive of verbs conjugated like **capire** will be followed by (**isc**) in vocabulary lists and in the end vocabulary.

C **Anche Giuseppina!** Giuseppina likes to join in on whatever anyone else is doing. Alternating with a partner, create exchanges as in the example.

> ESEMPIO: correre →
> s1: Io corro.
> s2: Anche Giuseppina corre.

1. prendere un'aspirina
2. leggere un racconto
3. servire vino
4. offrire un caffè
5. rispondere in italiano
6. finire la lezione

D **Anche gli altri!** Everybody wants to do what Pietro does. Alternating with a partner, say that whatever Pietro does, **gli altri** (*the others*) do too.

> ESEMPIO: leggere *Panorama* →
> s1: Pietro legge *Panorama*.
> s2: Anche gli altri leggono *Panorama*.

1. partire sabato
2. bere un'aranciata
3. scrivere una poesia (*poem*)
4. dormire otto ore
5. vedere un film
6. perdere le chiavi

E **Cosa preferiscono?** Explain why the following people don't do certain things: they prefer to do something else.

> ESEMPIO: Marco non legge: preferisce scrivere.

1. Daniela non gioca a tennis: _____.
2. Le bambine non dormono: _____.
3. Il dottore non nuota: _____.
4. Lo zio di Gino non prende l'aeroplano: _____.
5. Questi studenti non vanno in barca a vela: _____.
6. Luciano non suona la chitarra: _____.

Now tell three things you don't do, and what you prefer to do instead.

—No, grazie; leggo solo il giornale.

F Conversazione.

1. Lei corre volentieri? Va in bicicletta? Quale mezzo (*means*) di trasporto preferisce?
2. Preferisce guardare la televisione o leggere? Perché?
3. Pulisce la casa ogni (*every*) giorno? È pulita (*clean*) e ordinata (*tidy*) la Sua camera?
4. Quante volte (*How many times*) la settimana mangia a casa? Quante volte va al ristorante o alla mensa? Perché?
5. Preferisce stare zitto/a o parlare quando ci sono molte persone?
6. Quando riceve una lettera, risponde subito (*right away*)? Scrive molte lettere o preferisce telefonare? Perché?

G **Abitudini personali.** Choose four of the preceding questions and interview a classmate. Report his/her answers to the class when they differ from your own.

ESEMPIO: Io corro volentieri, ma Roberta preferisce fare esercizi di yoga.

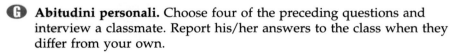

—**Questo dannato**[a] **dev'essere un pezzo grosso.**[b]   [a]*condemned soul*   [b]*pezzo... big shot*

Some commonly used **-ere** and **-ire** verbs are irregular in the present tense.

dire (*to say, tell*)	**uscire*** (*to go out*)	**venire** (*to come*)
dico	esco	vengo
dici	esci	vieni
dice	esce	viene
diciamo	usciamo	veniamo
dite	uscite	venite
dicono	escono	vengono

Diciamo «Buon giorno!»	*We say, "Good morning!"*
Perché non esci con Sergio?	*Why don't you go out with Sergio?*
Vengo domani.	*I'm coming tomorrow.*

---

*When used with the *place* from which one goes out, **uscire** is followed by **da**; an exception, though, is the idiom **uscire di casa.**

Esco **dall'**ufficio alle sette.	*I leave the office at seven.*
Sara esce **di** casa presto.	*Sara leaves the house early.*

You'll learn about prepositions combined with articles in **Capitolo 5.**

dovere (to have to, must)	potere (to be able to, can, may)	volere (to want)
devo	posso	voglio
devi	puoi	vuoi
deve	può	vuole
dobbiamo	possiamo	vogliamo
dovete	potete	volete
devono	possono	vogliono

Dovete pulire il bagno sabato.	*You must clean the bathroom on Saturday.*
—Possono venire al ristorante?	*Can they come to the restaurant?*
—No, non possono.	*No, they can't.*
Chi vuole sentire il disco?	*Who wants to hear the record?*

Note that if a verb follows **dovere, potere,** or **volere,** it is in the infinitive form.

ESERCIZI

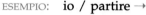

A **Trasformazioni.** Replace the subject with each subject in parentheses, and change the verb form accordingly.

1. Potete venire stasera? (tu / Lei / loro / il professore)
2. La signora vuole le chiavi. (io / noi / loro / voi)
3. Devi prendere il treno. (noi / Carlo / voi / loro)
4. Esco di casa presto. (voi / Lei / la nonna / gli zii)
5. Vengo in motocicletta. (Paola / voi / anche tu / le mie amiche)
6. Dici sempre la verità (*truth*)? (loro / Mirella / noi / voi)

B **Tanti doveri** (*So many duties*)! Working with a partner, explain that these people must do the things they do.

ESEMPIO: Carlo / scrivere →
   S1: Perché scrive Carlo?
   S2: Carlo scrive perché deve scrivere.

1. Elena / partire
2. io / rispondere
3. molte persone / lavorare
4. voi / venire
5. tu / studiare
6. noi / pulire la casa

C **Perché voglio!** On the other hand, other people do certain things because they want to. Work with a partner; ask and answer questions.

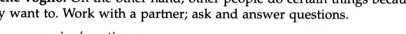

ESEMPIO: io / partire →
   S1: Perché parto?
   S2: Tu parti perché vuoi partire.

1. loro / uscire
2. tu / finire il racconto
3. noi / fare un giro
4. io / scrivere poesie
5. voi / offrire solo birra

D **Cara Abby...** You write to "Dear Abby" with a whole list of complaints about your **compagno (compagna) di stanza.** Explain his/her short-comings to your partner (Abby!), who will respond by telling you what your roommate must do.

ESEMPIO: perdere sempre l'autobus →
S1: Il mio compagno (la mia compagna) di stanza perde sempre l'autobus.
S2: Non deve perdere sempre l'autobus; deve uscire di casa presto.

1. fare pochi compiti   **2.** guardare sempre la TV   **3.** leggere solo fotoromanzi (*soap opera magazines, romance stories*)   **4.** uscire tutte le sere
5. bere sempre caffè   **6.** rispondere sempre in inglese

E **Ma certo** (*But of course*)! Respond to each question your partner poses by stating *Of course I (you, he, etc.) can* (**Certo che** + *verb*)!

ESEMPIO: venire stasera / tu →
S1: Puoi venire stasera?
S2: Certo che posso venire stasera!

1. uscire oggi / Luca e Sara
2. partire subito / noi
3. fare un giro in motocicletta / io
4. aspettare un momento / tu
5. aprire la finestra / il bambino
6. sentire un disco / i ragazzi

7. prendere lezioni di yoga / la nonna
8. bere un'aranciata / Claudio
9. sciare quest'inverno / tu
10. andare a un concerto / voi

F **Che fai oggi?** List three things you want to do today; three things you can't do today; three things you must do today.

ESEMPIO: Voglio nuotare; non posso dormire; devo fare i compiti...

C Ancora sul gerundio

—Sbaglio o quello che stai salutando è il tuo direttore?

1. The gerund of **-ere** and **-ire** verbs is formed by adding **-endo** to the verb stem.

> scrivere → scriv**endo**
> partire → part**endo**

2. **Bere** and **dire** have irregular gerunds: **bevendo** and **dicendo,** respectively.

Sto **bevendo** un'aranciata.	*I'm drinking an orange soda.*
Cosa stai **dicendo**?	*What are you saying?*

3. Remember that Italian constructions with the gerund have many possible English equivalents.

Leo passa il suo tempo libero **andando** a caccia.	*Leo spends his free time hunting.*
Puoi imparare a cucinare **leggendo** libri di cucina!	*You can learn how to cook by reading cook books!*
Cosa dice il professore **uscendo** dalla classe?	*What does the professor say as he's leaving class?*

ESERCIZI

A **Che stanno facendo?** Tell what the following people are doing.

> ESEMPIO: dipingere / Giordano →
> Giordano sta dipingendo.

1. uscire / Luisella e Ombretta
2. bere un bicchiere d'acqua / tu e Claudio
3. giocare a pallone / Franca
4. prendere lezioni di ballo / io
5. partire per Bari / noi
6. fare aerobica / i ragazzi
7. leggere un catalogo / tu
8. dire una bugia (*fib*) / il bambino

B **Come si fa?** Combine the phrases in column A with those in column B in a logical manner.

A	B
1. _____ Potete imparare a suonare	**a.** guardando la TV.
2. _____ Non voglio perdere tempo	**b.** offrendo lezioni di lingua.
3. _____ Pulisco la casa	**c.** ascoltando la radio.
4. _____ Luca paga le sue lezioni di fotografia	**d.** seguendo un corso di musica.

Presente + **da** + espressioni di tempo

RICCARDO: Ho un appuntamento con Paolo a mezzogiorno in piazza. Vogliamo andare a mangiare insieme. Io arrivo puntuale ma lui non c'è. Aspetto e aspetto, ma lui non viene. Finalmente, dopo un'ora, Paolo arriva e domanda: «Aspetti da molto tempo?» E io rispondo: «No, aspetto solo da un'ora!»

1. Italian uses *present tense* + **da** + *time expressions* to indicate an action that began in the past and is still going on in the present. English, by contrast, uses the present perfect tense (*I have spoken, I have been working*) + *for* + *time expressions.*

> *verb in the present tense* + **da** + *length of time*

Scio da un anno.	*I've been skiing for a year.*
Prendi lezioni di karatè da molti mesi?	*Have you been taking karate lessons for many months?*

2. To find out how long something has been going on, use **da quanto tempo** + *verb in the present.*

—Da quanto tempo leggi questa rivista?	*How long have you been reading this magazine?*
—Leggo questa rivista da molto tempo.	*I've been reading this magazine for a long time.*

Esercizi

A **Da quanto tempo?** Create complete sentences according to the example.

ESEMPIO: (io) studiare l'italiano / quattro settimane →
Io studio l'italiano da quattro settimane.

1. (lei) correre / molti anni
2. (noi) aspettare l'autobus / venti minuti
3. (i bambini) prendere lezioni di piano / un anno
4. (tu) suonare la chitarra / molti mesi
5. (il bambino) disegnare / un quarto d'ora
6. (io) uscire con Giorgio / sei mesi

RICCARDO: I have an appointment with Paolo at noon in the square. We want to go eat together. I arrive on time, but he isn't there. I wait and wait, but he doesn't come. . . . Finally, after an hour, Paolo arrives and asks, "Have you been waiting long?" And I reply, "No, I've only been waiting for an hour!"

B **Tutto sull'insegnante.** You are gathering background information on your instructor for the campus newspaper. Ask the appropriate questions to find out how long he/she has been doing the following things.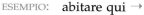

ESEMPIO: leggere romanzi (*novels*) italiani →
Da quanto tempo legge romanzi italiani?

1. insegnare in quest'università
2. abitare in questa città
3. bere vini italiani
4. parlare italiano
5. giocare a tennis
6. scrivere racconti

C **Scambio di informazioni.** Working with a partner, tell how long you have been doing the following things.

ESEMPIO: abitare qui →
s1: Da quanto tempo abiti qui?
s2: Abito qui da (molto tempo).

1. studiare l'italiano
2. frequentare quest'università
3. uscire il sabato sera
4. bere caffè
5. guidare l'automobile
6. fare aerobica

E Interrogativi

—Chi è?

INTERROGATIVE PRONOUNS		
chi? (*inv.*)	*who? whom?*	Chi sei?
che cosa? (che?) (cosa?)	*what?*	Cosa dici?
quale? (*pl.* quali)	*which (one)? which (ones)?*	Ecco due giornali: quale vuoi?
		Di tutti i programmi, quali preferisci?
INTERROGATIVE ADJECTIVES		
che? (*inv.*)	*what? what kind of?*	Che macchina ha, signora?
quale? (*pl.* quali)	*which?*	Quali libri leggete?
quanto/a/i/e?	*how much? how many?*	Quanta pazienza avete?
INTERROGATIVE ADVERBS		
come?*	*how?*	Come sta Giancarlo?
dove?*	*where?*	Dov'è la biblioteca?
perché?	*why?*	Perché non dormono?
quando?	*when?*	Quando parte Pietro?

1. In questions beginning with an interrogative word, the subject is usually placed at the end of the sentence.

> Quando guarda la TV Mike?
>
> *When does Mike watch TV?*

2. Prepositions such as **a, di, con,** and **per** always precede the interrogative **chi.** In Italian, a question never ends with a preposition.

> A chi scrivono?
>
> *To whom are they writing? (Whom are they writing to?)*
>
> Di chi è questa chiave?
>
> *Whose key is this?*
>
> Con chi uscite stasera?
>
> *Who(m) are you going out with tonight?*

3. **Che** and **cosa** are abbreviated forms of **che cosa.** The forms are interchangeable.

> Che cosa bevi?
>
> *What are you drinking?*
>
> Che dici?
>
> *What are you saying?*
>
> Cosa fanno i bambini?
>
> *What are the children doing?*

—Mamma, papà, che cosa è il **blackout?**

4. As with all adjectives, the interrogative adjectives agree in gender and number with the nouns they modify, except for **che,** which is invariable.

> Quali parole ricordi?
>
> *Which words do you remember?*
>
> Quante ragazze vengono?
>
> *How many girls are coming?*
>
> Che libri leggi?
>
> *What books do you read?*

---

*come + è = com'è
dove + è = dov'è

5. **Che cos'è... ? (Che cosa è, cos'è)** expresses English *What is . . . ?* in a request for a definition or an explanation.

Che cos'è la semiotica? *What is semiotics?*

Qual è... ? expresses *What is . . . ?* when the answer involves a choice, or when one requests information such as a name, telephone number, or address.*

Qual è la tua materia preferita? *What's your favorite subject?*

Qual è il numero di Roberto? *What is Roberto's number?*

Esercizi

A **Ho bisogno di informazioni...** Complete each question with the appropriate interrogative expression.

1. (Quanti / Quante) automobili hanno i Rossi?
2. (Come / Cosa) parla inglese Lorenzo?
3. (Cos'è / Qual è) la differenza tra **arrivederci** e **arrivederLa**?
4. (Quale / Quali) università sono famose?
5. (Quali / Quanti) dischi compri, uno o due?
6. (Quando / Quanto) latte bevi?
7. (Che / Chi) facciamo stasera?
8. (Che / Chi) poesie leggete?

B **Qual è? Che cosa è?** Fill in the blanks with the appropriate Italian equivalent of *what*.

1. _____ il nome di quel bel ragazzo?
2. _____ la data (*date*) di oggi?
3. _____ questo?
4. _____ la chiave giusta?
5. _____ l'astrologia?
6. _____ *Il Corriere della Sera*?

C **La domanda?** What was the question? Ask the question that each sentence answers.

ESEMPIO: Giocano a tennis *con Paolo.* →
Con chi giocano a tennis?

1. Vengono *in treno.*
2. Perugia è *in Umbria.*
3. *Vittoria* deve studiare.
4. Abbiamo *cinque* chitarre.
5. Escono con *gli amici.*
6. Nuotano da *molto* tempo.
7. Gli zii arrivano *domani.*
8. Puliscono *il frigo.*
9. Carlo paga per *tutti.*
10. Non ricordiamo le parole *difficili.*

*Quale is frequently shortened to **qual** before forms of **essere** that begin with **e-**.

—Pronto, chi parla?

D Conversazione.

1. Qual è il Suo racconto preferito?   **2.** Quanti libri legge in un mese? E quali?   **3.** Chi è il Suo scrittore (la Sua scrittrice) (*writer*) preferito/a? **4.** Quali sono i Suoi passatempi? Dipinge? Cucina? Corre? Da quanto tempo?   **5.** Con chi esce di solito (*usually*)?

PICCOLO RIPASSO

A **Il giovedì.** Restate the following paragraph three times, using these subjects: **noi, Carlo,** and **Laura e Stefania.**

Il giovedì io sono molto occupato (*busy*). Seguo corsi tutta la mattina, poi mangio un panino e prendo un caffè con gli amici. Nel pomeriggio, vado in biblioteca e studio per il mio corso di storia. Se posso, corro o faccio esercizi di yoga. Preferisco cucinare a casa ma qualche volta (*sometimes*) devo mangiare alla mensa. Non vado quasi mai al (*at the*) ristorante perché non voglio spendere troppi (*too much*) soldi! La sera finisco i compiti, pulisco un po' la camera e, se ho tempo, qualche volta scrivo una lettera. Vado a letto dopo mezzanotte e dormo 6 o 7 ore.

B **Combinazioni.** Combine one word or phrase from each column to form complete sentences. Remember to use the proper form of the verb.

A	B	C
noi	(non) viaggiare	uscire con amici
gli studenti	pulire	molti giornali
tu e Marco	fare	vedere un film
Vincenzo	dovere	lezioni di ballo
io	leggere	la casa
il dottor Schizzi	volere	un giro a piedi
Lei	prendere	sempre in treno
tu	preferire	a comprare il latte
io e Giovanna	andare	partire presto

C **Scambi.** Working with a classmate, complete the following exchanges with the appropriate form of the verb.

1. S1: Cosa _____ (prendere) tu quando vai al bar?
   S2: Di solito _____ (bere) un cappuccino.
2. S1: Perché le tue amiche Stefania e Lucia _____ (perdere) sempre il treno?
   S2: Io non _____ (capire) proprio! Loro _____ (uscire) ogni sera e alla mattina non _____ (sentire) la sveglia (*alarm clock*).
3. S1: Giuliano, cosa _____ (dire)? Come _____ (potere) scrivere una lettera così cattiva (*mean*)?
   S2: Io _____ (preferire) scrivere una lettera cattiva ma sincera.
4. S1: Chi _____ (volere) venire stasera in discoteca?
   S2: Marco non _____ (potere); io _____ (dovere) lavorare e Silvia e Sonia _____ (volere) andare al concerto di Vasco Rossi.

D **La settimana di Claudio.** Read the following passage carefully.

Claudio è uno studente di architettura con molti interessi. Lui dice che ci sono troppi passatempi e poco tempo a disposizione. In effetti, ha ragione! Il lunedì pomeriggio va in barca a vela con suo padre. Il martedì insegna musica ai bambini. Il mercoledì nuota per due ore e la sera prende lezioni di ballo. Il giovedì dipinge nel suo studio tutto il giorno. Il venerdì va sempre a teatro o al cinema con la sua ragazza. Il sabato mattina fa un giro con la sua nuova moto Guzzi e alla sera va in discoteca con i suoi amici. La domenica finalmente riposa (*he rests*): scrive lettere e passeggia. Non perde mai tempo a guardare la televisione e trova anche il tempo per cucinare e studiare! Che energia!

Now, tell a classmate if your week is anything like Claudio's. Use expressions from this passage and from the **Vocabolario preliminare.**

ESEMPIO: Il lunedì pomeriggio gioco a pallacanestro. Il martedì...

DIALOGO

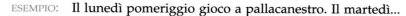

ESPRESSIONI UTILI

di fretta	in a hurry
da queste parti	around here
è la sua passione	it's her passion
avere programmi	to have plans
essere in ritardo	to be late
Devo proprio scappare.	I really have to run off.
D'accordo!	All right! Agreed!

PAROLE-EXTRA

Extracomunitari—sono così chiamati i nuovi immigrati in Italia dai paesi extraeuropei (*countries beyond Europe*). Gruppi di volontari cercano di aiutare questi immigrati a inserirsi (*to integrate themselves*) nella comunità ma ci sono molti problemi.

Il Libraccio, famoso negozio di libri usati a Milano.

Milano, quartiere° Ticinese: Giovanna corre verso il Libraccio, famoso negozio di libri usati quando...   *neighborhood*

ROSSANA: Giovanna! Dove vai così di fretta?

GIOVANNA: Ciao Rossana! Vado a vendere i libri dell'anno scorso e a cercare° quelli di quest'anno. E tu? Cosa fai da queste parti?   *to look for*

ROSSANA: C'è una riunione al Centro di solidarietà con gli extracomunitari per discutere di vari problemi: case, lavoro, scuole... vieni anche tu!

GIOVANNA: Purtroppo non posso. Alle sei devo essere a casa di Alessandra. Da stasera segue un corso di ceramica: è la sua passione! Io faccio la *baby-sitter* di sua figlia. Dorme sempre, così io posso fare i miei esercizi di yoga. E dopo cena cosa fai?

ROSSANA: Vado a vedere *Il ladro di bambini,* quel bel film su un carabiniere° e due bambini... finalmente non il solito° carabiniere delle vignette,° ma uno simpatico e sensibile. Tu che programmi hai?   *traffic cop, policeman / usual / cartoons*

GIOVANNA: Io devo assolutamente finire un romanzo° eccezionale. È l'autobiografia di Clara Sereni, scrittrice e casalinga.° Un capolavoro°!   *novel / scrittrice... writer and housewife / masterpiece*

ROSSANA: Conosco la Sereni, è molto brava... Aiuto! Sono in ritardo, devo proprio scappare. Domani facciamo un giro in bicicletta?

GIOVANNA: Perché no? Possiamo andare in campagna° a respirare° un po' d'aria pura.   *countryside / to breathe*

ROSSANA: Allora, d'accordo! Va bene alle cinque?

GIOVANNA: Certo,° a domani. *Bye-bye!*   *Sure*

SI DICE COSÌ!

Allora can be used in a variety of contexts. It can mean *so, then, come on, well;* it can serve as a filler, or give extra emphasis.

Allora, andiamo!	Well then, let's go!
Allora, non viene Carlo?	So, isn't Carlo coming?
Ma allora, decidi cosa vuoi fare!	Come on, decide what you want to do!

TOCCA A TE!

Ask or tell a classmate the following in Italian.

1. So, shall we go to the movies?
2. Well then, are you cooking tonight?
3. Come on, let's play tennis!
4. Then let's take a bike ride.

E ORA A VOI

A **Devo assolutamente...** Anche voi avete libri che *dovete* finire, film che *dovete* vedere, dischi che *dovete* comprare, riunioni che *non potete* perdere? Scegliete dal seguente elenco (*list*) le vostre preferenze.

1. Devo assolutamente:
   - ❏ andare in palestra
   - ❏ nuotare
   - ❏ andare in barca
   - ❏ giocare a tennis
   - ❏ suonare il piano
   - ❏ dipingere
   - ❏ andare a teatro
   - ❏ cucinare
   - ❏ leggere i giornali

2. Non posso assolutamente perdere:
   - ❏ la partita di calcio
   - ❏ il concerto dei Grateful Dead
   - ❏ la lezione di aerobica
   - ❏ il corso di yoga
   - ❏ il telegiornale (*news*)
   - ❏ le manifestazioni per la pace
   - ❏ una festa con i miei amici
   - ❏ un viaggio in Italia

B **Quel bel film su...** Lavorando in coppia, spiegate in poche parole un libro o un film. Il compagno (la compagna) aiuta con domande.

> ESEMPIO: s1: *Il ladro di bambini* è un film su due bambini e un carabiniere.
> s2: È un film comico?
> s1: No, è un po' triste.

C **Gli extracomunitari.** Secondo voi, quali sono i *nuovi* immigrati in Italia? Scegliete dal seguente elenco.

- ❏ australiani
- ❏ nord-africani
- ❏ turchi
- ❏ sud-americani
- ❏ albanesi
- ❏ francesi
- ❏ senegalesi
- ❏ iugoslavi

D **È la mia passione!** Dite quali sono le vostre passioni e quanto tempo dedicate a queste attività.

ESEMPIO: La mia passione è la pittura. Dedico almeno due ore al giorno a questa attività.

Attività: l'aerobica, il ballo, la cucina, il giardinaggio, la musica, il nuoto (*swimming*), la pallacanestro, la pittura, la politica, il teatro...

—Sono pronti questi spaghetti?

Che programmi hai? Cosa fanno Pietro e Rosa? Ascoltate attentamente, poi rispondete alle domande seguenti.

1. Perché corre Rosa?
2. Dove va?
3. Quanti autobus deve prendere per andare in piscina?
4. Dove va Pietro?
5. Rosa paga molto per le lezioni di nuoto?

ESPRESSIONI UTILI

avere un paio d'ore di libertà	to have a couple of hours of free time (*freedom*)
Senza i miei amici sono finita!	Without my friends I'm lost!
di nuovo	again
fare due passi	to go for a stroll, a walk
prendere qualcosa	to get something (*to drink or to eat*)
Chissà!	Who knows?
avere le prove (di recitazione, di ballo)	to have rehearsal (*acting, ballet*)

LE SERE DI ROSSANA

Stasera c'è una riunione al Centro sociale di Porta Ticinese...

Verso le sei smetto° di lavorare. A casa mia la cena° è alle otto, dunque ho un paio d'ore di libertà. Telefono a Giovanna, prendiamo un appuntamento e insieme andiamo in piazza a incontrare° gli amici. Parliamo un po' di tutto: di noi, delle ultime notizie, di politica, di libri, di film... Per me questo non è solo il mio passatempo preferito, è una terapia! Senza i miei amici sono finita!

Insieme decidiamo cosa fare dopo cena. Se è il periodo degli esami c'è solo tempo per studiare. Altrimenti,° alle nove usciamo di nuovo e andiamo a fare due passi in centro, o a prendere qualcosa in un caffè. Se c'è un bel film andiamo al cinema e una volta alla settimana° abbiamo una riunione al Centro sociale. Il Centro organizza varie attività: aiuti agli immigrati, recupero° dei drogati,° iniziative ecologiche... Per me è importante perché posso fare qualcosa di utile.

Il giovedì sera ho lezione di fotografia: fare foto è la mia passione, non solo in viaggio e in vacanza ma anche nella mia città. Fotografo la gente,° le strade,° le case... Per ora è solo un divertimento ma in futuro, chissà...

Alle undici torno a casa. La televisione è accesa, mia nonna lavora a maglia,° mia madre guarda le sue riviste di giardinaggio,° mio padre i

stop, quit / dinner

to meet

otherwise

una... once a week

rehabilitation / drug addicts

people
roads, streets

lavora... knits / gardening

cataloghi di pittura.° Mio fratello è nella sua stanza che ascolta la musica e mia sorella... Dov'è mia sorella?   *painting*

Margherita è ancora al Piccolo Teatro, questa sera hanno le prove.

Vado a letto con un giornale. Leggo un po' *L'Espresso,* un po' *Panorama* per l'attualità° e la politica; poi, quando sono troppo stanca per pensare, guardo una rivista femminile, *Amica, Grazia, Anna...* aiutano a dormire! Sogno° la montagna, i week-end a sciare, il mare, le barche a vela...   *current events*   *I dream of*

Senza i miei amici sono finita!

E ORA A VOI

A **Ricordate tutto?** Rileggete la **Lettura,** poi dividete la classe in due gruppi. Ogni gruppo prepara tre domande di comprensione del testo; l'altro gruppo deve rispondere con il libro chiuso. Esigete (*Demand*) risposte esatte!

> ESEMPIO: S1: Perché Rossana telefona a Giovanna?
> S2: Per prendere un appuntamento e andare in piazza a
> incontrare gli amici.

B **Un po' di vocabolario.** Completate le frasi con le forme adatte delle seguenti espressioni: il catalogo, gli immigrati, organizzare, il recupero, la terapia.

1. In Italia ci sono molti centri per _____ dei drogati.
2. Negli Stati Uniti molte persone comprano con _____.
3. _____ hanno spesso difficoltà a trovare lavoro.
4. Il Centro sociale _____ iniziative ecologiche.
5. Quando sono depresso/a lo sport per me è una _____.

Una chiacchierata davanti al Duomo.

PAROLE DA RICORDARE

VERBI

andare in barca a vela to go sailing
aprire to open
ascoltare to listen to
bere to drink
capire (isc) to understand
correre to run
cucinare to cook
dipingere to paint
dire to say; to tell
disegnare to draw
domandare to ask
dormire to sleep
dovere (+ *inf.*) to have to, must (*do something*)
fare aerobica to do aerobics
fare esercizi di yoga to practice yoga
fare un giro a piedi to go for a walk
fare un giro in bicicletta (in macchina, in motocicletta, a piedi) to go for a bicycle ride (a car ride, a motorcycle ride, a walk)
finire (isc) to finish
giocare a tennis (a pallone, a pallacanestro) to play tennis (soccer, basketball)
guardare to watch
leggere to read
nuotare to swim
offrire to offer
pagare to pay, pay for
partire to leave, depart
passeggiare to go for a stroll, a walk

perdere to lose; to waste, to miss
potere (+ *inf.*) to be able to (can, may) (*do something*)
preferire (isc) (+ *inf.*) to prefer (*to do something*)
prendere to take
pulire (isc) to clean
ricevere to receive
rispondere to answer, reply
sciare to ski
scrivere to write
seguire un corso to take a class
sentire to hear
servire to serve
uscire to go out
vedere to see
venire to come
viaggiare to travel
volere (+ *inf.*) to want (*to do something*)

NOMI

l'appuntamento appointment, date
il bagno bathroom
il ballo dancing
la camera room, bedroom
il catalogo catalogue
il Cd (*pl.* **i Cd**) compact disc
la ceramica ceramics
la chiave key
il concerto concert
la data date (*calendar*)
il disco (*pl.* **i dischi**) disc, record
il dottore doctor
la finestra window

il frigo (*from* **frigorifero**) refrigerator
il giornale newspaper
il karatè karate
la lettera letter
il piano piano
la poesia poetry, poem
la porta door
il racconto short story
la recitazione acting
la riunione meeting
la rivista magazine
il sassofono saxophone
la scultura sculpture
la serata evening
il teatro theater
la televisione (la TV) television
il tennis tennis

AGGETTIVI

ogni (*inv.*) each, every
solito usual

ALTRE PAROLE ED ESPRESSIONI

che? what? what kind of?
da from
da molto tempo for a long time
da quanto tempo? how long?
di solito usually
insieme together
quale? (*pl.* **quali?**) which one? (which ones?)
subito quickly, immediately

PRENDIAMO UN CAFFÈ?

IN BREVE

Grammatica
A. Preposizioni articolate
B. Il passato prossimo con **avere**
C. Il passato prossimo con **essere**

Lettura
La cultura del caffè

A colazione al Biffi di Milano.

VOCABOLARIO PRELIMINARE

Dialogo-lampo

LUCIA: Che fame! Prendiamo un panino?
DARIO: Veramente... io non posso.
LUCIA: Perché?
DARIO: Per colazione* ho preso† un cappuccino e una brioche ad un tavolino del Biffi.‡

Qualcosa da bere

LE BEVANDE (*Beverages*)

l'acqua (**minerale**) (mineral) water
l'aperitivo aperitif
la bibita soft drink
il cappuccino cappuccino
la cioccolata (calda) (hot) chocolate
la Coca-Cola Coke
la spremuta freshly squeezed juice
il succo juice
    d'arancia orange juice

di carota carrot juice
di pomodoro tomato juice
di pompelmo grapefruit juice
il tè freddo iced tea
il vino (bianco, rosso) (white, red) wine

NELLE BEVANDE

il ghiaccio ice
il limone lemon
il miele honey
la panna (whipped) cream

lo zucchero sugar

CON LE BEVANDE

le noccioline peanuts
le olive olives
le paste pastries
le patatine potato chips
i salatini snacks, munchies

DOVE

al banco at the counter
al tavolo, tavolino at the table

---

*breakfast
†ho... I had
‡Biffi, in the beautiful Galleria of Milano, is one of the most exclusive establishments in the city.

ESERCIZI

A **Situazioni.** Cosa mangiano? Cosa bevono?

1. Luisa fa molto sport; ha bisogno di vitamina C.
   - ❑ una Coca-Cola
   - ❑ un succo d'arancia
2. Il signor Manfredi prende un Martini all' Harry's Bar.
   - ❑ lo zucchero e il miele
   - ❑ le noccioline e le olive
3. Paul sta guardando una partita (*game*) di football alla TV.
   - ❑ le patatine e i salatini
   - ❑ un cappuccino e una pasta
4. Sono le otto di mattina; Claudia è al bar e ha fretta.
   - ❑ una spremuta di pompelmo e una brioche al banco
   - ❑ un tè freddo al limone e due panini al tavolino
5. I signori Brunetti sono a Roma; mangiano in un ristorante molto elegante.
   - ❑ un aperitivo, una bottiglia (*bottle*) di acqua minerale e vino bianco e rosso
   - ❑ una bibita con ghiaccio, un succo di carota e una cioccolata con panna

B **Desidera?** Il cameriere (la cameriera) vi chiede (*asks*) che cosa desiderate. Che cosa rispondete nelle seguenti situazioni?

> ESEMPIO: Siete a dieta. →
> Prendo un succo di pompelmo.

1. Fa un freddo cane (*bitterly cold*).
2. Fa un caldo bestiale (*boiling hot*).
3. Avete sonno.
4. Avete molta sete.

C **Che cosa bevi a colazione?** Intervistate tre compagni (compagne) di classe per sapere cosa bevono a colazione, a pranzo (*lunch*) e a cena (*dinner*). Poi riportate i risultati alla classe.

> ESEMPIO: David beve succo d'arancia a colazione e latte a pranzo e a cena.

D **Ho cambiato idea.** Siete in un caffè, avete chiesto (*you asked for*) una bibita ma poi avete cambiato idea (*you changed your mind*). Lavorando in coppia create conversazioni tra un cameriere (una cameriera) e un cliente indeciso (una clienta indecisa). Usate il **Vocabolario preliminare** per le bevande da ordinare.

> ESEMPIO: S1: Cameriere, un succo di pomodoro, per favore.
> S2: Subito, signore!
> S1: No, scusi... ho cambiato idea. Prendo invece (*instead*) un succo di carota.

IN ASCOLTO

Al caffè Jolly. Giuditta e Roberto sono al caffè; arriva il cameriere. Ascoltate la conversazione attentamente, poi completate le frasi seguenti.

1. Il cameriere domanda che cosa _____ i signori.
   a. desiderano   **b.** mangiano   **c.** prendono
2. Giuditta prende _____.
   a. un tè freddo   **b.** una spremuta d'arancia   **c.** un'acqua minerale
3. Roberto dice che fa _____.
   a. molto caldo   **b.** un freddo cane   **c.** fresco
4. Giuditta vuole un po' di _____.
   a. ghiaccio   **b.** zucchero   **c.** miele
5. I ragazzi ordinano anche _____.
   a. delle paste   **b.** delle patatine   **c.** dei salatini

GRAMMATICA

A Preposizioni articolate

Le vie e le piazze delle città italiane sono sempre affollate: c'è molta gente* nei caffè, all'interno o seduta ai tavolini all'aperto, nei negozi, per le strade, sugli autobus, sui filobus... E gli stranieri domandano: «Ma non lavora questa gente?»

The streets and squares of Italian cities are always crowded: There are many people in the coffee shops, seated inside or at the tables outside, in the stores, on the streets, on the buses, on the trolleys. . . . And foreigners ask: "Don't these people ever work?"

*Two Italian words correspond to English *people:* **la gente** and **le persone. Gente** is a singular feminine noun, requiring a third person singular verb; **persone** is feminine plural, requiring a third person plural verb.

C'è molta gente.	*There are many people.*
Ci sono molte persone.	
La gente parla.	*People talk.*
Le persone parlano.	

1. You have already learned the important simple Italian prepositions (**le preposizioni semplici**): **a, con, da, di, in, per, su.**

a *at, to, in*	Andiamo a Roma domani.
con *with*	Escono con Roberto.
da *from*	Vengo da Milano.
di *of, —'s*	È il passaporto di Marco.
in *in, to, into*	Il succo è in una bottiglia.
per *for*	Il libro è per la nonna.
su *on, over*	Dormo su questo letto.

2. When the prepositions **a, di, da, in,** and **su** are followed by a definite article, they combine with it to form one word. Each contraction (**preposizione articolata**) has the same ending as the article: **a + il = al, a + lo = allo,** and so on.

PREPOSIZIONI ARTICOLATE

PREPOSIZIONI	ARTICOLI							
	Maschili					*Femminili*		
	Singolare			*Plurale*		*Singolare*		*Plurale*
	il	**lo**	**l'**	**i**	**gli**	**la**	**l'**	**le**
a	al	allo	all'	ai	agli	alla	all'	alle
da	dal	dallo	dall'	dai	dagli	dalla	dall'	dalle
di → de	del	dello	dell'	dei	degli	della	dell'	delle
in → ne	nel	nello	nell'	nei	negli	nella	nell'	nelle
su	sul	sullo	sull'	sui	sugli	sulla	sull'	sulle

Andiamo al caffè.	*We're going to the coffee shop.*
Vengono dall'aeroporto.	*They're coming from the airport.*
Quali sono i giorni della settimana?	*What are the days of the week?*
Il ghiaccio è nei bicchieri.	*The ice is in the glasses.*

3. Only two contracted forms of **con—col (con + il)** and **coi (con + i)**—are commonly encountered. The use of these contractions is optional.

Vedi l'uomo **col** cane (con il cane)?	*Do you see the man with the dog?*
Chi sta a casa **coi** bambini (con i bambini)?	*Who stays home with the children?*

4. Usually no article is used with **in** before such words as **cucina** (*kitchen*), **sala da pranzo** (*dining room*) (and other nouns designating rooms of a house), **biblioteca, banca, campagna** (*the countryside*), **chiesa, piazza, centro** (*downtown*), **ufficio,** and so on.

> Mangiamo **in** cucina, non **in** sala da pranzo.
>
> *We eat in the kitchen, not in the dining room.*

5. The various combinations of **di** plus article can be used with a noun to express an unspecified or undetermined quantity. This is called the partitive. In English the same idea is expressed with the word *some* or *any* or no special word at all.

> Ecco **del** latte per il tè.
> Avete **dei** vini italiani?
> Ho **della** birra.
>
> *Here's some milk for the tea.*
> *Do you have any Italian wines?*
> *I have beer.*

The use of the partitive is optional. Just as you can say in English either *I have some relatives in Italy* or *I have relatives in Italy*, you can say in Italian **Ho dei parenti in Italia** or **Ho parenti in Italia.** In questions, with plural or collective nouns, and especially in negative sentences, the partitive is almost always left out.

> —Avete salatini?
> —No, non abbiamo salatini.
>
> *Do you have any snacks?*
> *No, we don't have any snacks.*

6. **Alle** plus the hour answers the question **A che ora** (*At what time*)?

> A che ora arrivano? **Alle** sette o **alle** otto?
>
> *At what time are they coming?*
> *At seven or at eight?*

Note: **a mezzogiorno** (*at noon*), **a mezzanotte** (*at midnight*), **all'una** (*at one*).

—Uno è il fantasma della torre di Londra e l'altro è il fantasma della torre di Pisa...

Esercizi

A Trasformazioni. Create new sentences by substituting the words in parentheses for the italicized words.

1. Carlo va alla *stazione*. (supermercato / stadio / festa / concerti)
2. Ricordi il nome del *professore*? (professoressa / zio di Marco / profumo / bambine / aperitivo)
3. L'aeroplano vola (*flies*) sull'*aeroporto*. (case / città / ospedale / stadio)
4. Vengono dall'*università*. (ufficio / ospedale / biblioteca / stazione / aeroporto)

B Un tè (*tea party*). Lisa is in a panic before her tea party. Complete the paragraph with the appropriate **preposizioni articolate.**

Lisa, prima di un tè importante: Vediamo, il latte è (**in** + **il**) frigo. Devo mettere lo zucchero (**su** + **il**) carrello (*cart*). I signori Cardini prendono il tè (**con** + **il**) miele? (**A** + **i**) loro bambini offro una cioccolata. E che cosa offro (**a** + **la**) dottoressa Marconi? Vediamo se ricordo... lei preferisce le paste (**a** + **i**) salatini e il caffè (**a** + **la**) spremuta. E (**a** + **gli**) zii che cosa offro? E (**a** + **il**) professor Morelli? Santo cielo, che confusione!

C **Scambi.** Complete these exchanges with the correct form of **di** + *article*.

1. S1: Domani è il compleanno (*birthday*) _____ signor Rossi. Andiamo a trovarlo (*to see him*)?

S2: Sì, abita poco lontano, nel centro (*center*) _____ città.

2. S1: Com'è piccola la casa _____ zii! Quante camere ci sono?

S2: Solo cinque, ma lo studio _____ zia è enorme!

3. S1: Giulio, è aperta la porta _____ ufficio _____ professor Tursi?

S2: No, lui non c'è oggi, ma c'è un messaggio per te (*you*) sulla scrivania (*desk*) _____ segretaria.

4. S1: Ecco i numeri _____ passaporti _____ studenti. Abbiamo bisogno di altro?

S2: Sì, anche _____ numeri di telefono _____ professori.

D **A che ora?** Answer each question in a complete sentence, using the time in parentheses.

ESEMPIO: voi / mangiare (7,30) →

S1: A che ora mangiate?

S2: Mangiamo alle sette e mezzo.

1. gli studenti / andare all'università (8,00)
2. i ragazzi / avere lezione d'italiano (9,10)
3. Donatella / andare a mangiare (12,15)
4. noi / andare in biblioteca (3,00)
5. Sandro / andare al cinema (5,00)
6. voi / andare a dormire (10,00)

Now ask each other these questions (use the **tu** form), and state what time you do these things.

E **Altri scambi.** Working with a partner, complete these exchanges with **in** or a form of **in** + *article*.

1. S1: Dove mangiate, _____ cucina?

S2: Di solito _____ salotto (*living room*), davanti alla (*in front of the*) TV.

2. S1: Oggi c'è poca gente _____ negozi. Vado _____ centro. Tu hai soldi?

S2: Sì, lì (*there*), _____ portafoglio (*wallet*).

3. S1: Riccardo, vai _____ banca oggi?

S2: No, cara. Vado _____ ufficio e poi torno subito a casa.

F **Scambi ancora!** Supply the appropriate form of the partitive. Remember that many of these sentences are perfectly correct without it.

1. S1: Vado a comprare _____ miele e _____ zucchero. E tu?

S2: Io vado a comprare _____ patatine.

2. S1: C'è _____ burro (*butter*) nel frigo?

S2: No, ma c'è _____ margarina e _____ panna.

3. S1: Chi ha _____ dischi italiani?

S2: Claudio; Pierina ha _____ cassette.

4. S1: Ho fame; ordino _____ paste col cappuccino. E voi?

S2: Noi prendiamo _____ panini e _____ bibite.

5. S1: Conosci (*Do you know*) _____ studenti stranieri?

S2: Sì, conosco _____ ragazzi messicani.

G **Povero Piero!** Piero has lots of complaints, while things are fairly rosy for you. Restate Piero's statements in the affirmative, using the partitive. Begin with **Io, invece...** (*instead*).

Non ho tempo libero, non ho amici, non ho idee, non ho iniziativa; non faccio sport, non conosco persone intelligenti, non vedo film interessanti, non leggo libri divertenti, non ricevo lettere da casa.

Now write a paragraph listing *your* complaints.

B Il passato prossimo con **avere**

—Chi ha chiesto gli spinaci?

CATTONI

1. The **passato prossimo** is a past tense that reports an action, event, or fact that was completed in the past. It consists of two words: the present tense of **avere** or **essere** (called the *auxiliary* or *helping verbs*) and the past participle of the verb.

> passato prossimo = *presente di* **avere/essere** + *participio passato*

In this section you will learn how to form the past participle and the **passato prossimo** with **avere.**

2. The past participle of regular verbs is formed by adding **-ato, -uto,** and **-ito** to the infinitive stems of **-are, -ere,** and **-ire** verbs, respectively.

INFINITO	PARTICIPIO PASSATO	
-are	**-ato**	lavor**are** → lavor**ato**
-ere	**-uto**	ricẹv**ere** → ricev**uto**
-ire	**-ito**	cap**ire** → cap**ito**

PASSATO PROSSIMO OF **lavorare**			
ho lavorato	*I (have) worked*	abbiamo lavorato	*we (have) worked*
hai lavorato	*you (have) worked*	avete lavorato	*you (have) worked*
ha lavorato	*you (have) worked* *he, she (has) worked*	hanno lavorato	*you (have) worked* *they (have) worked*

3. The past participle is invariable when the auxiliary verb is **avere.**

> Oggi Anna non lavora perché
> ha lavorato ieri.
> Anche gli altri hanno lavorato.

> *Today Anna isn't working
> because she worked yesterday.*
> *The others worked, too.*

4. In negative sentences, **non** is placed before the auxiliary verb.

> —Ha ordinato un tè?
> —No, non ho ordinato un tè.

> *Did you order a tea?*
> *No, I didn't order a tea.*

5. The **passato prossimo** has several English equivalents.

> Ho mangiato.

> *I have eaten. (present perfect)*
> *I ate. (simple past)*
> *I did eat. (emphatic past)*

ATTENZIONE! Note the difference in form and meaning between the following:

> Sara ha studiato l'italiano per
> due anni.
> Sara studia l'italiano da due
> anni.

> *Sara studied Italian (for) two
> years. (action is finished)*
> *Sara has been studying Italian
> for two years. (action is still
> going on)*

You may want to review the discussion of *presente* + **da** + *espressioni di tempo* in **Capitolo 4.**

6. The **passato prossimo** is often accompanied by these time expressions.

ieri, ieri sera	*yesterday, last night*
due giorni una settimana un mese un anno } fa	*two days a week a month a year } ago*
lunedì il mese l'anno } scorso	*last { Monday month year*
domenica la settimana } scorsa	*last { Sunday week*

> Hai parlato con Rita alla festa
> ieri sera?
> Hanno avuto l'influenza la
> settimana scorsa.

> *Did you talk to Rita at the
> party last night?*
> *They had the flu last week.*

7. Common adverbs of time, such as **già** (*already*), **sempre,** and **mai** (*ever*), are placed between **avere** and the past participle.

Ho sempre avuto paura dei cani.	*I've always been afraid of dogs.*
Hai mai mangiato paste italiane?	*Have you ever eaten Italian pastries?*

8. Some verbs (most of them **-ere** verbs) have irregular past participles.

INFINITIVE	PAST PARTICIPLE	
bere	bevuto	Hai bevuto la spremuta d'arancia?
chiędere	chiesto	Chi ha chiesto il succo di carota?
dipịngere	dipinto	Chi ha dipinto *La Gioconda*?
dire	detto	Avete detto «Ciao!» al professore?
fare	fatto	La mamma ha fatto il caffè.
lęggere	letto	Chi ha letto il giornale di oggi?
męttere (*to put*)	messo	Perché non hai messo le noccioline sul tavolo?
pręndere	preso	Abbiamo preso un gelato.
rispọndere	risposto	Molte persone non hanno risposto.
scrịvere	scritto	Chi ha scritto questa parola?
vedere	visto (*also:* veduto)	Scusi, ha visto un uomo con una bambina?

ESERCIZI

Ⓐ **Trasformazioni.** Replace the subject with each subject in parentheses, and change the verb form accordingly.

1. Roberto ha mangiato troppe (*too many*) patatine. (loro / io / tu / voi)
2. Non abbiamo dormito bene. (io / la signora / i bambini / tu)
3. Hai ricevuto una lettera? (chi / voi / loro / Lei)
4. Hanno chiesto un cappuccino. (il dottore / io / io e Roberto / tu e Silvana)
5. Ho messo il ghiaccio nei bicchieri. (Lei / noi / le ragazze / voi)

Ⓑ **Pierino è un bambino terribile...** Continue the description of his bad habits, beginning with **Anche ieri...** Use the **passato prossimo,** according to the example.

   ESEMPIO: Non dice «Grazie!» → Anche ieri non ha detto «Grazie!»

1. Non studia.
2. Non fa gli esercizi.
3. Non risponde alle domande.
4. Non finisce il compito.
5. Non mangia i broccoli.
6. Non prende la medicina.

C **Fatto e non fatto.** Tell what you did and did not do during each of the times indicated.

Attività: guardare la TV, prendere un cappuccino, dare un esame, fare il letto, pulire il frigo, leggere il giornale...

ESEMPIO: ieri → Ieri ho letto il giornale ma non ho guardato la TV.

1. oggi
2. l'anno scorso
3. ieri sera
4. stamattina (*this morning*)
5. la settimana scorsa
6. due giorni fa
7. sabato scorso
8. un mese fa

D **Cosa hai fatto domenica scorsa?** Ask a classmate what he or she did last Sunday. Take notes and report the results to the class.

ESEMPIO: vedere un film →
S1: Hai visto un film?
S2: Sì, ho visto un film. (No, non ho visto un film.) E tu?

1. telefonare alla mamma
2. ascoltare musica
3. pulire la casa
4. fare un giro in campagna
5. mangiare al ristorante
6. leggere il *New York Times*
7. dormire fino a tardi
8. studiare la lezione d'italiano

Now tell three other things you did last Sunday.

ESEMPIO: Ho scritto una lettera. Ho...

E Conversazione.

1. Ha mai visto un film italiano?   2. Ha mai viaggiato in Europa?
3. Ha mai volato su un jumbo? Su un aereo supersonico?   4. Ha studiato fino a (*until*) mezzanotte ieri sera?   5. Quanti libri ha comprato l'anno scorso?   6. Ha letto il giornale di ieri? L'oroscopo di oggi?   7. A quante persone ha detto «Ciao!» oggi?   8. Quante lettere ha scritto il mese scorso?

C Il passato prossimo con **essere**

MARIANNA: Sei andata al cinema ieri sera, Carla?
CARLA: No, Marianna. Gli altri sono andati al cinema; io sono stata a casa e ho studiato tutta la santa sera!

MARIANNA: Did you go to the movies last night, Carla?   CARLA: No, Marianna. The others went to the movies; I stayed home and studied the whole blessed evening!

1. While most verbs use the present of **avere** to form the **passato prossimo,** some use the present of **essere.*** Their past participle always agrees in gender and number with the subject of the verb. It can therefore have four endings: **-o, -a, -i, -e.**

PASSATO PROSSIMO OF **andare**			
sono andato/a	*I went / have gone*	siamo andati/e	*we went / have gone*
sei andato/a	*you went / have gone*	siete andati/e	*you went / have gone*
è andato/a	*you went / have gone* *he, she, it went / has gone*	sono andati/e	*you went / have gone* *they went / have gone*

Anna è andata a teatro.	*Anna went to the theater.*
Gli altri non sono andati a teatro.	*The others didn't go to the theater.*

2. The most common verbs that form the **passato prossimo** with **essere** are

arrivare	nạscere (*p.p.* nato)	stare
entrare	*to be born*	uscire[†]
ẹssere (*p.p.* stato)	partire[†]	venire (*p.p.* venuto)
morire (*p.p.* morto)	ritornare, tornare	
to die		

Quando siete partiti da Palermo?	*When did you leave from Palermo?*
Non siete stati gentili.	*You weren't kind.*
Quando è uscita di casa la signora?	*When did the woman leave the house?*

3. Note that the verbs **essere** and **stare** have identical forms in the **passato prossimo. Sono stato/a** can mean either *I was* or *I stayed,* according to the context.

Mario è stato ammalato tre volte questo mese.	*Mario has been sick three times this month.*
Mario è stato a casa una settimana.	*Mario stayed home a week.*

—Sei stato forturato!

---

*In vocabulary lists, an asterisk (*) will indicate verbs conjugated with **essere.**
[†]**Lasciare, partire, uscire,** and **andare via** all correspond to the English verb *to leave,* but they are not interchangeable. **Lasciare** means *to leave* (a person or a thing) *behind.* **Partire** means *to leave* in the sense of *departing, going away on a trip.* **Uscire** means *to leave* in the sense of *going / coming out* (*of a place*), or *going out socially.* When *to leave* means *to go away* (the opposite of *to stay*), the expression **andare via** is used.

Esercizi

A **Trasformazioni.** Replace the subject with each subject in parentheses, and make all necessary changes.

1. Noi siamo andati a un concerto. (Carlo / Silvia / le tue amiche / tu, mamma)
2. Mario è stato ammalato. (la zia di Mario / i bambini / le ragazze / tu, zio)
3. Laura è venuta alle otto. (il professore / gli studenti / anche noi / tu, papà)

B **Scambi.** Working with a partner, complete the conversations.

1. s1: Grazie, professore, è stat_____ molto gentile!
   s2: Anche Lei, signorina, è stat_____ molto gentile!
2. s1: Hai vist_____ Luisa quando è entrat_____?
   s2: Sì; è andat_____ subito dal (*to the*) direttore.
3. s1: Vittorio e Daniela sono tornat_____ dalle vacanze in Umbria?
   s2: Sì, ieri. Sono arrivat_____ a casa stanchi. Quante chiese hanno visitat_____! Hanno dett_____ che hanno fatt_____ molte foto.
4. s1: Io sono andat_____ a Venezia in treno, ma le ragazze sono andat_____ in aereo. E la nonna?
   s2: È andat_____ in macchina con la zia Silvia.
5. s1: Chi ha fatt_____ da mangiare quando la mamma è stat_____ ammalata?
   s2: Papà.
   s1: Come avete mangiat_____?
   s2: Abbiamo mangiat_____ bene!

C **Abitudinari** (*Creatures of habit*). You, Sandra, and Riccardo have similar routines. Restate the paragraph four times in the **passato prossimo:** once with the subject **io,** once with **Sandra,** once with **Riccardo,** and once with **Riccardo** e **Sandra.**

Esce di casa, prende l'autobus, arriva all'università; va a lezione d'italiano, poi a lezione di fisica; incontra gli amici e mangia alla mensa. Poi va a lezione di scienze naturali, ritorna a casa e guarda la televisione.

D Conversazione.

1. È mai stato/a in Oriente o in Sud America? Quando? Quante città ha visitato? Quali lingue ha parlato? Da dov'è partito/a? Dov'è arrivato/a?
2. È andato/a in biblioteca ieri?
3. A che ora è ritornato/a a casa ieri sera?
4. È nato/a in una piccola città o in una grande città?
5. È stato ammalato (stata ammalata) questo mese?
6. A che ora è uscito/a di casa stamattina?
7. È stato/a a una festa questo mese? A che ora è andato/a via?

PICCOLO RIPASSO

A **A letto; al bar.** Restate the following paragraphs using the subjects indicated in parentheses.

1. Giorgio non è venuto a lezione perché è stato ammalato. Ha avuto l'influenza ed è stato a letto tre giorni. Oggi è uscito per la prima volta ed è andato un po' in bicicletta. Poi è tornato a casa, ha letto per un paio (*a couple*) d'ore ed è andato a letto presto. (Marisa / io / Gino e Laura)

2. Ieri sera siamo andati al bar e abbiamo preso un gelato. Siamo stati al banco, non al tavolo, così abbiamo pagato solo 2.000 lire a testa (*each*). Quando siamo usciti abbiamo visto i signori Freni. Siamo andati a casa loro a fare due chiacchiere (*to chat*). Siamo tornati a casa dopo (*after*) mezzanotte stanchi ma contenti. (voi / tu / Carlo)

B **Conclusioni.** Complete each phrase in column A by choosing a conclusion from column B or by providing your own conclusion.

A		B
Sono contento/a	perché	ho lasciato una bella mancia (*tip*) al cameriere.
Sono stanco/a		sono andato/a in discoteca.
Sono preoccupato/a		non sono uscito/a.
Sono triste		ho mangiato troppo (*too much*).
		ho bevuto troppo caffè.
		(non) ho capito la lezione.

C **Intervista.** Interview a classmate. You want to find out the following:

1. whether he/she drinks water with ice or without (**senza**) ice
2. whether he/she drinks milk for dinner
3. whether he/she has ever put lemon in his/her tomato juice
4. whether he/she has ever eaten Italian snacks
5. whether he/she is on a diet

D **La giornata degli zii.** Complete with the appropriate **preposizioni** and **preposizioni articolate.**

La zia Claudia fa colazione _____[1] sei di mattina ed esce _____[2] casa subito dopo perché deve prendere l'autobus per (*in order to*) andare _____[3] centro. La sveglia (*alarm clock*) _____[4] zio, invece, suona _____[5] otto. Lui può andare _____[6] ufficio tardi, se vuole, perché è un architetto molto famoso. È molto simpatico e porta spesso _____[7] paste _____[8] persone con cui (*whom*) lavora. La zia torna _____[9] casa presto, _____[10] quattro. Aspetta lo zio e quando lui torna, mangiano insieme. Spesso dopo cena vanno _____[11] bicicletta per mezz'ora; poi leggono il giornale o scrivono lettere _____[12] amici e vanno _____[13] letto presto.

DIALOGO

ESPRESSIONI UTILI

Che meraviglia!	How splendid!
un salto nel tempo	a step back in time
in fondo	after all
Accidenti!	Oh my gosh!

Il mitico balcone di Giulietta a Verona.

Verona, Via Mazzini. Marianna e Federico, due siciliani in viaggio culturale per l'Italia, dopo una visita alla Casa di Giulietta vanno verso° i caffè all'aperto di Piazza delle Erbe.

toward

MARIANNA: Hai visto che meraviglia la Casa di Giulietta?

FEDERICO: È proprio bella! Ha ancora intatta tutta l'atmosfera della casa di un ricco mercante° del Quattrocento° o del Cinquecento°... ma è stata veramente la casa della Giulietta di Shakespeare?

merchant / 1400s / 1500s

MARIANNA: Mah! Forse è solo un'invenzione per i turisti, come la statua di Giulietta nel cortile.° Forse è tutta una leggenda, anche l'esistenza delle due famiglie di Verona, i Montecchi e i Capuleti...

courtyard

FEDERICO: In fondo non ha importanza, è un'abitazione° autentica di quel periodo, così calda e accogliente.° Ho avuto proprio la sensazione di un salto nel tempo.

dwelling
cozy

MARIANNA: È vero... Accidenti! Sono già le dodici e mezzo!

FEDERICO: Prendiamo un aperitivo?

MARIANNA: Io no, grazie. Prendo una spremuta di pompelmo, ma andiamo al banco: al tavolino qui ti pelano°!

FEDERICO: Giusto! Anch'io oggi non mi sento° ricco e poi è troppo tardi. Se uno paga per stare al tavolo deve avere almeno il tempo di sfruttarlo,° no?

ti... they make you pay through the nose

non... I don't feel

di... to enjoy it, to take advantage of it

SI DICE COSÌ!

Ti pelano! They make you pay through the nose! (*lit.*, They skin you alive!)

TOCCA A TE!

Dove ti pelano?
- ❏ nelle boutique del centro
- ❏ al supermercato
- ❏ nei caffè, al banco
- ❏ al Plaza Hotel di New York
- ❏ nei caffè, al tavolino
- ❏ negli ostelli (*hostels*)
- ❏ in prima classe
- ❏ in classe turistica

E ORA A VOI

A **Prima o dopo?** Mettete in ordine cronologico i fatti seguenti raccontati nel dialogo.

_____ Marianna prende una spremuta di pompelmo.
_____ Marianna e Federico vanno verso Piazza delle Erbe.
_____ Federico vuole prendere un aperitivo.
_____ Marianna e Federico visitano la Casa di Giulietta.
_____ Marianna guarda l'orologio.
_____ Marianna e Federico parlano della Casa di Giulietta.
_____ Marianna e Federico vanno al banco del caffè.

Adesso mettete i verbi al passato prossimo.

B **Che meraviglia!** Anche Paul ha visitato Verona e vuole raccontare la sua esperienza ma... non conosce i verbi. Scegliete tra il seguente elenco e mettete i verbi al passato prossimo o al presente.

Verbi: andare, arrivare, lasciare, partire, prendere, rappresentare, uscire, vedere, visitare

Che meraviglia Verona! _____[1] alle otto di mattina e _____[2] subito a vedere l'Arena, una specie di Colosseo dove ogni estate _____[3] opere famose. Poi _____[4] la Casa di Giulietta e quando _____[5] alle dodici e mezza, _____[6] un aperitivo in Piazza delle Erbe. Alla sera _____[7] una commedia di Shakespeare al Teatro Romano all'aperto. _____[8] da Verona il mattino dopo e... Accidenti! _____[9] le mie cartoline (*postcards*) in albergo!

Al tavolino o no? Piera e Romolo non riescono a mettersi d'accordo (*can't agree*). Ascoltate attentamente, poi correggete le frasi sbagliate.

1. Piera è stanca e ha sete.
2. Romolo non vuole andare al caffè Gilli perché è lontano.
3. Piera vuole leggere il giornale al tavolino.
4. Secondo Piera, possono passare due ore al caffè.
5. Romolo preferisce bere un tè freddo al banco.

LETTURA

ESPRESSIONI UTILI

un paio d'ore	a couple of hours
in genere	generally
buttar giù	to gulp down
fare un salto	to drop in
non c'è dubbio	no doubt

LA CULTURA DEL CAFFÈ

Il giorno dopo Federico e Marianna sono seduti al tavolino di un caffè in Piazza delle Erbe.

«Sai, Federico, questo è il mio ideale di vacanza: dopo le fatiche° del turismo un paio d'ore di relax seduti al caffè a leggere il giornale, a guardare la gente, a chiacchierare°... »

«Sono d'accordo. Infatti in questo viaggio per l'Italia, da Palermo a Milano siamo stati in centinaia° di caffè... Alcuni hanno un'aria molto lussuosa e, in genere, i caffè del centro sono piuttosto cari. Pagare un cappuccino e una brioche seduti ad un tavolo del Biffi, in Galleria a Milano, è come pagare un biglietto° del cinema!»

«Hai ragione ma a Palermo, quando lavoro, non posso certo passare ore seduta a un tavolino. Vado al bar sotto casa° al mattino, in fretta, per buttar giù un caffè prima del° lavoro e, a mezzogiorno, faccio un salto nel bar di fronte all'ufficio per afferrare° un panino. In vacanza è un'altra cosa!»

«Non c'è dubbio. Ricordi l'altra sera? Siamo stati per ore in Piazza San Marco ad ascoltare la musica. Le orchestre dei caffè sulla piazza, i pittori,

toil, hard work

chat

hundreds

ticket

sotto... downstairs
prima... before
grab

i turisti... ho già la nostalgia! In realtà, noi, come molti altri, abbiamo preso un gelato al banco e siamo stati seduti sui gradini° intorno alla piazza: stesso spettacolo ma gratis.»   *steps*

«Federico, secondo te i caffè sono sempre esistiti? Non riesco ad immaginare° una vita senza questo piacere!»   *Non... I can't imagine*

«Sempre non credo° proprio. La tradizione dei caffè deve essere del Settecento:° alcuni sono diventati importanti centri di ritrovo° per artisti, filosofi, militanti politici... Ricordi? La rivista *Il Caffè* è stata fondata da intellettuali milanesi nel 1764. Gli autori immaginano gli ospiti di una bottega di caffè° riuniti a discutere in modo libero e *alternativo* di economia, d'arte, di musica, di commercio... Insomma il caffè diventa quasi un simbolo della nuova cultura aperta a un pubblico di esperienze diverse.»   *believe* *1700s / meeting* *bottega... coffee shop*

«Interessante... quasi quasi prendo un altro cappuccino.»

Ponte del Rialto a Venezia: una pausa al tavolino di un caffè.

E ORA A VOI

A **Da Palermo a Milano.** Scegliete la risposta esatta!

1. Marianna
   - _____ siede al tavolino del caffè quando ha tempo e soldi.
   - _____ beve sempre il caffè al banco.
   - _____ quando lavora non va mai in un caffè.
2. Secondo Federico
   - _____ i caffè sono sempre esistiti.
   - _____ i caffè hanno dato il nome ad una rivista.
   - _____ i caffè hanno preso il nome da una rivista.
3. Secondo Federico
   - _____ nel Settecento il governo ha fondato la rivista *Il Caffè*.
   - _____ nel Settecento alcuni intellettuali aperti a nuove idee hanno fondato la rivista *Il Caffè*.
   - _____ nel Settecento il proprietario di una bottega di caffè ha fondato la rivista *Il Caffè*.

B **Un ritrovo per artisti.** Siete stati/e in un caffè o in un bar (in Italia non c'è differenza fra queste due parole) un po' speciale? Un caffè ritrovo per artisti o un po' diverso dagli altri? Raccontate che cosa avete fatto, visto, bevuto, mangiato, sentito...

ESEMPIO: A Milano (Denver, Berkeley, Boston) sono stato/a al bar
Magenta. Ho mangiato... , ho visto...

PAROLE DA RICORDARE

VERBI

*andare via to go away, leave
chiedere (*p.p.* chiesto) to ask, ask for
*entrare to enter, go in
*essere a dieta to be on a diet
fare colazione to have breakfast, lunch
lasciare to leave (behind)
mettere (*p.p.* messo) to put
*morire (*p.p.* morto) to die
*nascere (*p.p.* nato) to be born
ordinare to order
*ritornare (tornare) to return, go back, come back

NOMI

l'acqua (minerale) (mineral) water
l'aperitivo aperitif
il banco counter
la bevanda beverage
la bibita drink
la campagna countryside
la cena supper
il centro center
in centro downtown
il compleanno birthday
la cucina kitchen

il filobus trolley bus
la gente people
il ghiaccio ice
il limone lemon
la mancia tip
il miele honey
la nocciolina peanut
l'oliva olive
la panna cream
la pasta pastry
il pasto meal
la patatina potato chip
la persona person
il portafoglio wallet
il pranzo dinner
la sala da pranzo dining room
il salatino snack
il salotto living room
la spremuta freshly squeezed juice
la strada street, road
lo straniero foreigner
il succo juice
d'arancia orange juice
di carota carrot juice
di pomodoro tomato juice
di pompelmo grapefruit juice
il tavolo table
il tavolino little table
il tè freddo iced tea

l'ufficio office
lo zucchero sugar

AGGETTIVI

affollato crowded
ammalato sick
aperto open
all'aperto outdoors
scorso last (*with time expressions*)
seduto seated, sitting
troppo too much, too many

ALTRE PAROLE ED ESPRESSIONI

a che ora? at what time?
dopo after, afterwards
fa ago
fino a till, until
già already
ieri yesterday
ieri sera last night
mai ever
prima di before
stamattina this morning
su on, upon, above
tardi late
dormire fino a tardi to sleep late
troppo too much

---

*Words identified with an asterisk (*) are conjugated with **essere.**

IERI E OGGI IN ITALIA   I

LA CITTÀ NELLA STORIA

Storicamente parlando possiamo distinguere quattro tipi
fondamentali di città: 1. la città recinta,° sede° dei dirigenti° politici,
religiosi e militari (la città primitiva); 2. la città agraria, dove
risiedono anche l'aristocrazia terriera° e gruppi di intellettuali (la
città greco-romana); 3. la città commerciale, controllata politicamente
ed economicamente dai mercanti (primo esempio Venezia, anno
Mille); 4. la città industriale (la città moderna che tutti conosciamo°).

Prima della fine del Duecento,° in Italia le città indipendenti
sono più di cento. Nessuna città non italiana, a parte° forse Parigi, ha
la popolazione e la ricchezza delle «quattro grandi» italiane (Milano,
Venezia, Genova e Firenze).

Non ho certo l'intenzione di presentare la città medioevale
italiana come il migliore dei mondi possibili,° ma la formula ha
molto di buono, che si è perduto° nella città tentacolare e inquinata°
di oggi. Il comune veneziano del medioevo mandò° i lavoratori
del vetro° nell'isola di Murano perché il fuoco era° pericoloso e il
fumo era insopportabile° per la comunità.

enclosure / seat / leaders

landed

know

1200s
a... besides

il... the best of all possible worlds
si... has been lost / polluted
sent
i... glass workers / was
was intolerable

**(Adapted from a *Lezione* by R. S. Lopez,
Fondazione Cini, Venezia.)**

**La cacciata dei
diavoli da Arezzo,
dalla *Vita di S.
Francesco* (c. 1296),
Giotto (Assisi,
Basilica di S.
Francesco; foto
SCALA/Art
Resource).**

**Mistero e malinconia di una strada
(1914), Giorgio de Chirico (collezione
privata; foto Acquavella Galleries, Inc.,
New York).**

Veduta di città ideale (sec. XV), pittore
ignoto (Urbino, Galleria Nazionale; foto
SCALA/Art Resource).

TU E LA CITTÀ: PENSIERI E PAROLE

1 **Associazioni.** Guarda attentamente le diverse rappresentazioni
della città, poi collega ogni immagine con almeno una delle
seguenti parole: alienazione, arte, commer-
cio, cultura, divertimento, fantasia, guerra,
Medioevo, modernità, navigazione, religiosità, Rinascimento (*Renaissance*), romanti-
cismo, utopia.

2 **Riflessioni.** Pensa alla tua città. Quali
parole puoi usare per descriverla? È una
città commerciale, industriale, turistica,
agricola? È piccola, grande, divertente,
noiosa?

3 **Desideri.** Scrivi una compo-
sizione (almeno due paragrafi)
sulla tua città ideale. È simile
alla tua città reale o diversa?
Perché? È simile ad una città che conosci o no?

ESEMPIO: La mia città ideale è una
città simile a Parigi, molto
internazionale, molto vivace,
piena di gente di nazionalità
diverse. Ci sono musei, caffè
all'aperto...

La facciata del teatro alla Scala (1852),
Angelo Inganni (Milano, Museo teatrale
alla Scala; foto SCALA/Art Resource).

Rivello (Basilicata; foto Marka).

Leggi ad alta voce (*out loud*) questo brano dalle *Città invisibili* (1972) di Italo Calvino.

LE CITTÀ E LA MEMORIA I

Partendosi di là e andando tre giornate verso levante, l'uomo si trova a Diomira, città con sessanta cupole d'argento, statue in bronzo di tutti gli dei, vie lastricate in stagno, un teatro di cristallo, un gallo d'oro che canta ogni mattina su una torre. Tutte queste bellezze il viaggiatore già conosce per averle viste anche in altre città. Ma la proprietà di questa è che chi vi arriva una sera di settembre, quando le giornate s'accorciano e le lampade multicolori s'accendono tutte insieme sulle porte delle friggitorie, e da una terrazza una voce di donna grida: uh!, gli viene da invidiare quelli che ora pensano d'aver già vissuto una sera uguale a questa e d'esser stati quella volta felici.

CITIES & MEMORY I

Leaving there and proceeding for three days toward the east, you reach Diomira, a city with sixty silver domes, bronze statues of all the gods, streets paved with lead, a crystal theater, a golden cock that crows each morning on a tower. All these beauties will already be familiar to the visitor, who has seen them also in other cities. But the special quality of this city for the man who arrives there on a September evening, when the days are growing shorter and the multicolored lamps are lighted all at once at the doors of the food stalls and from a terrace a woman's voice cries ooh!, is that he feels envy toward those who now believe they have once before lived an evening identical to this and who think they were happy, at that time.

Piazza San Marco: prospettiva est (sec. XVIII), Canaletto (foto The Metropolitan Museum of Art, New York).

PRONTO IN TAVOLA!

IN BREVE

Luisa, sei proprio una cuoca
eccezionale!

VOCABOLARIO PRELIMINARE

Dialogo-lampo

GINO: Sono a dieta da tre mesi ma sono sempre debole* e depresso!
MAURO: Macché dieta! Ecco la ricetta† per restare in forma: un piatto di pasta con un bel bicchiere di vino rosso, tanti amici e... prendere la vita con allegria!

Un menu italiano

l'antipasto hors d'oeuvres
  l'antipasto misto mixed hors d'oeuvres (roasted peppers, olives, marinated beans, vegetables, cold cuts)
  i crostini canapés (toast with a savory spread)
  prosciutto e melone ham and cantaloupe
  i salumi cold cuts
  il pane bread
il primo (piatto) first course
  gli gnocchi‡ potato or semolina dumplings
  il minestrone hearty vegetable soup

la pasta (le fettuccine, le lasagne, i ravioli, i tortellini, gli spaghetti)
alla carbonara with a sauce of eggs, cream, and bacon
al forno baked
al pesto with basil sauce
al ragù with meat sauce
al sugo with tomato sauce
in brodo in broth
il risotto a creamy rice dish
il secondo (piatto) second course
  l'arrosto (di maiale [*m.*], di manzo, di pollo, di vitello) roast (pork, beef, chicken, veal)

la bistecca alla griglia grilled steak
il formaggio cheese
il pesce fish
le polpette meatballs
le salsicce sausages
il contorno side dish
  l'insalata lettuce
  la verdura vegetables
la frutta fruit
  la frutta fresca fresh fruit
  la macedonia di frutta fruit cup
il dolce dessert
  la crostata pie
  la zuppa inglese English trifle

PAROLE-EXTRA

al sangue rare
ben cotto well done
al dente al dente
tiepido lukewarm
condito seasoned, dressed

farcito, ripieno stuffed

ALTRI SECONDI

il coniglio rabbit

la cotoletta cutlet
il fritto misto mixed fried dish
la sogliola sole
lo spezzatino beef stew
il tacchino turkey

---

*weak
†recipe
‡**Gnocchi** can be used with the articles **gli** or **i**; the variation is regional.

Esercizi

A **Antipasto, primo, secondo?** Il minestrone è un antipasto o un primo? Completate l'esercizio e confrontate con un compagno (una compagna).

1. _____ prosciutto e melone
2. _____ i ravioli in brodo
3. _____ la bistecca alla griglia
4. _____ le salsicce
5. _____ la zuppa inglese
6. _____ l'arrosto di vitello
7. _____ la sogliola
8. _____ il tacchino al forno
9. _____ la verdura
10. _____ i crostini

B **Cosa consigliate** (*do you recommend*)? Siete camerieri e cameriere. Cosa consigliate a queste persone?

1. Il signor Peccianti; è a dieta.
   ❑ il pesce alla griglia, l'insalata e la macedonia di frutta
   ❑ il fritto misto, il formaggio e la crostata
2. Roberto e Zoe, due ragazzi vegetariani.
   ❑ i salumi, gli spaghetti con le polpette e lo spezzatino
   ❑ un antipasto misto di verdure, il pane e le zucchine ripiene
3. La signora Ruggieri; non ha una gran fame.
   ❑ il coniglio e un po' di frutta fresca
   ❑ il risotto e il pollo farcito
4. Cinzia; gioca a tennis oggi pomeriggio.
   ❑ gli spaghetti alla carbonara e la cotoletta alla milanese (*fried*)
   ❑ il minestrone e il pollo alla griglia

C **Mi piace freddo!** Lavorando in coppia, scoprite i gusti (*taste*) di un compagno (una compagna). Usate le espressioni **mi piace** (*I like*) e **ti piace?** (*Do you like?*).

ESEMPIO: s1: Come ti piace il minestrone? Molto caldo, tiepido o freddo?
          s2: Mi piace tiepido.

1. Come ti piace la bistecca? Al sangue, ben cotta o cruda (*raw*)?
2. Come ti piace la pasta? Al dente o ben cotta?
3. Come ti piace l'insalata? Condita con olio e sale (*salt*), condita con olio, aceto (*vinegar*), sale e pepe o senza condimento?
4. Come ti piace di solito la pasta? Al ragù, al sugo di pomodoro fresco, al pesto o alla carbonara?
5. Che tipo di pasta preferisci? Gli spaghetti, le fettuccine, i tortellini, i ravioli, gli gnocchi?
6. Che tipo di arrosto ti piace? Di vitello, di maiale, di pollo, di manzo o di tacchino?

 **I**N ASCOLTO

Cosa prendi? Lorenzo e Verena stanno parlando del menu alla trattoria* Da Beppe. Ascoltate attentamente, poi correggete le frasi sbagliate.

1. Verena prende un minestrone per primo.
2. Lorenzo non prende un primo.
3. Per secondo Verena prende un arrosto di maiale.
4. Lorenzo prende le salsicce.
5. Lorenzo suggerisce a Verena di ordinare la frutta invece (*instead*) del dolce.

 **GRAMMATICA**

A Pronomi diretti

ANNAMARIA: Clara, in casa tua chi lava i piatti?
CLARA: Che domanda! Li lava Benny!
ANNAMARIA: E chi pulisce la casa?
CLARA: La pulisce Benny!
ANNAMARIA: E chi fa il letto ogni mattina?
CLARA: Lo fa Benny!
ANNAMARIA: E la cucina? E le altre faccende?
CLARA: Le fa Benny! Le fa Benny!
ANNAMARIA: Che marito adorabile! Come deve amarti Benny... E tu che fai tutto il giorno?
CLARA: Io lavoro con i computer. Ho creato Benny!

1. A direct object is the direct recipient of the action of a verb.

   I invite the boys. Whom do I invite? *The boys.*
   He reads the newspaper. What does he read? *The newspaper.*

ANNAMARIA: Clara, who washes the dishes at your house? CLARA: What a question! Benny washes them! ANNAMARIA: And who cleans house? CLARA: Benny cleans it! ANNAMARIA: And who makes the bed every morning? CLARA: Benny makes it! ANNAMARIA: What about the cooking and the other chores? CLARA: Benny does them! Benny does them! ANNAMARIA: What an adorable husband! Benny must really love you. . . . And what do you do all day? CLARA: I work with computers. I created Benny!

*A **trattoria** is an informal **ristorante.**

The nouns *boys* and *newspaper* are direct objects. They answer the question *what?* or *whom?* Verbs that take a direct object are called transitive verbs. Verbs that do not take a direct object (*she walks, I sleep*) are intransitive.

Direct object pronouns replace direct object nouns.

> *I invite* **the boys.** *I invite* **them.**
> *He reads* **the newspaper.** *He reads* **it.**

2. In Italian the forms of the direct object pronouns (**i pronomi diretti**) are as follows:

SINGOLARE		PLURALE	
mi	*me*	ci	*us*
ti	*you (inform.)*	vi	*you (inform.)*
		Li	*you (form., m.)*
La	*you (form., m. and f.)*	Le	*you (form., f.)*
lo	*him, it*	li	*them (m. and f.)*
la	*her, it*	le	*them (f.)*

3. A direct object pronoun is placed immediately before a conjugated verb.

Compra la frutta e **la** mangia.	*He buys the fruit and eats it.*
Se vedo i ragazzi, **li** invito.	*If I see the boys, I'll invite them.*

4. In a negative sentence, the word **non** must come before the object pronoun.

Non **la** mangia.	*He doesn't eat it.*
Perché non **li** inviti?	*Why don't you invite them?*

5. The object pronoun is attached to the end of an infinitive. Note that the final **-e** of the infinitive is dropped.

È importante mangiar**la** ogni giorno.	*It is important to eat it every day.*
È una buon'idea invitar**li**.	*It's a good idea to invite them.*

If the infinitive is preceded by a form of **dovere, potere,** or **volere,** the object pronoun may be either attached to the infinitive or placed before the conjugated verb.

Voglio mangiar**la**.	*I want to eat it.*
La voglio mangiare.	

Quando posso invitar**li**?	*When can I invite them?*
Quando **li** posso invitare?	

6. It is possible, but not necessary, to elide singular direct object pronouns in front of verbs that begin with a vowel or forms of **avere** that begin with an **h.** However, the plural forms **li** and **le** are never elided.

M'ama, non m'ama. (Mi ama, non mi ama.)	*He loves me, he loves me not.*
Il tuo passaporto? Non l'ho (lo ho) visto.	*Your passport? I haven't seen it.*
—Inviti anche Tina e Gloria?	*Are you inviting Tina and Gloria, too?*
—No, non le invito.	*No, I'm not inviting them.*

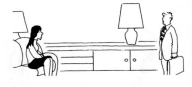

7. A few Italian verbs that take a direct object (**ascoltare, aspettare, cercare, guardare**) correspond to English verbs that are used with prepositions (*to listen to, to wait for, to look for, to look at*).

—Chi cerchi?	*Who(m) are you looking for?*
—Cerco il mio ragazzo. Lo cerco già da mezz'ora!	*I'm looking for my boyfriend. I've been looking for him for half an hour!*

—L'ho comprato solo per nascondere[a] una brutta macchia[b] di umidità sul muro.

[a]*hide* [b]*spot*

8. Object pronouns are attached to **ecco** to express *here I am, here you are, here he is,* and so on.

—Dov'è la signorina?	*Where is the young woman?*
—**Eccola!**	*Here she is!*
—Hai trovato le chiavi?	*Have you found the keys?*
—Sì, **eccole!**	*Yes, here they are!*

Esercizi

A Dove sono? Complete each sentence with the correct object pronoun.

1. Mamma, dove sei? Non _____ vedo.
2. Signorina, dov'è? Non _____ vedo.
3. Signor Costa, dov'è? Non _____ vedo.
4. Dov'è il signor Crosetti? Non _____ vedo.
5. Bambini, dove siete? Non _____ vedo.
6. Dov'è la rivista? Non _____ vedo.
7. Dove sono le chiavi? Non _____ vedo.
8. Dove sono i bambini? Non _____ vedo.
9. Io sono qui (*here*): non _____ vedi?
10. Noi siamo qui: non _____ vedi?

B Come sei miope (*nearsighted*)! Mauro can't believe how nearsighted his roommate Vincenzo is, so he decides to give him an eye test. With a classmate, play the two roles according to the model. Use the following words and any others you can think of.

ESEMPIO: la casa →
      MAURO: Vedi la casa?
   VINCENZO: No, non la vedo!

1.	la frutta	**3.**	gli autobus	**5.**	i treni
2.	il disco	**4.**	le automobili	**6.**	il cinema

C **Il professore distratto.** Your professor is a bit absentminded and has misplaced his belongings. Help him find them.

> ESEMPIO: le mie chiavi →
> s1: Dove sono le mie chiavi?
> s2: Eccole!

1. i miei occhiali (*eyeglasses*)
2. la mia penna
3. il mio giornale

4. le mie riviste
5. il mio portafoglio
6. i miei cataloghi

D **Non ancora** (*Not yet*)! You and your partner are getting ready for a dinner party, but you're a little behind in your preparations! Answer each question by stating that you still (**ancora**) have to perform the task.

> ESEMPIO: fare i letti →
> s1: Hai fatto i letti?
> s2: No, devo ancora farli.

1. pulire il bagno
2. mettere la carne (*meat*) nel frigo
3. fare il sugo per la pasta

4. preparare l'insalata
5. invitare Luca e Sara
6. ordinare i dolci

B Conoscere e sapere

—Non so nuotare!

Conoscere and **sapere** both correspond to the English verb *to know,* but they have different connotations.

Conoscere is regular; **sapere** is irregular.

conoscere	
PRESENTE	
conosco	conosciamo
conosci	conoscete
conosce	conoscono
PASSATO PROSSIMO	
ho conosciuto	

sapere	
PRESENTE	
so	sappiamo
sai	sapete
sa	sanno
PASSATO PROSSIMO	
ho saputo	

1. **Conoscere** means *to know* in the sense of *being acquainted with someone or something*. It can also mean *to make the acquaintance of, to meet*.

> **Conosci** l'amico di Giovanna?   *Do you know Giovanna's friend?*
> Non **conosciamo** la città.   *We don't know the city.*
> Voglio **conoscere** quella ragazza.   *I want to meet that girl.*

2. **Sapere** means *to know* a fact, *to have knowledge of* something. When followed by an infinitive, it means *to know how to,* that is, *to be able to* do something.

> Scusi, **sa** dov'è il ristorante   *Excuse me, do you know where*
>   Stella?   *the Ristorante Stella is?*
> Non **so** perché non mangiano.   *I don't know why they are not*
>   *eating.*
>
> **Sanno** tutti i nomi.   *They know all the names.*
> **Sapete** ballare voi?   *Do you know how to dance?*

3. The pronoun **lo** must be used with **sapere** to express the object of the verb. This object is understood in English.

> —Sapete dov'è Monza?   *Do you know where Monza is?*
> —Non **lo** sappiamo.   *We don't know.*

4. In the **passato prossimo,** these verbs take on specific connotations: **conoscere** means *to meet*, and **sapere** means *to find out (to hear)*.

> Abbiamo conosciuto una signora   *We met a very nice woman at*
>   molto simpatica dai Guidotti.   *the Guidottis'.*
> Ieri ho saputo che i Mincuzzi   *Yesterday I found out (heard)*
>   sono partiti.   *that the Mincuzzis left.*

ESERCIZI

Ⓐ **Scambi.** Complete the conversations with the appropriate verb.

1. s1: (Sa / Conosce) Roma, signorina?
   s2: Sì, ma non (so / conosco) dove trovare un ristorante coreano.
2. s1: Paolo, non (sai / conosci) cucinare?
   s2: No, ma (so / conosco) molti buoni ristoranti!
3. s1: (Sapete / Conoscete) il ragazzo di Antonella?
   s2: Sì: è simpatico, è intelligente e (sa / conosce) anche suonare la chitarra.
4. s1: Ragazzi, (sapete / conoscete) chi è il presidente della Repubblica Italiana?
   s2: Sì, ma non (sappiamo / conosciamo) bene il sistema politico italiano.
5. s1: Signora, Lei (sa / conosce) perché non sono arrivati?
   s2: No, non lo (so / conosco).

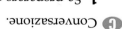

B **Interviste.** Interview two or three classmates to find out some information about them. Then give their names, and tell one new thing you found out about them.

ESEMPIO: Conosco Marcello. So che suona il piano.

G **Conversazione.**

1. Sa preparare un piatto italiano? 2. Conosce un buon ristorante italiano? 3. Sa dove trovare buoni dolci italiani? 4. Sa il nome di un formaggio o di un prosciutto italiano? 5. Conosce la cucina cinese / messicana / francese? 6. Sa dov'è Bologna? Che salume Le ricorda questa città? 7. Conosce le città italiane?

D **Cultura generale.** Ask other students the following questions. They will answer using either Sì, lo so or No, non lo so. If their answer is affirmative, they should supply the information. Follow the model.

ESEMPIO: s1: Sai dov'è la Statua della Libertà?
s2: No, non lo so. (Sì, lo so: è a New York.)

1. Sai chi ha inventato la radio? 2. Sai quanti anni ha Robert Redford? 3. Sai dov'è il Teatro alla Scala? 4. Sai quanti sono i segni dello zodiaco? 5. Sai quante sono le regioni italiane? 6. Sai quanti partiti (political parties) ci sono in Italia? 7. Sai quali sono gli ingredienti della pizza?

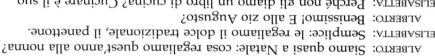

C Pronomi indiretti

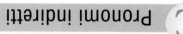

ALBERTO: Siamo quasi a Natale: cosa regaliamo quest'anno alla nonna?
ELISABETTA: Semplice: le regaliamo il dolce tradizionale, il panettone.
ALBERTO: Benissimo! E allo zio Augusto?
ELISABETTA: Perché non gli diamo un libro di cucina? Cucinare è il suo hobby preferito.
ALBERTO: Buona idea! E tu, cosa vuoi?
ELISABETTA: Puoi comprarmi una macchina per fare la pasta: così prepariamo delle belle spaghettate!

1. Direct object nouns and pronouns answer the question *what?* or *whom?* Indirect object nouns and pronouns answer the question *to whom?* or *for whom?* In English the word *to* is often omitted: *We gave a cookbook to Uncle Giovanni.* → *We gave Uncle Giovanni a cookbook.* In Italian, the preposition **a** is always used before an indirect object noun.

ALBERTO: Christmas is coming. What shall we give Grandma this year? ELISABETTA: (That's) Easy. We'll give her the traditional cake, the panettone. ALBERTO: Fine! And for (what about) Uncle Augusto? ELISABETTA: Why don't we give him a cookbook? Cooking is his favorite hobby. ALBERTO: Good idea! And you, what would you like? ELISABETTA: You can buy me a pasta machine; that way we can make ourselves lots of great spaghetti!

Abbiamo regalato un libro di cucina allo zio Giovanni.	*We gave a cookbook to Uncle Giovanni.*
Perché non regali un profumo alla mamma?	*Why don't you give Mother some perfume?*
Puoi spiegare questa ricetta a Paolo?	*Can you explain this recipe to Paolo?*

2. Indirect object pronouns (**i pronomi indiretti**) replace indirect object nouns. They are identical in form to direct object pronouns, except for the third person forms **gli**, **le**, and **loro**.

SINGOLARE			PLURALE		
mi	(to/for)	me	ci	(to/for)	us
ti	(to/for)	you	vi	(to/for)	you
Le	(to/for)	you (form., m. and f.)	Loro	(to/for)	you (form., m. and f.)
gli	(to/for)	him	loro	(to/for)	them
le	(to/for)	her			

3. Indirect object pronouns, like direct object pronouns, precede a conjugated verb, except for **loro** and **Loro**, which follow the verb.

—Che cosa regali allo zio Giovanni?	*—What are you giving Uncle Giovanni?*
—**Gli** regalo un libro di cucina.	*—I'll give him a cookbook.*
Le ho dato tre ricette.	*I gave her three recipes.*
Stiamo morendo di fame! **Ci** offri un panino?	*We're starving! Would you offer us a sandwich?*
Parliamo **loro** domani.*	*We'll talk to them tomorrow.*

4. Indirect object pronouns are attached to an infinitive, and the **-e** of the infinitive is dropped.

| Non ho più tempo di parlar**gli**. | *I no longer have time to talk to him.* |

If the infinitive is preceded by a form of **dovere**, **potere**, or **volere**, the indirect object pronoun is either attached to the infinitive (after the **-e** is dropped) or placed before the conjugated verb.

| Voglio parlar**gli** da solo. | *I want to talk to him alone.* |
| **Gli** voglio parlare da solo. | |

5. **Le** and **gli** *never* elide before a verb beginning with a vowel or an **h.**

| **Le** offro un caffè. | *I offer her a cup of coffee.* |
| **Gli** hanno detto «Ciao!» | *They said "Ciao!" to him.* |

---

*In contemporary usage, **loro** is often replaced by **gli**, which precedes the verb: **Gli parliamo domani.**

6. The following common Italian verbs are used with indirect object nouns or pronouns. You already know many of them.

dare	preparare
dire (p.p. detto)	regalare to give (as a gift)
domandare	rendere (p.p. reso) to return, give back
insegnare	riportare to bring back
(im)prestare to lend	rispóndere (p.p. risposto)
mandare to send	scrivere (p.p. scritto)
offrire (p.p. offerto)	telefonare
mostrare to show	
portare to bring	

—Non gli telefona mai nessuno![a]

[a] no one

E SERCIZI

A L'insegnante. You are speaking with a friend about your instructor. Choose the appropriate direct or indirect object pronoun, **lo (la)** or **gli (le)**.

1. ——— vedo ogni giorno.
2. ——— domando «Come sta?»
3. ——— ascolto con attenzione.
4. ——— capisco quasi sempre.
5. ——— faccio molte domande.
6. ——— trovo intelligente.
7. ——— rispondo gentilmente.
8. ——— offro un caffè ogni giorno.

B Scambi. Working with a partner, complete the conversations with an indirect object pronoun.

1. s1: Professore, posso far——— una domanda?
   s2: Certo, signorina. Cosa ——— vuole chiedere?
2. s1: Come parlate bene! Chi ——— ha insegnato il francese?
   s2: ——— ha insegnato il francese una signora parigina (*Parisian*) molto brava.
3. s1: Io non sono mai a casa: non puoi telefonar———.
   s2: E allora, ——— devo scrivere una lettera?
4. s1: Quando i bambini hanno fame, preparo ——— spaghetti. E tu, cosa prepari per tua moglie?
   s2: Di solito ——— preparo un'insalata o della verdura. Tutto cibo (*food*) genuino!
5. s1: Signore, posso offrir——— una di queste paste?
   s2: Per carità! Sono a dieta. Non può preparar——— una semplice (*simple*) macedonia di frutta?

E **Tanto da fare!** You are working as a waiter or waitress in the neighborhood **trattoria.** Restate each sentence, changing the position of the object pronoun.

ESEMPIO: Signorina, Le posso portare un aperitivo? →
Signorina, posso portarle un aperitivo?

1. Signore, Le posso portare una zuppa inglese? **2.** Ragazzi, vi posso consigliare dei tortellini stasera? **3.** Franco, non posso parlarti ora; ci sono dei clienti che aspettano. **4.** Signora, posso darle la ricetta se vuole. **5.** Angela, ci puoi dare una mano a preparare gli spaghetti?

I **La storia di Maria.** Read the following story, then rewrite or repeat it, replacing **Maria** with the appropriate pronouns.

Voi non conoscete Maria, ma io conosco Maria da molti anni. È veramente (*truly*) una buon'amica. Ogni giorno vedo Maria al supermercato e parlo a Maria. Quando abbiamo tempo, offro un caffè a Maria. Maria non sa cucinare, così io do molte ricette a Maria e spiego a Maria cosa deve fare. Spesso telefono a Maria e invito Maria a pranzo. Anche Maria mi invita molto spesso—non a pranzo ma al cinema. Trovo Maria divertente e generosa. Per Natale voglio regalare un profumo a Maria. Ieri ho domandato a Maria quale profumo preferisce e Maria ha detto: «Obsession. Perché?» Io ho risposto a Maria: «Ho bisogno di un'idea per un regalo...»

Now retell the story, substituting Enrico for Maria. Then replace Enrico with the appropriate pronouns.

D Piacere

Gianni e Gianna hanno gusti completamente diversi. Per esempio, a Gianni piacciono i ravioli, a Gianna piacciono le lasagne. A Gianni piace la cucina messicana, a Gianna piace la cucina cinese. A Gianni piace la carne, Gianna preferisce il pesce. A Gianni piace fumare, Gianna odia le sigarette... Chissà perché si sono sposati!

1. The Italian construction that expresses *to like* is similar to the English phrase *to be pleasing to.*

Gianni likes meat. → *Meat is pleasing to Gianni.*
Gianni doesn't like potatoes. → *Potatoes are not pleasing to Gianni.*

Gianni and Gianna have completely opposite tastes. For example, Gianni likes ravioli, Gianna likes lasagne. Gianni likes Mexican cooking, Gianna likes Chinese food. Gianni likes meat, Gianna prefers fish. Gianni likes to smoke, Gianna hates cigarettes. . . Who knows why they got married?

ITALIAN	ENGLISH
indirect object + verb + subject	*subject + verb + direct object*
A Gianni piace la carne.	*Gianni likes meat.*
Gli piace la carne.	*He likes meat.*
A Gianni piacciono gli spaghetti.	*Gianni likes spaghetti.*
Non gli piacciono le patate.	*He doesn't like potatoes.*

The English subject (*Gianni, He*) corresponds to the indirect object in an Italian sentence, the person to whom something is pleasing: **A Gianni, Gli.** The English direct object, or the thing that is liked, corresponds to the Italian subject. Note that when the indirect object is a noun, it must be preceded by the preposition **a: A Gianni.**

2. The verb **piacere** agrees with its subject; consequently, it is in the third person singular or plural: **piace, piacciono.** Notice that **piacere** is conjugated with **essere** in compound tenses and that its past participle therefore agrees in gender and number with the subject (what is liked).

INFINITO	PRESENTE	PASSATO PROSSIMO
piacere	piace pi̦acciono	è piaciuto/a sono piaciuti/e

Ho mangiato la bistecca, ma non mi è piaciuta.	*I ate the steak, but I didn't like it.*
Mi sono piaciute le salsicce.	*I liked the sausages.*

3. When the subject is expressed as an infinitive (*I like to eat.* → *Eating is pleasing to me.*), **piacere** is used in the third person singular.

A Sergio piace mangiare bene, ma non gli piace cucinare tutte le sere.	*Sergio likes to eat well, but he doesn't like to cook every night.*

4. Notice that in expressions such as **Ti piace?** (*Do you like it?*) or **Ti piacciono?** (*Do you like them?*), Italian has no equivalent for English *it* and *them*. In Italian, *it* and *them* are expressed, in this case, through the singular and plural verb endings.

5. *To dislike* is expressed with the negative of **piacere.**

Non mi piace il caffè.	*I dislike coffee. (Coffee is not pleasing to me.)*

Dispiacere means *to be sorry* and is used in the same way as **piacere.**

Non possiamo venire; ci dispiace.	*We can't come; we're sorry.*

6. Notice the use of the Italian article to express general likes and dislikes. The corresponding English article is not used.

Non mi piace **il** vitello.	*I don't like veal.*
Gli piacciono **i** ravioli?	*Does he like ravioli?*

—Non mi è piaciuta: posso cambiarla[a]?

[a]*exchange it*

ESERCIZI

Ⓐ Piace o no? Create sentences with **piacere** or **non piacere**.

ESEMPI: i bambini / la frutta →
Ai bambini piace la frutta.

i bambini / i crostini →
Ai bambini non piacciono i crostini.

1. gli studenti di questa classe / gli esami
2. i miei genitori / pagare le tasse
3. il mio compagno di camera (la mia compagna di camera) / fare baccano (*noise*) tutta la notte
4. l'insegnante d'italiano / dare bei voti agli studenti
5. i miei amici / gli gnocchi al sugo
6. tutti / le vacanze

Ⓑ Mi piace, non mi piace. Tell about your preferences, taking your cues from the following list.

ESEMPIO: Mi piace il caffè italiano, ma non mi piacciono le sigarette!

Possibilità: il caffè italiano, viaggiare, le lezioni di grammatica, il panettone, la birra americana, i salumi, i bambini, i film di Coppola, il succo di carota, i piatti piccanti (*spicy*), le sigarette, il baseball...

Now ask a classmate, then your instructor, whether they have preferences for these items.

Ⓒ Perché no? After a family outing to an elegant restaurant, your cousin is full of questions. Working with a partner, ask and answer each question as in the example.

ESEMPIO: non mangiare l'antipasto / i nonni →
S1: Perché non hanno mangiato l'antipasto i nonni?
S2: Perché non gli piace mangiare l'antipasto.

1. non mangiare la verdura / i bambini
2. non fare il risotto / lo chef
3. non essere a dieta / lo zio Marco
4. non ordinare il secondo / la mamma
5. non prendere il caffè con il dolce / Mariangela

Ⓓ Ti è piaciuto? Your friend has just returned from Europe. Find out whether he/she liked the following things.

ESEMPI: l'Italia → Ti è piaciuta l'Italia?
gli italiani → Ti sono piaciuti gli italiani?

1. la cucina italiana
2. i musei di Firenze
3. il Teatro di Taormina
4. le fontane (*fountains*) di Roma
5. la pizza napoletana
6. i gelati siciliani
7. le fettuccine al pesto
8. viaggiare in treno

E Conversazione.

1. Le piace mangiare al ristorante? Che tipo di ristorante preferisce?
2. Le piace la frutta? Compra più frutta fresca o frutta in scatola (*canned*)?
3. Le piacciono i succhi di frutta? Cosa beve con i pasti (*meals*)?
4. Le piacciono i dolci? Preferisce finire i pasti con la frutta o con un dolce?

—Sono piaciuti i miei spaghetti?

PICCOLO RIPASSO

A **Gli amici di Giulia.** Giulia has lots of friends who do many things for her. Complete the following sentences with **Giulia** or **a Giulia.**

ESEMPIO: Fabrizio invita _____ al cinema →
Fabrizio invita Giulia al cinema.

1. Anna telefona _____ ogni sera.
2. Claudio aiuta _____ a fare la macedonia.
3. Enrica insegna _____ lo yoga.
4. Marco porta sempre _____ i suoi appunti (*notes*).
5. Giancarlo scrive spesso lunghe lettere _____.
6. Luca aspetta _____ alla fine (*end*) della lezione.
7. Luigina accompagna _____ a casa in macchina.
8. Mirella presta _____ le sue cassette.

Now do the exercise again, completing the sentences with **la** or **le.**

B **L'avvocato Togni.** Complete the following conversation using the appropriate forms of **conoscere** or **sapere.**

S1: _____[1] l'avvocato Togni?
S2: No, non lo _____[2] personalmente ma _____[3] chi è; _____[4] dove abita e che cosa fa e _____[5] sua moglie, Sandra. La _____[6] da due anni.
S1: Com'è?
S2: È una donna in gamba (*smart, "with it"*): _____[7] cucinare molto bene, _____[8] ballare, _____[9] cantare in molte lingue e _____[10] la storia e la letteratura di molti paesi (*countries*).
S1: _____[11] da quanto tempo sono sposati?
S2: No, non lo _____,[12] ma _____[13] che non vivono più in centro.

C **Un ristorante chic.** One of your friends went to a fancy Italian restaurant, where he/she sampled dishes he/she had never tried before. You are curious to know exactly what your friend ate and if he/she liked it. Working with another student, ask and answer three questions each, according to the model.

ESEMPI: s1: Hai provato il prosciutto con il melone?
s2: Sì, l'ho provato e (non) mi è piaciuto.

s2: Hai provato le melanzane (*eggplant*) alla parmigiana?
s1: Sì, le ho provate e (non) mi sono piaciute.

Parole utili: l'aragosta (*lobster*), i calamari (*squid*), il salmone, gli scampi (*prawns*), il cervello (*brains*), il carciofo (*artichoke*), i funghi (*mushrooms*) ripieni, gli gnocchi alla romana, le melanzane alla parmigiana, i tortellini alla panna

D **Quando?** Sandra asks Monica whether she has done certain things; Monica says she hasn't. Sandra asks her when she is planning (**pensare di** + *infinitive*) to do them; Monica replies. Play their parts and create conversations as in the example.

ESEMPIO: parlare con la professoressa? (stasera) →
s: Hai parlato con la professoressa?
m: No.
s: Quando pensi di parlarle?
m: Penso di parlarle stasera.

1. telefonare al dottore (domani)
2. scrivere agli zii (questo week-end)
3. invitare la signora Palazzese (sabato prossimo)
4. riportare i libri in biblioteca (dopo la lezione)
5. finire la tesi (*thesis*) (fra [*in*] due mesi)
6. prendere le vitamine (alla fine del pasto)
7. parlare all'avvocato (la settimana prossima)
8. rispondere alla nonna (domani mattina)

DIALOGO

ESPRESSIONI UTILI

dunque	so, well
non vedo l'ora di...	I can't wait to . . .
apparecchiare la tavola	to set the table

C'è tutto per un buon minestrone?

Danilo sta studiando per diventare chef alla scuola alberghiera° di Stresa in Piemonte, famosa in Italia e all'estero per l'ottima° preparazione dei suoi studenti nel campo culinario ed alberghiero. Oggi è il compleanno di Valentina, sua sorella, e Danilo è indaffarato° a preparare il menu per la cena in suo onore. *hotel (adj.)* *excellent* *busy*

DANILO: Dunque, le zucchine farcite e i peperoni° ripieni sono pronti, e questo è per l'antipasto. *peppers*

VALENTINA: Uhm... che profumo!

DANILO: La pasta per i tortelloni al prosciutto è quasi fatta e l'arrosto è nel forno°... ancora trenta minuti di cottura.° Per contorno ci sono tre piatti: asparagi gratinati, melanzane° con erbe aromatiche e patate alla crema di basilico. *oven / cooking time* *eggplant*

VALENTINA: E per dolce cosa hai preparato? Sai quanto mi piacciono le crostate!

DANILO: Lo so, lo so! Due crostate di frutta fresca... sono nel frigo, ma non guardare!

VALENTINA: Che bello avere uno chef in famiglia! Non vedo l'ora di mangiare!

(Valentina guarda l'orologio.)

VALENTINA: Sono già le sei! Tra poco arrivano tutti! Devo fare in fretta ad apparecchiare la tavola in terrazza... è proprio la serata ideale per cenare all'aperto.

DANILO: (*pensoso°*) Manca qualcosa°... Ecco, ho dimenticato di prendere il vino in cantina.° Per favore, Valentina, vai giù° e prendi una bottiglia di Bardolino, una di Grignolino e una di Moscato d'Asti per il brindisi.° *thoughtful / Manca... Something's missing* *cellar / downstairs* *toast*

VALENTINA: Ma che differenza fa? Per me sono tutti uguali... Prendo quello che trovo.

DANILO: Assolutamente no! Non conosci le regole° della buona cucina? I   *rules*
vini devono accompagnare i piatti, non rovinarli°! Stasera bisogna   *spoil them*
bere vino rosso con le specialità che ho preparato e non un vino
rosso qualsiasi°!   *any*

VALENTINA: OK! Lo chef sei tu, ma uno di questi giorni devi darmi una
lezione sui vini!

SI DICE COSÌ!

The verb **mancare** is used in two different constructions:

1. Like the verb **piacere,** with the English subject corresponding to the indirect object in Italian. In this case it means *to miss* or *to lack.*

Mi manchi.	*I miss you. (lit., You are missing to me.)*
Cosa ti manca?	*What else do you need? What are you missing (lacking)? (lit., What is missing to you?)*

2. Like most other verbs. In this case it means *to be missing (absent).*

—Cosa manca sul tavolo?	*What is missing on the table?*
—Mancano i bicchieri.	*The glasses are missing.*
—Chi manca?	*Who is missing?*
—Mancano Michele e Franca.	*Michele and Franca are missing.*

TOCCA A TE!

Tell a friend that:

1. you miss Italy.
2. you miss your friends.
3. he/she is not lacking anything in life!
4. everything is missing in his/her kitchen.
5. two plates are missing on the table.

E ORA A VOI

A **Buon compleanno, Valentina!** Completate le frasi che seguono.

1. Il menu di Danilo: per antipasto ha preparato _____; per primo _____; per secondo _____; e per dolce _____.
2. La cena è in onore di _____.
3. La cena è servita all'aperto, in _____.
4. Valentina va in cantina a prendere _____.
5. Secondo Danilo, Valentina _____ le regole della buona cucina.
6. Con il menu di stasera Danilo vuole vino _____.

B **Non vedo l'ora di...** Leggete le situazioni nella colonna A e cercate una
conclusione logica nella colonna B.

	A		B
1.	_____ Ho lavorato tutto il giorno e non ho mangiato niente!	**a.**	Non vede l'ora di andare in vacanza!
2.	_____ Non vedi la tua ragazza da molto tempo.	**b.**	Non vedono l'ora di rivedere gli amici!
3.	_____ Leo e Paola sono appena tornati dal Brasile.	**c.**	Non vedo l'ora di andare in pizzeria!
4.	_____ Giovanna è stanca. Ha tre figli molto esigenti (_demanding_).	**d.**	Non vedete l'ora di trovare un lavoro!
5.	_____ Siete dei poveri studenti.	**e.**	Non vedi l'ora di vederla!

 IN ASCOLTO

In cucina. Tre amici preparano una cena abbondante. Ogni persona
suggerisce le sue specialità. Indicate con una crocetta i piatti che ognuno
preparerà per la cena.

	Marco	Adriana	Francesco
l'antipasto	❑	❑	❑
gli spaghetti alla carbonara	❑	❑	❑
il risotto alla milanese	❑	❑	❑
il pollo arrosto	❑	❑	❑
il contorno	❑	❑	❑
la crostata di frutta	❑	❑	❑

 LETTURA

ESPRESSIONI UTILI

l'abbinamento	combination
vinicolo	wine (_adj._)
la coltura	cultivation
la vite	vine
lo scambio	exchange
la degustazione	wine-tasting

TUTTO SUI VINI!

**Vigneti sulle colline del
Chianti in Toscana.**

Durante la cena di compleanno di Valentina tutti si congratulano con Danilo per il suo talento in cucina. Angelo, nonno di Danilo e Valentina, commenta sulla scelta° dei vini.

«A dire la verità,° ognuno beve quello che vuole con il proprio pasto, dipende molto dal gusto individuale, ma ci sono delle regole generali sugli abbinamenti cibo-vino: ad esempio, vini rossi leggeri° e giovani con i secondi piatti di carne; vini bianchi profumati con i secondi piatti di pesce e di carni bianche, e così via°...»

«Eh sì», interviene Danilo, «sapere cosa bere a tavola è un'arte!»

«A proposito di arte», continua il nonno, «lo studio dell'arte vinicola è interessantissimo. Pensate che la coltura della vite si è sviluppata° nel corso di duemila° anni di civiltà.°»

«E come si è diffusa?°» chiede Valentina.

«Secondo gli esperti dell'Enoteca Italiana di Siena, alcuni eventi storici (come le conquiste dell'antica Roma e i lunghi viaggi dei mercanti) hanno aiutato lo scambio di informazioni sulla coltura e sulla produzione del vino. Eh, cari miei! La vite e il vino sono vecchi come l'Europa! Se volete sapere di più su quest'arte, potete visitare i musei del vino; i principali sono a Torino-Pessione, a Nizza Monferrato e a Torgiano in Umbria, ma ci sono musei anche in castelli antichi° e nei centri di produzione vinicola.»

«Anche le enoteche sono centri importanti per la conoscenza dei vini, e soprattutto per la degustazione!» aggiunge Danilo.

«Bene... e adesso beviamoci un bel Moscato d'Asti... è ora di brindare a° Valentina!»

choice

A... To tell the truth

light

e... and so on

si... developed
two thousand / civilization
spread

ancient

brindare... to toast

E ORA A VOI

A **Vero** o **falso**? Se falso, dite perché.

Il nonno di Danilo dice che:

1. ci sono precise regole sugli abbinamenti vino-cibo e che tutti devono seguire queste regole.
2. generalmente i secondi piatti di carne vanno con i vini bianchi leggeri, mentre i secondi piatti di pesce vanno con i vini rossi profumati.
3. gli esperti dell'Enoteca Italiana di Siena hanno conquistato Roma e hanno fatto lunghi viaggi.
4. è possibile degustare i vini nei musei.
5. il Moscato d'Asti è un tipo di vino.

B **Indovinate** (*Guess*)! In quali regioni si producono questi vini? Guardate le mappe di questo libro per aiutarvi. Sono bianchi o rossi? (*Solutions at the bottom of the page!*)

	Bianco	Rosso	Regione
1. Barbera D'Asti			
2. Lambrusco Reggiano			
3. Vesuvio			
4. Moscato di Siracusa			
5. Salice Salentino			
6. Montepulciano d'Abruzzo			

C **Preparate la vostra cena di compleanno!** Decidete dove volete festeggiare il vostro compleanno, con chi e il tipo di menu desiderato! Poi scambiate le vostre idee con un compagno.

ESEMPIO: S1: Dove vuoi festeggiare il tuo compleanno? Con chi? Che tipo di menu preferisci?
S2: Voglio festeggiare il mio compleanno a casa mia, in giardino, con tanti amici. Preferisco un menu molto semplice: panini e crostini. E tu?

Dove?

Fuori: al ristorante, in pizzeria, in paninoteca, a casa di amici...
A casa: sulla terrazza, in giardino, in sala da pranzo, in cucina...

Con chi?

con pochi amici intimi   con il ragazzo / la ragazza
con la famiglia   con mezza città!
con tanti amici

Che tipo di menu?

antipasti, primi, secondi, dolci, vini...   una spaghettata
panini e crostini   una cena vegetariana...
patatine, salatini e olive

5. rosso, Puglia 6. rosso, Abruzzo

1. rosso, Piemonte 2. rosso, Emilia Romagna 3. rosso, Campania 4. bianco, Sicilia

PAROLE DA RICORDARE

VERBI

cercare to look (for)
conoscere (*p.p.* **conosciuto**)
   to know
dispiacere to be sorry
fumare to smoke
imprestare (**prestare**) to lend
invitare to invite
lavare to wash
mandare to send
mostrare to show
odiare to hate
piacere to please, be pleasing to
portare to bring
preparare to prepare
regalare to give (as a gift)
rendere (*p.p.* **reso**) to return,
   give back
riportare to take back,
   bring back
sapere to know
trovare to find
   andare a trovare to visit

NOMI

l'antipasto hors d'oeuvre
l'arrosto roast
la bistecca steak
la carne meat
il contorno side dish

la crostata pie
il crostino canapé
la cucina cooking, cuisine
   il libro di cucina cookbook
la fine end
il formaggio cheese
la frutta fruit
gli gnocchi dumplings
il gusto taste
l'insalata salad
la macedonia di frutta fruit cup
il maiale pork
il manzo beef
il melone cantaloupe
il minestrone vegetable soup
il Natale Christmas
il pane bread
il panettone Christmas cake
la pasta pasta
il pasto meal
il pesce fish
il piatto plate; dish; course
il pollo chicken
la polpetta meatball
il primo (**piatto**) first course
il prosciutto ham
la ricetta recipe
il risotto a creamy rice dish
la salsiccia (*pl.* **salsicce**) sausage
i salumi cold cuts
il secondo (**piatto**) second
   course

la sigaretta cigarette
la trattoria informal restaurant
la verdura vegetables
il vitello veal
la zuppa inglese English trifle

AGGETTIVI

fresco fresh
genuino genuine
misto mixed
semplice simple

ALTRE PAROLE ED ESPRESSIONI

alla carbonara with a sauce of
   eggs, cream, and bacon
al forno baked
alla griglia grilled
al pesto with basil sauce
al ragù with a meat sauce
al sugo with tomato sauce
da solo by oneself
in brodo in broth
in gamba smart, "with it"
morire di fame to starve
non... più no longer
quasi almost
qui here
veramente truly

GIORNO PER GIORNO

IN BREVE

Alzarsi, vestirsi, andare a passeggio...

VOCABOLARIO PRELIMINARE

Dialogo-lampo

PAOLO: C'è un proverbio italiano che dice: «Chi si accontenta gode!»*
Tu invece ti lamenti sempre di tutto...

Le attività

accontentarsi di to be satisfied with
addormentarsi to fall asleep
alzarsi to get up
annoiarsi to be bored
arrabbiarsi to get angry
chiamarsi to be called
dimenticarsi di to forget (to do something)
diplomarsi to graduate (*from high school*)
divertirsi to have a good time, enjoy oneself

farsi la barba to shave (of men)
fermarsi to stop
lamentarsi di to complain about
laurearsi to graduate (*from college*)
lavarsi to wash up
mettersi to put on
organizzarsi to get organized
prenotarsi to make a reservation

ricordarsi di to remember (to do something)
sbagliarsi to make a mistake
sentirsi (bene, male, stanchi, depressi, contenti) to feel (well, not well, tired, depressed, glad)
specializzarsi to specialize
sposarsi to get married
svegliarsi to wake up
vestirsi to get dressed

ESERCIZI

Ⓐ **Giorno per giorno.** Cosa vogliono (devono) fare queste persone? Completate le frasi in modo logico.

1. Daniela e Massimo sono molto innamorati; vogliono (specializzarsi / sposarsi).
2. Luca e Roberto invitano 20 amici a cena; hanno bisogno di (organizzarsi / diplomarsi).
3. I signori Maggini vanno a sciare; devono (mettersi gli scarponi [*boots*] / fermarsi).
4. Franca ha cambiato l'olio della macchina; ora deve (lavarsi / sbagliarsi).
5. Laura è stanchissima; sta per (*she's about to*) (svegliarsi / addormentarsi).

***Chi...** *Those who are content enjoy (life).*

6. La signora Pini va in centro a (prenotarsi / chiamarsi) per un viaggio in India.
7. A Paolo non piace l'università; non vede l'ora di (laurearsi / vestirsi)!
8. Gianna fa le ore piccole (*stays up late*); preferisce (alzarsi / sentirsi male) tardi.
9. Pierluigi va al ristorante con la datrice di lavoro (*employer*); deve (arrabbiarsi / farsi la barba).

B **Mi diverto, mi annoio, mi arrabbio...** Quando o dove vi divertite? Quando o dove vi annoiate? Quando o dove vi arrabbiate? Completate il seguente elenco secondo i vostri gusti.

1. Quando sono ammalato/a...
2. Quando faccio la spesa...
3. Al caffè con gli amici...
4. In palestra (*At the gym*)...
5. Quando leggo le ultime notizie...
6. Quando lavo i piatti...
7. In viaggio...
8. All'opera...
9. Quando cucino...
10. Quando faccio un errore stupido...

C **Mi ricordo di, mi dimentico di...** Cosa di solito vi ricordate di fare e cosa vi dimenticate? Seguite l'esempio. Usate le espressioni **di solito, sempre** e **qualche volta**.

ESEMPIO: pagare i conti (*bills*) →
Mi ricordo sempre di pagare i conti. (Qualche volta mi dimentico di pagare i conti.)

1. spegnere (*turn off*) il gas
2. fare la spesa
3. fare gli esercizi
4. studiare per l'esame
5. chiudere la porta
6. fare benzina (*get gas, fill up the car*)

Poi riferite i risultati al resto della classe.

D **Si lamenta di, si accontenta di...** Andrea deve risparmiare per pagare le tasse universitarie (*tuition, registration fees*). Fate delle frasi sulla sua situazione con gli elementi delle due colonne.

A   B

non avere soldi per il cinema.

non poter andare in vacanza.

si lamenta di   avere soldi per la benzina.

Andrea   avere troppi conti.

                                          non avere un buon lavoro.

si accontenta di   avere tempo per correre.

                                          non avere una famiglia ricca.

                                          avere alcuni buoni amici.

 **IN ASCOLTO**

Gioie e dolori (*Pleasures and pains*)! Alice e Giancarlo stanno confrontando quello che a loro piace e non piace fare. Ascoltate attentamente, poi completate le frasi.

1. Giancarlo si diverte perché...
2. Alice si annoia perché...
3. Giancarlo si arrabbia quando...
4. Anche Alice si arrabbia quando...
5. Giancarlo si ricorda che (*that*)...

 **GRAMMATICA**

A Accordo del participio passato nel passato prossimo

—Li ho coltivati per Lei.

As you know, the **passato prossimo** of most verbs is formed with the present tense of **avere** plus a past participle.

1. When there is a direct object pronoun, it is placed directly before **avere**. The past participle must agree in gender and number with the preceding direct object pronoun (**lo, la, li,** or **le**).

Hai visto Massimo?	→	Sì, l'ho (**lo** ho) vist**o**.
Hai visto Giovanna?	→	Sì, l'ho (**la** ho) vist**a**.
Hai visto i bambini?	→	Sì, **li** ho vist**i**.
Hai visto le bambine?	→	Sì, **le** ho vist**e**.

Remember that singular object pronouns (**lo** and **la**) can elide with the forms of **avere** that follow, but the plural forms (**li** and **le**) *never* elide.

The agreement (**l'accordo**) of the past participle with the other direct object pronouns (**mi, ti, ci,** or **vi**) is optional.

Mamma, chi ti ha visto (vist**a**)?	*Mother, who saw you?*
Ragazze, chi vi ha visto (vist**e**)?	*Girls, who saw you?*

2. When there is an indirect object pronoun, it is placed before **avere**, like direct object pronouns. However, the past participle *never* agrees with it.

—Hai visto Laura?	*Did you see Laura?*
—L'ho vist**a** [*agreement*] ma non **le** ho parlato [*no agreement*].	*I saw her, but I didn't speak to her.*

3. As you already know, the past participle of a verb conjugated with **essere** always agrees with the *subject* in gender and number.

Elena è andat**a** al parco.	*Elena went to the park.*
Le sono piaciut**i i fiori.**	*She liked the flowers.*

ESERCIZI

A **Accordi.** Working with a partner, complete the conversations. Provide the appropriate ending for the past participle.

1. S1: Chi ha ordinat_____ i fiori?
    S2: Non so. Non li hai ordinat_____ tu?
2. S1: Dove hai mess_____ le riviste?
    S2: Le ho mess_____ sul tavolo.
3. S1: Hai dat_____ la mancia alla cameriera?
    S2: Sì, le ho dat_____ cinque dollari.
4. S1: Hai comprat_____ le paste?
    S2: No, ho dimenticat_____ di comprarle!
5. S1: Hai vist_____ la professoressa d'italiano ieri?
    S2: Sì, l'ho vist_____ in biblioteca ma non le ho parlat_____.
6. S1: Hai telefonat_____ ai nonni?
    S2: Sì, ho già telefonat_____ loro.
7. S1: Avete finit_____ il libro?
    S2: Abbiamo finit_____ la prima parte.
8. S1: Siamo andat_____ al ristorante Da Luigi ieri sera.
    S2: Avete mangiat_____ bene?

B **Persone distratte** (*absent-minded*). You are very forgetful these days. You look for things but realize that you have left them at home! Follow the model.

> ESEMPIO: la ricetta →
> Dov'è la ricetta? L'ho persa! No, l'ho lasciata a casa!

1. il giornale
2. le chiavi
3. la lettera
4. il disco
5. i fiori
6. le foto
7. il biglietto
8. i soldi

C **Gente curiosa.** What kinds of nosy questions can you ask a classmate?

1. Hai lavato i piatti ieri sera? **2.** Hai fatto il letto stamattina? Fai il letto ogni giorno? **3.** Hai fatto il bagno (*take a bath*) ieri? **4.** Hai pulito la casa lo scorso week-end? **5.** Hai studiato la lezione d'italiano? **6.** Quante volte hai lasciato le chiavi in macchina?

Now invent some questions of your own.

D **Una brutta settimana** (*A bad week*). Marilena has had a bad week. Complete each sentence using the past participle of the verb in parentheses.

Che settimana tremenda! Ho portato a casa dei libri dalla bibioteca ma non li ho _____[1] (leggere). Non sono _____[2] (uscire) venerdì e sabato sera perché ho dovuto studiare. So che c'è una mostra (*exhibit*) molto bella all'università ma non l'ho ancora _____[3] (vedere). Mercoledì sono _____[4] (essere) a casa tutto il giorno con l'influenza. Giovedì ho litigato (*quarreled*) con Gina: le ho _____[5] (telefonare) e abbiamo preso appuntamento (*made a date*) per andare in centro, ma lei, invece, è _____[6] (andare) a giocare a tennis con Paolo. Accidenti!

B Verbi riflessivi

SIGNORA ROSSI: Nino è un ragazzo pigro: ogni mattina si sveglia tardi e non ha tempo di lavarsi e fare colazione. Si alza presto solo la domenica per andare in palestra a giocare a pallone.
SIGNORA VERDI: Ho capito: a scuola si annoia e in palestra si diverte.

1. A reflexive verb (**verbo riflessivo**) is a transitive verb whose action is directed back to its subject. The subject and object are the same: *I consider myself intelligent; we enjoy ourselves playing cards; he hurt himself.* In both English and Italian, the object is expressed with reflexive pronouns.

Reflexive pronouns are the same as direct object pronouns, except for **si** (the third person singular and plural form): **mi, ti, si; ci, vi, si.**

2. Just like direct object pronouns, reflexive pronouns are placed before a conjugated verb or attached to the infinitive.

MRS. ROSSI: Nino is a lazy boy. Every morning he wakes up late and doesn't have time to wash and eat breakfast. He gets up early only on Sundays to go to the gym to play ball.
MRS. VERDI: I get it: at school he's bored and in the gym he has a good time.

alzarsi *(to get up, stand up)*			
mi alzo	*I get up*	**ci** alziamo	*we get up*
ti alzi	*you get up*	**vi** alzate	*you get up*
si alza	*you (form.) get up* *he gets up* *she gets up*	**si** alzano	*you (form.) get up* *they get up*

If the infinitive is preceded by a form of **dovere, potere,** or **volere,** the reflexive pronoun is either attached to the infinitive (which drops its final **-e**) or placed before the conjugated verb. Note that the reflexive pronoun agrees with the subject even when attached to the infinitive.

Mi alzo.	*I'm getting up.*
Voglio alzar**mi.**	*I want to get up.*
Mi voglio alzare.	

3. Most reflexive verbs can also be used as nonreflexive transitive verbs if the action performed by the subject affects someone or something else.

chiamarsi *to be called*
chiamare *to call (someone)*
lavarsi *to wash (oneself)*
lavare *to wash (someone or something)*

fermarsi *to stop (oneself)*
fermare *to stop (someone or something)*
svegliarsi *to wake up*
svegliare *to wake up (someone else)*

Ci svegliamo alle sette ma **svegliamo** i bambini alle otto.	*We wake up at seven but wake up the children at eight.*
Vuole **lavare** la macchina e poi **lavarsi.**	*He wants to wash the car and then wash up.*
Si chiama Antonio, ma tutti lo **chiamano** Toni.	*His name is Antonio, but everybody calls him Toni.*
Dovete **fermarvi** allo stop, se no vi **ferma** un vigile!	*You must stop at the stop sign; otherwise a cop will stop you!*

4. The **passato prossimo** of reflexive verbs is formed with the present tense of **essere** and the past participle. As always with **essere,** the past participle must agree with the subject in gender and number.

alzarsi			
mi sono alzato/a	*I got up*	ci siamo alzati/e	*we got up*
ti sei alzato/a	*you got up*	vi siete alzati/e	*you got up*
si è alzato	*you got up* *he got up*	si sono alzati	*you got up* *they got up*
si è alzata	*you got up* *she got up*	si sono alzate	*you got up* *they got up*

Paolo si è divertito alla festa, ma
    Laura non si è divertita per
    niente!
—Quando vi siete alzati?
—Ci siamo alzati tardi.

*Paolo had a good time at the
    party, but Laura didn't enjoy
    herself at all!*
When did you get up?
We got up late.

ESERCIZI

A **Trasformazioni.** Replace the subject with each subject in parentheses, and change the verb form accordingly.

1. Mi lavo le mani (*hands*) prima di mangiare. (Luigi / i bambini / noi due / anche voi)
2. A che ora vi addormentate voi? (tu / loro / Marcella / io)
3. Che cosa si mette Lei? (loro / voi / tu / io)
4. Mi sono sbagliato. (i bambini / la signora / voi / noi)
5. Peggy Sue si è sposata molto giovane. (la nonna / Roberto / gli zii / le cugine della mamma)
6. Perché si è fermato il treno? (la macchina / voi / tu / gli autobus)

B **Conversazioni.** Working with a partner, complete each exchange with the correct form of the verb in parentheses. Pay attention to the context for clues about the tense.

1. s1: Lorenzo _____ (alzarsi) alle sei ogni giorno. E tu?
   s2: Anch'io _____ alle sei.
2. s1: Loro _____ (mettersi) spesso la cravatta (*necktie*). E tu?
   s2: Io non _____ mai la cravatta!
3. s1: Loro _____ (annoiarsi) alla festa ieri sera. E voi?
   s2: Noi non _____!
4. s1: Marco _____ (laurearsi) in francese molti anni fa. E Luisa?
   s2: Luisa _____ in tedesco.
5. s1: Lei _____ (arrabbiarsi) spesso?
   s2: Io non _____ mai!
6. s1: Voi, come _____ (sentirsi)?
   s2: _____ bene, grazie!
7. s1: Ciao, sono Daniela. Tu come _____ (chiamarsi)?
   s2: _____ Massimo. Piacere!
8. s1: Mia, _____ (lavarsi)?
   s2: Non ancora (*yet*). Vado a _____ adesso.

C **Mini-intervista.** Ask a classmate . . .

1. se si lamenta dell'università   **2.** in quali corsi si annoia   **3.** se si diverte in questa classe   **4.** se si ricorda sempre di fare gli esercizi
5. a che ora si è svegliato/a stamattina   **6.** in quanti minuti si è vestito/a
7. quante volte si è messo/a i jeans la settimana scorsa   **8.** a quanti anni si è diplomato/a   **9.** in quale materia vuole laurearsi

Report your findings to the rest of the class.

D **Traduzioni.** Express in Italian.

1. Luigino isn't feeling well; we must call the doctor.   **2.** When I go to the university, I stop at a coffee shop and have a cappuccino.   **3.** Why didn't you wake me up? I slept until 8:30 and missed the (my) train!
4. We need help (**aiuto**)! We can call the police (**la polizia**) or stop a car.
5. You can't stop every five minutes when you run!   **6.** What's your name? —My name is Garibaldi, but they call me Dino.

C Costruzione reciproca

—**Non possiamo continuare a vederci così, caro: mio padre comincia a sospettare.**

1.   Most verbs can express reciprocal actions (*we see each other, you know each other, they speak to one another*) by means of the plural reflexive pronouns, **ci, vi,** and **si,** used with first, second, or third person plural verbs, respectively. This is called the **costruzione reciproca.**

Ci vediamo ogni giorno.	*We see each other every day.*
Da quanto tempo **vi conoscete?**	*How long have you known each other?*
Si parlano al telefono.	*They talk to each other over the phone.*

2.   The auxiliary **essere** is used to form the compound tenses of verbs expressing reciprocal actions. The past participle agrees with the subject in gender and number.

Non ci **siamo** capi**ti.**	*We didn't understand each other.*
Le ragazze si **sono** telefonat**e.**	*The girls phoned each other.*

3.   For clarification or emphasis, the phrases **l'un l'altro (l'un l'altra), tra (di) noi, tra (di) voi,** or **tra (di) loro** may be added.

Si guardano **l'un l'altro** in silenzio.	*They look at each other in silence.*
Si sono aiutati **tra di loro.**	*They helped each other.*

4. The following commonly used verbs express reciprocal actions:

abbracciarsi	*to embrace (each other)*
aiutarsi	*to help each other*
baciarsi	*to kiss (each other)*
capirsi	*to understand each other*
conoscersi	*to meet*
farsi regali	*to exchange gifts*
guardarsi	*to look at each other*
incontrarsi	*to run into each other*
innamorarsi	*to fall in love with each other*
salutarsi	*to greet each other*
scriversi	*to write to each other*
telefonarsi	*to phone each other*
vedersi	*to see each other*

ESERCIZI

A **Trasformazioni.** Replace the subject with each subject in parentheses, and make all necessary changes.

1. Quando ci vediamo, ci abbracciamo. (le ragazze / voi / gli zii)
2. Roberto e Carla si conoscono da molto tempo. (io e Alvaro / tu e Luigi / le due famiglie)
3. Perché non vi siete salutati? (le due signore / i bambini / noi)
4. Ci siamo incontrati al bar della stazione. (gli amici / le amiche / voi due)
5. Non si telefonano, si scrivono! (Daniela ed io / voi / le professoresse)
6. Mia sorella ed io ci siamo sempre aiutate. (i fratelli / tu e Massimo / quelle ragazze)

B **Ma sì!** Use the information in parentheses to answer each question.

ESEMPIO: Tu conosci Laura? (molto bene) →
Sì, ci conosciamo molto bene.

1. Tu conosci Marco? (da molto tempo)
2. Tu telefoni a Franca? (ogni sera)
3. Tu scrivi ai cugini di Milano? (spesso)
4. Tu vedi Laura? (alle cinque)
5. Tu saluti il professore? (in italiano)
6. Hai salutato i signori Verdi? (all'opera)
7. Hai capito gli studenti italiani? (perfettamente)
8. Hai incontrato gli amici al bar? (alle otto)
9. Hai fatto un regalo ai nonni? (ogni anno)
10. Hai parlato con la nonna? (quasi ogni giorno)

C **Un colpo di fulmine** (*lightning*)! Complete the following dialogue with the appropriate forms of the verbs in parentheses.

S1: In che anno _____¹ (sposarsi) i tuoi genitori?
S2: Nel 1969.
S1: Come _____² (conoscersi) e dove?
S2: _____³ (vedersi) per la prima volta al supermercato: _____⁴ (parlarsi),
_____⁵ (piacersi), _____⁶ (telefonarsi), _____⁷ (vedersi) spesso e dopo
solo due mesi _____⁸ (sposarsi)!

D **Intervista.** Interview a classmate about his/her relationship with his/her best friend. Ask . . .

1. se ha un buon amico o una buon' amica **2.** se si vedono spesso e quando si vedono **3.** dove si vedono **4.** se si aiutano e come **5.** se si telefonano spesso **6.** se si fanno regali **7.** se si scrivono **8.** se si capiscono

---

D Avverbi

—**Non vedo chiaramenteᵃ le immagini.**   ᵃ*clearly*

---

1.   Adverbs are words that modify verbs, adjectives, or other adverbs. You have already learned a number of common adverbs: **bene, sempre, troppo,** and so on.

Stanno bene.	*They are well.*
Sofia è molto intelligente.	*Sofia is very intelligent.*
Parlate troppo rapidamente.	*You talk too fast.*

2. Many adverbs are formed by attaching **-mente** to the feminine form of the adjective. They correspond to English adverbs ending in **-ly.**

vero	→ vera	→ veramente	*truly*
fortunato	→ fortunata	→ fortunatamente	*fortunately*

If the adjective ends in **-le** or **-re** preceded by a vowel, the final **-e** is dropped before adding **-mente.**

genti**le**	→	gentil-	→	gentilmente	*kindly*
regol**are**	→	regolar-	→	regolarmente	*regularly*

3. Adverbs are usually placed directly after a simple verb form.

> Parla sempre di lavoro. *He always talks about work.*
> La vedo raramente. *I rarely see her.*

4. In sentences with compound tenses, most adverbs are placed after the past participle. However, some common adverbs (**già, mai, ancora** [*still*], **sempre**) are placed between the auxiliary verb and the past participle.

> Sei arrivata tardi in palestra. *You arrived at the gym late.*
> Non ho capito bene la lezione. *I didn't understand the lesson well.*
>
> Avete già visto il parco? *Have you already seen the park?*
> Il nostro professore non ha mai parlato del femminismo. *Our professor never spoke about feminism.*

Esercizi

A **Come sono?** Talk about the following people, completing each sentence with the adverb that corresponds to the adjective in the first half.

> ESEMPIO: La signora Crespi è elegante: si veste sempre *elegantemente.*

1. Luigino è un bambino molto attento: ascolta tutto _____.
2. Rita e Mario sono persone tranquille: fanno tutto _____.
3. A Gina non danno fastidio (*bother*) le visite inaspettate (*unexpected*): è contenta anche quando gli amici arrivano _____.
4. Le lettere di Gregorio sono molto rare: scrive _____.
5. Mara è una persona molto onesta: mi risponde sempre _____.
6. Sandro è una persona molto gentile: tratta tutti _____.
7. La mia amica Francesca è molto intelligente: risponde _____ alle domande.
8. Elena, Marilena e Francesca sono persone allegre: si vestono _____.

B **Come sei?** Working with a partner, ask and answer questions about his/her habits using the adverbs and the reflexive verbs given below.

> ESEMPIO: tu / ricordarsi degli appuntamenti (sempre)
> S1: Tu ti ricordi sempre degli appuntamenti?
> S2: Sì, mi ricordo sempre degli appuntamenti. (No, non mi ricordo sempre degli appuntamenti.) E tu?

1. tu / alzarsi (velocemente)
2. tu / organizzarsi per le lezioni (facilmente)
3. tu / divertirsi alle feste (veramente)
4. tu / fermarsi allo stop (regolarmente)
5. tu / lamentarsi dei professori (spesso)

G Conversazione.

1. Preferisce le persone che parlano adagio (*slowly*) o quelle che parlano rapidamente? Come parlo io?   **2.** Spiegano chiaramente i Suoi professori?   **3.** Di che cosa parliamo spesso in classe? Ci sono cose di cui (*about which*) non parliamo mai?   **4.** Conosce qualcuno che si veste stravagantemente?

E Numeri superiori a 100

MONICA: Mi sono diplomata nel 1985, mi sono laureata nel 1989, mi sono sposata nel 1990, ho avuto un figlio nel 1991 e una figlia nel 1992, mi sono specializzata nel 1993...
SILVIA: Quando pensi di fermarti?!

1. The numbers one hundred and above are

100	cento	600	seicento	1.100	millecento
200	duecento	700	settecento	1.200	milleduecento
300	trecento	800	ottocento	2.000	duemila
400	quattrocento	900	novecento	1.000.000	un milione
500	cinquecento	1000	mille	1.000.000.000	un miliardo

2. The indefinite article is not used with **cento** (*hundred*) and **mille** (*thousand*), but it is used with **milione** (*million*).

cento favole	*a hundred fables*
mille notti	*a thousand nights*
un milione di dollari	*a million dollars*

MONICA: I graduated from high school in 1985, graduated from college in 1989, got married in 1990, had a boy in 1991 and a girl in 1992; I got an advanced degree in 1993 . . .   SILVIA: When do you think you'll stop?!

3. **Cento** has no plural form. **Mille** has the plural form **-mila.**

> cento lire, duecento lire
> mille lire, duemila lire

4. **Milione** (plural **milioni**) and **miliardo** (plural **miliardi**) require **di** when they occur directly before a noun.

In Italia ci sono 57 milioni di abitanti.	*In Italy there are 57 million inhabitants.*
Il governo ha speso molti miliardi di dollari.	*The government has spent many billions of dollars.*

but

tre milioni e cinquecentomila (3.500.000) lire	*3.5 million lire*

5. The masculine singular definite article is used with years.

Il 1916 (millenovecentosedici)* è stato un anno molto buono.	*Nineteen-sixteen was a very good year.*
La macchina di Dino è del 1993.	*Dino's car is a 1993 model.*
Sono nato nel 1975.	*I was born in 1975.*
Siamo stati in Italia dal 1990 al 1992.	*We were in Italy from 1990 to 1992.*

ESERCIZI

A **Che prezzi!** Marta sees the following prices in a store. Say them with her.†

> ESEMPI: 8.750 L.‡ → Ottomilasettecentocinquanta lire!
> 945 L. → Novecentoquarantacinque lire!

1. 5.000 L.
2. 250 L.
3. 2.675 L.
4. 28.900 L.
5. 16.730 L.
6. 42.315 L.
7. 9.999 L.
8. 7.777 L.

---

*There is no Italian equivalent for the English eleven hundred, twelve hundred, etc. One says **millecento, milleduecento,** etc.

†In decimal numbers, Italian uses a comma (**una virgola**) where English uses a period: **17,95** = *17.95*. It is read **diciassette e novantacinque.** To express thousands, Italian punctuation calls for a period (**un punto**) where English uses a comma: **20.570** = *20,570*. It is read **ventimila cinque-centosettanta.**

‡Note that **L.** is the abbreviation for **lira/lire.**

B **Operazioni matematiche.** Alternating with a partner, ask and answer simple math problems. Use the expressions **più** (+), **meno** (−), **diviso** (÷), **per** (×) and **fa** (=). Then invent problems of your own!

> ESEMPIO: $120 + 230 \rightarrow$
> s1: Quanto fa centoventi più duecentotrenta?
> s2: Fa trecentocinquanta.

1. $900 - 25$	**4.** $1200 + 300$	**7.** $800 - 250$
2. $1000 \div 2$	**5.** $1.000.000 \times 100$	**8.** $1000 + 1750$
3. 2000×100	**6.** $600 \div 3$	**9.** 10.000×5

C **Domande.** Ask a classmate . . .

1. in che anno è nato/a   **2.** in che anno si è diplomato/a   **3.** in che anno ha preso la patente (*driver's license*)   **4.** di quale anno è la sua automobile
5. se sa in che anno è nato George Washington

PICCOLO RIPASSO

A **La giornata del signor Rossi.** Restate the following paragraph in the **passato prossimo,** beginning with **Ieri il signor Rossi...**

Ogni mattina il signor Rossi si alza alle sei, si mette la felpa (*sweatsuit*), e va a fare il footing per quaranta minuti. Ritorna a casa, fa la doccia (*takes a shower*), si fa la barba, si veste e fa colazione.

B **Non possiamo!** Expand the following sentences, using the appropriate forms of the verb **potere** in the present tense.

> ESEMPIO: Non mi fermo. →
> Non posso fermarmi. (Non mi posso fermare.)

1. I miei genitori non si divertono.   **2.** Carlo non si sposa.   **3.** Io non mi laureo in lingue.   **4.** Tu non ti metti i jeans.   **5.** Noi non ci fermiamo allo stop.   **6.** Voi non vi diplomate quest'anno.

C **Dov'è? Dove sono?** Susanna is asking her roommate Alessandra where certain things are. Alessandra tells what she has done with them. Working with a classmate, take turns asking and answering questions.

> ESEMPIO: il libro di informatica (prestare a Giancarlo) →
> s1: Dov'è il libro di informatica?
> s2: L'ho prestato a Giancarlo.

1. le foto (mandare ai miei genitori)
2. la tua vecchia bicicletta (vendere)
3. il tavolino (mettere in cucina)
4. i giornali (buttare via [*to throw away*])
5. le vitamine (finire)

DIALOGO

ESPRESSIONI UTILI

Tocca a me!	It's my turn!
a proposito	by the way
si svolge	(it) takes place
siamo messe male	we are in bad shape (not physically)
essere di umore nero	to be in a very bad mood

Un'altra giornata di lavoro.

Franca, Marilena, Elena e Silvia condividono° un appartamento nel centro di Roma. C'è un solo bagno ma si alzano tutte alla stessa ora...   *share*

MARILENA: Silvia, ti sei lavata? Ho bisogno del bagno, sono in ritardo...

SILVIA: Devo solo lavarmi i denti,° puoi entrare.   *teeth*

ELENA: Veramente tocca a me, mi sono già prenotata per la doccia!

FRANCA: Ragazze, ma è possibile che non riusciamo ad° organizzarci? Qualcuno° deve incominciare ad alzarsi prima...   *che... that we can't manage to*
Someone

MARILENA: Perché non provi° tu? Io ho gli esami e ho studiato fino alle due di notte!   *try*

FRANCA: E io ho finito il libro di Dacia Maraini! Devo presentarlo oggi in classe.

SILVIA: A proposito, com'è?

FRANCA: Molto bello...

MARILENA: Parlate di *Bagheria*?

FRANCA: No, questo è *La lunga vita di Marianna Ucria*. Si svolge nel Settecento:° è la storia di un'antenata° della Maraini, sordomuta,° che
impara a scrivere per comunicare... E noi ci lamentiamo che siamo
messe male... Almeno abbiamo la libertà di studiare.

1700s / an ancestor / deaf-mute

MARILENA: Chiamala libertà... !°

Chiamala... Call it freedom . . . !

FRANCA: Quando sei di umore nero diventi anche reazionaria!

SI DICE COSÌ!

Tocca a me!   This expression can be used in various contexts as follows:

Tocca a me usare il bagno! *It's my turn to use the bathroom!*
Tocca a te scegliere la scuola. *It's up to you to choose your school.*
Tocca all'avvocato difendere il cliente. *It's a lawyer's job to defend his client.*

A CHI TOCCA?

1. _____ Tocca all'ultimo arrivato
2. _____ Tocca agli studenti
3. _____ Tocca al medico
4. _____ Tocca agli adulti
5. _____ Tocca a Elena

a. capire i bambini.
b. usare il bagno.
c. mettersi in coda (*to get in line*).
d. prescrivere le medicine.
e. informarsi sugli esercizi.

E ORA A VOI

A **Abitare insieme.** Rileggete il **Dialogo** e poi completate le frasi.

1. Marilena ha bisogno del bagno perché...
2. Ma tocca a Elena, infatti...
3. Secondo Franca qualcuno...
4. Franca ha finito il libro di Dacia Maraini e...
5. Il romanzo parla di...

B **Si svolge...** Giovanni non ha molta memoria e ha dimenticato dove o
quando si svolgono (*take place*) i suoi film preferiti. Aiutatelo (*Help him*)!

1. _____ *Casablanca*
2. _____ *Via col vento*
3. _____ *Apocalisse now*
4. _____ *2001*
5. _____ *La dolce vita*

a. in Vietnam
b. a Roma
c. nello spazio
d. nel Nord Africa
e. durante la guerra di secessione

Un giorno dopo l'altro! Elena e Silvia parlano della loro giornata. Ascoltate attentamente, poi completate le frasi.

1. Elena e Silvia _____ presto.
2. Andando al lavoro le due amiche _____ al caffè.
3. Quando è arrivata al lavoro, Elena _____ quasi _____.
4. In questi ultimi giorni Elena _____ spesso _____.
5. Ma quella sera Silvia _____ al concerto di Vivaldi.

ESPRESSIONI UTILI

da un'altra parte	somewhere else
Non ne posso più!	I can't stand it any more!
Che senso ha?	What's the point?
Adesso basta!	Enough now!

UN'ALTRA VITA...

Franca insegna Lettere in una scuola media della periferia° romana. Le piace insegnare, soprattutto la letteratura italiana contemporanea ma... che fatica°! Le classi sono molto affollate° e a volte è impossibile fare lezione. Nessuno l'ascolta, tutti guardano fuori dalla finestra e probabilmente sognano° di essere in un altro posto.

Questa mattina, sull'autobus che la porta a scuola, anche Franca sogna di essere da un'altra parte: «Io non ne posso più! Ogni mattina mi alzo alle sette, litigo° con le mie amiche per entrare nel bagno, corro a prendere l'autobus, urlo° in classe per quattro o cinque ore, mangio un panino, passo il pomeriggio a fare riunioni, arrivo a casa esausta e mi butto° sul letto. Che senso ha? Ma adesso basta! Mollo tutto° e vado a San Francisco!

« ...E cosa faccio a San Francisco? Dunque, prima di tutto mi sveglio tardi, mi lavo con calma, mi metto quello che voglio, esploro la città, conosco gente nuova, faccio solo cose interessanti... E come mi mantengo°?

outskirts

che... what an effort! / crowded

they dream

I argue
I yell
mi... I throw myself
Mollo... I let go of everything

mi... I support myself

Posso insegnare l'italiano: alzarmi alle sette, prendere l'autobus, entrare in una classe dove tutti guardano fuori dalla finestra... No, meglio un'isola tropicale, Bali! Mi alzo con il sole, mi lavo nel mare, mi metto un pareo°... Ma come mi mantengo? Dunque... »

wraparound skirt

Sempre la stessa vita...

E ORA A VOI

A Che fatica!

1. Secondo Franca
   - ❑ gli studenti sono sempre attenti.
   - ❑ non ci sono abbastanza studenti.
   - ❑ gli studenti sono troppi.

2. Franca ogni giorno
   - ❑ si riposa in classe per quattro o cinque ore.
   - ❑ si alza tardi.
   - ❑ va a scuola in autobus.

3. Franca sogna di
   - ❑ vivere in un'isola tropicale.
   - ❑ insegnare italiano per tutta la vita.
   - ❑ guadagnare molti soldi.

B **Che bello essere in un altro posto!** Anche voi come Franca sognate di essere in un altro posto? Immaginate un posto perfetto e raccontate in una lettera ad un amico (un'amica) la vostra giornata ideale. Leggete le vostre lettere alla classe.

ESEMPIO: Cara Gilda, sono finalmente a Parigi! Ogni giorno mi alzo...

PAROLE DA RICORDARE

VERBI

abbracciare to embrace
accontentarsi di to be satisfied with
addormentarsi to fall asleep
aiutare to help
alzarsi to get up
annoiarsi to be bored
arrabbiarsi to get angry
baciare to kiss
chiamare to call (*someone*)
chiamarsi to be called, named
dimenticarsi di to forget (*to do something*)
diplomarsi to graduate (*from high school*)
divertirsi to have a good time, enjoy oneself
fare il bagno to take a bath
fare la doccia to take a shower
fare un regalo a + *person* to give a present to someone

farsi la barba to shave (*of men*)
fermare to stop (*someone or something*)
fermarsi to stop, come to a stop
incontrare to run into (*someone*)
innamorarsi to fall in love
lamentarsi di to complain about
laurearsi to graduate (*from college*)
lavarsi to wash up
mettersi to put on
organizzarsi to get organized
prenotarsi to make a reservation
ricordarsi di to remember (*to do something*)
salutare to greet, say hello to
sbagliarsi to be wrong, make a mistake
sentirsi to feel
specializzarsi to specialize

sposarsi to get married
svegliare to wake up (*someone else*)
svegliarsi to wake up
vestirsi to get dressed

NOMI

il fiore flower
la mano (*pl.* **le mani**) hand
la palestra gym
   in palestra in/to the gym
il parco (*pl.* **i parchi**) park

AGGETTIVI

pigro lazy

ALTRE PAROLE ED ESPRESSIONI

adagio slowly
ancora again, still

TANTE FAMIGLIE

Sentiamo se il latte è caldo!
Nuovi padri nella famiglia
italiana.

IN BREVE

Grammatica
A. Imperfetto
B. Imperfetto e
   passato prossimo
C. Trapassato
D. Suffissi per nomi e
   aggettivi

Lettura
*La famiglia della signora
Gina*

VOCABOLARIO PRELIMINARE

Dialogo-lampo

LUIGI: Mio nonno aveva undici figli, mio padre tre, io ho un figlio unico. Dunque è vero; la natalità in Italia è in diminuzione!

MARIA: Chissà perché, nella mia famiglia le statistiche non funzionano mai...

PARENTI ACQUISITI

il suocero father-in-law
la suocera mother-in-law
il genero son-in-law
la nuora daughter-in-law
il cognato brother-in-law
la cognata sister-in-law
*****il patrigno** stepfather

*****la matrigna** stepmother
*****il fratellastro** stepbrother; half brother
*****la sorellastra** stepsister; half sister

STATO CIVILE (*Marital Status*)

divorziato divorced

separato separated
celibe single (*man*)
nubile single (*woman*)
lo scapolo bachelor
il vedovo widower
la vedova widow

ESERCIZI

A **Come si dice?** Richard sa che in italiano ci sono parole specifiche per i vari parenti ma... che confusione. Aiutatelo!

1. _____ il fratello di mia moglie
2. _____ la sorella di mia moglie
3. _____ il marito di mia figlia
4. _____ la figlia di mia sorella
5. _____ la moglie di mio figlio
6. _____ la madre di mia moglie
7. _____ il padre di mia moglie

a. mio suocero
b. mia suocera
c. mia nuora
d. mia cognata
e. mia nipote
f. mio genero
g. mio cognato

---

*These expressions are fairly uncommon in everyday Italian; more common are such terms as **il nuovo papà, la seconda mamma,** etc.

B **Rapporti** (*Relationships*). Chi sono? Rispondete usando espressioni dal **Vocabolario preliminare.**

> ESEMPIO: Così si chiama una donna non maritata (*married*). →
> Nubile.

1. Così si chiama la seconda mamma.
2. Così si chiamano due persone non ancora divorziate.
3. Così si chiama una signora che ha perso il marito.
4. Così si chiama il figlio del nuovo papà.
5. Così si chiamano gli uomini celibi.
6. Così si chiama un signore che ha perso la moglie.
7. Così si chiamano le figlie della seconda mamma.
8. Così si chiama il nuovo papà.

C **Parenti televisivi.** Preparate tre domande scritte sui rapporti di parentela in una famiglia famosa (TV, film, romanzi, storia), poi scambiatele con un compagno (una compagna). Chi risponde prima vince!

> ESEMPIO: S1: Chi è Brooke nella famiglia Forrester di «**The Bold and the Beautiful**»?
> S2: Brooke è la ex-moglie di Eric Forrester.

D **La mia famiglia.** Avete fratelli, sorelle? Come sono? Quanti anni hanno? Cosa fanno? Descrivete alla classe la vostra famiglia. Cane, gatto e coccodrillo sono inclusi!

Una grande festa di compleanno. La madre di Roberto festeggia (*celebrates*) i suoi 80 anni. Roberto parla della festa con Paola, una sua collega di lavoro. Ascoltate attentamente, poi completate le frasi secondo quello che avete sentito.

1. Roberto ha già invitato _____ parenti.
   a. 14
   b. 30
   c. 45
2. Ha intenzione di invitare _____.
   a. i parenti acquisiti
   b. tutti i colleghi di lavoro
   c. i vicini di casa (*neighbors*)
3. _____ di Roberto si chiamano Renato e Luciano.
   a. Gli zii
   b. I fratellastri
   c. I generi
4. I suoceri di Roberto _____.
   a. sono invitati anche loro
   b. hanno altri impegni (*commitments*)
   c. odiano (*hate*) la madre di Roberto

GRAMMATICA

A Imperfetto

LUIGINO: Papà, mi racconti una favola?
PAPÀ: Volentieri! C'era una volta una bambina che si chiamava Cappuccetto Rosso perché portava sempre una mantella rossa col cappuccio. Viveva vicino a un bosco con la mamma...
LUIGINO: Papà, perché mi racconti sempre la stessa storia?
PAPÀ: Perché conosco solo una storia!

1. The **imperfetto** (*imperfect*) is another past tense. It is used to describe habitual actions and general conditions that existed in the past. It is formed by dropping the **-re** of the infinitive and adding the same set of endings to verbs of all conjugations: **-vo, -vi, -va, -vamo, -vate,** and **-vano.**

lavorare	scrivere	dormire	capire
lavora**vo**	scrive**vo**	dormi**vo**	capi**vo**
lavora**vi**	scrive**vi**	dormi**vi**	capi**vi**
lavora**va**	scrive**va**	dormi**va**	capi**va**
lavora**vamo**	scrive**vamo**	dormi**vamo**	capi**vamo**
lavora**vate**	scrive**vate**	dormi**vate**	capi**vate**
lavora**vano**	scrive**vano**	dormi**vano**	capi**vano**

2. The verb **essere** is irregular in the **imperfetto.**

essere	
ero	eravamo
eri	eravate
era	erano

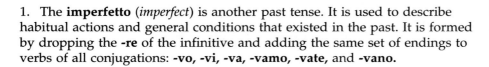

LUIGINO: Daddy, will you tell me a story?   DAD: Sure! Once upon a time, there was a little girl who was called Little Red Riding Hood because she always wore a red coat with a hood. She lived near a forest with her mother. . . .   LUIGINO: Daddy, why do you always tell me the same story?   DAD: Because I know only one story!

The verbs **bere, dire,** and **fare** have irregular stems in the **imperfetto.**

bere (bev-)	dire (dic-)	fare (fac-)
bevevo	dicevo	facevo
bevevi	dicevi	facevi
beveva	diceva	faceva
bevevamo	dicevamo	facevamo
bevevate	dicevate	facevate
bevevano	dicevano	facevano

3. The **imperfetto** has several English equivalents.

Raccontava* sempre la stessa storia.

He always used to tell the same story.
He was always telling the same story.
He always told the same story.

It has the following uses:

a. It describes habitual actions in the past; that is, it tells what people used to do or things that used to happen.

Nuotavo tutti i giorni.   *I used to swim every day.*

b. It describes actions that were in progress in the past when something else happened or while something else was going on.

Mangiavamo quando è andata via la luce.   *We were eating when the lights went out.*
Mangiavamo mentre i bambini dormivano.   *We were eating while the children slept.*

c. It describes physical, mental, and emotional states in the past. It also expresses weather, time, and age in the past.

Mi sentivo stanco.   *I felt tired.*
I miei nonni non volevano uscire.   *My grandparents didn't want to go out.*
Quando avevo sei o sette anni, mi piaceva il latte.   *When I was six or seven, I liked milk.*
—Che ore erano?   *What time was it?*
—Era mezzogiorno.   *It was twelve noon.*
C'era molta gente nei negozi.   *There were a lot of people in the stores.*
Continuava a piovere.   *It went on raining.*

---

*Dire (to tell or to say), **parlare** (to speak or to talk), and **raccontare** (to tell, in the sense of narrating), all correspond to the English verb **to tell,** but they are not interchangeable.

Devo dirti cosa è successo.   *I must tell you what happened.*
Non voglio parlare del passato.   *I don't want to talk about the past.*
Voglio raccontarti un sogno.   *I want to tell you a dream.*

4. Time expressions such as **di solito** (*usually*), **sempre, una volta** (*once upon a time, some time ago*), and **il lunedì** (**il martedì…**) are frequently used with the **imperfetto.**

<table>
<tr><td>Una volta le patate costavano poco.</td><td>*Some time ago potatoes used to cost very little.*</td></tr>
<tr><td>Non capisco perché ero sempre stanco.</td><td>*I don't understand why I was always tired.*</td></tr>
</table>

—Una volta era più romantico: suonava il violino.

ESERCIZI

A **Trasformazioni.** Replace the subject with each subject in parentheses and change the verb form accordingly.

1. Sapevi nuotare a cinque anni? (i bambini / Lei / voi / io)
2. La domenica dormivamo fino a tardi. (Guglielmo / io / tutti / tu)
3. Luigi parlava italiano quando aveva sette anni. (tu / noi / anche le mie sorelle / voi)
4. Quando ero piccola, suonavo il piano. (noi / lei / voi / loro)

B **Avere o essere.** Complete Margherita's story with the **imperfetto** of **essere** or **avere.**

Quando _____¹ un anno Margherita _____² biondissima e _____³ gli occhi azzurri. _____⁴ una bambina molto simpatica ed _____⁵ sempre allegra. A tredici anni Margherita _____⁶ i capelli castani e gli occhi grigi, _____⁷ spesso triste e depressa, _____⁸ molti problemi, come tanti ragazzi della sua età. A vent'anni Margherita _____⁹ i capelli verdi. _____¹⁰ moltissimi amici, _____¹¹ una vita abbastanza interessante e non _____¹² tempo per pensare se _____¹³ triste o se _____¹⁴ allegra.

C **Adesso e una volta.** Grandma feels the world has changed a lot, and not for the better! She prefers the good old days. She tells what things are like today and what they used to be like before. Follow the model.

ESEMPIO: Adesso le donne lavorano e non stanno a casa.
  Una volta le donne non lavoravano e stavano a casa.

1. Adesso le ragazze vanno all'università.   2. Adesso le donne portano i jeans.   3. Adesso gli uomini non portano la cravatta tutti i giorni.
4. Adesso i bambini fanno tutto quello che vogliono.   5. Adesso la gente compra cibi surgelati (*frozen food*).   6. Adesso guardiamo la televisione e non parliamo.   7. Adesso i giovani dicono parolacce (*bad words*).

—Una volta, nel deserto, i miraggi erano gratis.

B Imperfetto e passato prossimo

Era una bella giornata: il sole splendeva e gli uccelli cantavano nel parco. Marco si sentiva felice perché aveva un appuntamento con una ragazza che aveva conosciuto la sera prima. Purtroppo, però, la ragazza non è venuta, il tempo è cambiato ed ha cominciato a piovere. Marco è tornato a casa tutto bagnato e di cattivo umore.

The **passato prossimo** and the **imperfetto** are often used together in past narrations. They express different kinds of actions in the past, however, and cannot be used interchangeably.

1. The **passato prossimo** narrates specific events that occurred in the past. It tells *what happened* at a given moment.

Ieri ho ricevuto tre lettere.	*Yesterday I received three letters.*
Siamo usciti alle otto.	*We went out at eight.*

2. The **imperfetto** describes habitual actions in the past (*what used to happen*).

Giocavamo a tennis ogni sabato.	*We played tennis every Saturday.*

It also describes ongoing actions in the past: *what was going on* while something else was happening (two verbs in the **imperfetto** in the same sentence), or what was going on when something else happened (one verb in the **imperfetto,** the other in the **passato prossimo**).

Io studiavo mentre mio cugino guardava la partita.	*I was studying while my cousin was watching the game.*
Mangiavate quando ho telefonato?	*Were you eating when I called?*

The **imperfetto** also relates conditions or states—physical or mental—that existed in the past, such as appearance, age, feelings, attitudes, beliefs, time, or weather.

Sognavo di diventare una ballerina.	*I dreamed of becoming a ballerina.*
Avevo un appuntamento con Luigi.	*I had a date with Luigi.*
Erano le otto di sera.	*It was eight P.M.*
Pioveva ma non faceva freddo.	*It was raining, but it wasn't cold.*
Non ricordavano l'indirizzo giusto.	*They didn't remember the right address.*

It was a beautiful day. The sun was shining and the birds were singing in the park. Marco felt happy because he had a date with a girl he had met the night before. Unfortunately, though, the girl didn't show up, the weather changed, and it started to rain. Marco went back home soaking wet and in a bad mood.

—**Mi hanno arrestato mentre uscivo da un camino[a] con un sacco!**

[a]*chimney*

3. Because the **passato prossimo** expresses what happened at a certain moment, whereas the **imperfetto** expresses a state or a habit, the **passato prossimo** is the tense used to indicate a change in a state.

Avevo paura dei topi.	*I was afraid of mice.* (description of mental state)
Ho avuto paura quando ho visto il topo.	*I got scared when I saw the mouse. (what happened at a given moment)*

ESERCIZI

A Trasformazioni. Replace the italicized words with the **imperfetto** of each verb in parentheses.

1. Giuseppina *guardava* la televisione quando Angela è arrivata. (leggere il giornale / fare la doccia / lavare i piatti / scrivere una lettera / servire il caffè)
2. Gli studenti *ascoltavano* mentre la professoressa spiegava. (prendere appunti [*notes*] / scrivere / fare attenzione / stare zitti / giocare con la matita)

B Dite perché! Say where the following people went and why.

ESEMPIO: Maria / in Italia / vuole imparare l'italiano →
Maria è andata in Italia perché voleva imparare l'italiano.

1. Giancarlo / al bar / ha sete
2. tu / dal dottore / non ti senti bene
3. mia cugina / in biblioteca / deve cercare dei libri
4. i nostri genitori / al ristorante / vogliono mangiare le lasagne
5. voi / alla festa / sperate di incontrare persone interessanti
6. noi / a dormire / abbiamo sonno
7. io / in discoteca / ho voglia di ballare
8. Carla / all'università / vuole diventare dottoressa in medicina
9. loro / dal salumiere / hanno bisogno di prosciutto
10. voi / a letto / siete stanchi

C Un'americana a Firenze. Judy spent her vacation in Florence. Put her story in the past.

È il 25 aprile. Arrivo a Firenze. La mia amica italiana Silvana mi aspetta alla stazione. Prendiamo un tassì. Vedo che c'è molta gente nelle vie e che i negozi sono chiusi (*closed*). Domando a Silvana perché la gente non lavora. Silvana mi risponde che il 25 aprile è l'anniversario della Liberazione.* Arriviamo a casa di Silvana. Io vado subito a dormire perché sono stanca e ho sonno. La sera esco con Silvana. Sono contenta di essere a Firenze.

D Mentre studiavo... Tell three things that happened while you were studying yesterday.

ESEMPIO: Mentre studiavo, hanno suonato alla porta.

---

*On April 25, 1945, World War II came to an end.

Now tell three things that were going on while you were studying yesterday.

ESEMPIO: Mentre io studiavo, il mio compagno di stanza dormiva.

E Conversazione.

1. Quanti anni aveva quando ha cominciato l'università?   **2.** Quanti anni avevano i Suoi genitori quando si sono sposati?   **3.** Che cosa faceva nel tempo libero quando era bambino/a?   **4.** Che cosa voleva diventare? **5.** Dove abitava? In campagna o in città? In una casa grande o in una casa piccola?   **6.** Che cosa Le piaceva fare?

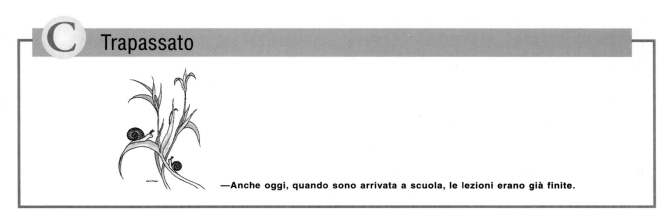

C Trapassato

—Anche oggi, quando sono arrivata a scuola, le lezioni erano già finite.

1. The **trapassato** is the exact equivalent of the English past perfect (*I had worked, they had left*). It indicates a past action that took place before a specific point in time in the past or before another past action. This other past action can be expressed by either the **passato prossimo** or the **imperfetto**.

Mia suocera **era partita** prima delle otto.	*My mother-in-law had left before eight o'clock.*
Quando ho telefonato, i nonni **erano** già **usciti.**	*When I called, my grandparents had already left.*
Ero stanca perché **avevo nuotato** tutta la mattina.	*I was tired because I had been swimming all morning.*

2. The **trapassato** is formed with the **imperfetto** of the auxiliary verb (**avere** or **essere**) plus the past participle. Note that the past participle agrees with the subject when the verb is conjugated with **essere**.

VERBI CONIUGATI CON **avere**	VERBI CONIUGATI CON **essere**
avevo ⎫ avevi ⎟ aveva ⎬ lavorato avevamo ⎟ avevate ⎟ avevano ⎭	ero ⎫ eri ⎬ partito/a era ⎭ eravamo ⎫ eravate ⎬ partiti/e erano ⎭

ESERCIZI

A **Troppo tardi!** By the time these people showed up, it was too late. Describe what happened, following the model.

> ESEMPIO: Maria telefona a Franca. Franca è uscita. →
> Quando Maria ha telefonato a Franca, Franca era già uscita.

1. Entriamo nel cinema. Il film è incominciato.
2. Il cameriere porta il conto (*bill*). I clienti sono usciti.
3. Il nonno arriva a casa. I nipotini hanno finito di mangiare.
4. Mirella arriva all'aeroporto. L'aereo è partito.
5. Le cognate tornano a casa. La mamma è andata a dormire.
6. Voi ci invitate. Noi abbiamo accettato un altro invito (*invitation*).
7. Mi alzo. Le mie sorelle hanno fatto colazione.

B **A sedici anni...** Ask a classmate to tell you three things he/she had already done by age 16.

> ESEMPIO: A sedici anni ero già stato/a in Europa...

D Suffissi per nomi e aggettivi

—Allora, mamma, quand'è che arriva questo fratellino?

1. Various shades of meaning can be given to Italian nouns (including proper names) and adjectives by adding different suffixes.

cas**etta** *little house*	temp**accio** *bad weather*
nas**one** *big nose*	fratell**ino** *little brother*

When a suffix is added, the final vowel of the word is dropped.

2. Some common Italian suffixes are **-ino/a/i/e, -etto/a/i/e, -ello/a/i/e,** and **-uccio, -uccia, -ucci, -ucce,** which indicate smallness or express endearment.

naso *nose*	→	nas**ino** *cute little nose*
case *houses*	→	cas**ette** *little houses*
cattivo *bad, naughty*	→	cattiv**ello** *a bit naughty*
Maria *Mary*	→	Mari**uccia** *little Mary*

3. The suffixes **-one/-ona** (*singular*) and **-oni/-one** (*plural*) indicate largeness.*

libro *book*	→	lib**rone** *big book*
lettera *letter*	→	letter**ona** *long letter*
pigro *lazy*	→	pigr**one** *very lazy*
Beppe *Joe*	→	Bepp**one** *big Joe*

4. The suffixes **-accio, -accia, -acci,** and **-acce** convey the idea of a bad or ugly quality.

libro *book*	→	lib**raccio** *bad book*
tempo *weather*	→	temp**accio** *awful weather*
parola *word*	→	parol**accia** *dirty word*
ragazzo *boy*	→	ragazz**accio** *bad boy*

Since it is very difficult to know which suffix(es) a noun may take, it is advisable to use only forms that you have read in Italian books or heard used by native speakers.

—Come si chiama questa tua amichetta?

▶ Esercizi

A **Suffissi.** Add two suffixes to each word to indicate size. Then use the new words in a sentence, according to the example.

ESEMPIO: ragazzo → Non è un ragazzino, è un ragazzone!

1. regalo   **3.** naso   **5.** coltello (*knife*)
2. piede (*foot*)   **4.** lettera   **6.** macchina

B **Sinonimi.** Express the phrase with a suffixed noun or adjective.

ESEMPIO: un grosso libro → un librone

1. una brutta parola   **4.** un brutto affare
2. una lunga lettera   **5.** due ragazzi un po' cattivi
3. carta (*paper*) di cattiva qualità   **6.** un grosso (*big*) bacio

C **Brutta roba** (*stuff*). Working in pairs, answer each question in the negative, following the example.

ESEMPIO: giornale / bello →
S1: È un bel giornale?
S2: No, è un giornalaccio!

1. giornata / bello   **4.** film / bello
2. parola / bello   **5.** strada / in buone condizioni
3. ragazzi / bravo   **6.** lettera / bello

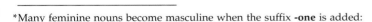

*Many feminine nouns become masculine when the suffix **-one** is added:

la palla *ball*	→	il pallone *soccer ball*
la porta *door*	→	il portone *street door*
la finestra *window*	→	il finestrone *big window*

D Conversazione.

1. Di solito Lei scrive letterine o letterone? **2.** Ha mai ricevuto una letteraccia? Da chi? Per quale motivo (*reason*)? **3.** Come sono gli esami in questo corso, esamini o esamoni? **4.** Quali persone nel mondo della televisione o del cinema sono famose per il loro nasone?

PICCOLO RIPASSO

A **Ricordi.** Patrizia remembers being 17. Complete her story with a verb in the **imperfetto** from the list on the right. Some verbs may be used more than once.

Quando _____¹ diciassette anni, io e mio fratello _____² al liceo. Io _____³ brava e _____⁴ molto perché _____⁵ ricevere dei bei voti. A mio fratello, invece, non _____⁶ studiare e così non _____⁷ mai e _____⁸ uscire con gli amici. E voi, a diciassette anni, come _____⁹? _____¹⁰ voglia di studiare?

andare
avere
essere
piacere
preferire
studiare
volere

B **Mai fatto prima!** You ask your friends what they have done and whether they had ever done it before. Follow the model.

ESEMPIO: durante le vacanze / andare a Ferrara →
S1: Cos'hai fatto durante le vacanze?
S2: Sono andato/a a Ferrara.
S1: Ah sì? Eri già andato/a a Ferrara?
S2: No, non ero mai andato/a a Ferrara.

1. lo scorso week-end / vedere *Via col vento*
2. a Venezia / andare in gondola
3. il giorno del tuo compleanno / sciare con gli amici
4. a Natale / mangiare il panettone
5. due giorni fa / fare la crostata di mele (*apples*)
6. in Italia / studiare l'italiano

C **Un delitto** (*crime*). Restate the following passage (adapted from a text by Carlo Manzoni) in the past tense, using the **passato prossimo** or the **imperfetto,** as appropriate.

La villa sembra disabitata (*uninhabited*). Mi avvicino (*I go near it*). Metto il dito (*finger*) sul campanello e sento il suono (*sound*) nell'interno. Aspetto ma nessuno (*no one*) viene ad aprire. Suono ancora, e ancora niente (*nothing*). Controllo (*I check*) il numero sulla porta: è proprio il 43 B e corrisponde al numero che cerco. Suono per la terza (*third*) volta. Siccome (*As*) non viene nessuno, metto la mano sulla maniglia (*handle*) e sento che la porta si apre. Entro piano. Mi trovo in una grande sala. Silenzio. →

Chiudo (*I close*) la porta e faccio qualche passo (*a few steps*). Vedo un'altra porta ed entro in una specie (*kind*) di biblioteca. La prima cosa che vedo appena entro è un uomo che sta steso (*stretched out*) per terra in una grande macchia di sangue (*blood stain*). Deve essere morto. Guardo l'ora. Sono esattamente le undici e dodici minuti.

D Conversazione.

1. Dove abitava quando aveva 16 anni?   **2.** Abitava con i Suoi genitori?
3. Chi era il Suo parente preferito?   **4.** Quale scuola frequentava?
5. Con chi studiava?   **6.** Che cosa faceva in una giornata tipica?

DIALOGO

ESPRESSIONI UTILI

Cosa fai da queste parti?	What are you doing around here?
Sono secoli che non ti vedo!	I haven't seen you for ages!
ogni tanto	every now and then, from time to time
fresco di stampa	hot off the press

Mantova, Palazzo Tè. Rinaldo lavora nel negozio di libri d'arte, manifesti° e cartoline° del famoso palazzo di Giulio Romano recentemente restaurato...

posters
postcards

RINALDO: Maurizio!
MAURIZIO: Ehi! Rinaldo!
RINALDO: Cosa fai da queste parti? Sono secoli° che non ti vedo!

centuries

MAURIZIO: È vero! Sembra impossibile ma anche in una città piccola come Mantova si può stare mesi° senza incontrarsi. Allora, come va la famiglia?

si... months can go by

RINALDO: Tutti bene! Marta ogni mattina va all'asilo comunale° ed è molto contenta. Mia suocera o mia cognata stanno con la bambina al pomeriggio e Giuliana è soddisfatta perché ha potuto riprendere il suo lavoro. A proposito... tu e Sandra... come vanno le cose?

asilo... municipal nursery school

MAURIZIO: Ci vediamo ogni tanto, ma da quando siamo divorziati io ho la mia vita e lei la sua. Come diceva mia nonna «Non tutte le ciambelle vengono col buco!»*

**"Not every doughnut comes with a hole!"* (*Things don't always work out the way they're supposed to.*)

RINALDO: La saggezza° popolare non sbaglia mai°! Senti, e tua sorella?   *wisdom* / *non... never fails*

MAURIZIO: Sono qui proprio per lei! Da quando è in America ha la nostalgia di Mantova. Devo mandarle un libro, *Isabella d'Este alla corte di Mantova.* Mi ha detto di guardare qui...

RINALDO: E aveva ragione! Eccolo, fresco di stampa! Mandale anche un regalo da parte mia. Ho questo bel libro sul Palazzo Ducale, la storia dei Gonzaga[†] e gli affreschi di Mantegna.

MAURIZIO: Uh! Che meraviglia! Vado subito a spedire.° Ma perché non ci   *send (it)*
vediamo una sera con calma? Oggi sono da mia madre. Se mi chiami all'una prendiamo appuntamento per una cenetta tra amici.

RINALDO: Per me va benissimo, così parliamo ancora un po'. Devi raccontarmi delle tue vicende° familiari...   *affairs*

MAURIZIO: E tu delle tue!

RINALDO: Naturalmente! Allora ci sentiamo all'una. Salutami la signora Gina!

Andrea Mantegna (1431–1506), *Famiglia e corte di Ludovico Gonzaga*
(particolare), Camera degli Sposi, Palazzo Ducale, Mantova.

[†]The Gonzaga family ruled Mantova during the Renaissance; they were patrons of such famous artists as Andrea Mantegna and Giulio Romano. The Este family ruled Ferrara, but Isabella d'Este was married to Francesco Gonzaga.

SI DICE COSÌ!

Fresco can be used in many ways:

uova fresche	*fresh eggs*
un ragazzo fresco di scuola	*a boy fresh from school*
Stai fresco!	*You're in for a surprise!, Fat chance!*
prendere il fresco sul balcone	*to take the air on the balcony*
stare al fresco	*(in jail) to be in the cooler*

TOCCA A TE!

Forma delle frasi complete.

1. _____ Se aspetti i soldi della lotteria   **a.** stare al fresco.
2. _____ Alla sera mi piace uscire e   **b.** essere fresco di scuola.
3. _____ Vendeva droghe e adesso deve   **c.** stai fresco!
4. _____ Per l'insalata di stasera devo   **d.** prendere il fresco.
5. _____ Non ha molta esperienza, deve   **e.** comprare verdura fresca.

E ORA A VOI

A **Tutti bene!** Facendo riferimento al **Dialogo** mettete in ordine cronologico la conversazione di Rinaldo e Maurizio.

1. Maurizio ripete un proverbio della nonna.
2. Rinaldo manda un regalo alla sorella di Maurizio.
3. Rinaldo racconta che la figlia va all'asilo.
4. Rinaldo apprezza la saggezza popolare.
5. Rinaldo chiede a Maurizio della sua vita sentimentale.
6. Maurizio dice che deve comprare un libro per sua sorella.

B **Quale famiglia?** Qual è il tipo di famiglia che preferite? Quali sono i vantaggi? Ci sono svantaggi? In piccoli gruppi fate conversazione.

ESEMPIO: S1: Io preferisco la famiglia con molti figli perché mi piace la compagnia di molte persone. Uno svantaggio può essere la confusione...
S2: Io preferisco la coppia senza figli.

Tipi di famiglia	Vantaggi/Svantaggi
genitori e un figlio	la libertà
genitori e due o tre figli	la solitudine
genitori e molti figli	la compagnia
genitori divorziati	la confusione
madre e figlio/a	la competizione
padre e figlio/a	la noia
coppia senza figli	i problemi economici
famiglia adottiva	i problemi affettivi

IN ASCOLTO

Una cenetta tra amici. Maurizio, aspettando Rinaldo al ristorante, incontra la sua amica Sonia. Ascoltate attentamente la loro conversazione, poi correggete le frasi sbagliate.

1. Maurizio aspettava Sonia.
2. Sonia odia (*hates*) il suo lavoro.
3. Maurizio e la ex-moglie Sandra hanno poco da dirsi.
4. Maurizio esce con una collega della banca.
5. Sonia ha conosciuto un tipo interessante a Londra.

LETTURA

ESPRESSIONI UTILI

niente da dirsi	nothing to say to each other
viziare	to spoil
Poverino!	Poor thing!
dopotutto	after all
si sa	as everybody knows

LA FAMIGLIA DELLA SIGNORA GINA

La signora Gina oggi è uscita presto a fare la spesa: quando suo figlio Maurizio viene a pranzo (tre volte alla settimana, ma per lei non è mai abbastanza), prepara sempre qualcosa di speciale.

Maurizio arriva all'una e quaranta, quando esce dalla banca per l'intervallo del pranzo. Siede° a tavola con la madre e il padre come ai vecchi tempi, guarda con loro il telegiornale, discute di politica. A volte litigano,° esattamente come ai vecchi tempi, ma anche questo fa parte del rito di tornare in famiglia, un rito importante per tutti e tre, anche quando non hanno niente da dirsi.

La figlia Angela abita negli Stati Uniti da sei anni, ma anche prima, quando abitava in Italia, non era molto spesso a casa. Lavorava a Milano e tornava a casa una volta al mese per il week-end. Adesso torna una volta all'anno e... si arrabbia!

He sits

they argue

«Mamma, ma tu Maurizio lo vizi troppo! Ha trentacinque anni e tu gli fai ancora il bucato,° gli stiri° le camice... devi riposarti°!» dice Angela.

tu... *you're still doing his laundry / you iron / rest*

«Forse ha ragione—pensa la signora Gina—ma, poverino, da quando è divorziato abita da solo e per un uomo non è facile fare queste cose. E poi, io sono contenta, lui è contento. Dunque... » «Mamma, ma così diventa come il papà che non è nemmeno° capace di cuocere° una bistecca!»

not even / cook

Angela può discutere per ore ma la signora Gina non ha intenzione di cambiare.° Dopotutto anche la signora Giroldini fa tutto per suo figlio Roberto, e la signora Pinardi per suo figlio Marco. Le figlie femmine, si sa, sono più indipendenti!

change

Oggi la storia la legge papà!

E ORA A VOI

A Vero o falso?

1. Maurizio non discute mai di politica e non litiga mai con il padre.
2. Secondo la sorella di Maurizio la madre non riposa abbastanza.
3. Secondo la signora Gina i figli maschi hanno bisogno di aiuto per i lavori di casa.
4. Il marito della signora Gina è un cuoco eccezionale.
5. La signora Gina conosce molte altre mamme con le sue stesse idee.

B **Vita in famiglia!** Quali sono le attività che fate insieme in famiglia? Ecco una possibile lista. Scegliete con una crocetta (X).

❑ discutere di politica
❑ fare le vacanze insieme
❑ organizzare insieme il tempo libero
❑ occuparsi del cane, del gatto

❑ tagliare l'erba del giardino
❑ portare fuori la spazzatura
❑ parlare della scuola e del lavoro

Adesso, con un compagno (una compagna) parlate delle abitudini dei vari componenti della vostra famiglia. Riferite poi i risultati al resto della classe.

PAROLE DA RICORDARE

VERBI

continuare (**a** + *inf.*) to
  continue (*doing something*)
piovere to rain
portare to wear
raccontare to tell, narrate
sognare (**di** + *inf.*) to dream
  (*of doing something*)
****vivere** (*p.p.* **vissuto**) to live

NOMI

il bosco (*pl.* **i boschi**) woods
la cognata sister-in-law
il cognato brother-in-law
la favola fable
il fratellastro stepbrother; half
  brother
il genero son-in-law

l'indirizzo address
la luce light
la matrigna stepmother
il naso nose
la nuora daughter-in-law
il patrigno stepfather
il piede foot
lo scapolo bachelor
il sole sun
la sorellastra stepsister; half
  sister
la suocera mother-in-law
il suocero father-in-law
la vedova widow
il vedovo widower

AGGETTIVI

celibe single (*man*)
divorziato divorced

grosso/a big
materno maternal
noioso boring
nubile single (*woman*)
paterno paternal
separato separated

ALTRE PAROLE ED ESPRESSIONI

di cattivo (**buon**) **umore** in a
  bad (good) mood
una volta (**c'era una volta**)
  once upon a time

LO SPORT E LA SALUTE

La bicicletta: fa bene alla salute!

IN BREVE

Grammatica
A. Pronomi tonici
B. Comparativi
C. Superlativi relativi e superlativi di avverbi
D. Comparativi e superlativi irregolari

Lettura
La salute incomincia nel piatto!

VOCABOLARIO PRELIMINARE

Dialogo-lampo

TERRY: Da domani incomincio una vita più sana, prometto!
LUCA: Perché rimandare?* Incominciamo subito!
Spegni il televisore,
butta via la sigaretta e andiamo a fare una
bella passeggiata!

Sport e attività

SPORT

il footing (il jogging); fare il footing/il jogging
il baseball; giocare a baseball
il football; giocare a football
il golf; giocare a golf
la pallacanestro, il basket; giocare a pallacanestro, a basket

ALTRI SPORT

l'atletica leggera track and field
il calcio; giocare a calcio soccer; to play soccer
il canottaggio rowing
il ciclismo cycling
la corsa; correre (*p.p.* **corso**) running, race; to run
  la maratona marathon

l'equitazione; andare a cavallo horseback riding; to go horseback riding
la ginnastica; fare la ginnastica gymnastics, exercise; to do gymnastics, to exercise
il nuoto; nuotare swimming; to swim
il pattinaggio (su ghiaccio); pattinare skating (on ice); to skate
lo sci; sciare skiing; to ski
  lo sci di fondo cross-country skiing
  lo sci nautico waterskiing
praticare, fare uno sport to participate, to be active in a sport
seguire, interessarsi di uno sport to be interested in a sport

ALTRE ATTIVITÀ

camminare to walk
fare un'escursione to take a short trip (*e.g., in the mountains*)
fare una gita to take a short trip (*by car or on foot*)
fare una passeggiata to go for a walk

ALTRE ESPRESSIONI

l'alimentazione diet, nutrition
equilibrato balanced
la salute health
sano healthy

---

*delay, put it off

PAROLE-EXTRA

l'allenatore trainer	**la palestra** gym	**allenarsi** to train
il campionato championship	**la partita** game, match	**pẹrdere** to lose
la gara competition	**la squadra** team	**vịncere** to win
il giocatore, la giocatrice player		

ESERCIZI

A **Di che sport parliamo?** Leggete le seguenti descrizioni e indovinate di che sport si tratta! Attenzione! In alcuni casi, più (*several*) risposte sono possibili.

1. I giocatori praticano questo sport nell'acqua.
2. Per questo sport è necessario un cavallo.
3. Questo sport è impossibile senza una bicicletta.
4. La squadra è composta da 11 giocatori e una palla!
5. Di solito si (*one*) fa questo sport da soli.
6. Questo sport si pratica soprattutto con la musica.

B **Gusti personali!** Dite la vostra (*Give your opinion*) su questi sport. Seguite l'esempio e scegliete tra le espressioni elencate.

> ESEMPIO: il golf →
> Mi piace il golf perché è uno sport (elegante). *o*
> Non mi piace il golf perché è uno sport (noioso).

Espressioni: aggressivo, costoso, difficile, divertente, di squadra, elegante, intenso, noioso, pericoloso, raffinato, rilassante, solitario

1. l'atletica leggera
2. la pallacanestro
3. lo sci
4. il calcio
5. il football americano
6. il baseball
7. la ginnastica artistica (*gymnastics*)
8. il footing

C **Pratichi qualche sport? Ti interessi di qualche sport?** Lavorando in gruppo scoprite cosa pensano i vostri compagni (le vostre compagne) dello sport. I seguenti sono esempi di conversazione.

> ESEMPIO: S1: Pratichi qualche sport?
> S2: Pratico sci e nuoto ma mi interesso anche di ciclismo. E poi seguo il basket! (Non pratico nessuno sport ma mi piace molto camminare in montagna; Io sono negato/a per [*no good at*] lo sport! Non mi piace e non mi interessa.) E tu?

D Conversazione.

1. Ha mai partecipato a una gara sportiva? Di quale sport?
2. Ha un allenatore personale? Dove preferisce allenarsi, in casa, in palestra o all'aperto?
3. Le piace camminare? Cerca di fare una passeggiata tutti i giorni?
4. Ha fatto una gita o un'escursione recentemente? Dov'è andato/a, e con chi?
5. «Quando c'è la salute c'è tutto». È d'accordo con quest'affermazione?
6. Com'è, secondo Lei, un'alimentazione equilibrata?
7. Quali sono i vari elementi di una vita sana?
8. Ha mai visto una partita di calcio? Sa quale squadra ha vinto agli ultimi campionati mondiali? Sa quale squadra ha perduto nelle finali?

 IN ASCOLTO

Muoviti un po'! Ilaria sta convincendo Terry a fare più sport. Ascoltate attentamente, poi completate le frasi seguenti.

1. Ilaria deve _____ per una maratona.
2. A Terry non piacciono gli _____ acquatici.
3. Terry è allergico al cloro e ai _____.
4. Il padre di Ilaria l'ha invitata a giocare a _____ con lui.
5. Terry è disposto ad (*willing to*) accompagnarli se non deve _____ molto.

 GRAMMATICA

 A Pronomi tonici

MARINA: Riccardo, non sei venuto alla partita di pallacanestro? Abbiamo vinto: sessantotto a sessantacinque!
RICCARDO: Ma sì che son venuto! Non mi hai visto? Ti ho guardato tutta la serata!
MARINA: A dire la verità, ho visto te... ma tu non mi guardavi! Parlavi con Carlo e Stefania!
RICCARDO: Ma che dici! Non ho fatto altro che guardare te. Ho parlato con loro solo per dire come sei brava!

MARINA: Riccardo, didn't you come to the basketball game? We won: sixty-eight to sixty-five! RICCARDO: Sure I came! Didn't you see me? I watched you the whole evening! MARINA: To tell the truth, I saw you . . . but you weren't watching me! You were talking with Carlo and Stefania! RICCARDO: What are you saying? I didn't do anything but look at you. I talked with them only to say how good you are!

1. Unlike the other object pronouns you have learned, disjunctive (stressed) pronouns (**i pronomi tonici**) follow a preposition or a verb. They usually occupy the same position in a sentence as their English equivalents.

	SINGOLARE		PLURALE
me	*me*	noi	*us*
te	*you*	voi	*you*
Lei	*you*	Loro	*you*
lui, lei	*him, her*	loro	*them*
sé	*yourself, oneself, himself, herself*	sé	*yourselves, themselves*

2. Disjunctive pronouns are used

   a. after a preposition

I fiori sono **per** te.	*The flowers are for you.*
Non voglio uscire **con** loro.	*I don't want to go out with them.*
Avete ricevuto un regalo **da** lei.	*You have received a present from her.*
Amano parlare **di** sé.	*They like to talk about themselves.*
Secondo me, i fratelli Berardo sono molto sportivi.	*In my opinion, the Berardo brothers are very athletic.*

Four prepositions (**senza** [*without*], **dopo, sotto,** and **su**) require **di** when followed by a disjunctive pronoun.

Vengo senza mio marito: vengo **senza di** lui.	*I'm coming without my husband; I'm coming without him.*
Sono arrivati allo stadio dopo i giocatori: sono arrivati **dopo di** loro.	*They got to the stadium after the players; they got there after them.*
Non vuole nessuno **sotto di** sé.	*He doesn't want anyone below him.*
La squadra conta **su di** noi.	*The team is counting on us.*

   b. after a verb, to give greater emphasis to the object (direct or indirect)

Lo amo. (*unemphatic*)	*I love him.*
Amo solamente lui. (*emphatic*)	*I love only him.*
Ti cercavo. (*unemphatic*)	*I was looking for you.*
Cercavo proprio te. (*emphatic*)	*I was looking just for you.*
Le davano del tu. (*unemphatic*)	*They addressed her with* **tu.**
Davano del tu a lei. (*emphatic*)	*They addressed her with* **tu.**

Note that the emphatic construction is often accompanied by **anche, proprio** or **solamente.**

   c. when there are two direct or two indirect objects in a sentence

Hanno invitato lui e lei.	*They invited him and her.*
Scriveva a me e a Maria.	*He used to write to me and to Maria.*

3. Note the special use of **da** + *noun* or *disjunctive pronoun* to mean *at, to,* or *in* someone's home or place.

—Dove andiamo? Da Roberto?
—Sì, andiamo **da** lui.

Where are we going? To Roberto's?
Yes, we're going to his house.

ESERCIZI

A **Scambi.** Fill in the blanks with the appropriate **pronome tonico.**

ESEMPIO: S1: Ti diverti con i miei amici?
S2: No, non mi diverto proprio con _loro_ .

1. S1: È vero che Alessandra si trova male (*gets along badly*) con Luciano?
   S2: Sembra di sì; Alessandra dice che non vuole più vivere con _____.
2. S1: Venite a giocare a tennis con Patrizia?
   S2: No, veniamo senza di _____! Non vinciamo mai quando gioca lei!
3. S1: Ci troviamo (*meet*) da Danilo e Leo stasera?
   S2: Sì, ci troviamo da _____ alle otto.
4. S1: Io e Claudio abbiamo cominciato ad andare a cavallo.
   S2: Allora venite con _____! Ho cominciato anch'io due settimane fa!
5. S1: Ti piace correre con me e Dario?
   S2: No, non mi piace proprio correre con _____! Siete troppo veloci!

B **Proprio te!** Restate each sentence making the object pronoun emphatic.

ESEMPIO: Perché non mi ascoltate? → Perché non ascoltate me?

1. Mi avete chiamato?
2. Che sorpresa! Non vi aspettavo!
3. Gli hai fatto un regalo?
4. Volevano invitarti.
5. Non mi hanno salutato.
6. Non le telefonano.

C **Situazioni.** How would you tell . . .

1. your friends that you need them? **2.** a mechanic (**meccanico**) that you need him? **3.** two children that they have to skate without you? **4.** a young woman/man that you can't play tennis with her/him? **5.** a professor that you are counting on him? **6.** a grandmother that the flowers are for her? and that she has to come to your house to celebrate her birthday?

—**Il pranzo solo per me: oggi il conte[a] non mangia.**   [a]*count*

B Comparativi

—**D'accordo che in agosto è più bello, però i prezzi di fuori stagione[a] sono più vantaggiosi.**

[a]fuori... *off season*

1. There are three kinds of comparison.

COMPARISON OF EQUALITY (**il comparativo d'uguaglianza**)	COMPARISON OF SUPERIORITY (**il comparativo di maggioranza**)	COMPARISON OF INFERIORITY (**il comparativo di minoranza**)
Sergio è (così) alto come Roberto. *o* Sergio è (tanto) alto quanto Roberto. *Sergio is as tall as Roberto.*	Chiara è più alta di Nella. *Chiara is taller than Nella.*	Nino è meno alto di Maria. *Nino is less tall (shorter) than Maria.*

Comparisons are expressed in Italian with these words:

(così)... come	*as . . . as*
(tanto)... quanto	*as . . . as; as much . . . as*
più... di (che)	*more . . . than; -er than*
meno... di (che)	*less . . . than*

2. The comparison of equality of adjectives is formed by placing **così** or **tanto** before the adjective and **come** or **quanto** after the adjective. **Così** and **tanto** are usually omitted.

> L'alimentazione è (così) importante come lo sport.
>
> *Diet is as important as sports.*
>
> Il tennis è (tanto) costoso quanto il golf.
>
> *Tennis is as expensive as golf.*

Comparisons of equality with verbs are expressed with (**tanto**) **quanto**.

> Il signor Rossi nuota (tanto) quanto il signor Giannini.
>
> *Mr. Rossi swims as much as Mr. Giannini.*

A personal pronoun that follows **come** or **quanto** is a disjunctive pronoun.

> Il bambino è sano come te.
>
> *The child is as healthy as you.*

3. The comparisons of superiority and inferiority are formed by placing **più** or **meno** before the adjective or noun. English *than* is expressed by **di** (or its contraction with an article) in front of nouns or pronouns.

> L'aerobica è meno faticosa del tennis.
>
> *Aerobics is less tiring than tennis.*
>
> Ho più giocatori di te.
>
> *I have more players than you.*
>
> L'Italia è trenta volte più piccola degli Stati Uniti.
>
> *Italy is thirty times smaller than the United States.*
>
> Chi è più felice di me?
>
> *Who is happier than I?*

4. The expressions *more than / less than* followed by numbers are **più di / meno di** + *number* in Italian.

> Ho visto più di dieci partite di calcio.
>
> *I've seen more than ten soccer games.*

5. **Che** is used instead of **di**

   a. when two qualities pertaining to the same person or thing are compared

   > L'equitazione è più costosa che **difficile.**
   >
   > *Horseback riding is more expensive than difficult.*

   b. when the comparison is between two verbs in the infinitive

   > È più facile **nuotare** che **pattinare**?
   >
   > *Is it easier to swim than to skate?*

c. when the comparison is between two nouns or pronouns preceded by a preposition

Gioco più **a tennis** che **a calcio.**
Ha dato più soldi **a me** che
   a te.

I play more tennis than soccer.
He gave more money to me than
   to you.

d. when there is a direct comparison between two nouns

Hai messo più **acqua** che **vino**
   nel bicchiere.

You put more water than wine in
   the glass.

6. Before a conjugated verb, *than* is expressed by **di quel(lo) che.**

Il ciclismo è più pericoloso di
   quel che (tu) immagini.
Tu giochi bene: sei più bravo di
   quel che (tu) pensi.

Cycling is more dangerous than
   you imagine.
You play well; you're better than
   you think.

Esercizi

A **Pensieri sportivi.** Complete each sentence, using **di, di** + *article,* **che, di quel che, come,** or **quanto.**

1. Per me, il baseball è più interessante _____ pallacanestro.
2. La piscina è tanto grande _____ la pista (*rink*).
3. I maratoneti (*marathon runners*) mangiano più pasta _____ carne.
4. Anche se Paolo ha appena imparato a giocare a golf, è più bravo _____ pensi.
5. Avete più tempo per la ginnastica _____ per me.
6. Non potevamo spendere più _____ $60.00 per le scarpe da tennis.
7. È più facile sciare _____ pattinare?
8. Non sono mai stata tanto stanca _____ in questo periodo: mi alleno ogni giorno!
9. Abbiamo dovuto aspettare più _____ un'ora per avere il campo (*court*) da tennis.

B **Come sono?** Compare each pair of people or things, according to the model. Express your opinion. Use **più, meno,** or **come.**

ESEMPIO: (energico) Kristi Yamaguchi / Nancy Kerrigan →
             Kristi Yamaguchi è (così) energica come Nancy Kerrigan.

1. (elegante) il pattinaggio / l'equitazione
2. (faticoso) il canottaggio / il nuoto
3. (noioso) il football / il baseball
4. (difficile) il ciclismo / lo sci di fondo
5. (bravo) gli Yankees / i Red Sox
6. (facile) il calcio / il golf
7. (agile) Boris Becker / André Agassi
8. (importante) la salute / il lavoro

C **Dite la vostra!** Alternating with a partner, ask questions with the indicated words and answer according to the example (and your own opinion).

ESEMPIO: (i tuoi amici) ricco / generoso →
S1: I tuoi amici sono ricchi e generosi?
S2: I miei amici sono più ricchi che generosi!

1. (i nostri compiti) lungo / difficile
2. (l'insegnante) spiritoso (*witty*) / simpatico
3. (gli studenti di questa classe) studioso / intelligente
4. (il tuo ragazzo / la tua ragazza) romantico / puntuale
5. (questo libro) utile / interessante

D **Sempre più.** Answer each question by using the construction **sempre più** (*more and more*) + *adjective*, as in the example.

ESEMPIO: Che cosa succede ai giorni in maggio? (lungo) →
Diventano (*become*) sempre più lunghi.

1. Che cosa succede ai capelli della nonna? (bianco) **2.** Cosa succede a un ragazzo timido quando le persone lo guardano con insistenza? (rosso) **3.** Cosa sembra succedere a una valigia (*suitcase*) quando la dobbiamo portare per un bel pezzo di strada? (pesante [*heavy*]) **4.** Cosa succede alle sere in inverno? (corto) **5.** Che cosa succede ai prezzi nei periodi di inflazione? (alto)

C Superlativi relativi e superlativi di avverbi

—«Ho camminato tutto il giorno senza incontrare il più piccolo animale... »

1. The relative superlative (*the fastest; the most elegant; the least interesting*) is formed in Italian by using the comparative form with its definite article.

Di tutti gli sport, il calcio è il più popolare.

Of all sports, soccer is the most popular.

Giorgio è il meno sportivo dei fratelli.

Giorgio is the least athletic of the brothers.

When the relative superlative is accompanied by a noun, two constructions are possible, depending on whether the adjective normally precedes or follows the noun it modifies.

Adjectives that precede: *article* + **più** / **meno** + *adjective* + *noun*

Il più bello sport è il calcio.   *The finest sport is soccer.*

Adjectives that follow: *article* + *noun* + **più** / **meno** + *adjective*

Giorgio è **il fratello meno sportivo.**   *Giorgio is the least athletic brother.*

In English, the superlative is usually followed by *in.* In Italian, it is normally followed by **di,** with the usual contractions.

È lo studente più spiritoso del dipartimento.   *He is the wittiest student in the department.*

Questi giocatori sono i più veloci della squadra.   *These players are the fastest on the team.*

2. The relative superlative of adverbs is formed in much the same way as that of adjectives: by placing the article **il** before the comparative form.

Correva il più velocemente possibile.   *He was running as fast as possible.*

To form the absolute superlative, **-issimo** is usually added to the adverb minus its final vowel. (An *h* is added in the last example to maintain the hard sound of *c* or *g*.)

È arrivato tardissimo.   *He arrived very late.*
Hanno pattinato benissimo.   *They skated very well.*
Quel bambino gioca pochissimo.   *That child plays very little.*

ESERCIZI

A **Roba «ultra».** Following the example, expand each pair of words into a sentence. Your partner will respond using the *relative superlative* + **che conosciamo.**

ESEMPIO: giocatrice / dinamica →
S1: Non c'è una giocatrice più dinamica.
S2: Sì, è la giocatrice più dinamica che conosciamo.

1. squadra / simpatica
2. sport / pericoloso
3. allenatore / noto (*well-known*)
4. università / famose
5. giocatrici / brave
6. piste (*tracks*) / grandi

B **Brava gente!** Working with a partner, ask a question about the following people. Answer the question with the *relative superlative* + **di tutti / di tutte.** (No need to limit yourself to the adjectives that follow.)

ESEMPIO: Shaquille O'Neal →
S1: È bravo Shaquille O'Neal?
S2: Sì, è il più bravo di tutti.

Aggettivi: agile, elegante, forte (*strong*), veloce...

1. Jackie Joyner Kersee
2. Alberto Tomba
3. Steffi Graf
4. Roberto Baggio
5. Barry Bonds
6. Shannon Miller

C **Tutto su Roma.** You are visiting Rome. Ask where you can find the best the city has to offer.

ESEMPIO: una piscina moderna → Dov'è la piscina più moderna?

1. un albergo economico
2. un mercato pittoresco
3. una trattoria caratteristica
4. un panorama romantico
5. negozi eleganti
6. chiese famose

D Conversazione.

1. Qual è la festa più importante dell'anno per Lei? E per la Sua famiglia?
2. Lei sa quali sono i libri più venduti in questo momento?   3. Secondo Lei, chi è l'uomo più importante degli Stati Uniti? Chi è la donna più importante degli Stati Uniti? Perché?   4. Qual è il programma televisivo più seguito?   5. Lei sa quali sono le temperature minime e massime nella Sua città in estate e in inverno?

D Comparativi e superlativi irregolari

MAMMA: Ti senti meglio oggi, Carletto?
CARLETTO: No, mamma, mi sento peggio.
MAMMA: Poverino! Ora ti do una medicina che ti farà bene.
CARLETTO: Ha un buon sapore?
MAMMA: È migliore dello zucchero!

...

CARLETTO: Mamma, hai detto una bugia! È peggiore del veleno!

MOTHER: Are you feeling better today, Carletto?   CARLETTO: No, Mom, I'm feeling worse.
MOTHER: Poor dear! Now I'll give you some medicine that will be good for you.   CARLETTO: Does it taste good?   MOTHER: It's better than sugar!   CARLETTO: Mom, you told me a lie! It's worse than poison!

1. Some common adjectives have irregular comparative and superlative forms as well as regular ones. The irregular forms are used somewhat more frequently.

AGGETTIVO	COMPARATIVO	SUPERLATIVO RELATIVO	SUPERLATIVO ASSOLUTO
buono *good*	**migliore (più buono)** *better*	**il/la migliore (il più buono)** *the best*	**ottimo (buonissimo)** *very good*
cattivo *bad*	**peggiore (più cattivo)** *worse*	**il/la peggiore (il più cattivo)** *the worst*	**pessimo (cattivissimo)** *very bad*
grande *big, great*	**maggiore (più grande)** *bigger, greater, major*	**il/la maggiore (il più grande)** *the biggest, the greatest*	**massimo (grandissimo)** *very big, very great*
piccolo *small, little*	**minore (più piccolo)** *smaller, lesser, minor*	**il/la minore (il più piccolo)** *the smallest (the least)*	**minimo (piccolissimo)** *very small*

I Crespi sono i miei migliori amici.	*The Crespis are my best friends.*
È stata la peggiore partita dell'anno!	*It was the worst game of the year!*
Chi è il maggior* romanziere italiano?	*Who is the greatest Italian novelist?*
Devi scegliere il male minore.	*You must choose the lesser evil.*
È un'ottima idea.	*It's a very good idea.*
La differenza tra le due parole è minima.	*The difference between the two words is very small.*

—Ti ho donato i migliori secoli[a] della mia vita... e adesso vuoi lasciarmi?...   [a]*centuries*

***Migliore, peggiore, maggiore,** and **minore** can drop the final **-e** before nouns that do not begin with **z** or **s** + *consonant:* **il miglior amico; il maggior poeta;** but **il maggiore scrittore.**

2. **Maggiore** and **minore** mean *greater* (*major*) and *lesser* (*minor*). They can also be used in reference to people (especially brothers and sisters) to mean *older* and *younger*. **Il/La maggiore** means *the oldest* (in a family, for example), and **il/la minore** means *the youngest*. When referring to physical size, *bigger* and *biggest* are expressed by **più grande** and **il/la più grande**; *smaller* and *smallest* by **più piccolo/a** and **il più piccolo / la più piccola**.

La tua casa è più grande della mia.	*Your house is bigger than mine.*
Carlo è il mio fratello maggiore.	*Carlo is my older brother.*
Mariuccia è la minore delle mie sorelle.	*Mariuccia is the youngest of my sisters.*

3. Some adverbs have irregular comparatives and superlatives.

AVVERBIO	COMPARATIVO	SUPERLATIVO
bene *well*	**meglio** *better*	**(il) meglio** *the best*
male *badly*	**peggio** *worse*	**(il) peggio** *the worst*
molto *much, a lot, very*	**più, di più** *more*	**(il) più** *the most*
poco *little, not very*	**meno, di meno** *less*	**(il) meno** *the least*

Stai meglio oggi?	*Are you feeling better today?*
Lucia gioca meglio di tutti.	*Lucia plays best of all.*
Dovete correre di più.	*You must run more.*

ATTENZIONE! In English *better* and *worse* are both adjectives and adverbs, but in Italian **migliore/i** and **peggiore/i** are adjectives *only*, and **meglio** and **peggio** are adverbs *only*.

Giochi **meglio** di me e la tua tecnica è **migliore** della mia.	*You play better than I and your technique is better than mine.*
Se corrono **peggio** di prima è perché questa pista è **peggiore** dell'altra.	*If they are running worse than before, it's because this track is worse than the other one.*

ESERCIZI

A **Contrari.** Restate each sentence using a comparative or superlative with the opposite meaning.

ESEMPIO: Non sono i miei migliori ricordi (*memories*). →
Non sono i miei peggiori ricordi.

1. Capiscono di più perché studiano di più.
2. Cerca di mangiare il meno possibile!
3. Era la maggiore delle tre sorelle.
4. Avete risposto peggio di tutti.

B **Un po' di sport.** Complete the following sentences with **meglio**, **migliore/i**, **peggio**, or **peggiore/i**.

1. È una brava giocatrice: è la giocatrice _____ che conosciamo!
2. Ragazze, oggi avete giocato bene, ma domani dovete giocare _____!
3. La partita va male: non può andare _____!
4. Ora che hai fatto un po' di pratica, la tua tecnica è _____.
5. D'accordo, hai pagato poco, ma sono gli sci _____ del negozio!
6. Guadagna bene; è il _____ pagato della squadra.

C **Traduzioni.** Express in Italian.

1. The games we saw today are good, but the ones we saw yesterday were better. **2.** What is the worst thing that ever happened to you? **3.** Gabriella is the best of all my students. **4.** The exam was easy, but Paolo did very poorly (**male**); he couldn't have done worse. **5.** Is it true that your friends cook better, eat better, and dress better than mine?

D Conversazione.

1. Ha un fratello maggiore/minore o una sorella maggiore/minore? Quanti anni hanno più/meno di Lei? **2.** Quali sono stati i migliori anni della Sua vita? (da uno a cinque, da cinque a dieci, da dieci a quindici, gli ultimi anni) **3.** Un proverbio italiano dice: «La miglior vendetta è il perdono (*forgiveness*).» Lei è d'accordo? **4.** Un altro proverbio italiano dice: «Meglio soli che male accompagnati.» È d'accordo o no? Perché? **5.** In quale stato abita la maggior parte dei Suoi parenti? **6.** Per Lei quest'anno è stato migliore di quello passato?

E **Scambi.** Complete the conversations choosing the correct expression.

1. S1: Lisa, secondo te, qual è il dolce _____ (meglio / migliore): la crostata di mele o il gelato?
S2: Io preferisco la crostata, ma per la festa va _____ (meglio / migliore) il gelato perché Paolo non può mangiare la frutta.
2. S1: La piscina di Giorgio e Rita è _____ (più grande / maggiore) della nostra; chi l'ha costruita?
S2: Il loro figlio _____ (grandissimo / maggiore), Claudio.
3. S1: Gina, chi canta _____ (meglio / migliore) secondo te, Madonna o Whitney Houston?
S2: Whitney Houston, senz'altro! Madonna è brava, ma le sue canzoni sono _____ (peggio / peggiori).
4. S1: Funziona _____ (buono / bene) la tua Mercedes?
S2: Benissimo, ma preferisco una macchina _____ (più piccola / minore).

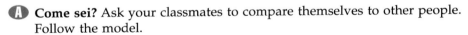

PICCOLO RIPASSO

A **Come sei?** Ask your classmates to compare themselves to other people. Follow the model.

> ESEMPIO: alto / tua madre →
> s1: Sei più alta di tua madre?
> s2: Sì, sono più alta di lei. (No, non sono più alta di lei.) E tu?

1. pigro / i tuoi compagni
2. romantico / il tuo ragazzo (la tua ragazza)
3. bravo in matematica / i tuoi genitori
4. sportivo / tuo padre
5. energico / il professore (la professoressa) d'italiano
6. puntuale / le tue amiche

B **Come sono?** Now compare yourself with your best friend and say how you do the following things:

meglio di lui/lei
peggio di lui/lei

bene come lui/lei
male come lui/lei

1. nuotare
2. sciare
3. giocare a tennis

4. parlare italiano
5. ballare
6. mangiare

C **I migliori!** You comment about certain people or things. Your classmate agrees, saying that they are the best in their categories.

> ESEMPIO: un bravo giocatore / la squadra →
> s1: È un bravo giocatore, non è vero?
> s2: Certo! È il giocatore più bravo della squadra!

1. un museo interessante / la città
2. dei bravi professori / l'università
3. un albergo moderno / la regione
4. una ragazza simpatica / la classe
5. un bel vestito / il negozio
6. un negozio caro / Roma

D **Due allenatori.** L'allenatore Ranzoni and l'allenatore Frich are talking about two of their players. Complete what they say, using the correct form of **bravo, bene, meglio, migliore, peggio,** or **peggiore.**

> R: Secondo me, Danilo è più _____[1] di Simone; il suo stile è _____[2] e anche la sua tecnica è _____.[3]
> F: Io penso che Simone sia (is) _____[4] come Danilo. È vero, nell'ultima (last) partita non ha giocato _____[5] come Danilo: ha giocato decisamente (decidedly) _____[6] di Danilo, ma non possiamo dire che dei due sia il giocatore _____.[7] Nell'insieme, Danilo e Simone sono i _____[8] giocatori della squadra!

E **Conclusioni.** Explain the comparisons between the following people and their friends/families using the expressions in parentheses and an appropriate comparative.

ESEMPIO: Laura è più simpatica di Alessandra. (avere amici) →
Laura ha più amici di Alessandra.

1. Paolo è più grasso di suo fratello. (mangiare dolci)
2. Isabella è più informata di sua madre. (leggere)
3. L'avvocato è sportivo come il dottore. (fare sport)
4. La mia alimentazione è più equilibrata della tua. (essere sana)
5. Marco è più nervoso delle sue sorelle. (bere caffè)
6. I miei cugini sono più generosi di te. (spendere soldi)
7. Mia sorella è stanca come me. (lavorare)
8. Io ho voti migliori dei miei compagni. (studiare)

F Conversazione.

1. Ha mai assistito a (*attended*) una partita di calcio? Dove e quando?
2. Di quali grandi giocatori di calcio ha sentito parlare (*heard about*)?
3. Di quali sport si interessa?   **4.** Corre spesso? Dove? Quando? Per quanto tempo?   **5.** Ha mai partecipato a una corsa? A una maratona?
6. La Sua alimentazione è equilibrata? Cosa mangia a colazione? A pranzo? A cena?   **7.** Cosa fa Lei per mantenersi (*keep*) in buona salute?
8. Ha mai fatto la conoscenza (*acquaintance*) di un atleta famoso?

DIALOGO

ESPRESSIONI UTILI

segnare un gol	to score a goal
fare il tifo, tenere per*	to root for
Per forza!	No wonder!
Magari!	I wish!
Dai...	Come on . . .
Non ne voglio proprio sapere!	I really don't want to know about it! I'm really not interested in it!
Fai bene!	Good for you! You're doing the right thing!

*****Tenere** (primary meaning, *to hold*) is an irregular verb similar in conjugation to **venire: tengo, tieni, tiene, teniamo, tenete, tęngono.**

Canottaggio sulle acque del Tevere.

È venerdì sera. Danilo incontra alcuni amici al bar del centro. Quando entra trova i soliti tre tifosi° di calcio che discutono animatamente della partita della domenica precedente. Gli altri ascoltano divertiti.

    fans

CLAUDIO: Voi juventini° non capite niente di calcio! La Roma sì che merita° di vincere il campionato. È la squadra migliore di quest'anno!

    Juventus *fans*
    deserves

LEO: Ma sei impazzito°? Non siete nemmeno capaci di segnare un gol! Per non parlare del vostro portiere°!

    gone mad
    goal keeper

PATRIZIA: Sia la Juventus che la Roma hanno giocato una pessima partita... una vergogna°! Io tengo per il Napoli, è l'unica squadra che segna sempre.

    shame

LEO: Per forza! Avete comprato l'arbitro°!

    referee

(Entra Danilo)

DANILO: Allora! Basta con questo calcio! È tutta la settimana che sentiamo la stessa storia!

CLAUDIO: Ecco il nostro Danilo Frich, aspirante campione italiano di canottaggio!

DANILO: Sì, magari!

PATRIZIA: Dai, non fare il modesto, sappiamo che sei il miglior candidato alle nazionali! A proposito, dove fate la gara quest'anno?

DANILO: A Genova. Spero di farcela. Devo arrivare almeno tra i primi tre.

LEO: Non puoi assolutamente perdere con mezzo paese che viene a fare il tifo per te! Non deluderci!°

    Non... Don't disappoint us!

DANILO: Faccio sempre del mio meglio!

CLAUDIO: Intanto, non dimenticarti del torneo di tennis con noi domani alle cinque e mezza. Tu giochi il doppio con Patrizia contro me e Alessandra.

DANILO: Alle cinque e mezza è impossibile! Lo sai che ho allenamento fino alle otto. E poi ho un sacco da studiare. Questo mese ho un esame dopo l'altro!

ALESSANDRA: Oh che stress! Le gare, i tornei, gli esami... io domani non ne voglio proprio sapere, né di competizioni né° di scuola. Voglio rilassarmi. Vado a fare una bella camminata in montagna o al massimo faccio una nuotata in piscina.

PAOLO: Fai bene! Io mi rilasso ancora meglio: tutto ciclismo. Guardo il Giro d'Italia alla televisione...

DANILO: A proposito di rilassamento, domani mattina il mio allenatore tiene un seminario sulle cause dello stress. È aperto al pubblico. Perché non ci venite anche voi?

LEO: Perché no? Abbiamo tutti bisogno di un memo anti-stress!

°né... né... *neither . . . nor . . .*

SI DICE COSÌ!

Farcela is used in a variety of contexts. **Ce la** precedes the appropriate form of **fare,** except in the infinitive form **farcela.**

Non ce la facciamo più!	We can't stand it any longer! We can't go on like this! We're at the end of our rope! We can't take it any more!
Ce la fai ad essere qui per le otto?	Can you make it here by eight?
Non ce la faccio da sola (a finire questo lavoro, a portare qualcosa di pesante).	I can't do it by myself (I can't finish this job, carry something heavy by myself).
Danilo spera di farcela!	Danilo hopes to make it!

TOCCA A TE!

Chi fa le seguenti affermazioni?

1. Non ce la faccio da solo! Mi dai una mano?
   a. qualcuno che ha mangiato troppo
   b. qualcuno che sta portando qualcosa di pesante
2. Spero di farcela ma non penso di vincere.
   a. qualcuno che spera di passare un esame
   b. qualcuno che spera di arrivare primo in una gara
3. Non ce la facciamo più! Abbiamo dovuto allenarci tutto il giorno!
   a. qualcuno molto stanco
   b. qualcuno che vuole andare in barca a vela

E ORA A VOI

A **È tutto chiaro?** Place a check mark next to the correct answer.

1. Per che squadra tiene Claudio?
   - ❑ per la Juventus
   - ❑ per la Roma
   - ❑ per il Napoli

2. Il Napoli è la squadra preferita di
   - ❑ Claudio.
   - ❑ Leo.
   - ❑ Patrizia.

3. Chi pratica canottaggio?
   - ❑ Patrizia
   - ❑ Leo
   - ❑ Danilo

4. Perché Alessandra non vuole partecipare al torneo di tennis?
   - ❑ È stressata.
   - ❑ Preferisce il nuoto.
   - ❑ Deve studiare.

B **Per che squadra tieni?** Mettetevi in gruppo e scoprite per quale squadra tengono i vostri compagni nelle seguenti categorie. Riportate i risultati del vostro sondaggio (*survey*) alla classe! Per cominciare, alcune squadre di calcio: la Juventus, la Roma, il Napoli, l'Inter, il Milan, la Fiorentina, il Real Madrid, il Liverpool...

> ESEMPIO: il calcio →
> s1: Per che squadra di calcio tieni?
> s2: Io tengo per (il Milan). E tu?
> s1: Io tengo per (il Real Madrid). (Non tengo per nessuno; non seguo il calcio!)

1. il calcio
2. la pallacanestro
3. il football americano
4. il baseball
5. l'hockey su ghiaccio

IN ASCOLTO

Un'escursione. Alessandra e Leo programmano un'escursione per il week-end. Ascoltate attentamente, poi correggete le frasi sbagliate.

1. Alessandra e Leo hanno intenzione di fare un'escursione in montagna durante il week-end.
2. Alessandra dice che non ci sono bei posti sui monti Sibillini.
3. Leo ha voglia di stare in casa sabato.
4. Alessandra vive in città.
5. La salute non è importante per Paolo.

LETTURA

tenere presente	to keep in mind
godere la vita	to enjoy life
cambiare le proprie abitụdini, il proprio comportamento	to change one's own habits, one's own behavior

LA SALUTE INCOMINCIA NEL PIATTO!

Paolo Ranzoni, allenatore di canottaggio, ha organizzato un seminario sullo stress. Il seminario, gratuito° e aperto al pubblico, è stato un successo: atleti, professionisti e dilettanti,° mamme, nonni, giovani e pensionati,° insieme hanno passato due ore vivacissime. Adesso l'allenatore sta concludendo.

free of charge
amateurs
retired people

«Vivere senza stress è impossibile. Preoccupazioni in famiglia, tensione sul lavoro, nervosismo a scuola, paura dell'insuccesso nelle competizioni sportive sono tutti fattori responsabili per vari tipi di esaurimento° nervoso. La soluzione al problema è la prevenzione. Ricordatevi dunque le cinque regole fondamentali per vivere più a lungo e in buona salute.

exhaustion, breakdown

1. La salute incomincia nel piatto! È importante seguire una alimentazione equilibrata e sana, povera di grassi, ricca di fibre, frutta e verdura, tenendo presente come modello la dieta mediterranea.
2. Praticate un'attività fisica regolare per un'ora, almeno tre volte alla settimana. Bevete molta acqua.
3. Non fumate, nemmeno passivamente, e riducete il consumo di alcolici.
4. Controllate° la vostra pressione almeno una volta all'anno.

Check

5. IMPORTANTISSIMO: rilassatevi e trovate il tempo per godere la vita!»

Una signora tra il pubblico interviene: «Caro allenatore, d'accordo su tutto... ma chi trova il tempo di praticare uno sport con un marito e tre figli? E poi, a quarant'anni!»

L'allenatore risponde: «Primo, non è mai troppo tardi per cambiare le proprie abitudini e il proprio comportamento verso la salute. Secondo, l'età non deve costituire assolutamente un ostacolo. Non è necessario praticare attività sportive intense. Basta° camminare, passeggiare in montagna, fare della ginnastica, anche in casa. L'importante è muoversi! A questo proposito, non dimenticate i due proverbi che dicono: «Chi va piano va sano e va lontano» e «Chi cammina lecca e chi si siede secca!»*

It is enough . . .

Verso il traguardo! Gruppo di atlete nella popolare corsa STRAMILANO.

E ORA A VOI

Ⓐ **In breve!** Completate questo riassunto della **Lettura** scegliendo tra le espressioni che seguono: canottaggio, equilibrata, esaurimento, fisica, godere, prevenzione, salute, stress, successo.

Paolo Ranzoni è allenatore di _____.[1] Il suo seminario sullo _____[2] ha avuto molto _____.[3] Secondo lui i problemi famigliari e la tensione sul lavoro sono due cause dell'_____[4] nervoso. La _____[5] è importantissima. Per cominciare, un'alimentazione _____[6] e un'attività _____[7] regolare aiutano a vivere più a lungo e in buona _____.[8] Purtroppo molte persone dimenticano una regola fondamentale: rilassarsi e trovare il tempo per _____[9] la vita.

---

*"Slow and steady wins the race" (*lit.,* "Those who go slowly, go healthily and go far"), and "Those who are active enjoy life; those who aren't just dry up" (*lit.,* "Those who walk lick, and those who sit shrivel up").

B **Cambiate le cattive abitudini!** Voi seguite già i consigli (*advice*) dell'allenatore Ranzoni? Rispondete a questo questionario e scoprite se siete in buona salute! Scrivete le vostre risposte su un foglio, poi scambiate le informazioni con un compagno.

Questionario

1. Seguite un'alimentazione sana ed equilibrata? Cosa mangiate di solito?
2. Praticate un'attività sportiva? Quale? Quanti giorni alla settimana? Per quanto tempo?
3. Fumate? Quanto? Bevete molti alcolici? Quando?
4. Controllate mai la vostra pressione? Com'è? Alta, bassa, regolare?
5. Vi rilassate abbastanza? Cosa fate per rilassarvi?

PAROLE DA RICORDARE

VERBI

*andare a cavallo to go horseback riding
camminare to walk
cominciare a (+ *inf.*) to start to (*do something*)
dare del tu (del Lei) a to address a person in the **tu** (**Lei**) form
fare la conoscenza di to meet, make the acquaintance of
fare il footing (il jogging) to jog
fare la ginnastica to exercise
fare una gita (un'escursione) to take a short trip
fare una passeggiata to go for a walk
interessarsi di to be interested in
pattinare to skate
praticare to practice, be active in
seguire to be interested in (a sport, a TV show, etc.)
sentire parlare di to hear about

trovarsi to find oneself (*in a place*), to meet
trovarsi bene/male to get along well/badly
vincere (*p.p.* **vinto**) to win

NOMI

l'alimentazione diet, nutrition
l'atletica leggera track and field
il baseball baseball
il calcio soccer, football
il canottaggio rowing
il ciclismo cycling
la corsa running; race
l'equitazione horseback riding
il football football
la ginnastica gymnastics, exercise
il giocatore, la giocatrice player
il golf golf
la maratona marathon
il nuoto swimming
la pallacanestro (il basket) basketball
la partita match, game

il pattinaggio (su ghiaccio) skating
la salute health
lo sci skiing
   di fondo cross-country skiing
   nautico waterskiing
la squadra team

AGGETTIVI

equilibrato balanced
faticoso tiring
pericoloso dangerous
puntuale punctual
sano healthy
sportivo athletic

ALTRE PAROLE ED ESPRESSIONI

bravo in good at
sempre più + *adj.* more and more + *adj.*
senza without
solamente only

VACANZE IN ITALIA E ALL'ESTERO

IN BREVE

Grammatica
A. Futuro semplice
B. Usi speciali del futuro
C. Futuro anteriore
D. Usi dell'articolo determinativo (ricapitolazione)
E. Date

Lettura
Una vacanza faticosa

Riposarsi e meditare sulle Alpi italiane.

VOCABOLARIO PRELIMINARE

Dialogo-lampo

GIACOMO: Mi ero preparato per una calda vacanza californiana...
PIETRO: Be'! Non a San Francisco! Come ha detto
Mark Twain: «*Il mio inverno più freddo è stata l'estate di San Francisco!*»

Viva le vacanze!

affittare una casa to rent a house
andare...
 in campagna to the country
 all'estero abroad
 al mare to the seashore
 in montagna to the mountains
 in vacanza, in ferie on vacation
fare una crociera to go on a cruise
noleggiare (prendere a nolo)
 una macchina, una barca to rent a car, a boat

pagare...
 in contanti in cash
 con un assegno with a check
 con una carta di credito with a credit card
prenotare to reserve
un albergo
 di lusso deluxe
 con tutte le comodità with all the conveniences
 economico inexpensive
una camera room
 singola single
 doppia double

matrimoniale with a double bed
con bagno with bath
con doccia with shower
con televisore with television
con l'aria condizionata with air-conditioning
un ostello hostel
una pensione inn

l'itinerario itinerary
la tappa stopover, stage

ESERCIZI

A **Una vacanza economica.** Siete in Italia, *non* avete molti soldi ma volete vedere molti posti (*places*), conoscere italiani e divertirvi. Raccontate ai compagni (alle compagne) di classe cosa pensate di fare e cosa pensate di non fare.

> ESEMPI: dormire negli ostelli →
> Penso di dormire negli ostelli.
> prenotare un albergo di lusso →
> Non penso di prenotare un albergo di lusso.

1. viaggiare in bicicletta
2. noleggiare una macchina
3. prenotare solo camere con doccia e aria condizionata
4. dormire in una pensione economica
5. prenotare un albergo con tutte le comodità
6. affittare una stanza in casa di italiani
7. pagare in contanti
8. pagare con lezioni di inglese
9. mangiare panini
10. dormire da solo/a in una camera matrimoniale con bagno

B **Viva le vacanze!** Lavorando in coppia, dite se vi attirano o no queste possibilità. Spiegate perché!

> ESEMPIO: andare al mare →
> S1: Ti piace andare al mare?
> S2: Sì, mi piace perché è tanto tranquillo. (No, non mi piace perché non so nuotare.) E a te?

1. gli itinerari fissi
2. avere sempre una camera con televisore
3. fare molte tappe
4. le vacanze in campagna
5. dormire in cinque in una camera singola
6. andare in montagna
7. le crociere
8. andare in ferie con i genitori

C **Come scoprire l'America!** Amici italiani vengono negli Stati Uniti e hanno bisogno di consigli. Lavorando in coppia preparategli un elenco di informazioni utili sui posti da vedere, come viaggiare, precauzioni da prendere, come pagare.

> ESEMPIO: S1: Dovete vedere il Grand Canyon, dovete visitare il Parco di Yosemite.
> S2: Potete viaggiare in autobus, non dovete fare l'autostop.
> S1: È meglio non dormire in macchina.
> S2: Potete pagare con una carta di credito.

 **In ASCOLTO**

Progetti di vacanze. Renata e Enrico stanno preparando un itinerario per una vacanza in Toscana. Ascoltate attentamente, poi completate le frasi seguenti.

1. A Impruneta c'è _____.
   a. un albergo di lusso
   b. una pensione
   c. un ostello
2. Renata e Enrico prenotano _____.
   a. una camera singola
   b. una camera con bagno
   c. una camera con doccia
3. L'ostello a Firenze è tranquillo perché _____.
   a. è fuori dal centro
   b. è caro
   c. ha tutte le comodità
4. Renata e Enrico hanno intenzione di _____.
   a. noleggiare una barca
   b. andare in montagna
   c. noleggiare una macchina

GRAMMATICA

A Futuro semplice

Progetti per le vacanze*

JEFF: Alla fine di giugno partirò per l'Italia con i miei genitori e mia sorella. Prenderemo l'aereo a New York e andremo a Roma. Passeremo una settimana insieme a Roma, poi i miei genitori noleggeranno una macchina e continueranno il viaggio con mia sorella. Io, invece, andrò a Perugia dove studierò l'italiano per sette settimane. Alla fine di agosto ritorneremo tutti insieme negli Stati Uniti.

Vacation Plans JEFF: At the end of June I'll leave for Italy with my parents and my sister. We'll catch a plane in New York and go to Rome. We'll spend a week together in Rome, then my parents will rent a car and (will) continue the trip with my sister. I, on the other hand, will go to Perugia, where I'll study Italian for seven weeks. At the end of August, we'll all return to the United States together.

*The plural form **vacanze** is generally used to refer to vacations. Note, however, the expression **andare in vacanza.**

The future tense is used to express an action that will take place in the future.

1. In Italian, the future (**il futuro semplice**) is formed by adding the endings **-ò, -ai, -à, -emo, -ete, -anno** to the infinitive minus the final **-e.** Verbs ending in **-are** change the **a** of the infinitive ending (**lavorar-**) to **e** (**lavorer-**).

lavorare	scrivere	finire
lavorerò	scriverò	finirò
lavorerai	scriverai	finirai
lavorerà	scriverà	finirà
lavoreremo	scriveremo	finiremo
lavorerete	scriverete	finirete
lavoreranno	scriveranno	finiranno

2. In English the future is expressed with the auxiliary verb *will* or with the phrase *to be going to,* but in Italian a single verb form is used.

Quanto tempo **resterai** in Italia?   *How long are you going to stay in Italy?*

Faremo una tappa in Grecia.   *We'll stop off in Greece.*

3. The spelling changes that you learned for the present tense of verbs such as **giocare, pagare, cominciare,** and **mangiare** apply to all persons in the future tense.

giocare	pagare	cominciare	mangiare
giocherò	pagherò	comincerò	mangerò
giocherai	pagherai	comincerai	mangerai
giocherà	pagherà	comincerà	mangerà
giocheremo	pagheremo	cominceremo	mangeremo
giocherete	pagherete	comincerete	mangerete
giocheranno	pagheranno	cominceranno	mangeranno

4. Some two-syllable verbs that end in **-are** keep the characteristic **-a** of the infinitive ending.

dare	fare	stare
(**dar-**)	(**far-**)	(**star-**)
darò	farò	starò
darai	farai	starai
darà	farà	starà
ecc.	ecc.	ecc.

—Io vivrò a lungo perchè sono protetto dalla società per la protezione degli animali rari.

5. Some verbs have irregular future stems, although all verbs use the regular future endings.

andare	avere	dovere	potere	vedere	venire	volere
(andr-)	**(avr-)**	**(dovr-)**	**(potr-)**	**(vedr-)**	**(verr-)**	**(vorr-)**
andrò	avrò	dovrò	potrò	vedrò	verrò	vorrò
andrai	avrai	dovrai	potrai	vedrai	verrai	vorrai
andrà	avrà	dovrà	potrà	vedrà	verrà	vorrà
ecc.	ecc.	ecc.	ecc.	ecc.	ecc.	ecc.

6. The future forms of **essere** are

sarò	saremo
sarai	sarete
sarà	saranno

ESERCIZI

A **Cosa farò?** Restate each paragraph with the italicized verbs in the future tense.

1. Io *passo* un sabato molto tranquillo. Mi *alzo* tardi, *faccio* una bella colazione, ed *esco* per fare le spese (*shopping*). Il pomeriggio *prendo* l'autobus e *vado* a trovare la nonna. *Mangiamo* insieme in una trattoria, vicino a casa sua; se *abbiamo* tempo, *andiamo* a vedere un bel film o *facciamo* una passeggiata nel parco.

2. La sera, gli amici mi *vengono* a trovare. *Portano* qualcosa da mangiare (*something to eat*): *fanno* dei panini o *comprano* una pizza. Pino *porta* dei dischi nuovi e Maurizio *suona* la chitarra. Forse Anna *vuole* giocare a carte; se no, *stiamo* tutti intorno al camino (*fireplace*) e *prepariamo* un itinerario per le prossime vacanze. È una serata piacevole e rilassante.

B **Vacanze.** Working with a partner, ask and answer questions about vacation plans according to the example.

ESEMPIO: io / mangiare sempre in trattoria (voi) →
S1: Io mangerò sempre in trattoria. E voi?
S2: Anche noi mangeremo sempre in trattoria.

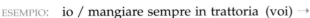

1. noi / fare un giro dell'Italia (tu)
2. Daniele / noleggiare una macchina (i suoi cugini)
3. io / andare al mare quest'estate (la tua famiglia)
4. Cinzia / passare un mese in Germania (voi)
5. i miei genitori / restare a casa, purtroppo (i tuoi)
6. io e Franco / stare in un albergo economico (Pierina)

C **Mini-intervista.** Interview a classmate and find out four things he/she will be doing **il week-end prossimo.** Also find out four things he/she won't be doing next summer.

ESEMPIO: S1: Cosa farai il week-end prossimo?
S2: Andrò a teatro, lavorerò in giardino, giocherò a tennis e prenoterò l'aereo per andare in Italia. E tu?

B Usi speciali del futuro

—È un regalo di quel tuo amico indiano: che cosa sarà mai?

1. In Italian, the future tense is often used to express probability: something that, in the opinion of the speaker, is *probably* true. This is called the future of probability (**il futuro di probabilità**). In English, probability is expressed with such words as *probably, can,* or *must,* but in Italian the future tense alone is used.

—Non vedo Zara da molto tempo. Dove **sarà**?	*I haven't seen Zara for a long time. Where could she be?*
—**Sarà** in vacanza.	*She must be on vacation.*
I signori **vorranno** una camera con bagno, vero?	*The gentlemen probably want a room with a bath, right?*

2. The future is commonly used in dependent clauses with **quando, appena,** and **dopo che,** and frequently after **se,** when the verb of the main clause is in the future tense. This contrasts with English, where the present tense is used in the dependent clause.

Quando arriverà, sarà stanco.	*When he gets here, he'll be tired.*
Se farà caldo, ci sederemo all'ombra.	*If it's hot, we'll sit in the shade.*
Scriveranno appena potranno.	*They'll write as soon as they can.*

Esercizi

A **Probabilmente...** Restate each sentence, using the future to express probability.

> ESEMPIO: Devono essere le undici. → Saranno le undici.

1. Devono essere ancora all'estero. **2.** Deve essere affollato quell'albergo.
3. Dovete avere degli splendidi progetti per le vacanze! **4.** Quell'ottima guida deve ricevere molti complimenti. **5.** Dovete aver già prenotato il posto in albergo. **6.** Deve essere contento di visitare la Calabria.

B **Scambi.** Restate each sentence in the future.

1. S1: Se non arrivi per (*by*) le sei, cuciniamo noi.
   S2: Grazie; quando torno dal lavoro ho fame e sono stanca.
2. S1: Appena esce il sole potete andare sul lago.
   S2: E se fa brutto, stiamo in casa e guardiamo un film.
3. S1: Vi piace il vostro lavoro?
   S2: Siamo contenti quando ci pagano!
4. S1: Appena Giulia mette piede in Italia, ti manda una cartolina.
   S2: Se mi scrive, io le rispondo.

C **Bo'!** Alternating with a partner, ask and answer the following questions. Use the future of probability in your response. **Chiedete...**

> ESEMPIO: Quanto costa una crociera nel mare Egeo? →
>   S1: Quanto costa una crociera nel mare Egeo?
>   S2: Bo'! Costerà almeno mille dollari.

1. Quanti studenti vanno in Italia? **2.** Quanto costa affittare una casa a Roma? **3.** Quanti ostelli ci sono in Toscana? **4.** Cosa dice chi arriva in albergo? **5.** Cosa fanno i turisti a Firenze? **6.** Cosa c'è nei tortellini bolognesi?

C Futuro anteriore

BARBARA: Dopo che avrete visitato Roma, tornerete negli Stati Uniti?
CRISTINA: Solamente mio marito: lui tornerà a New York, ma io partirò per la Sicilia.
BARBARA: Quanto tempo ti fermerai in Sicilia?
CRISTINA: Dipende: se non avrò finito tutti i soldi, ci resterò un mese.

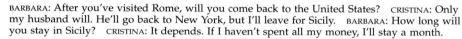

BARBARA: After you've visited Rome, will you come back to the United States? CRISTINA: Only my husband will. He'll go back to New York, but I'll leave for Sicily. BARBARA: How long will you stay in Sicily? CRISTINA: It depends. If I haven't spent all my money, I'll stay a month.

1. The future perfect (**il futuro anteriore**) (*I will have sung, they will have arrived*) is formed with the future of **avere** or **essere** + *past participle*.

FUTURE PERFECT	
WITH **avere**	WITH **ẹssere**
avrò ⎫ avrại ⎪ avrà ⎬ lavorato avremo ⎪ avrete ⎪ avranno ⎭	sarò ⎫ sarại ⎬ partito/a sarà ⎭ saremo ⎫ sarete ⎬ partiti/e saranno ⎭

2. The future perfect is used to express an action that will already have taken place by a specific time in the future or when a second action occurs. The second action, if expressed, is always in the future.

Alle sette avremo già mangiato.	*By seven, we'll already have eaten.*
Dopo che avranno visitato la Sicilia, torneranno a casa.	*After they have visited Sicily, they'll return home.*

3. Just as the future is used to express probability in the present, the future perfect can be used to indicate probability or speculation about something in the past—something that may or may not have happened.

Renato ha trovato una camera a Venezia. Avrà prenotato molto tempo fa!	*Renato found a room in Venice. He must have made reservations a long time ago!*
Le finestre sono chiuse. I Fossati saranno partiti.	*The windows are closed. The Fossati's (have) probably left.*

—**Cosa ne avrà fatto di tutto il fertilizzante che gli ho dato?**

ESERCIZI

A **Chissà!** Expand each statement according to the example.

> ESEMPIO: Ha comprato qualcosa (*something*). →
> Chissà cosa avrà comprato!

1. Ha scritto qualcosa.
2. Hanno detto qualcosa.
3. Hanno regalato qualcosa.
4. Hai cucinato qualcosa.
5. Avete preso qualcosa.
6. Ha servito qualcosa.

B **Be'.** Working with a partner, ask and answer questions according to the example. Use the future perfect of probability and the appropriate interrogative expressions.

> ESEMPIO: loro / pagare per la camera d'albergo ($80.00) →
> S1: Quanto avranno pagato per la camera d'albergo?
> S2: Be', avranno pagato ottanta dollari.

1. loro / fare un giro dell'Italia (l'estate scorsa)
2. Mara / andare sul lago (con Patrizia e Simonetta)
3. Piero / imparare a sciare (nelle Dolomiti)
4. i Barsanti / comprare (una casa per le vacanze)
5. Monica / spedire tante cartoline (*postcards*) (all'amico)
6. i signori Servello / passare l'inverno (a Palermo)

C **Quando.** Complete in Italian.

1. Cercherò un lavoro quando...
2. Quando avrò lavorato due o tre anni...
3. Quando avrò finito tutti i miei soldi...
4. Dopo che mi sarò laureato/a...

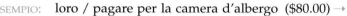

D Usi dell'articolo determinativo (ricapitolazione)

—Attenzione: gli orsi sono animali molto scaltri.[a]   [a]*shrewd*

1. Unlike in English, the definite article is required in Italian:

   a. before nouns used in a general sense or to indicate a whole category

      La generosità è una virtù.
      A molti non piacciono **gli** spinaci.

   b. before names of languages, unless directly preceded by a form of **parlare** or **studiare**

      Ho dimenticato **il** francese.
      La signora Javier parla spagnolo e tedesco.

   c. with proper names accompanied by a title or an adjective

      Il signor Bandelli vuole andare a Chicago e a San Francisco.
      Il piccolo Franco, però, vuole andare a Disneyland!

   d. with days of the week to indicate a routine event

      Il martedì ho lezione di matematica.

   e. with dates

      Oggi è **il** quattro dicembre.

   f. with possessive forms

      Ecco **la** mia casa!

   g. with parts of the body or items of clothing, provided there is no ambiguity about the possessor

      Mi lavo **le** mani prima di mangiare.
      Perché non ti sei messo **la** cravatta?

   h. with geographical names

      Quest'estate visiteremo **l'**Italia e **la** Francia.

2. Note that the category of geographical names includes the names not only of continents and countries but also of states, regions, large islands, mountains, and rivers.

L'estate scorsa abbiamo visitato **il** Colorado, **l'**Arizona e **la** California.	*Last summer we visited Colorado, Arizona, and California.*
Ho ricevuto una cartolina **dalla** Sardegna.	*I've received a card from Sardinia.*

3. The definite article is omitted after **in** (*in, to*) if the geographical term is unmodified, feminine, and singular.

Chi vuole andare in Italia?	*Who wants to go to Italy?*

   but

Chi vuole andare **nell'**Italia centrale?	*Who wants to go to central Italy?*

If the name is masculine or plural, **in** + *article* is used.

Aspen è **nel** Colorado. *Aspen is in Colorado.*
Mio padre non è nato **negli** *My father wasn't born in the*
  Stati Uniti.   *United States.*

4. The definite article is not used with cities. *In* or *to* before the name of a city is expressed by **a** in Italian.

Napoli è un porto importante. *Naples is an important harbor.*
La Torre Pendente è **a** Pisa. *The Leaning Tower is in Pisa.*

5. Some states in the United States are feminine in Italian and follow the same rules as those for feminine countries.

la Carolina (del Nord, del Sud) la Louisiana
la California   la Pennsylvania
la Florida   la Virginia
la Georgia

Conosci **la** California?   *Do you know California?*
Dov'è l'Università **della** *Where's the University of*
  Georgia?   *Georgia?*
Quante cartoline hai ricevuto *How many cards have you*
  dalla Louisiana?   *received from Louisiana?*
Sei mai stato **in** Virginia? *Have you ever been to Virginia?*

All other states are masculine* and usually take the article whether they are used alone or with a preposition.

Il Texas è un grande stato. *Texas is a big state.*
L'Università **del** Colorado è a *The University of Colorado is in*
  Boulder.   *Boulder.*
New Haven è **nel** Connecticut. *New Haven is in Connecticut.*

Esercizi

A **Un po' di geografia.** Create a sentence according to the model.

> ESEMPIO: Ottawa / Canada (*m.*) / canadese →
> Ottawa è la capitale del Canada. Gli abitanti del Canada si chiamano canadesi.

1. Tokyo / Giappone (*m.*) / giapponese
2. Parigi / Francia / francese
3. Londra / Inghilterra / inglese
4. Washington / Stati Uniti / americano
5. Madrid / Spagna / spagnolo
6. Pechino / Cina / cinese
7. Dublino / Irlanda / irlandese

---

*The exception is Hawaii, which is feminine plural.

B **Sbagliato!** Working with a partner, correct each sentence according to the model.

> ESEMPIO: *La Gioconda* / Roma (Parigi) →
> s1: *La Gioconda* è a Roma.
> s2: No, non è a Roma: è a Parigi!

1. la sede (*headquarters*) delle Nazioni Unite / Washington (New York)
2. la Torre Pendente / Napoli (Pisa)
3. il Teatro alla Scala / Torino (Milano)
4. il Ponte Vecchio / Venezia (Firenze)
5. il Vesuvio / Palermo (Napoli)
6. la Basilica di San Francesco / Perugia (Assisi)

C **Riflessioni personali.** Make some lists.

> ESEMPIO: tre materie che mi interessano →
> l'italiano, la storia dell'arte, la letteratura comparata

1. quattro cose che amo 2. quattro cose che odio 3. due cose che lavo ogni giorno 4. due cose che mi lavo ogni giorno

D Conversazione.

1. In quali stati sono queste città: Chicago, Denver, Detroit, Omaha, Miami, Los Angeles, Phoenix, Houston? 2. Quali sono gli stati che confinano con (*border on*) il Colorado? 3. Di quale stato è il presidente degli Stati Uniti? Di quale città? 4. E il vice-presidente? 5. Di quale stato sono i Suoi genitori? 6. In quale stato abita ora la Sua famiglia? 7. In quale stato è nato/a Lei? 8. Quanti e quali stati ha già visitato?

E **Date**

—Non dovresti,[a] in estate, permettere l'accesso ai turisti... [a]*You shouldn't*

1. As you already know, seasons and months of the year are not capitalized in Italian.

> Preferisco andare in Italia d'autunno, in ottobre.
>
> *I prefer going to Italy in the fall, in October.*

2. **In** or **di** is used to express *in* with seasons; **in** or **a** is used to express *in* with months.

Piove molto **in** primavera?	*Does it rain a lot in the spring?*
Dove vanno i turisti **d'**inverno (**in** inverno)?	*Where do tourists go in the winter?*
Ci sposeremo **a** maggio.	*We'll get married in May.*
Nevica molto **in** marzo?	*Does it snow a lot in March?*

3. In English, days of the month are expressed with ordinal numbers (*November first, November second*). In Italian, only the first day of the month is indicated by the ordinal number, preceded by the definite article: **il primo**. All other dates are expressed by cardinal numbers, preceded by the definite article.

Oggi è **il primo** novembre.	*Today is November first.*
Domani sarà **il due** novembre.	*Tomorrow will be November second.*

4. In Italian, the day of the month is given before the name of the month. A corresponding order is used in abbreviations.

22/11/94 = il ventidue novembre 1994	*11/22/94 = November 22, 1994*

Esercizi

A **Giorni festivi.** Read out loud the dates of these Italian holidays.

1. Capo d'Anno (*New Year's Day*) (1/1)
2. Epifania (Befana) (6/1*)
3. Anniversario della Liberazione (25/4) (data della Liberazione: 25/4/1945)
4. Festa del Lavoro (1/5)
5. Anniversario della Repubblica (2/6) (nascita della Repubblica: 2/6/1946)
6. Assunzione (Ferragosto) (15/8*)
7. Ognissanti (1/11*)
8. Immacolata Concezione (8/12*)
9. Natale (25/12)
10. Santo Stefano (26/12*)

B Conversazione.

1. Quand'è il Suo compleanno? 2. Come lo festeggia (*celebrate*)? 3. Lei ricorda i compleanni dei Suoi amici? Come? Fa un regalo, scrive o telefona? 4. Quale giorno dell'anno considera il più importante dopo il Suo compleanno? Perché? 5. Quale stagione preferisce e perché?

---

*Holidays of the Catholic Church: **Epifania** = *Twelfth Night* (arrival of the Three Kings); **Assunzione** = *Feast of the Assumption of Our Lady* (ascension of the Virgin Mary into heaven); **Ognissanti** = *All Saints' Day*; **Immacolata Concezione** = *Feast of the Immaculate Conception* (conception of the Virgin Mary without original sin); **Santo Stefano** = *Saint Stephen* (first Christian martyr).

PICCOLO RIPASSO

A **Tante domande!** Ask and answer each question using the future tense and time expressions such as **stasera, domani, la settimana prossima, fra un mese,** and **alla fine dell'anno.** Whenever possible, use an object pronoun.

ESEMPIO: scrivere la lettera (Marco) →
S1: Ha scritto la lettera Marco?
S2: No, la scriverà domani.

1. riportare la mozzarella al salumiere (la nonna)
2. telefonare agli ospiti (*hosts*) italiani (tu)
3. visitare il museo (Laura)
4. mostrare le foto agli zii (i ragazzi)

B **Prima e poi.** Working with a partner, create a sentence using **prima** and **poi.** Your partner will then ask a question using **dopo che** and the future perfect.

ESEMPIO: vendere la casa / partire (io) →
S1: Prima venderò la casa; poi partirò.
S2: Partirai dopo che avrai venduto la casa?

1. fare quattro chiacchiere (*to have a chat*) / mangiare (noi)
2. sposarsi / fare una crociera (Franco ed Ilaria)
3. trovare un lavoro / comprare una moto (io)
4. bere un caffè / studiare (voi)
5. pulire la casa / uscire con me (i bambini)
6. visitare l'Inghilterra / passare due settimane a Portofino (Chiara)

—**Quest'anno passo le vacanze nel canile**[a] **comunale: e tu?**   [a]*kennel*

C Conversazione.

1. Ha amici che andranno in Europa quest'estate?   2. Quali città visiteranno?   3. Come viaggeranno?   4. Le piace ricevere cartoline dall'estero?   5. Qual è l'ultima cartolina che ha ricevuto?   6. Che cosa farà appena avrà un po' di soldi?   7. Dove pensa di passare le vacanze quest'anno?

DIALOGO

ESPRESSIONI UTILI

passare la notte in bianco	to stay awake all night.
fare una mangiata di...	to stuff oneself with . . .
Uffa!	What a bore!
da matti	a lot (*lit.*, like crazy)
Meglio ancora!	Even better!

Le bianche case di Peschici sullo sfondo del mare Adriatico.

Peschici, piccolo villaggio di pescatori° sul Gargano, nelle Puglie. È settembre: sulla spiaggia,° non troppo affollata di turisti, due coppie in vacanza prendono il sole.

fishermen
beach

RENATO: Mi sento proprio bene! Non mi sembra vero di essere qui, lontano dalle macchine, dal traffico, dallo smog... Tra poco faccio una bella nuotata, poi mi rimetto l'abbronzante° protezione 15 e mi arrostisco° tutto il giorno!

suntan lotion / mi... I roast

LAURA: Bravo! Così se ti ustioni° passi la notte in bianco! Io vado un po' all'ombra°.

ti... burn yourself
all'... in the shade

RENATO: Questa sera starò all'ombra, ma in un bel ristorantino... voglio fare una mangiata di pesce...

ENRICO: Anch'io... fritto misto, gamberi allo spiedo°...

gamberi... prawns on the spit

ZARA: Uffa! Ma voi pensate sempre al mangiare! Io invece oggi pomeriggio voglio andare nella foresta Umbra e domani con Laura farò un giro di tutte le fabbriche° di ceramiche della zona.

factories

RENATO: La foresta è bellissima ma l'ho già vista tre volte, dunque oggi non mi muovo. Domani, se mi volete, verrò con voi. Le ceramiche pugliesi mi piacciono da matti, soprattutto quelle classiche...

LAURA: A proposito, nel viaggio di ritorno a casa dobbiamo fermarci anche in Umbria, a Deruta. Lì ci sono le ceramiche più belle del mondo.

ENRICO: Ma ragazzi, pensate già al ritorno? Calma! Io in queste vacanze voglio rilassarmi, nuotare, abbronzarmi, al massimo noleggiare una barca e andare alle isole Tremiti.

ZARA: Per le Tremiti c'è la nave° quasi tutti i giorni, è più comoda e sicura.   *ship*

ENRICO: Meglio ancora! Se volete fare questa crocierina io sono d'accordo, adesso però basta con i programmi. Mi sento già stanco... mi conviene° andare in albergo e fare una dormita.°   *mi... I had better / nap*

SI DICE COSÌ!

Mi conviene can mean *It suits me; I had better; It's better (convenient) for me.*

Convenire is used in the same construction as **piacere** and **mancare,** with indirect objects. It is usually followed by an infinitive.

Vi conviene fare presto.	*You'd better hurry.*
A Paolo conviene trasferirsi in Italia.	*It's better for Paolo to move to Italy.*

TOCCA A TE!

Forma delle frasi complete.

1. _____ Se hai fame
2. _____ Se non abbiamo un lavoro
3. _____ Se lui si sente solo
4. _____ Se Zara vuole viaggiare
5. _____ Se siete stanchi

a. vi conviene andare a dormire.
b. le conviene convincere Enrico.
c. ti conviene comprare un panino.
d. gli conviene cercare un amico.
e. ci conviene risparmiare.

E ORA A VOI

A **Dove andranno?** Enrico non ricorda i programmi dei quattro amici per il pomeriggio, per la sera e per il giorno dopo. Potete aiutarlo?

1. Nel pomeriggio Renato _____.
2. Nel pomeriggio Zara _____.
3. Questa sera tutti _____.
4. Domani Laura e Zara _____.
5. Domani Renato _____.

B **Artigianato** (*Crafts*), **che passione!** Avete bisogno di informazioni sui prodotti artigianali e sulle zone di produzione. Alternandovi con un compagno (una compagna), fate domande e date risposte. Nella domanda usate il futuro di probabilità; nella risposta attenzione alle preposizioni!

> ESEMPIO: il vetro soffiato (*blown glass*) / isola di Murano (Venezia) →
> S1: Dove produrranno il vetro soffiato?
> S2: Lo producono nell'isola di Murano, a Venezia.

Espressioni utili: produrranno, producono (da **produrre,** *to produce*).

1. i pizzi (*lace*) / isola di Burano (Venezia)
2. le ceramiche / Deruta (Umbria)
3. gli oggetti di lava / Pompei (Campania)
4. gli oggetti di marmo (*marble*) / Carrara (Toscana)
5. i violini / Cremona (Lombardia)
6. gli oggetti di legno (*wood*) / Alto Adige
7. i gioielli / Firenze e Venezia
8. gli oggetti di pelle (*leather*) / Sardegna

 IN ASCOLTO

Dove andiamo? Sentirete tre coppie che parlano di programmi di vacanze. Riempite la tabella con le informazioni che mancano.

	Coppia 1	Coppia 2	Coppia 3
destinazione			
mezzo di trasporto			
alloggio (*accommodations*)			
come pagare			

 LETTURA

ESPRESSIONI UTILI

anzi	on the contrary
saltare una tappa	to skip a stage
È stato un incubo!	It was a nightmare!

UNA VACANZA FATICOSA

Dove andiamo quest'anno?

E nrico questa volta ha deciso di essere pigro in vacanza. Ma non è sempre stato così, anzi, prima era proprio l'opposto. Ogni vacanza, anche breve, doveva essere l'occasione per un viaggio all'estero, possibilmente molto esotico, possibilmente molto lontano.

«Zara, per Natale andremo in Kenia—diceva Enrico—ho sempre voluto andare in Kenia, per gli animali. Pensa quanti meravigliosi animali vedremo: giraffe, elefanti, leoni, tigri... non vedo l'ora!» «Zara, per Pasqua non avremo molti giorni di ferie ma avremo abbastanza tempo per andare in Egitto. Le piramidi! Ho sempre voluto vedere le piramidi, e il Nilo, e le oasi e il deserto!» «Zara, quest'estate saremo in Tailandia e in Malesia. C'è un treno che da Bangkok attraversa° la giungla. Poi andremo a Singapore e da lì a Tioman, una piccolissima isola tropicale nel Mar della Cina.»

goes across

Enrico e Zara di solito viaggiavano con amici. Insieme cercavano biglietti economici e sistemazioni° economiche. Insieme preparavano un itinerario flessibile: non era necessario vedere tutto, se trovavano un bel posto si fermavano, se dovevano saltare una tappa non era importante. Tutto bene dunque, fino al famoso «viaggio organizzato» in India.

accommodations

«Tutta l'India in dieci giorni», diceva l'avviso° nell'agenzia. Enrico è partito ed è tornato distrutto:° «È stato un incubo! Sembrava di essere in gita scolastica:° tutti sull'autobus... tutti giù dall'autobus... tornate tra dieci minuti... domani sveglia alle cinque. Odio i viaggi organizzati; non ho visto niente e sono più stanco di prima!»

advertisement
exhausted
gita... school trip

Quest'anno Enrico vuole vacanze tranquille, senza itinerari, senza troppi turisti, senza il traffico del mese di agosto, senza sveglie alla mattina...

E ORA A VOI

A **È vero?** Se è falso, spiegate perché.

1. Enrico ha sempre odiato i viaggi.
2. Enrico ha fatto solo viaggi organizzati.
3. Enrico e Zara andranno in Egitto l'anno prossimo.
4. Enrico quest'anno non farà molti programmi.
5. Enrico non vuole alzarsi alle cinque in vacanza.

B **Un lungo viaggio.** In gruppi di tre o quattro preparate l'itinerario per un lungo viaggio. Decidete dove andare, cosa volete fare, vedere...

ESEMPIO: Andremo in Grecia. Ci fermeremo ad Atene per vedere il Partenone...

PAROLE DA RICORDARE

VERBI

affittare to rent (*a house or apartment*)
*__andare__ to go
  in campagna to the country
  all'estero abroad
  al mare to the seashore
  in montagna to the mountains
  in vacanza, in ferie on vacation
fare una crociera to take a cruise
festeggiare to celebrate
imparare a (+ *inf.*) to learn (*how to do something*)
noleggiare (**prendere a nolo**) to rent (*a vehicle*)
*__passare__ to spend (*time*); to stop by
prenotare to reserve, make reservations
*__restare__ to stay

fare quattro chiacchiere to have a chat
sedersi† to sit down

NOMI

l'aria condizionata air-conditioning
l'assegno check
la carta di credito credit card
le ferie (*f. pl.*) vacation, vacation days
il giro tour
il gruppo group
l'itinerario itinerary
il lago (*pl.* **i laghi**) lake
il mare sea
l'ostello hostel
la pensione inn
il posto place
il progetto project, plan
la tappa stop over, stage
il televisore TV set
la vacanza vacation, holiday
la zona area, zone

AGGETTIVI

doppio double
economico (*m. pl.* **economici**) inexpensive
matrimoniale with a double bed
singolo single
turistico (*m. pl.* **turistici**) tourist

ALTRE PAROLE ED ESPRESSIONI

all'estero abroad
con tutte le comodità with all the conveniences
di lusso luxurious
dipende it depends
dopo che after
fra, tra in, within (*with time expressions*)
in contanti in cash
invece instead, on the other hand
quanto tempo how long
se if

---

*Words identified with an asterix (*) are conjugated with essere.
†Irregular: **mi siedo, ti siedi, si siede; ci sediamo, vi sedete, si siedono.**

IERI E OGGI IN ITALIA II

IL BANCHETTO NELLA STORIA

Nell'antichità classica il banchetto rappresenta la forma più complessa e ricca del pasto comune; è modo° usuale di ricevimento,° occasione d'informarsi, di conversare, di discutere. Nell'età romana, trattenimenti° tipici durante il banchetto sono le letture, le esecuzioni musicali, i giochi d'azzardo,° gli spettacoli.

way / reception

forms of entertainment
i... games of chance

Nel Medioevo la Chiesa cerca di combattere i costumi grossolani° ma i banchetti sfarzosi° continuano ad essere il modo per festeggiare nozze, nascite° o altri avvenimenti importanti. Durante il Rinascimento la tradizione continua ma in modo più raffinato. Dal secolo° successivo in poi si cerca di perfezionare la cucina, eliminando cibi indigesti e nauseanti.

coarse
sumptuous
nozze... weddings, births
century

Verso° la fine del Settecento la tradizione dei banchetti solenni appare in completa decadenza. Di moda° sono i pranzi in casa di dame intellettuali che riuniscono scienziati, filosofi e letterati, e il pasto è solo pretesto per la conversazione. Nel Sec. XIX si sviluppa° nei paesi a regime parlamentare la moda dei banchetti politici. Banchetti destinati a riunire i soci° di una società, o gruppo politico, o sociale, sono nell'età moderna comunissimi.

Toward
Di... In style

si... develops

members

(Adapted from the *Enciclopedia Italiana di Scienze, Lettere ed Arti*. Istituto Giovanni Treccani.)

Banchettante (sec. VI a.C.), arte etrusca (Tarquinia, Tomba delle leonesse; foto SCALA/Art Resource).

Banchetto di nozze di Teodolinda e Agilulfo (c. 1444), Secondo Maestro di Monza (Duomo, Monza; foto SCALA/Art Resource).

Tu e il banchetto: pensieri e parole

1 Associazioni. Guarda attentamente le diverse rappresentazioni di banchetti, poi collega ogni immagine con almeno una delle seguenti parole: allegria; amicizia; bellezza; classicità; formalità; frugalità; giovialità; intimità; luminosità; Medioevo; mitologia; opulenza; ordine; raffinatezza; religiosità; ricchezza; rigidezza; Rinascimento; semplicità; sensualità.

2 Riflessioni. Hai la possibilità di viaggiare nel tempo e di sederti a uno dei banchetti rappresentati in queste pagine: quale scegli e perché?

3 Desideri. Pensa a un banchetto nuziale (*wedding, adj.*), religioso, politico a cui (*in which*) hai partecipato. Era simile ai banchetti del passato? Come? Ti sei divertito/a, annoiato/a? Di cosa hai parlato?

Adesso scrivi un breve tema su quello che tu pensi del banchetto, e su quello che per te è il banchetto ideale.

ESEMPIO: A me i banchetti non piacciono; di solito mi annoio, forse perché non hanno più lo stesso spirito conviviale dei banchetti del passato e forse perché preferisco l'intimità di una tavola semplice. Secondo me, il banchetto ideale...

Particolare del *Cenacolo* (1498), Leonardo
da Vinci (S. Maria delle Grazie, Milano;
foto Erich Lessing/Art Resource).

Convito rustico (c. 1530),
Giulio Romano (Palazzo Tè, Mantova;
foto SCALA/Art Resource).

Leggi ad alta voce questo brano dal romanzo (*novel*) *Il Gattopardo* (1957) di Giuseppe Tomasi di Lampedusa.

IL PRANZO A DONNAFUGATA

Il Principe aveva troppa esperienza per offrire a degli invitati siciliani in un paese dell'interno, un pranzo che si iniziasse con un *potage*, e infrangeva tanto più facilmente le regole dell'alta cucina in quanto ciò corrispondeva ai propri gusti. Ma le informazioni sulla barbarica usanza forestiera di servire una brodaglia come primo piatto erano giunte con troppa insistenza ai maggiorenti di Donnafugata perché un residuo timore non palpitasse in loro all'inizio di ognuno di quei pranzi solenni. Perciò quando tre servitori in verde, oro e cipria entrarono recando ciascuno uno smisurato piatto d'argento che conteneva un torreggiante timballo di maccheroni, soltanto quattro su venti persone si astennero dal manifestare una lieta sorpresa: il Principe e la Principessa perché se l'aspettavano, Angelica per affettazione e Concetta per mancanza di appetito. Tutti gli altri (Tancredi compreso, rincresce dirlo) manifestarono il loro sollievo in modi diversi, che andavano dai flautati grugniti estatici del notaio allo strilletto acuto di Francesco Paolo. Lo sguardo circolare minaccioso del padrone di casa troncò del resto subito queste manifestazioni indecorose.

DINNER AT DONNAFUGATA

The Prince was too experienced to offer Sicilian guests, in a town of the interior, a dinner beginning with soup, and he infringed the rules of *haute cuisine* all the more readily as he disliked it himself. But rumors of the barbaric foreign usage of serving insipid liquid as first course had reached the major citizens of Donnafugata too insistently for them not to quiver with a slight residue of alarm at the start of a solemn dinner like this. So when three lackeys in green, gold, and powder entered, each holding a great silver dish containing a towering mound of macaroni, only four of the twenty at table avoided showing their pleased surprise: the Prince and Princess from foreknowledge, Angelica from affectation, and Concetta from lack of appetite. All the others, including Tancredi, showed their relief in varying ways, from the fluty and ecstatic grunts of the notary to the sharp squeak of Francesco Paolo. But a threatening circular stare from the host soon stifled these improper demonstrations.

Scena dal film *Il Gattopardo* (1962), regia di Luchino Visconti (foto The Kobal Collection).

LA SPESA E LE SPESE

IN BREVE

Grammatica
A. Usi di **ne**
B. Usi di **ci**
C. Pronomi doppi
D. Imperativo (**tu, noi, voi**)

Lettura
Una giornata d'affari

Occasioni in una piazzetta di Milano.

VOCABOLARIO PRELIMINARE

Dialogo-lampo

GIOVANNA: Ma guarda, abbiamo le stesse scarpe.
Dove le hai prese?
SILVANA: Io le ho prese in via Condotti:* 300.000 lire.
GIOVANNA: Io invece le ho prese al mercato: 70.000 lire!

LA SPESA E LE SPESE

fare la spesa to go grocery
shopping
fare le spese, le compere to go
shopping
il commesso / la commessa
salesperson (in a shop)
il venditore / la venditrice
vendor (on the street, at
the market)

NEGOZI E NEGOZIANTI
DI ALIMENTARI

Il **fruttivendolo** vende (*sells*)
frutta—mele (*apples*),
pere (*pears*), arance, uva
(*grapes*) e verdura—e
lavora in un **negozio
di frutta e verdura.**

Il **gelataio** vende gelato e
lavora in una **gelateria.**
Il **lattaio** vende latte, yogurt,
burro (*butter*) e formaggi
e lavora in una **latteria.**
Il **macellaio** vende carne—
manzo, vitello e maiale—
e lavora in una **macelleria.**
Il **panettiere** fa e vende il pane
e lavora in una **panetteria.**
Il **pasticciere** fa e vende paste
e dolci e lavora in una
pasticceria.
Il **pescivendolo** vende pesci
e lavora in una **pescheria.**
Il **salumiere** vende salumi
e lavora in una **salumeria.**
Poi c'è un negozio chiamato
alimentari che vende un po'
di tutto: pane, salumi,
formaggi, zucchero, vini, ecc.

Poi, naturalmente, ci sono
i supermercati.

ALTRI PUNTI DI VENDITA
(Points of Sale)

la bancarella stand, stall
la boutique boutique
il grande magazzino
department store
il mercato market
il negozio di abbigliamento
clothing store

---

*The following streets are among Italy's most renowned for high-fashion shops: Rome's **via
Condotti, via del Babuino, via Margutta, via Nazionale, via Vittorio Veneto;** Milan's **via Montenapoleone, via Spiga, via Manzoni, via S.Andrea, corso Vittorio Emanuele;** Florence's **via
Calzaiuoli, via Panzani, via De' Cerretani;** Venice's **calle XXII Marzo, campo S. Mario del
Giglio, calle Vallaresso, Piazza San Marco.**

PAROLE-EXTRA

la vetrina shop window	**la casa di moda** fashion house
fare un affare to make a deal	**di moda** in style
fare uno sconto to give a discount	**all'ultima moda** the latest style
in saldo, in svendita on sale	**fuori moda** out of style
la moda fashion	

ESERCIZI

A **Dove li compro?** Avete bisogno di alcuni prodotti e non sapete dove trovarli. Chiedetelo a un compagno (una compagna). Seguite l'esempio.

> ESEMPIO: un litro di latte e due etti* di fontina (*cheese*) →
> s1: Ho bisogno di un litro di latte e di due etti di fontina. Dove li compro?
> s2: Li compri in una latteria, dal lattaio.

1. mezzo chilo† di mele, 6 zucchine e un chilo di uva
2. 3 focacce e mezzo chilo di panini
3. 2 chili di cozze (*mussels*) e un chilo di vongole (*clams*)
4. 3 etti di prosciutto e un etto di salame
5. 5 bistecche di vitello
6. una torta e delle paste
7. un chilo di zucchero, una bottiglia di vino e un pacco di caffè
8. un gelato al cioccolato

B **Quiz velocissimo!** Ed ora, senza guardare il **Vocabolario preliminare**, fate le domande e rispondete. Lavorate in coppia.

> ESEMPIO: gelato →
> s1: Chi vende gelato?
> s2: Il gelataio.

1. salumi
2. pesce
3. dolci
4. latte, burro e formaggio
5. pere, arance e verdura
6. pane
7. manzo, maiale e altri tipi di carne

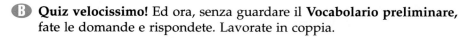

---

*An **etto** or hectogram is 100 grams, just under a quarter pound.
†A **chilo** or kilogram is just over two pounds.

⊙ Conversazione.

1. Dove lavora un commesso (una commessa)? Come si chiama il negozio che vende solo vestiti (*clothes*)?
2. Lei ha bisogno di un orologio, di mutande (*underwear*) e di un paio di stivali (*boots*). Dove va?
3. Vuole comprarsi una giacca (*jacket*) elegante e un po' diversa. Dove va?
4. C'è una strada nella Sua città dove ci sono bancarelle, venditori e venditrici? Quale? I venditori Le fanno sempre degli sconti?
5. Dove fa le compere di solito? Compra solo quando ci sono le svendite? Chiede lo sconto quando va a far compere? Se sì, dove?
6. Ha fatto degli affari recentemente? Dove?
7. Secondo Lei, quale grande magazzino ha le vetrine più belle e originali?
8. Conosce alcune case di moda italiane? Quale preferisce?
9. Descriva le gonne (*skirts*) all'ultima moda in questo momento. Descriva anche le cravatte (*ties*) che sono di moda, e quelle che sono fuori moda.
10. Quante volte la settimana fa la spesa? Preferisce i supermercati o i piccoli negozi? Perché?

Un po' di spesa. Sentirete tre brevi dialoghi. Indicate con una crocetta (X) il negozio corrispondente ad ogni dialogo e scrivete le informazioni che mancano nella tabella: che cosa compra il (la) cliente e quanto costa.

	DIALOGO 1	DIALOGO 2	DIALOGO 3
dal fruttivendolo			
dal lattaio			
dal salumiere/macellaio			
che cosa?			
il prezzo			

GRAMMATICA

A Usi di **ne**

MAMMA: Marta, per favore mi compri il pane?

MARTA: Volentieri! Quanto ne vuoi?

MAMMA: Un chilo. Ah sì, ho bisogno anche di prosciutto cotto.*

MARTA: Ne prendo due etti?

MAMMA: Puoi prenderne anche quattro: tu e papà ne mangiate sempre tanto!

MARTA: Hai bisogno d'altro?

MAMMA: No, grazie, per il resto vado io al supermercato.

1. The pronoun **ne** replaces nouns preceded by **di** (*of, about*) or nouns used alone, without an article.

—Hai paura **dei topi**?	*Are you afraid of mice?*
—Sì, **ne** ho paura.	*Yes, I'm afraid of them.*
—Luigi parla **degli amici**?	*Does Luigi talk about his friends?*
—Certo, **ne** parla sempre.	*Sure, he talks about them all the time.*
—Vendete cravatte?	*Do you sell ties?*
—No, non **ne** vendiamo.	*No, we don't sell any.*

Note that **ne** expresses English *some* or *any* when it replaces a noun used without an article.

2. **Ne** also replaces nouns accompanied by a number or an expression of quantity, such as **quanto, molto, troppo, un chilo di,** and **un litro di. Ne** then expresses *of it, of them.*

—Quanta **pasta** mangiate?	*How much pasta do you eat?*
—**Ne** mangiamo **molta**!	*We eat a lot (of it)!*
—Quanti **fratelli** hanno?	*How many brothers do they have?*
—**Ne** hanno **tre.**	*They have three (of them).*

While the phrases *of it* and *of them* are optional in English, **ne** *must* be used in Italian.

MOTHER: Marta, will you buy bread for me, please? MARTA: Sure! How much do you want?
MOTHER: One kilo. Oh yes, I also need some ham. MARTA: Shall I get a couple of hectograms?
MOTHER: You can get as many as four. You and Dad always eat so much (of it)! MARTA: Do you
need anything else? MOTHER: No, thanks, I'm going to the supermarket for the rest.

*There are two kinds of **prosciutto: cotto** (*boiled, cooked*) and **crudo** (*cured*).

3. When **ne** is used with an expression of quantity, the past participle must agree in gender and number with the expression **ne** is replacing.

—Quante **pizze** avete ordinato?　　*How many pizzas did you order?*
—**Ne** abbiamo ordinat**e**　　　　　*We ordered four.*
　　quattro.

When, however, it replaces expressions meaning *of* or *about*, there is no agreement.

Abbiamo parlato **dei negozi;**　　*We talked about the stores;*
　　ne abbiamo parlat**o**.　　　　*we talked about them.*

4. **Ne** is also used to replace **di** + *infinitive* following such expressions as **avere bisogno di, avere paura di,** and **avere voglia di.**

—Hai bisogno **di fare la spesa**?　*Do you need to go shopping?*
—No, non **ne** ho bisogno.　　　　*No, I don't need to.*

—**Di serpenti a sonagli**[a] **ne ho visti tanti, ma come questo...**

[a]serpenti... *rattlesnakes*

5. Like other object pronouns, **ne** is placed before a conjugated verb or attached to the end of an infinitive.

—Perché parli sempre **di moda**?　　*Why do you always talk about fashion?*

—**Ne** parlo sempre perché　　　　*I always talk about it because*
　　mi piace parlar**ne**.　　　　　*I like to talk about it.*

6. **Ne** is also used to express the date.

—Quanti **ne** abbiamo oggi?*　　*What's today's date?*
—**Ne** abbiamo (uno, due,　　　*It's the (first, second,*
　　quindici...).　　　　　　　*fifteenth . . .).*

ESERCIZI

A **Quanti?** Alternating with a partner, ask and answer questions, using **ne** in your response.

ESEMPIO:　giornali / leggere (2) →
　　　　　s1: Quanti giornali leggi?
　　　　　s2: Ne leggo due.

1. panettoni / comprare per Natale (1)
2. etti di prosciutto / volere (2)
3. cugine / avere (5)
4. anni / avere (20)
5. foto / fare al mese (36)
6. bicchieri d'acqua / bere al giorno (8)
7. chili di pane / voler comprare (4)
8. esami / dover dare questo semestre (3)

---

*Refer back to **Capitolo 10** for more on dates.

B **Anche troppo!** Alternating with a partner, ask and answer questions, using the appropriate forms of **troppo, molto, poco (poca/pochi/poche** [*little, few*]), **abbastanza** (*inv. enough*), or **un po'.**

> ESEMPIO: avere libri →
> S1: Hai libri?
> S2: Sì, ne ho molti. (No, non ne ho.) E tu?
> S1: Ne ho molti anch'io.

1. avere amici
2. leggere libri
3. fare domande in classe
4. ricevere lettere
5. scrivere lettere
6. mangiare dolci
7. mettere zucchero nel caffè
8. fare affari al mercato

C Conversazione.

1. Ha dischi italiani?
2. Scrive lettere in classe?
3. Ha paura dei ragni (*spiders*)?
4. Mangia mai pere con il formaggio?
5. Beve spumante (*sparkling wine*) a colazione?
6. Quanti ne abbiamo oggi?
7. Regala dolci agli amici?
8. Mette limone nel tè?
9. Ha bisogno di un caffè?
10. Ha voglia di fare le spese in centro?

B Usi di **ci**

—Tu ci credi ai miraggi?

1. The word **ci** replaces nouns (referring to places) preceded by **a, in** or **su,** or **a** + *infinitive*. Its English equivalent is often *there*. You have already used **ci** in the expressions **c'è** and **ci sono.**

—Vai **al mercato**?	*Are you going to the market?*
—No, non **ci** vado oggi.	*No, I'm not going (there) today.*
—Vai **in Italia** quest'estate?	*Are you going to Italy this summer?*
—Sì, **ci** andiamo a giugno.	*Yes, we're going (there) in June.*
—Quando andate **a fare la spesa**?	*When do you go grocery shopping?*
—**Ci** andiamo il sabato pomeriggio.	*We go (to do it) on Saturday afternoons.*

Note the optional use of English *there* and *to do it* in contrast with the required use of **ci**.

2. **Ci** can also replace **a** + *noun* (referring to things and ideas) in expressions such as **credere a** + *noun* (*to believe in something*) and **pensare a** + *noun* (*to think about something*). In these cases **ci** no longer corresponds to English *there*, but its use is still required.

—Lei crede **agli UFO**?   *Do you believe in UFOs?*
—Sì, **ci** credo.   *Yes, I believe in them.*
—Pensate **all'inflazione**?   *Do you think about inflation?*
—No, non **ci** pensiamo.   *No, we don't (think about it).*

3. **Ci** precedes or follows the verb according to the rules for object pronouns.

Mi hanno invitato **a quella**   *They invited me to that party,*
   festa, ma non **ci** vado. Non   *but I'm not going (there). I*
   ho voglia di andar**ci**!   *don't feel like going (there)!*

ESERCIZI

A   **Abitudini.** Alternating with a partner, ask and answer questions, substituting **ci** for the indicated expressions.

> ESEMPIO: andare *al mercato* ogni giorno →
>   S1: Vai al mercato ogni giorno?
>   S2: Sì, ci vado ogni giorno. (No, ci vado poco.) E tu?
>   S1: Anch'io ci vado ogni giorno.

1. andare mai *al cinema* da solo/a
2. mangiare spesso *alla mensa*
3. andare sempre *dal lattaio* per comprare lo yogurt
4. andare sempre *in una panetteria* per comprare il pane
5. studiare volentieri *in questa università*
6. tornare spesso *alla città dove è nato/a*
7. andare mai *ai grandi magazzini*
8. stare bene *in questa città*

B   **Ci vuoi andare?** Alternating with a partner, ask and answer questions about the following places. Be specific in your responses!

> ESEMPIO: in Inghilterra →
>   S1: Sei mai stato/a in Inghilterra? Ci vuoi andare?
>   S2: Sì, ci sono stato/a nel 1992. (No, non ci sono stato/a, e
>   non ci voglio andare perché odio la pioggia!) E tu?

1. a Napoli
2. nel Sud Africa
3. in Alasca
4. a Pechino
5. nella Terra del Fuoco
6. in Australia

C **Ci credi?** Now interview one or more classmates, asking whether they believe in the following.

> ESEMPIO: le streghe (*witches*) →
> S1: Tu credi alle streghe?
> S2: Sì, ci credo. (No, non ci credo.) E tu?

1. gli spiriti (*ghosts*)
2. gli UFO
3. l'oroscopo

4. le previsioni del tempo (*weather forecasts*)
5. i sogni (*dreams*)

C Pronomi doppi

In un negozio di abbigliamento

COMMESSA: Allora, signora, ha provato tutto? Come va?
CLIENTE: La gonna è troppo stretta, ma la camicetta va bene. La prendo.
COMMESSA: Gliela incarto?
CLIENTE: No; me la può mettere da parte? Ora vado a fare la spesa e poi passo a prenderla quando torno a casa.
COMMESSA: Va bene, signora, gliela metto qui, dietro al banco.

1. In Italian, when the same verb has one direct object pronoun and one indirect object pronoun (*he gave **it to me**, I'm returning **them to you***), the object pronouns normally precede the verb in the order given in the chart.

PRONOME INDIRETTO	+	PRONOME DIRETTO	+	VERBO	
Me		lo		ha dato.	*He gave it to me.*
Te		li		rendo.	*I'm returning them to you.*

2. The indirect object pronouns **mi, ti, ci,** and **vi** change the final **-i** to **-e** before direct object pronouns and before **ne. Gli, le,** and **Le** become **glie-** before direct object pronouns and before **ne,** and combine with them to form one word. **Loro** always follows the verb.

—Glielo avevo detto, signora: è di vero canguro.[a]

[a]*kangaroo*

CLERK: Well, ma'am, have you tried on everything? How is it going? CUSTOMER: The skirt is too tight, but the blouse is fine. I'll take it. CLERK: Shall I wrap it up for you? CUSTOMER: No, can you put it aside for me? I'm going grocery shopping now and I'll come by to get it on my way home. CLERK: Fine, ma'am, I'll put it here for you, behind the counter.

PRONOMI INDIRETTI	PRONOMI DIRETTI				
	lo	**la**	**li**	**le**	**ne**
mi	me lo	me la	me li	me le	me ne
ti	te lo	te la	te li	te le	te ne
gli, le, Le	**glie**lo	**glie**la	**glie**li	**glie**le	**glie**ne
ci	ce lo	ce la	ce li	ce le	ce ne
vi	ve lo	ve la	ve li	ve le	ve ne
...loro*	lo... loro	la... loro	li... loro	le... loro	ne... loro

Vi ho parlato **della moda italiana; ve ne** ho parlato.	*I spoke to you about Italian fashion; I spoke to you about it.*
Abbiamo offerto **la cena ai Piazza; l'**abbiamo offert**a loro** (**gliel'**abbiamo offert**a**).	*We treated the Piazzas to dinner; we treated them to it.*
Hai comprato **i guanti a Giulia?** **Glieli** hai comprat**i?**	*Did you buy the gloves for Giulia? Did you buy them for her?*

Note that when the verb is in the **passato prossimo** or another compound tense, the past participle agrees in gender and number with the preceding direct object pronoun, even when the direct object pronoun is combined with another pronoun.

3. With infinitives, double object pronouns (like the single forms) follow and are attached to form one word. **Loro** is not attached.

La cintura? Non **te la** vendo, preferisco regalar**tela**!	*The belt? I'm not going to sell it to you; I prefer to give it to you.*
La giacca? Non **la** vendo **loro** (non **gliela** vendo), preferisco regalar**la loro** (regalar**gliela**).	*The jacket? I'm not going to sell it to them; I prefer to give it to them.*

When the infinitive is governed by **dovere, potere,** or **volere,** the pronouns may follow the infinitive and be attached to it, or precede the conjugated verb.

Ti voglio presentare **un'amica.** Voglio presentar**tela.** (**Te la** voglio presentare.)	*I want to introduce a friend to you. I want to introduce her to you.*

4. Reflexive pronouns can also combine with direct object pronouns. The forms are identical to those in the preceding table, with the exception of the third person singular and plural forms. These are **se lo, se la, se li, se le,** and **se ne.**

---

*In everyday Italian, the **gli** forms generally replace the combined forms with **loro.**

Mi metto le scarpe.	*I put my shoes on.*
Me le metto.	*I put them on.*
Mauro **si** mette la cravatta.	*Mauro puts his tie on.*
Se la mette.	*He puts it on.*
Deve metter**sela.**	*He has to put it on.*

In this case, too, past participles agree in gender and number with the direct object pronoun. Observe:

Anna, ti sei messa il cappello?	*Anna, did you put your hat on?*
Te **lo** sei mess**o**?	*Did you put it on?*

ESERCIZI

A **Volentieri!** Alternating with a partner, ask and answer questions according to the example.

> ESEMPIO: comprarmi la frutta →
> s1: Mi compri la frutta?
> s2: Sì, te la compro volentieri!

1. prestarmi questo Cd
2. prestarmi queste cassette
3. portargli questa torta
4. portargli questi biscotti
5. offrirle un aperitivo
6. offrirle dolci
7. incartarci questo regalo
8. incartarci queste paste

B **Al mercato.** Restate each sentence, using double object pronouns. Remember to make the past participle agree with the direct object pronoun.

> ESEMPIO: Chi ti ha venduto i salumi? → Chi te li ha venduti?

1. Chi vi ha portato le pere? 2. Chi Le ha fatto lo sconto? 3. Chi gli ha comprato le paste? 4. Chi ti ha consigliato (*suggested*) la torta di mele? 5. Chi ha venduto loro il pesce? 6. Chi vi ha tagliato (*cut*) i formaggi?

C **Una festa.** You and your partner are making plans for a party. Following the example, create exchanges based on the information given, using the double object pronouns.

> ESEMPIO: parlare / dei preparativi (*preparations*) / a Gianni →
> s1: Gliene parliamo?
> s2: Non so; vuoi parlargliene tu?

1. preparare / la crostata di mele / per i Simonetto
2. mandare / un invito / a Giovanna
3. chiedere / la ricetta / a Michele
4. dare / i fiori / a Laura
5. incartare / i regali / per Luca e Sara

D **Cosa si sono messi?** These friends went to the opera Saturday evening, all in their most elegant garb. Tell what they wore, paraphrasing the sentences as in the example.

ESEMPIO: Rossana si è messa il vestito nuovo. →
Se lo è messo. (Se l'è messo.)

1. Luca si è messo la cravatta di Armani.
2. Barbara si è messa le perle.
3. Io mi sono messo la giacca di Versace.
4. Marco e Tommaso si sono messi le scarpe nuove.
5. Ada e Maria si sono messe i sandali d'argento (*silver*).

E Conversazione.

1. Si lava i capelli tutti i giorni? Si fa la barba tutti i giorni?
2. Si mette mai la gonna per venire all'università?
3. Le piace mettersi il cappello?
4. Si compra mai vestiti italiani?
5. Si è comprato/a un maglione (*pullover*) recentemente? una camicetta? Com'è?

D Imperativo (**tu, noi, voi**)

—Gira[a] la pagina!   [a]*Turn*

1. The imperative (**l'imperativo**) is used to give orders, advice, and exhortations: *be good, stay home, let's go*. The affirmative imperative forms for **tu, noi,** and **voi** are the same as the present tense forms, with one exception: the **tu** imperative of regular **-are** verbs ends in **-a.**

	lavorare	scrivere	dormire	finire
(tu)	Lavora!	Scrivi!	Dormi!	Finisci!
(noi)	Lavoriamo!	Scriviamo!	Dormiamo!	Finiamo!
(voi)	Lavorate!	Scrivete!	Dormite!	Finite!

Note that the **noi** imperative forms correspond to the English *let's*: **Andiamo** (*Let's go*)!

2. The negative imperative for **tu** in all conjugations is formed by placing **non** before the infinitive. The **noi** and **voi** forms are identical to those in the affirmative.

(tu)	Non lavor**are**!	Non scri̯v**ere**!	Non dorm**ire**!	Non fin**ire**!
(noi)	Non lavoriamo!	Non scriviamo!	Non dormiamo!	Non finiamo!
(voi)	Non lavorate!	Non scrivete!	Non dormite!	Non finite!

Paga in contanti, Luciano!	*Pay cash, Luciano!*
Non pagare con un assegno!	*Don't pay with a check!*
Partiamo oggi!	*Let's leave today!*
Non partiamo domani!	*Let's not leave tomorrow!*
Correte, ragazzi!	*Run, guys!*
Non correte, ragazzi!	*Don't run, guys!*

3. The verbs **avere** and **essere** have irregular imperative forms.

	avere	e̯ssere
(tu)	abbi	sii
(noi)	abbiamo	siamo
(voi)	abbiate	siate

Abbi pazienza!	*Be patient! (lit., Have patience!)*
Siate pronti alle otto!	*Be ready at eight!*

4. **Andare, dare, fare,** and **stare** have an irregular **tu** imperative that is frequently used instead of the present tense form.

andare: **va'** or **vai**	Va' (Vai) ad aprire la porta!
dare: **da'** or **dai**	Da' (Dai) una mano a Giovanni!
fare: **fa'** or **fai**	Fa' (Fai) colazione!
stare: **sta'** or **stai**	Sta' (Stai) zitta un momento!

—Dai,[a] rispondigli!

[a]*Go on*

Dire has only one imperative **tu** form: **di'.**

Di' la verità!

5. Object and reflexive pronouns, when used with the affirmative imperative, are attached to the end of the verb to form one word. The only exception is **loro,** which is always separate.

alzarsi	me̯ttersi	vestirsi
a̯lzati	me̯ttiti	ve̯stiti
alziamoci	mettiamoci	vestiamoci
alza̯tevi	mette̯tevi	vesti̯tevi

Se vedete Cinzia, invitate**la**!	*If you see Cinzia, invite her!*
Compra**gli** una sciarpa!	*Buy him a scarf! Buy it for*
Compra**gliela**!	*him!*
Il giornale? Sì, compra**melo**!	*The newspaper? Yes, buy it for me!*
Alzate**vi** subito!	*Get up right now!*
Telefonate **loro**!	*Call them!*

6. When a pronoun is attached to the **tu** imperative short forms of **andare, dare, dire, fare,** and **stare,** the apostrophe disappears and the first consonant of the pronoun is doubled, except when that pronoun is **gli.**

Fa**mmi** un favore! Fa**mmelo**!	*Do me a favor! Do it for me!*
Di**lle** la verità! Di**gliela**!	*Tell her the truth! Tell it to her!*
Ti hanno invitato a casa Rossi e	*They've invited you to the Rossis'*
non ci vuoi andare? Va**cci**!	*and you don't want to go*
	(there)? Go (there)!

—**Aspetta un attimo: suona il telefono!**

7. When the verb is in the negative imperative, the pronouns may either precede or follow the verb.

Ivano vuole le paste? Non	*Does Ivano want the pastries?*
gliele dare (Non dargliele)!	*Don't give them to him!*

Esercizi

A **Ma dai!** Alternating with a partner, ask and answer questions, using the appropriate **tu** command in your responses. Add the words **su, dai,** or **avanti.***

    ESEMPIO: mangiare →
                 s1: Posso mangiare?
                 s2: Su, mangia!

1. entrare
2. parlare
3. prendere una pasta
4. venire con voi
5. provare questo vestito
6. fare una domanda
7. dire qualcosa
8. vestirsi

B **Fate pure!** Now repeat exercise A, using the **voi** form. Add the word **pure.**†

    ESEMPIO: mangiare →
                 s1: Possiamo mangiare?
                 s2: Mangiate pure!

C **Quello che Carlo fa...** Carlo is a real trend-setter and you want to follow his lead. Say what you and your friends have to do to keep up with him.

    ESEMPIO: Carlo ordina l'antipasto. → Ordiniamo l'antipasto anche noi!

---

*These words are often used with the imperative forms to express encouragement, similar to English *Come on!*
†The imperative forms are often accompanied by **pure. Pure** softens the intensity of the command; it adds the idea of *go ahead, by all means.*

1. Carlo va a Capri.
2. Carlo suona la chitarra.
3. Carlo porta sempre un cappello.
4. Carlo fa lo yoga.
5. Carlo mangia al Biffi.
6. Carlo compra tutto all'ultima moda.

D **Ordine e contrordine.** You and your roommate can't seem to agree on anything today, and you are contradicting each other's orders to your third roommate. Give affirmative and negative **tu** commands, as in the example.

> ESEMPIO: aprire la porta →
> s1: Apri la porta!
> s2: No, non aprire la porta!

1. andare dal pescivendolo
2. mettersi i jeans
3. provare il vestito
4. pagare in contanti
5. guardare le vetrine
6. rispondere a Marco
7. finire i compiti
8. riposarsi (*to rest*)
9. avere pazienza
10. essere gentile

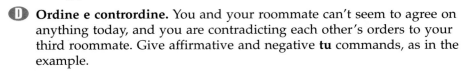

PICCOLO RIPASSO

A **Glielo, gliela...** Restate each sentence or question, replacing the italicized words with pronouns.

> ESEMPIO: Il cameriere serve *la crostata alla signora.* →
> Il cameriere gliela serve.

1. Io mostro *le foto a Carlo.*
2. Tu regali *la camicetta a Maria.*
3. Noi offriamo *il caffè al dottore.*
4. Diamo un *gelato al bambino!*
5. Chi ha parlato *dell'esame a Maria?*
6. Chi ha parlato *di Adele a Carlo?*
7. Ripeti *la data al professore!*

B **Carletto.** You are babysitting for your stubborn little neighbor Carletto who, over the course of the day, refuses to do certain things. Respond to his statements as in the examples, substituting **ci, ne,** or a direct object pronoun for the italicized expressions. Alternate with your partner.

> ESEMPI: mangiare *frutta* →
> s1: Non mangio frutta.
> s2: Ma dai, mangiane!
>
> andare *a scuola* →
> s1: Non vado a scuola.
> s2: Ma dai, vacci!

1. pensare ai voti
2. bere il latte
3. prendere la bicicletta
4. fare i compiti
5. provare le scarpe
6. andare in piscina

C **Persone generose.** Some people are very generous and willing to give things away. Create short exchanges, following the model.

ESEMPIO: maglietta (*t-shirt*) →
S1: Che bella maglietta! Me la dai?
S2: Se la vuoi, te la do!

1. vestito
2. giornali
3. scarpe
4. zucchini
5. orologio
6. pere

D **Persone avide.** Other people are quite possessive. Create a sentence for each word or expression following the model.

ESEMPIO: la giacca → Se non me la vuoi dare, non darmela!

1. il dolce
2. le scarpe
3. il maglione
4. i guanti
5. il cappotto (*coat*)
6. due pezzi di formaggio
7. la mozzarella
8. molti dischi

E **Gita in montagna.** Paolo and his roommate are preparing for a trip **in montagna.** Alternating with a partner, ask and answer questions as they would, following the example.

ESEMPIO: mettersi i pantaloni di lana (*wool pants*) →
S1: Ti sei messo i pantaloni di lana?
S2: Sì, me li sono messi.

1. comprarsi le calze (*socks*) di lana
2. farsi la barba
3. mettersi i guanti
4. comprarsi dei maglioni pesanti (*heavy*)

DIALOGO

ESPRESSIONI UTILI

Le nostre tasche non ci permettono di...	We can't afford to . . . (*lit.*, Our pockets don't allow us to . . .)
Non ne vale la pena!	It's not worth the effort! It's no use!
In cosa posso servirLa?	May I help you?
Si accomodi pure.	Make yourself comfortable.
Le sta a pennello!	It fits you perfectly (like a glove)!

In via Montenapoleone le grandi firme della moda italiana.

È sabato mattina. Giovanna e Silvana decidono di andare a fare un giro per i negozi del centro, dove sperano di trovare qualcosa in saldo. Dopo aver girato per due ore, si trovano adesso in via Montenapoleone davanti alla vetrina di Armani.

GIOVANNA: Guarda che bella giacca! È proprio la linea classica Armani. Chissà quanto costa...

SILVANA: Be'... puoi immaginartelo... siamo in via Montenapoleone!

GIOVANNA: Perché non entriamo? Magari troviamo qualcosa in svendita.

SILVANA: Ma che svendite! Non siamo mica* ai grandi magazzini! Qui, appena entri, il commesso ti salta addosso° senza nemmeno darti il tempo di guardarti intorno. E poi, le nostre tasche non ci permettono di comprare neanche un fazzoletto° Armani! Credimi, non ne vale la pena.

ti... jumps on you

handkerchief

GIOVANNA: O quante storie!° Provare non costa niente. Armani o no, io entro lo stesso.

O... Big deal!

(Giovanna entra. Silvana resta fuori. Il commesso è già pronto all'entrata.)

COMMESSO: Buon giorno, in cosa posso servirLa?

GIOVANNA: Vorrei° provare quella giacca blu in vetrina.

I would like

COMMESSO: Tutto il completo° o solo la giacca?

suit

GIOVANNA: Solo la giacca.

COMMESSO: Benissimo. Che taglia° porta?

size

GIOVANNA: Porto la quarantaquattro.

COMMESSO: Si accomodi pure in camerino.° Gliela porto subito.

dressing room

(Giovanna prova la giacca.)

COMMESSO: Le sta a pennello!

GIOVANNA: In effetti ha proprio una bella linea. Quanto costa tutto il completo?

COMMESSO: Tre milioni e mezzo.

GIOVANNA: *(Si guarda ancora allo specchio.°)* Ma, adesso che la guardo bene, non mi convince del tutto.° Ci devo pensare.

mirror

del... entirely

COMMESSO: Ne abbiamo altri di modelli... a meno. Il completo verde in vetrina, simile a questo, viene° due milioni e otto.

costs

GIOVANNA: Veramente mi interessava proprio questo. Ad ogni modo,° grazie.

Anyway

COMMESSO: Di niente. ArrivederLa.

(Giovanna esce.)

SILVANA: Allora? Hai fatto qualche affare?

GIOVANNA: Gli affari ci sono solo al mercato!

---

*A northern Italian expression, to stress negation.

SI DICE COSÌ!

Ne vale la pena?   Is it worth the effort? Is it any use?

> ESEMPIO: s1: Vale la pena di entrare in quel negozio?
> s2: Sì, ne vale la pena perché c'è una svendita totale di tutto l'abbigliamento per donna.

TOCCA A TE!

Scopri quali sono le tue priorità! Di' se vale la pena o no di fare le seguenti cose. Lavora con un compagno (una compagna).

1. stressarsi per passare un esame
2. stare a dieta per diventare come le modelle di Versace
3. risparmiare per sei mesi per comprarsi un vestito di Valentino
4. rinunciare ai vestiti d'alta moda per fare invece un viaggio
5. continuare gli studi all'università

E ORA A VOI

A **Non posso permettermelo** (*I can't afford it*)! Leggete queste affermazioni prese dal **Dialogo** e scegliete la migliore interpretazione.

1. Silvana: Be'... puoi immaginartelo... siamo in via Montenapoleone!
   a. Silvana immagina di essere in via Montenapoleone.
   b. I negozi di Via Montenapoleone sono molto cari.
2. Silvana: Ma che svendite! Non siamo mica ai grandi magazzini!
   a. I grandi magazzini hanno spesso svendite; le boutique d'alta moda raramente o mai.
   b. Non è necessario andare ai grandi magazzini per le svendite.
3. Silvana: Appena entri, il commesso ti salta addosso.
   a. Il commesso è molto aggressivo.
   b. Il commesso butta fuori (*throws out*) Giovanna dal negozio.
4. Giovanna: Non mi convince del tutto. Ci devo pensare.
   a. Giovanna compra solo la giacca.
   b. Giovanna non può permettersi di comprare la giacca.

B **Come mi sta** (*How does it look on me*)? Con un compagno (una compagna), create una situazione simile a quella del **Dialogo.** Uno di voi è il commesso (la commessa), l'altro è il/la cliente. Aiutatevi con le **Espressioni utili** alla pagina seguente.

> ESEMPIO: s1: Buon giorno, in che cosa posso servirLa?
> s2: Vorrei provare quel completo a quadretti (*checkered*) in vetrina.
> s1: Quello a doppio petto (*double-breasted*)?

Espressioni utili: il cappotto, il completo, la giacca, il maglione, i pantaloni, le scarpe; a doppio petto, a quadretti, a righe (*striped*); Come mi sta?; Si accomodi in camerino; Le sta bene, male, troppo stretto, troppo largo (*loose*), a pennello; taglia, numero (*for shoes*)...

Babilonia. Mario e Roberta si trovano a Babilonia, un negozio d'abbigliamento molto popolare tra la gioventù (*young people*) romana. Ascoltate attentamente, poi rispondete alle seguenti domande.

1. Cosa vuole provare Mario?
2. Che misura porta?
3. Dove va Roberta per provare i pantaloni?
4. Come le stanno i pantaloni?
5. Perché Mario non compra le scarpe da tennis?

LETTURA

ESPRESSIONI UTILI

hanno finito per...	they ended up . . .
Ha tirato sul prezzo.	She bargained (*lit., She pulled on the price*).

UNA GIORNATA D'AFFARI

Giovanna e Silvana sono sedute al tavolino di un caffè vicino a un mercato affollatissimo. Hanno girato tutta la mattina—dalle boutique del centro ai grandi magazzini passando per° i mercati all'aperto. Che giornata!

Nelle vie del centro hanno finito per guardare soltanto le vetrine dei grandi nomi dell'alta moda: Armani, Versace, Enrico Coveri, Valentino, Gianfranco Ferrè, Ferragamo, Bruno Magli, Krizia e via dicendo.° Alla Rinascente° invece hanno trovato una svendita su tutto l'abbigliamento invernale da donna. Silvana ha comprato un bellissimo foulard di seta,° mentre Giovanna ha fatto un affare favoloso: un cappotto di lana all'ultima moda, scontato del 50%.

passando... *going through*

e... *and so on*
a department store

silk

Silvana e Giovanna, come la maggior parte dei loro amici, ci tengono a vestirsi bene e fanno molta attenzione alla qualità della merce. «Non è necessario spendere cifre° esorbitanti per i capi firmati°—dicono—Sì, i capi sono più belli, ma sappiamo benissimo che uno paga più che altro il nome.» A dire la verità, con un po' di pazienza e tempo a disposizione, è possibile trovare merce di ottima qualità anche al mercato — per lo più,° a prezzi° ragionevoli. Giovanna infatti ha trovato al mercato di viale Papiniano un paio di stivali di pelle° nera e una borsa di cuoio° a un terzo del prezzo originale. In più ha tirato sul prezzo e li ha comprati con uno sconto del 10%!

Dopo le grandi spese, Giovanna e Silvana si accorgono° di non avere ancora incominciato a fare la spesa per il fine settimana! E sì, hanno bisogno di tutto, da salumi e formaggi a frutta e verdura!

«È già mezzogiorno!—esclama Giovanna—Dobbiamo muoverci o non troveremo più niente!»

«Andiamo, andiamo! Prima tappa alla bancarella del formaggio.»

«OK, intanto io vado alla bancarella del pesce. Ci ritroviamo qui fra dieci minuti.»

sums, amounts / i... designer goods

what's more / prices

leather, hide / leather

si... realize

Mercato di viale Papiniano: cose belle e prezzi accessibili.

E ORA A VOI

A **Le spese di Giovanna e Silvana.** Come hanno passato il sabato le due amiche? Correggete ogni affermazione falsa.

1. Giovanna e Silvana sono rimaste (*stayed*) sedute al caffè tutta la giornata.
2. Hanno fatto grandi affari nei negozi del centro.
3. Hanno guardato soltanto le vetrine della Rinascente.
4. Si sono fermate a una bancarella di scarpe e di borse.
5. Hanno fatto la spesa in un negozio di alimentari.

B **Ci tieni?** Lavorando con un compagno (una compagna) dite se ci tenete alle seguenti cose.

> ESEMPIO: a vestirsi con capi firmati →
> S1: Ci tieni a vestirti con capi firmati?
> S2: Sì, ci tengo molto a vestirmi con capi firmati. (No, non ci tengo per niente [*at all*]. Dipende. Ci tengo in occasioni speciali.)

1. ad avere una bella macchina
2. ad avere una casa tua
3. alle apparenze
4. ad andare a vedere le sfilate (*shows*) di moda
5. ad arrivare sempre puntuale al lavoro
6. ad avere un titolo prestigioso
7. al rispetto dei tuoi amici

C **Tiriamo sul prezzo!** Andate al mercato a fare spese e ricordatevi di tirare sul prezzo! Lavorate in coppia e create situazioni simili a quella dell'esempio.

> ESEMPIO: alla bancarella delle calze →
> S1: 5 paia di calze per 10.000 lire!
> S2: Se me le dà per 8.000, le compro.
> S1: 9.000 e affare fatto (*it's a deal*).
> S2: Ne prendo 10 paia per 17.000 lire.
> S1: 17.000 e non ne parliamo più (*we're all set*)!

1. alla bancarella delle scarpe
2. alla bancarella dei guanti
3. alla bancarella della frutta
4. alla bancarella delle magliette
5. alla bancarella delle cravatte

PAROLE DA RICORDARE

VERBI

*costare to cost
credere (a) to believe (in)
fare la spesa to go grocery shopping
fare le spese, le compere to go shopping

incartare to wrap
pensare a (qualcosa) to think (about something)
provare to try, try on
scegliere (*p.p.* scelto) to choose
vendere to sell

NOMI

l'arancia orange
l'assegno check
la bancarella stand, stall
il banco counter
la boutique boutique
il burro butter

le **calze** socks
la **camicia** shirt
la **camicetta** blouse
il **cappello** hat
il **cappotto** overcoat
il **chilo** kilogram
la **cintura** belt
il/la **cliente** customer, client
il **commesso, la commessa** salesperson
la **cravatta** tie
l'**etto** hectogram
il **fruttivendolo** fruit vendor
il **gelataio** ice cream maker/ vendor
la **gelateria** ice cream parlor
la **giacca** jacket
la **gonna** skirt
il **grande magazzino** department store
i **guanti** gloves
il **lattaio** milkman
la **latteria** dairy
il **litro** liter

il **macellaio** butcher
la **macelleria** butcher shop
la **maglietta** t-shirt
il **maglione** pullover, heavy sweater
la **mela** apple
il **mercato** market
il **negoziante** shopkeeper
il **negozio di abbigliamento** clothing store
il **negozio di alimentari** grocery store
il **paio** (*pl.* **le paia**) pair
la **panetteria** bread bakery
il **panettiere** bread baker
i **pantaloni** pants
la **pasticceria** pastry shop
il **pasticciere** pastry cook, confectioner
la **pera** pear
la **pescheria** fish market
il **pescivendolo** fishmonger
il **prezzo** price
la **salumeria** delicatessen

il **salumiere** delicatessen clerk
le **scarpe** shoes
la **sciarpa** scarf
lo **sconto** discount
gli **stivali** boots
la **svendita** sale
l'**uva** grapes
il **venditore, la venditrice** vendor
il **vestito** dress, suit
lo **yogurt** yogurt

AGGETTIVI

poco (*m. pl.* **pochi**) few, little, not many
stretto tight

ALTRE PAROLE ED ESPRESSIONI

abbastanza (*inv.*) enough
Quanti ne abbbiamo oggi? What's today's date?
un po' (**di**) a little bit (of)

CAPITOLO
12

CERCARE CASA

IN BREVE

Grammatica
A. Aggettivi indefiniti
B. Pronomi indefiniti
C. Negativi
D. Numeri ordinali

Lettura
Un appartamento a Roma

VENDESI TEL. 0573/410201

Castello in vendita! (Solo qualche piccolo problema di ristrutturazione...)

VOCABOLARIO PRELIMINARE

Dialogo-lampo

CARMELA: Allora, hai trovato casa?

PINA: Sì, l'ho trovata, ma adesso devo cercare un secondo lavoro per pagare l'affitto!

Abitazioni

l'appartamento apartment
l'ascensore elevator
l'attico penthouse
il balcone balcony
la camera (da letto) bedroom
la camera per gli ospiti guest room
la cantina cellar
l'inquilino / l'inquilina tenant
la mansarda attic, mansard
il monolocale studio apartment

il padrone / la padrona di casa landlord/landlady
il palazzo apartment building
la portineria porter's lodge
il riscaldamento heating
i servizi facilities
la stanza room
lo studio study
la villa luxury home; country house
la villetta, la casetta single-family house

la vista view
al pianterreno on the first floor*
al primo (secondo, terzo, ecc.) piano on the second (third, fourth, etc.) floor
cambiare casa, traslocare to move
sistemare to arrange

PAROLE-EXTRA

ARREDAMENTO (*Furnishings*) E MOBILI (*Furniture*)

l'armadio wardrobe, closet

la cassettiera chest of drawers
il divano sofa
la lavastoviglie dishwasher
la lavatrice washing machine

la poltrona armchair
lo specchio mirror

---

*What Americans call the first floor is called in Italian **il pianterreno;** the second floor is **il primo piano,** the third floor is **il secondo piano,** etc.

Esercizi

A **Che tipo di casa?** Guardate il **Vocabolario preliminare** e le **Parole-extra**, poi abbinate i personaggi della colonna A con le abitazioni della colonna B.

<table>
<tr><td colspan="2">A</td><td colspan="2">B</td></tr>
<tr><td>**1.**</td><td>_____ una pittrice romantica</td><td>**a.**</td><td>tre stanze più i servizi</td></tr>
<tr><td>**2.**</td><td>_____ uno studente povero</td><td>**b.**</td><td>un appartamentino con balcone</td></tr>
<tr><td>**3.**</td><td>_____ una coppia con due figli</td><td>**c.**</td><td>una piccola mansarda</td></tr>
<tr><td>**4.**</td><td>_____ un signore con molti gatti</td><td>**d.**</td><td>un monolocale senza ascensore</td></tr>
<tr><td>**5.**</td><td>_____ una signora molto ricca</td><td>**e.**</td><td>un attico con terrazza e una vista stupenda in centro</td></tr>
</table>

B **Quiz sulla casa.** Dite quali sono le espressioni definite.

ESEMPIO: È un'abitazione di lusso, spesso al mare o in montagna. →
Una villa.

1. È una casa con molti appartamenti.
2. Un sinonimo di *traslocare.*
3. Abita in casa di altri.
4. Può essere elettrico, a gas o a carbone (*coal*).
5. È l'abitazione di una sola famiglia.
6. Il piano allo stesso livello della strada.
7. La proprietaria di un'abitazione.
8. È la stanza in cui (*which*) dormono gli invitati.
9. È il locale in cui molte persone tengono i vini.
10. È la stanza del portiere (della portiera).

C **Dove lo metto?** State traslocando e la compagnia dei traslochi vi chiede dove mettere i vostri mobili. Alternandovi con un compagno (una compagna) fate domande e date risposte sulla disposizione dei mobili.

ESEMPIO: lo specchio →
S1: Dove mettiamo lo specchio?
S2: Lo specchio mettetelo (nel bagno).

1. la lavatrice
2. la lavastoviglie
3. il tavolo e le sedie
4. il divano e le poltrone
5. l'armadio
6. la scrivania
7. la televisione
8. il letto
9. la cassettiera
10. il futon

La prima casa. Carla sta cercando un appartamento per lei e per un'altra studentessa. Risponde per telefono ad un annuncio sul giornale. Ascoltate attentamente, poi correggete le frasi sbagliate.

1. L'appartamento è già affittato (*rented*).
2. Ci sono due camere da letto.

3. L'appartamento si trova al terzo piano.
4. C'è una bella vista dal balcone.
5. Non c'è l'ascensore.
6. Il riscaldamento è incluso nell'affitto.
7. Carla ed il padrone di casa si danno appuntamento per il giorno dopo.

GRAMMATICA

A Aggettivi indefiniti

GIGI: Ciao, Claudio! Ho sentito che hai cambiato casa. Dove abiti adesso?
CLAUDIO: Prima vivevo in un appartamentino in centro, ma c'era troppo traffico e troppo rumore; così sono andato a vivere in campagna. Ho trovato una casetta che è un amore... È tutta in pietra, ha un orto enorme e molti alberi da frutta.
GIGI: Sono contento per te! Sai cosa ti dico? Alcune persone nascono fortunate!

Indefinite adjectives such as *every, any,* and *some* indicate quantity and quality without referring to any particular person or thing.

1. The most common indefinite adjectives are

ogni *every*	*used with singular nouns*
qualche *some, a few*	
qualunque *any, any sort of*	
alcuni/e *some, a few*	*used with plural nouns*
tutto/a/i/e *all, every*	*agrees with noun modified;*
	followed by the definite article

GIGI: Hi, Claudio! I heard (that) you've moved. Where are you living now? CLAUDIO: At first I was living in a small apartment downtown, but there was too much traffic and too much noise, so I've moved to the country. I found a little house that's a real gem. . . . It's all stone, has an enormous garden and lots of fruit trees. GIGI: I'm happy for you! You know what? Some people are born lucky!

Ogni anno traslochiamo.	*Every year we move.*
Qualunque lavatrice va bene per me.	*Any washing machine is all right with me.*
Qualche appartamento è libero.	*Some apartments are vacant.*
Alcuni appartamenti sono liberi.	
Stiamo a casa **tutto** il giorno.	*We stay at home all day.*

2. As you already know, another way to express *some* or *any* is to use the partitive (**il partitivo**), the various combinations of **di** + *article*. (See **Capitolo 5.**)

Ci sono **dei** garage liberi.	*There are some garages available.*
Ci sono anche **delle** camere ammobiliate.	*There are also some furnished rooms.*

—Per renderlo[a] più umano gli ho creato delle paure.

[a]*to make him*

ESERCIZI

(A) Mini-trasformazioni. Restate each sentence, replacing **tutto** with **ogni.**

> ESEMPIO: Tutte le ville hanno una cantina. →
> Ogni villa ha una cantina.

1. Tutti i bambini hanno una camera.
2. Tutti gli appartamenti erano occupati.
3. Tutti i bagni hanno una doccia.
4. Tutte le camere sono ammobiliate.

(B) Non generalizzare... You and your roommate are out looking for a new place. Correct his generalizations as in the example.

> ESEMPIO: I palazzi hanno l'ascensore. →
> Qualche palazzo non ha l'ascensore.

1. Le mansarde hanno la vista.
2. I padroni di casa sono gentili.
3. Gli inquilini pagano l'affitto.
4. I nostri amici abitano in centro.
5. Gli appartamenti in periferia costano meno.
6. I monolocali sono carini.

—Ed ora, cari telespettatori, qualche consiglio[a] per il vostro cane...   [a]*advice*

(C) Una persona alla mano (*easy-going*). Imagine that you are helping a new business colleague to get settled in town and around the office. Ask and answer questions as in the example. Include **qualunque** in your response.

> ESEMPIO: camera / desiderare →
> s1: Quale camera desidera?
> s2: Qualunque camera va bene.

1. zona / preferire
2. tipo di telefono / volere
3. studio / desiderare
4. garage / volere
5. giornale / preferire

D **Cerchiamo casa!** Working with a partner, ask and answer questions, using the partitive in the question and an alternate form in the response.

ESEMPIO: leggere / giornale →
S1: Hai letto dei giornali?
S2: Sì, ho letto qualche giornale (alcuni giornali).

1. trovare / appartamento libero
2. scrivere / indirizzo di case in affitto
3. vedere / appartamento con balcone
4. comprare / mobile
5. trovare / palazzo senza portineria
6. vedere / monolocale

B Pronomi indefiniti

—Lassù^a in cielo, qualcuno deve aver lasciato aperto il frigorifero...

^a*Up there*

1. The most common indefinite pronouns are

ognuno/a *everyone, everybody, each one*
qualcuno/a *someone, some, anyone (in an affirmative question)*
alcuni/e *some, a few*
tutti/e *everyone, everybody, all, anyone*
qualche cosa (qualcosa) *something, anything (in an affirmative question)*
tutto *everything*

Qualcuno ha affittato l'attico.	*Someone rented the penthouse.*
Tutti hanno difficoltà a trovare casa.	*Everyone has problems finding a place to live.*
Cerco qualcosa in centro.	*I'm looking for something downtown.*

Qualche cosa (qualcosa) is always considered masculine for purposes of agreement.

È successo qualcosa?	*Did something happen?*

2. Note the following constructions:

> qualcosa di + *masculine singular adjective*
> qualcosa da + *infinitive*

Abbiamo trovato **qualcosa di economico** vicino all'università.	*We found something cheap near the university.*
Ragazzi, c'è **qualcosa da mangiare**?	*Guys, is there something to eat?*

3. Another common indefinite expression is **un po' di**, which means *some* when used with nouns commonly used in the singular.

Dammi un po' di { limonata. zucchero. acqua. }   Give me some { lemonade. sugar. water. }

ESERCIZI

A **Una bella serata.** Complete the following paragraph with the appropriate expressions.

_____¹ (Ogni / Ognuna) cosa era al suo posto. _____² (Tutti / Ognuno) si erano nascosti (nascondersi, *to hide*). Avevamo preparato _____³ (qualcuno / qualcosa) di molto buono per Claudio. C'erano _____⁴ (ogni / alcuni) fiori sul tavolo, ma a parte (*besides*) questo, _____⁵ (tutti / tutto) era come al solito. Venti minuti di silenzio... E poi quando è entrato Claudio, _____⁶ (ognuno / tutti) hanno gridato «Auguri! Buon compleanno!»

B **Regali.** Working with a partner, tell what you prefer to give as a present to the following people.

> ESEMPIO: alla mamma →
> S1: Cosa preferisci regalare alla mamma?
> S2: Alla mamma preferisco regalare qualcosa di pratico. E tu?
> S1: Io, invece, preferisco regalarle qualcosa di esotico.

Aggettivi: bello, utile, pratico, originale, speciale, esotico, caro, divertente, buffo...

1. agli amici
2. ai genitori
3. a un bambino o a una bambina
4. al tuo ragazzo (alla tua ragazza)
5. all'insegnante d'italiano

C **Mini-dialoghi.** Complete the following exchanges with the appropriate indefinite expressions, adding prepositions when necessary.

1. s1: Come avete trovato l'agenzia?
s2: Ce l'ha indicata _____.

2. s1: Tutti gli studenti hanno trovato casa?
s2: Certo, _____ ha il proprio appartamento.

3. s1: Ho sete.
s2: Anch'io. Prendiamo _____ aranciata.

4. s1: Hai sentito cosa è successo tra Pia e Daniele?
s2: Sì, un amico mi ha raccontato _____!

5. s1: Hai voglia di un caffè?
s2: No, meglio _____ mangiare.

C Negativi

MARITO: Sento un rumore in cantina: ci sarà qualcuno, cara...
MOGLIE: Ma no, non c'è nessuno: saranno i topi!
MARITO: Ma che dici? Non abbiamo mai avuto topi in questa casa. Vado a vedere.

(*Alcuni minuti dopo.*)

MOGLIE: Ebbene?
MARITO: Ho guardato dappertutto ma non ho visto niente di strano.
MOGLIE: Meno male!

1. As you already know, an Italian sentence is usually made negative by placing **non** in front of the verb. Only object pronouns are placed between **non** and the verb.

Questa villa ha troppi scalini.	*This villa has too many steps.*
Quella villa non ha troppi scalini.	*That villa does not have too many steps.*
Quella villa non ne ha troppi.	*That villa doesn't have too many (of them).*

HUSBAND: I hear a noise in the cellar. There must be someone there, dear. . . . WIFE: No, there's nobody there. It must be mice! HUSBAND: What are you talking about? We've never had any mice in this house. I'm going to have a look. (*A few minutes later.*) WIFE: Well? HUSBAND: I've looked everywhere but I didn't see anything strange. WIFE: Thank goodness!

2. Other negative words or expressions occur in combination with **non.** When the negative expression follows the conjugated verb, **non** must precede the verb.

ESPRESSIONI AFFERMATIVE	ESPRESSIONI NEGATIVE
qualcosa tutto	non... niente/nulla *nothing*
qualcuno tutti	non... nessuno *nobody*
sempre qualche volta	non... mai *never*
già	non... ancora *not yet*
ancora	non... più *no longer*
e *or* o	né... né *neither . . . nor*

—Carletto, ti ho detto mille volte che non devi indicare nessuno col dito[a]!

[a]*finger*

—Avete trovato **qualcosa**?	*Did you find something?*
—No, **non** abbiamo trovato **niente**.	*No, we didn't find anything.*

—Conosci **qualcuno** in questa città?	*Do you know someone in this city?*
—No, **non** conosco **nessuno** in questa città.	*No, I don't know anyone in this city.*

—Signora, affitta **mai** camere ammobiliate?	*Madam, do you ever rent furnished rooms?*
—No, **non** ne affitto **mai.**	*No, I never rent any.*

—Abitano **ancora** qui i Rossi?	*Do the Rossis still live here?*
—No, **non** abitano **più** qui.	*No, they don't live here anymore.*

—Avete un soggiorno **o** uno studio?	*Do you have a living room or an office?*
—Non abbiamo **né** un soggiorno **né** uno studio!	*We have neither a living room nor an office!*

3. When **niente** or **nessuno** precedes the verb, **non** is omitted.

Niente era facile.	*Nothing was easy.*
Nessuno lo farà.	*No one will do it.*

Similarly, when a construction with **né... né** precedes the verb, **non** is omitted. Note that a plural verb is used in Italian.

Né Mario né Carlo hanno una cantina.	*Neither Mario nor Carlo has a cellar.*

4. Just like **qualcosa, niente (nulla)** takes **di** in front of an adjective and **da** before an infinitive.

Non ho niente di economico da affittare.	*I have nothing cheap to rent.*
C'è qualcosa di interessante nell'armadio?	*Is there anything interesting in the wardrobe?*

Esercizi

A **Insomma** (*In a word*)! Ask and answer questions as in the example.

> ESEMPIO: dire →
> S1: Perché non avete detto niente?
> S2: Perché non c'era niente da dire!

1. scrivere **3.** leggere **5.** mangiare
2. fare **4.** bere **6.** raccontare

B **Simone, l'uomo misterioso.** You are being pressed for information about Simone, an international agent. Answer each question in the negative and then provide additional information. Use your imagination!

> ESEMPIO: Parla inglese o francese? →
> Non parla né inglese né francese; parla solo giapponese perché va spesso in Giappone.

1. Andrà al mare o in montagna? **2.** Ha mangiato in casa o fuori ieri sera? **3.** Prenderà l'aereo o il treno? **4.** Aveva bisogno di un monolocale o di una villa? **5.** Di solito beve la vodka o lo spumante?

Now make up your own questions about Simone!

C **Tutto su Michele.** Working with a partner, talk about Michele, using the words and expressions indicated below.

> ESEMPI: lavorare →
> S1: Michele odia lavorare.
> S2: È vero, non lavora mai.
>
> giocare a carte →
> S1: Gli piace giocare a carte.
> S2: È vero, gioca sempre a carte.

Cose che Michele odia: correre, scrivere, fare la spesa, pulire il frigo
Cose che piacciono a Michele: guardare la TV, mangiare in trattoria, scommettere (*to bet*), ballare tutta la notte

Now repeat the exercise, providing information about yourselves.

> ESEMPI: S1: Odio studiare.
> S2: È vero, non studi mai!

D **Un amico sfortunato.** Paolo is having a rough time getting settled in Bari. Answer each question as he would, in the negative.

> ESEMPIO: Hai già trovato casa? → No, non ho ancora trovato casa.

1. Hai visto qualcosa di bello?
2. Giorgio abita ancora a Bari?
3. Hai amici o parenti da quelle parti?
4. Conosci qualcuno a Bari?
5. Hai già fatto un giretto in campagna?
6. Gli amici di Roma ti telefonano qualche volta?

—Per un bel po' non potremo più incontrarci... Mio padre mi ha tagliato le trecce.[a]

[a]*braids*

D Numerali ordinali

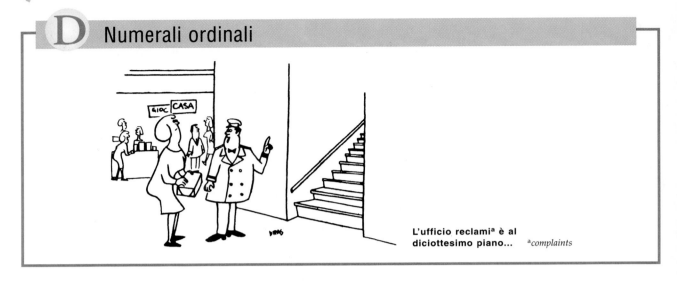

L'ufficio reclami^a è al diciottesimo piano...   ^a*complaints*

The Italian ordinal numbers correspond to English *first, second, third, fourth,* etc.

NUMERALI CARDINALI				NUMERALI ORDINALI			
1	uno	9	nove	1°	primo	9°	nono
2	due	10	dieci	2°	secondo	10°	decimo
3	tre	11	undici	3°	terzo	11°	undicesimo
4	quattro	12	dodici	4°	quarto	12°	dodicesimo
5	cinque			5°	quinto		
6	sei	50	cinquanta	6°	sesto	50°	cinquantesimo
7	sette	100	cento	7°	settimo	100°	centesimo
8	otto	500	cinquecento	8°	ottavo	500°	cinquecentesimo
		1000	mille			1000°	millesimo

1. Each of the first ten ordinal numbers has a distinct form. After **decimo,** they are formed by dropping the final vowel of the cardinal number and adding **-esimo.** Numbers ending in **-tré** and **-sei** retain the final vowel.

undici	undic**esimo**
ventitré	ventitre**esimo**
trentasei	trentasei**esimo**

2. Unlike cardinal numbers, ordinal numbers agree in gender and number with the nouns they modify.

la prima volta	*the first time*
il centesimo anno	*the hundredth year*

3. As in English, ordinal numbers normally precede the noun. Abbreviations are written with a small ° (masculine) or ª (feminine).

il 5° piano	*the fifth floor*
la 3ª scala	*the third staircase*

4. Roman numerals are frequently used, especially when referring to royalty, popes, and centuries. In such cases they usually follow the noun.

Luigi XV (Quindicesimo)   *Louis XV*
Papa Giovanni Paolo II (Secondo)   *Pope John Paul II*
il secolo XIX (diciannovesimo)   *the nineteenth century*

ESERCIZI

A **Ma sì!** Answer each question in the affirmative, using an ordinal number.

ESEMPIO: Scusi, è la lezione numero otto? →
            Sì, è l'ottava lezione.

1. Scusi, è il capitolo numero tredici?
2. Scusi, è la sinfonia numero nove?
3. Scusi, è il piano numero quattro?
4. Scusi, è la scala numero tre?
5. Scusi, è la fila (*row*) numero sette?
6. Scusi, è la pagina numero ventisette?

B **Pezzi grossi** (*Big shots*). Express each ordinal number in Italian.

1. Paolo VI
2. Carlo V
3. Elisabetta II
4. Giovanni Paolo II
5. Giovanni XXIII
6. Enrico IV
7. Enrico VIII
8. Luigi XIV

PICCOLO RIPASSO

A **Contrari.** Give the opposite of each sentence, changing the negative expressions to affirmative ones, or vice versa.

ESEMPI: Non ho ancora sistemato i mobili. →
            Ho già sistemato i mobili.

            Condivide (*He shares*) l'appartamento con qualcuno. →
            Non condivide l'appartamento con nessuno.

1. Affittano ancora una mansarda.
2. Non uso mai la lavastoviglie.
3. Qualcuno ha la portineria.
4. Non hanno niente di interessante nell'armadio.
5. Donata ha già cambiato casa.
6. Abbiamo lo studio e la camera per gli ospiti.

B **Scambi.** Complete these dialogues with the correct expressions.

1. s1: Giulia, come va la caccia (*hunt*) agli appartamenti? Avete trovato
   _____ (qualcosa / qualcuno)?
   s2: Niente, purtroppo. Ci sono _____ (qualche / alcuni) padroni di casa
   che non vogliono studenti e _____ (ognuno / tutti) chiedono troppo
   di affitto!
2. s1: Caro, mi dai _____ (qualche / un po' di) zucchero?
   s2: Ecco subito! Vuoi anche _____ (del / alcune) latte?
3. s1: Franco, com'era Palermo? Non mi ha mandato i saluti _____
   (qualche / nessuno).
   s2: Ci siamo divertiti un mondo (*a ton*)! E _____ (ognuno / tutti) ti
   mandano tanti saluti!
4. s1: Ragazzi, è _____ (successo / successa) qualcosa?
   s2: Niente, mamma. Carletto ha visto _____ (qualche / alcuni) topi nel
   garage e ha avuto paura.

C Conversazione.

1. Lei condivide l'appartamento con qualcuno? **2.** In un palazzo dove
c'è l'ascensore, Lei sale mai le scale a piedi? **3.** Ha un divano? **4.** Ha
qualche poltrona? **5.** Lei si trova bene in qualunque città? **6.** Dorme
bene in qualunque letto? **7.** È vero che non c'è niente di nuovo sotto il
sole?

D **Dite la vostra.** Tell if each of the following things is a **bisogno,** a **necessità assoluta, qualcosa di inutile** (*useless*) or **qualcosa di piacevole**
(*pleasant*).

> ESEMPIO: il caffè →
> Per me, il caffè è qualcosa di inutile.

1. il caffè
2. il lavoro
3. le vacanze
4. il sonno

5. il balcone
6. il riscaldamento
7. la musica
8. la libertà

Now ask a classmate if he or she considers these things necessary.

> ESEMPIO: s1: Il caffè è qualcosa di necessario?
> s2: Sì, è una necessità assoluta per me. (No, ma è qualcosa di
> piacevole.)

E **Mini-sondaggio** (*poll*). With the class divided into small groups, prepare
a short **questionario** and report on the following:

1. Quanti studenti abitano in una casa? In un appartamento? **2.** Quanti
hanno una lavatrice / una lavastoviglie? **3.** Quanti hanno una cassettiera / uno specchio? **4.** In quale parte della casa preferiscono studiare /
guardare la TV / leggere il giornale?

ESPRESSIONI UTILI

liberarsi di	to get rid of
per cui	that's why
Che ingiustizia!	How unfair!
Diamoci da fare!	Let's get on with it!
mettere in giro la voce	to spread the word
a due passi	a few steps away

La lunga ricerca di un appartamento d'affittare.

Simonetta e Lucia, due studentesse abruzzesi, studieranno sociologia a Roma e sono dunque in cerca di un appartamento nella capitale.

SIMONETTA: Sono un po' nervosa. Credi che riusciremo° a trovare qualcosa in affitto? — *we'll manage*

LUCIA: Non so proprio; probabilmente gli stranieri hanno più possibilità di noi di trovare un appartamento. Con l'equo canone° i padroni di casa hanno paura di non riuscire a liberarsi degli inquilini... — *equo... rent control*

SIMONETTA: Già, e poi sanno che non possono aumentare° l'affitto quando vogliono per cui preferiscono affittare per brevi periodi agli stranieri. Che ingiustizia! — *to increase*

LUCIA: Sì, ma almeno la legge protegge° tutti quei vecchi inquilini che non possono pagare di più e che non possono comprare una casa... Una legge perfetta non è ancora stata inventata! — *protects*

SIMONETTA: Verissimo! Dunque coraggio, diamoci da fare. Da dove incominciamo?

LUCIA: Prima guardiamo se ci sono annunci in università, poi guardiamo i giornali e poi andiamo in un'agenzia. Nel frattempo° ci conviene° contattare tutte le nostre conoscenze romane e mettere in giro la voce... — *nel... in the meantime* / *ci... we should*

SIMONETTA: Giusto, questo è sempre il sistema più efficace:° l'amico che conosce un amico che ha finito l'università e deve trasferirsi per lavoro in un altro posto... — *effective*

LUCIA: Non incominciare a fantasticare;° non sarà così semplice. Forse dovremo dividere la casa con qualcun altro. È più facile trovare una stanza che un intero appartamento. — *fantasizing*

SIMONETTA: Anche questa può essere una soluzione. In fondo° a me basta avere un posto per dormire... e dei compagni di casa abbastanza simpatici... e una bella vista di Roma... e l'università a due passi... e un affitto ragionevole... — *In... When all is said and done*

SI DICE COSÌ!

Liberarsi has slightly different meanings, depending on the preposition accompanying it.

liberarsi da to free oneself from (something)
liberarsi di to get rid of (someone, something)

Lucia si è liberata dagli impegni.
Lucia got free from her commitments.

Mi libererò dei miei problemi.
I'll get rid of my problems.

TOCCA A TE!

Forma delle frasi complete.

A	B
1. _____ Gli studenti	**a.** liberarsi dai pregiudizi.
2. _____ Simonetta	**b.** liberarti dei tuoi debiti.
3. _____ Tutti devono	**c.** si sono liberati degli esami.
4. _____ Il padrone di casa	**d.** si è liberata dall'appuntamento.
5. _____ Devi assolutamente	**e.** non si è liberato degli inquilini.

E ORA A VOI

A **Un appartamento a Roma.** Rileggete il **Dialogo** e poi completate le seguenti frasi.

1. Secondo Lucia, gli stranieri _____.
2. Con l'equo canone i padroni di casa _____.
3. La legge protegge _____.
4. Lucia e Simonetta devono guardare gli annunci _____.
5. Le due ragazze devono contattare _____.
6. Forse dovranno dividere la casa _____.
7. A Simonetta basta _____.

B **Equo canone.** Nella vostra città esiste una legge che protegge gli inquilini? Come funziona? Vi sembra un'idea giusta o sbagliata? Dividete la classe in due gruppi, i padroni di casa e gli inquilini. Ogni gruppo deve difendere i suoi interessi!

ESEMPIO: S1: Io sono un inquilino. Nella mia città c'è l'equo canone e sono molto contento perché l'affitto non aumenta troppo.

S2: Io sono una padrona di casa e non voglio l'equo canone perché pago molte tasse e devo aumentare l'affitto...

IN ASCOLTO

La casa ideale. Il signor Bianchini sta descrivendo la sua casa ideale. Ascoltate attentamente, poi rispondete alle domande seguenti.

1. Com'è l'abitazione ideale del signor Bianchini?
2. Dove si trovano la cucina ed il soggiorno?
3. Cosa c'è nella mansarda?
4. Perché c'è molto giardino intorno alla casa?
5. Dove metterà i suoi vini il signore?

ESPRESSIONI UTILI	
Non si facevano illusioni.	They didn't delude themselves.
Non prendermi in giro!	Don't pull my leg!
un colpo di fortuna	a stroke of luck
Non è detta l'ultima parola.	The last word hasn't been said.

UN APPARTAMENTO A ROMA

Simonetta e Lucia non avevano mai cercato casa. Non si facevano illusioni ma avevano qualche speranza; invece, dopo due settimane di ricerca,° non hanno trovato ancora nulla. Gli appartamenti da affittare sono pochissimi, nel centro i prezzi sono inaccessibili e anche nelle zone periferiche° sono piuttosto alti. Molti affittano gli appartamenti come foresteria, cioè solo agli stranieri. Inoltre alcuni padroni di casa sono diffidenti° verso gli studenti: preferiscono coppie sposate con un buon reddito° o richiedono la garanzia di un genitore con un buon conto in banca.

«E tu, Simonetta, pensavi di avere il problema di scegliere tra la mansarda senza ascensore e il primo piano con giardinetto, tra il terrazzo su Piazza di Spagna e il balconcino sul Tevere!»

«Non prendermi in giro, non sono così scema°! Però, a dire il vero, speravo in un colpo di fortuna!»

«Fortunati sono quelli che possono comprare! Il mercato della casa negli

searching

zone... outskirts

distrustful / income

stupid

ultimi anni è crollato,° i prezzi non sono così alti come alla fine degli anni ottanta, e chi possiede una casa preferisce vendere subito perché tutti pensano che i prezzi diminuiranno ancora. Ma per chi cerca qualcosa da affittare è un disastro!»

è... has collapsed, slumped

«Non è detta l'ultima parola... guarda questo annuncio: *Affitto due stanze e cucina in zona semicentrale anche a studentesse senza animali.* E guarda questo: *Affittasi, solo per un anno, appartamentino arredato al quinto piano senza ascensore. Prezzo modico.*°»

reasonable

«Strano... quando gli appartamenti sono arredati in genere sono ancora più cari. Ci sarà qualche problema nascosto! Bo'! Andiamo a vedere. Non so più cosa sperare: se non troviamo casa dormiamo sotto i ponti° ma se la troviamo ci toccherà° lavorare di notte per pagare l'affitto!»

bridges

ci... dovremo

Ho trovato due stanze in centro a Roma.

E ORA A VOI

A **Qualcosa da affittare.** Rileggete la **Lettura** poi completate le frasi in modo appropriato.

1. Nelle città italiane
   a. gli affitti nel centro sono molto alti.
   b. gli affitti sono in genere bassi.
   c. gli affitti sono più bassi nel centro.
2. Per chi vuole comprare casa
   a. i prezzi sono migliori di qualche anno fa.
   b. i prezzi sono più alti che nel 1989.
   c. è un problema perché nessuno vende.
3. Secondo Simonetta,
   a. gli appartamenti arredati sono meno cari.
   b. se gli appartamenti arredati non sono cari c'è qualche problema.
   c. non vale la pena di vedere l'appartamento.

B **Cercasi** (*wanted*)... Siete a Roma e cercate una stanza o un appartamento in affitto. Lavorando con un compagno (una compagna) preparate un annuncio per un giornale secondo le vostre esigenze (*needs*).

> ESEMPI: Cercasi appartamento non arredato in posizione centrale. Due o tre stanze + bagno e cucina. Ascensore. Vista.
>
> Due studentesse americane cercano un piccolo appartamento vuoto. Prezzo modico.

C **Un colpo di fortuna.** Avete avuto il classico colpo di fortuna e avete trovato proprio l'appartamento che cercavate. Com'è? Descrivetelo in una lettera al vostro migliore amico (alla vostra migliore amica). Ricordatevi di raccontare tutti i dettagli! (Scrivete da 8 a 10 frasi.)

> ESEMPIO: Carissimo Luigi,
> Ho trovato un bellissimo appartamento vicino all'università e non è nemmeno troppo caro! Ha un piccolo soggiorno con un terrazzino...

PAROLE DA RICORDARE

VERBI

cambiare casa to move
condividere to share
(*a residence*)
dividere (*p.p.* **diviso**) to divide, to share
sistemare to arrange
traslocare to move

NOMI

l'abitazione (*f.*) dwelling, house
l'ascensore (*m.*) elevator
l'attico penthouse
il balcone balcony
la camera (da letto) bedroom
la camera per gli ospiti guest room
la cantina cellar
l'inquilino/l'inquilina tenant
la mansarda attic
il monolocale studio apartment
l'ospite (*m./f.*) guest
il padrone / la padrona di casa landlord/landlady

il palazzo apartment building
il piano floor
la portineria porter's lodge
il problema (*pl.* **i problemi**) problem
il riscaldamento heating
il rumore noise
la scala staircase
lo scalino step
i servizi facilities
la stanza room
lo studio study, office
il topo mouse
il traffico traffic
la villa luxury home; country house
la villetta, la casetta single-family house
la vista view

AGGETTIVI

alcuni/e some, a few
qualche some, a few
qualunque any, any sort of
strano strange

ALTRE PAROLE ED ESPRESSIONI

adesso now
al pianterreno on the first floor
al primo (secondo, terzo) piano on the second (third, fourth) floor
dappertutto everywhere
in affitto to rent; for rent
insomma in short
meno male thank goodness
né... né neither . . . nor
non... ancora not . . . yet
non... nessuno no one, nobody, not anybody
non... niente, nulla nothing
ognuno everyone
qualche cosa, qualcosa something, anything
qualche volta sometimes
qualcuno someone, anyone
tutti/e everyone, everybody
tutto (*inv.*) everything

IL TRAFFICO E L'AMBIENTE

IN BREVE

Grammatica

A. Condizionale presente

B. **Dovere, potere** e **volere** al condizionale

C. Dimostrativi

D. Pronomi possessivi

Lettura

Dall'Amazzonia ai cieli italiani

Un'oasi di natura incontaminata sulle rive del Garda.

VOCABOLARIO PRELIMINARE

Dialogo-lampo

SATURNINO: Deve essere il nuovo look dei terrestri del 2000.

MERCURIO: Forse dovremmo andare in vacanza da un'altra parte. Sulla Terra non si respira più come una volta.

L'ambiente (The Environment)

ecologico environmentally safe
l'effetto serra greenhouse effect
la fascia di ozono the ozone layer
l'inquinamento pollution
la protezione dell'ambiente environmentalism (*lit., the protection of the environment*)
il riciclaggio recycling
i rifiuti garbage

depurare to purify
inquinare to pollute
proteggere to protect
riciclare to recycle
risolvere to solve
scaricare to unload, to discharge

Il traffico

l'automobilista (*m., f.; m. pl.* **gli automobilisti**) motorist
l'autostrada highway
la benzina (normale/super/ verde) gas (regular/super/ unleaded)
il distributore di benzina gas pump, gas station
il divieto di sosta no parking zone
il limite di velocità speed limit
i mezzi di trasporto means of transportation
la patente driver's license
il segnale sign
la targa license plate
il vigile traffic officer

allacciare la cintura di sicurezza to fasten one's seat belt
chiedere/dare un passaggio to ask for / give a lift
controllare l'olio/l'acqua/le gomme to check the oil/water/tires
fare l'autostop to hitchhike
fare benzina to get gas
fare il pieno to fill up the gas tank
guidare to drive
parcheggiare to park
prendere la multa to get a ticket
*rimanere senza benzina to run out of gas

ESERCIZI

A **Situazioni.** Cosa fate nelle seguenti situazioni?

1. Siete rimasti/e senza benzina.
   a. Controllate le gomme.
   b. Fate il pieno.

2. Avete preso la multa.
   a. Pagate senza protestare.
   b. Attaccate il vigile.
3. La macchina non parte (*start*).
   a. Controllate la benzina.
   b. Guardate i segnali stradali.
4. Oggi non avete la macchina e dovete andare a lavorare.
   a. Prendete l'autobus.
   b. Date un passaggio a un amico.
5. Non trovate la patente e la vostra macchina è senza targa.
   a. Guidate lo stesso.
   b. Andate a piedi.
6. Siete sull'autostrada; la polizia stradale è in giro.
   a. Rispettate il limite di velocità.
   b. Dimenticate di allacciare la cintura di sicurezza.
7. Ci tenete ad (*You care about*) inquinare il meno possibile.
   a. Parcheggiate in divieto di sosta.
   b. Usate solo benzina verde.
8. State facendo un viaggio in macchina e vi siete smarriti/e (*you've gotten lost*).
   a. Vi fermate a un distributore di benzina.
   b. Decidete di fare l'autostop.

B **Dovremmo** (*Should we*)? Cosa dovremmo o non dovremmo fare per i seguenti problemi? Rispondete con frasi semplici usando il **Vocabolario preliminare** e altre espressioni che conoscete già. Lavorate in coppia.

> ESEMPIO: l'inquinamento dei mari →
> s1: Cosa dovremmo fare per risolvere il problema dell'inquinamento dei mari?
> s2: Dovremmo ripulire tutte le spiagge e depurare i mari. (Non dovremmo scaricare rifiuti nei mari; Dovremmo...)

1. l'inquinamento dell'atmosfera
2. il deterioramento degli edifici storici
3. il cancro della pelle (*skin cancer*)
4. la distruzione delle foreste vergini
5. il traffico cittadino

C **Sondaggio** (*Survey*). E voi, cosa fate per proteggere l'ambiente? In gruppi di cinque o sei rispondete alle seguenti domande e presentate i vostri risultati alla classe in percentuale (*percentage*).

> ESEMPIO: Usate sacchetti di carta (*paper bags*) o di plastica quando fate la spesa? →
> Nel nostro gruppo il 40% usa sacchetti di carta quando va a fare la spesa, il 40% usa sacchetti di plastica e il 20% non usa sacchetti.

1. Prendete mezzi di trasporto pubblici o la vostra macchina per andare a scuola o al lavoro?
2. Riciclate il vetro (*glass*)? E la carta? E la plastica?
3. Usate prodotti spray (*aerosol*)?
4. Lavorate in una associazione per la protezione dell'ambiente?

IN ASCOLTO

Un altro punto di vista. Saturnino e Mercurio, due extraterrestri arrivati sulla Terra in un disco volante (*flying saucer*), stanno osservando dei ragazzi in un centro di riciclaggio. Ascoltate attentamente, poi completate le frasi seguenti.

1. Il ragazzo biondo sta _____.
  a. depurando l'acqua
  b. riciclando il vetro
  c. scaricando bottiglie

2. Secondo Mercurio molta gente non ricicla _____.
  a. i recipienti di plastica
  b. i sacchetti
  c. l'alluminio

3. I due ragazzi stanno _____ mucchi (*piles*) di giornali.
  a. leggendo
  b. proteggendo
  c. scaricando

4. La macchina dei ragazzi _____ l'aria perché emette troppo gas dal tubo di scappamento (*exhaust*).
  a. depura
  b. purifica
  c. inquina

5. Saturnino e Mercurio gli _____.
  a. daranno un passaggio
  b. daranno una mano
  c. chiederanno un passaggio

GRAMMATICA

A Condizionale presente

SANDRO: Pronto, Paola? Senti, oggi sono senza macchina. È dal meccanico per un controllo. Mi daresti un passaggio per andare in ufficio?
PAOLA: Ma certo! A che ora devo venirti a prendere? Va bene alle otto e un quarto?
SANDRO: Non sarebbe possibile un po' prima: diciamo, alle otto? Mi faresti un vero piacere! Devo essere al lavoro alle otto e mezzo.
PAOLA: Va bene, ci vediamo giù al portone alle otto.

SANDRO: Hello, Paola? Listen, I don't have my car today. It's at the mechanic's for a tune-up. Would you give me a lift to the office? PAOLA: Sure! What time do I have to come get you? Is 8:15 OK? SANDRO: Would it be possible a little earlier, say at 8:00? You'd be doing me a real favor! I have to be at work at 8:30. PAOLA: OK, see you down at the entrance at 8:00.

1. The **condizionale presente** (*present conditional*) corresponds to English *would + verb* (*I would sing*). Like the future, the present conditional is formed by dropping the final **-e** of the infinitive and adding a set of endings that is the same for **-are, -ere,** and **-ire** verbs. As with the future, verbs ending in **-are** change the **a** of the infinitive ending to **e.**

lavorare	scrivere	finire
lavor**erei**	scriv**erei**	finir**ei**
lavor**eresti**	scriv**eresti**	finir**esti**
lavor**erebbe**	scriv**erebbe**	finir**ebbe**
lavor**eremmo**	scriv**eremmo**	finir**emmo**
lavor**ereste**	scriv**ereste**	finir**este**
lavor**erebbero**	scriv**erebbero**	finir**ebbero**

2. The conditional stem is always the same as the future stem, even in the case of irregular verbs. (Refer back to **Capitolo 10** for a chart of verbs with irregular future stems.)

Non sai cosa farei per non guidare!	*You don't know what I would do not to drive!*
Verrebbero a prenderti alle otto.	*They would come to pick you up at eight.*

3. The same spelling changes that occur in the future for verbs ending in **-care** and **-gare,** and **-ciare, -giare,** and **-sciare,** also occur in the conditional.

Non dimenticherei mai le chiavi.	*I would never forget my keys.*
Pagheremmo ora, ma non possiamo.	*We would pay now, but we can't.*
Dove parcheggeresti?	*Where would you park?*
Non indovinerebbero mai!	*They would never guess!*

—Comprarlo? Sei matto: non uscirei con un cane così ridicolo per nessuna cosa al mondo!

4. In general, the present conditional in Italian is used (like its English equivalent) to express polite requests, wishes, and preferences.

Mi presteresti la tua macchina?	*Would you lend me your car?*

ESERCIZI

A **Favori.** Restate each sentence in the present conditional to make your request or preference polite.

    ESEMPIO: Mi dai il biglietto (*ticket*) per la partita di calcio? →
                Mi daresti il biglietto per la partita di calcio?

1. Mi dà un passaggio? **2.** Ci presti la moto? **3.** Preferisco parcheggiare qui. **4.** Mi lascia guidare? **5.** La accompagnate a casa? **6.** Vogliamo noleggiare una macchina. **7.** Mi compri una bici italiana? **8.** Non mi piace fare l'autostop.

B **Preferirei...** In complete sentences, indicate what you would rather do instead of the activities listed.

> ESEMPIO: prendere la multa → Preferirei rispettare il limite di velocità
> piuttosto che prendere la multa.

1. inquinare l'aria
2. fare il pieno con benzina super
3. controllare l'olio della macchina
4. andare in macchina da New York a Boston
5. fare l'autostop
6. andare dal meccanico

C **Cosa faresti?** State what you would do if you had these things.

> ESEMPIO: con un milione di dollari →
> Farei un viaggio intorno al mondo e donerei (*I would give*)
> il resto ai poveri!

1. con una casa al mare **2.** con sei mesi di vacanza **3.** con l'intelligenza di Einstein (Madame Curie) **4.** con la forza di Ercole (*Hercules*) **5.** con un anno solo da vivere **6.** con cento litri di benzina **7.** con i poteri di un presidente

D Conversazione.

1. Dove Le piacerebbe essere in questo momento? **2.** Che cosa Le piacerebbe fare? **3.** Avrebbe il coraggio di andare in una colonia di nudisti? **4.** Comprerebbe una macchina brutta ma ecologica? **5.** Sarebbe contento/a di nascere un'altra volta? **6.** Che cosa non farebbe per nessuna cosa al mondo? **7.** Parteciperebbe a una manifestazione per la protezione dell'ambiente?

B **Dovere, potere** e **volere** al condizionale

—Secondo la carta dovrebbe essere l'Isola dei Pinguini.

The present conditional of **dovere, potere,** and **volere** is often used instead of the present tense to soften the impact of a statement or request.

1. **Dovere: Dovrei** means *I should* or *I ought to* (in addition to *I would have to*), in contrast to the present tense **devo** (*I must, I have to*).

Perché dovrei pagare una multa?	*Why should I pay a fine?*
Dovremmo cercare subito un parcheggio.	*We ought to look for a parking spot right away.*

2. **Potere: Potrei** is equivalent to English *I could, I would be able,* and *I would be allowed.**

Potresti darmi l'orario dei treni?	*Could you give me the train schedule?*
Se vuoi, la potrei andare a prendere io.	*If you like, I could go pick her up.*

3. **Volere: Vorrei** means *I would want* or *I would like;* it is much more polite than the present tense form **voglio.**

Vorrei risolvere il problema.	*I would like to solve the problem.*
Vorresti andare in un aereo supersonico?	*Would you like to go in a supersonic jet?*

—Il pieno... ma vorrei prima un preventivo[a]!

[a]*estimate*

ESERCIZI

A **Potresti?** Restate each sentence, substituting the conditional of **potere** for the expression **essere capace di** (*to be able to*).

> ESEMPIO: Saresti capace di fare 80 miglia (*miles*) in bici? →
> Potresti fare 80 miglia in bici?

1. Non sarei capace di vivere senza il motorino (*scooter*). **2.** Non saremmo capaci di cambiare le gomme. **3.** Sareste capaci di chiedere un passaggio a uno sconosciuto (una sconosciuta) (*stranger*)? **4.** Non sarebbe capace di guidare senza occhiali (*eyeglasses*). **5.** Sarebbero capaci di riparare la propria macchina?

B **Dovrei...** Complete each sentence, using the conditional of **dovere.**

> ESEMPIO: Per stare bene, io... →
> Per stare bene, io dovrei dormire molto.

1. Per guidare meno, io...
2. Per essere buoni automobilisti, noi...
3. Per proteggere meglio l'ambiente, tu...
4. Per facilitare il riciclaggio, i comuni (*city governments*)...
5. Per evitare (*avoid*) le multe, il cittadino...

---

*In English both the past and the conditional of *can* are indicated by *could,* whereas in Italian these are clearly distinct:

Ieri non ho potuto studiare; oggi lo potrei fare ma non ne ho voglia.	*Yesterday I couldn't study; today I could do it but I don't want to.*

C **Ti piacerebbe?** Working with a partner, ask and answer questions, using the conditional of **piacere** and **volere**.

> ESEMPIO: passare le vacanze in Tunisia →
> s1: Ti piacerebbe passare le vacanze in Tunisia?
> s2: Sì, vorrei passare le vacanze in Tunisia. (No, vorrei piuttosto passare le vacanze in Sardegna.) E tu?

1. giocare a tennis oggi
2. mangiare al ristorante stasera
3. studiare un'altra lingua
4. andare in campeggio con gli amici
5. stare all'estero per un paio d'anni

C Dimostrativi

SANDRO:	Di chi è quell'automobile?
GABRIELLA:	Quale? Quella targata Taranto?
SANDRO:	No, quella nera; quella che è parcheggiata in divieto di sosta...
GABRIELLA:	Non sono sicura, ma deve essere la macchina del professor Cotardo, quello che è sempre così distratto...
SANDRO:	Uno di questi giorni, gli daranno una multa o gli porteranno via la macchina, vedrai!

A demonstrative word indicates a particular person, place, or thing: *These cookies are too sweet. Who is **that** man?*

1. You have already learned the demonstrative adjectives **questo** (*this*) and **quello** (*that*). **Questo,** like all adjectives ending in **-o,** has four endings. Also, it may be shortened to **quest'** in front of singular nouns that begin with a vowel.

Questo biglietto è troppo caro.	*This ticket is too expensive.*
Quest'estate vado all'estero.	*This summer I'm going abroad.*

Quello has several forms that follow the same pattern as **bello.** (See **Capitolo 2.**)

Quegli automobilisti sono un po' pazzi!	*Those motorists are a little crazy!*
Quell'autostrada arriva fino in Calabria.	*That highway goes all the way to Calabria.*

2. **Questo** and **quello** function as pronouns when used alone (without a following noun). Each has four forms:

SANDRO: Whose car is that? GABRIELLA: Which one? The one with a Taranto license plate? SANDRO: No, the black one; the one that is parked in the no-parking zone. . . . GABRIELLA: I'm not sure, but it must be Professor Cotardo's car, the one who is always so absent-minded. . . . SANDRO: One of these days, they'll give him a ticket, or they'll tow his car away, you'll see!

questo	questa		quello	quella
questi	queste		quelli	quelle

Questa è la sua bici e questo è il suo motorino.	*This is her bike and this is her scooter.*
La mia macchina è vecchia; quella di Mario è nuova.	*My car is old; Mario's is new.*

Quello + *adjective* corresponds to English *the* + *one(s)* + *prepositional phrase* or *the* + *adjective* + *one(s)*.

—Quale parcheggio preferisci?	*Which parking lot do you prefer?*
—Quello vicino alla stazione.	*The one near the station.*
Quei vigili sono molto duri; quelli del nostro quartiere sono più simpatici.	*Those traffic officers are really tough; the ones in our neighborhood are nicer.*
Questa è la vecchia targa; domani riceverai quella nuova.	*This is the old license plate; tomorrow you'll receive the new one.*

3. **Ciò** (always singular and invariable) is used only in reference to things. It means **questa cosa** or **quella cosa**.

Ciò non mi sorprende.	*This doesn't surprise me.*
Ciò è vero.	*That is true.*

Esercizi

A) Trasformazioni. Substitute each word or phrase in parentheses for the italicized word and make all other necessary changes.

1. Quest'*indirizzo* non è quello che cercavo. (distributore di benzina / patente / chiavi / biglietti)
2. *La zia* è cambiata; non sembra più quella di una volta. (Giorgio / i nonni / anche noi / le mie amiche)
3. Preferisco questa *casa* a quella. (appartamento / gomme / moto / meccanico)
4. Questa è la mia *macchina*. (scooter / bici [*pl.*] / occhiali / targa)

B) Quale preferisci? Working with a partner, ask and answer questions based on the information below. Use a form of the pronoun **quello** in your response.

ESEMPIO: le macchine (americano, giapponese, tedesco, italiano...) →
S1: Ti piacciono le macchine americane?
S2: No, preferisco quelle tedesche. E tu?
S1: Preferisco quelle giapponesi.

1. i formaggi (italiano, francese, svizzero, del Wisconsin...)
2. l'arte (moderno, gotico, del Rinascimento [*Renaissance*], barocco...)
3. i romanzi (*novels*) (di Hemingway, di Steinbeck, di Calvino, di Borges...)

4. la musica (moderno, classico, rock, jazz...)
5. i film (di Coppola, di Scorsese, di Fellini, di Spielberg...)
6. la cucina (italiano, francese, cinese, messicano...)

C Conversazione.

1. Preferisce i film tristi o quelli allegri?   **2.** Preferisce i documentari sulla natura o quelli storici?   **3.** Preferisce la cucina italiana o quella messicana?   **4.** Preferisce le automobili che hanno due porte o quelle che ne hanno quattro?   **5.** Preferisce le targhe personalizzate o quelle normali?

D Pronomi possessivi

—Il pianoforte è uguale al^a tuo. Devi solo guardare bene come fa lui...   ^auguale... *just like*

1. Possessive pronouns (**i pronomi possessivi**), like possessive adjectives, show ownership. Possessive adjectives must be followed by a noun; in contrast, possessive pronouns stand alone. They correspond to English *mine, yours, his, hers, its, ours,* and *theirs.* In Italian they are identical to the possessive adjectives. They agree in gender and number with the nouns they replace.

Lui è uscito con la sua **ragazza;** io sono uscito con **la mia.**	*He went out with his girlfriend; I went out with mine.*
Tu ami il tuo **paese** e noi amiamo **il nostro.**	*You love your country and we love ours.*
Tu hai i tuoi **problemi,** ma anch'io ho **i miei.**	*You have your problems, but I have mine too.*

2. Possessive pronouns normally retain the article, even when they refer to relatives.

Mia moglie sta bene; come sta la Sua?	*My wife is well; how is yours?*
Ecco nostro padre; dov'è il vostro?	*There's our father; where's yours?*

3. When possessives are used after **essere** to express ownership, the article is usually omitted.

È Sua quella macchina?	*Is that car yours?*
Sono Suoi quei bambini?	*Are those children yours?*

ESERCIZI

A **Preferisco il mio!** Ask and answer questions according to the example.

ESEMPIO: l'abito di Marco →
S1: Ti piace l'abito di Marco?
S2: Sì, ma preferisco il mio.

1. la casa di Giulia
2. lo stereo di Claudio
3. le cassette di Dario
4. le gomme di Luigi
5. la bici di Franco
6. il garage del signor Muti
7. le valige di Mara
8. i Cd di Giorgio

B **A ciascuno il suo.** Complete each sentence with the appropriate possessive pronoun (with or without a preposition).

ESEMPIO: Io faccio i miei esercizi e tu fai i tuoi.

1. Io pago il mio caffè e Lei paga _____.
2. Io ho portato il mio avvocato e loro hanno portato _____.
3. Noi scriviamo a nostra madre e voi scrivete _____.
4. Tu ricicli i tuoi rifiuti e lei ricicla _____.
5. Io ho detto le mie ragioni (*reasons*); ora voi dite _____.
6. Io ho parlato ai miei genitori; adesso tu parla _____.

C **Conversazione.** Invent an answer if the question doesn't apply to you!

1. Quale stile di vita preferisce: quello di Cher o il Suo?
2. Quale macchina preferisce: la macchina dei Suoi genitori o la Sua?
3. Il mio televisore è in bianco e nero: com'è il Suo? A colori?
4. Le mie amiche più intime sono tutte laureate in medicina: e le Sue?
5. I miei occhi sono azzurri: come sono i Suoi?
6. L'arredamento della mia camera è bianco: com'è il Suo?
7. La mia Fiat fa quindici chilometri con un litro: quante miglia al gallone fa la Sua BMW?*

PICCOLO RIPASSO

A **Un automobilista si lamenta.** Complete the paragraph with appropriate expressions.

Nella mia _____,[1] se qualcuno lascia una macchina in divieto di _____,[2] anche solo per _____[3] ora, può essere sicuro di prendere una _____.[4] Per il vigile, tutti gli _____[5] sono uguali. Ed è inutile _____[6] gli di non essere cattivo...

---

*Read **bi-emme-vu**.

B **Intervista.** Find out from a classmate the following information:

> ESEMPIO: se usa solo benzina verde →
> S1: Usi solo benzina verde?
> S2: Sì, uso solo benzina verde. (No, non uso solo benzina verde; uso anche benzina super.) E tu?

1. a che età è possibile prendere la patente nel suo stato
2. se l'esame per la patente è difficile
3. a che età ha preso la patente
4. com'è il traffico nella sua città
5. se ha mai cambiato le gomme da sé e se le cambierebbe per un amico (un'amica) in difficoltà
6. se ha mai preso una multa per divieto di sosta
7. se nel suo stato è obbligatorio allacciare le cinture di sicurezza

C **Come siamo educati/e** (*polite*)! Restate each command with a question that starts with the conditional of **potere**.

> ESEMPIO: Prestami l'automobile! → Potresti prestarmi l'automobile?

1. Dimmi dove sono i soldi! **2.** Fammi una fotografia! **3.** Dammi qualcosa da bere! **4.** Accompagnatemi a casa! **5.** Compratemi una bicicletta! **6.** Guida meglio!

D **Volentieri!** Answer each question by stating that you'd be glad to do what you are asked to do. Whenever possible, use an object pronoun (or **ne** or **ci**) in your answers.

> ESEMPIO: Parleresti all'avvocato? → Sarei contento/a di parlargli.

1. Andresti in Giappone? **2.** Prenderesti quell'appartamento? **3.** Mangeresti questa carne? **4.** Lavoreresti per i signori Verdi? **5.** Parleresti delle feste italiane? **6.** Telefoneresti alla nonna? **7.** Vieteresti (*prohibit*) a tuo figlio di fumare in casa? **8.** Verresti a prendermi stasera?

DIALOGO

ESPRESSIONI UTILI

le ore di punta	rush hour
Mi fa venire la nausea.	It makes me sick.
Mi ci sono abituato.	I got used to it.
stendere i propri panni	to hang one's clothes out to dry
La gente non ci fa più caso.	People no longer pay attention to it.

Non molti hanno imparato a rinunciare all'automobile.

Roma: difendersi dall'inquinamento non è facile.

Aldo ed Enrico hanno fondato un'associazione di volontari per la protezione dell'ambiente. Stanno salendo in macchina per andare in centro a distribuire volantini° che pubblicizzano la loro prossima riunione.

flyers

ENRICO: Guidi tu?

ALDO: Sì guido io. So che il traffico nelle ore di punta ti innervosisce.°   *makes you nervous*

ENRICO: Non è tanto il traffico in sé stesso° che mi disturba, quanto lo   *sé... itself* smog delle macchine che mi fa venire la nausea e un mal di testa terribile.

ALDO: Purtroppo io mi ci sono abituato.°   *io... I've gotten used to it*

ENRICO: E il problema è proprio questo: la gente si abitua a respirare°   *to breathe* sostanze tossiche, ad evitare° certe spiagge e certi mari, a non   *to avoid* stendere i propri panni all'aperto perché altrimenti si ritirano° neri, a   *si... they come back* non bere più l'acqua del rubinetto,° a vedere foreste intere distrutte...   *tap* La gente si abitua e non ci fa più caso.

ALDO: O meglio, ci fa caso ma preferisce chiudere gli occhi per pigrizia° o   *laziness* per egoismo o per interessi privati.

ENRICO: Eppure basterebbe così poco, sarebbe sufficente incominciare a rendersi conto° che la vita del nostro pianeta è in serio pericolo e   *rendersi... to realize* che è dovere di ognuno di noi contribuire a salvaguardarlo.°   *to safeguard it*

ALDO: (*osserva dal finestrino della macchina*) Guarda come sono neri i muri delle nostre chiese! Figurati° i nostri polmoni°!   *Just imagine / lungs*

ENRICO: Non dovremmo meravigliarci° quando vediamo persone che vanno   *be surprised* in bicicletta con la mascherina°... Quasi dimenticavo, dobbiamo   *little mask* passare a prendere Paola!

ALDO: Giusto! Adesso che il centro storico è stato chiuso al traffico, dobbiamo fare il giro per via Matteotti e parcheggiare davanti alla casa di Paola.

ENRICO: Ci crederesti? Dopo tante battaglie in Comune,° finalmente il centro   *Town Hall* storico è salvo.°   *safe*

ALDO: Per così dire. La strada è ancora lunga, ma almeno è un inizio.

SI DICE COSÌ!

Farci caso (*to notice, pay attention*) can be used in various contexts.

> Protestano? Non farci caso!
> *Do they object? Pay no attention! (Don't let it bother you! Ignore it!)*

> Il traffico? Non ci ho mai fatto caso.
> *Traffic? I never paid attention to it. (I never noticed it.)*

TOCCA A TE!

Per ognuna delle seguenti situazioni scegli la risposta giusta.

1. Stai discutendo con degli amici. Marco continua a dire sciocchezze (*nonsense*). Di' a loro di ignorare Marco.
   a. Dovete farci caso!
   b. Non fateci caso!
   c. Non ci avete mai fatto caso.

2. Un amico si scusa per aver rotto uno dei tuoi bicchieri. Digli che non l'hai neanche (*even*) notato.
   a. Facci caso!
   b. Ci faccio caso.
   c. Non ci ho neanche fatto caso.

3. I tuoi amici che vivono a Torino si sono abituati al traffico. Di' che loro non lo notano più.
   a. Non devono farci caso.
   b. Non ci fanno più caso.
   c. Ci fanno caso.

E ORA A VOI

A Interpretate! Leggete i seguenti passaggi presi dal **Dialogo** e scegliete la migliore interpretazione.

1. ENRICO: La gente si abitua a respirare sostanze tossiche, ad evitare certe spiagge e certi mari...
   a. La gente non fa più caso a queste cose perché sono diventate abitudini.
   b. La gente preferisce andare al mare per non respirare sostanze tossiche.

2. ALDO: La gente preferisce chiudere gli occhi...
   a. La gente è cosciente del problema dell'inquinamento.
   b. La gente è cosciente del problema ma è apatica per varie ragioni.

3. ENRICO: Dopo tante battaglie in Comune, il centro storico è salvo.
   a. Enrico ed Aldo non sono riusciti a proteggere il centro storico.
   b. L'associazione di Aldo ed Enrico ha contribuito alla chiusura (*closing*) al traffico del centro storico.

B **Proposte in Comune.** Siete sindaci (*mayors*) di grossi centri urbani. Cosa suggerireste (*would you suggest*) o non suggerireste per risolvere il problema del traffico cittadino? E perché?

ESEMPIO: chiudere tutte le piazze al traffico →
Suggerirei di chiudere tutte le piazze al traffico perché così avremmo nuove zone pedonali (*adj., pedestrian*) e meno inquinamento. (Non suggerirei di chiudere tutte le piazze al traffico; non servirebbe a ridurre il traffico ma semplicemente a spostarlo [*move it*].)

1. parcheggiare la macchina in garage durante il week-end e andare in bicicletta
2. usare i mezzi di trasporto pubblici per andare a lavorare
3. eliminare la benzina e usare il gas
4. usare la macchina solo in caso di emergenza
5. ordinare mascherine per tutti gli automobilisti
6. guidare sempre con i finestrini (*windows*) chiusi
7. intensificare e migliorare la rete (*network*) dei trasporti pubblici

 **IN ASCOLTO**

Letture verdi. Lia e Giorgio parlano di un articolo che hanno letto nella rivista *Nuova ecologia.* Ascoltate attentamente, poi rispondete alle seguenti domande.

1. Di che cosa parla l'articolo in *Nuova ecologia*?
2. Qual è una malattia associata a questo fenomeno?
3. Che cosa non può fare la gente che vive in queste zone a rischio?
4. Quali prodotti contribuiscono a questo problema ambientale?
5. Secondo Giorgio, siamo tutti coscienti del pericolo?

 **LETTURA**

ESPRESSIONI UTILI

sta conducendo delle ricerche	is doing research
ormai in estinzione	now becoming extinct
assicurare la sopravvivenza	to ensure the survival
cominciano a farsi sentire	they're starting to make themselves heard

Riciclaggio del vetro in Piazza del Duomo a Milano.

DALL'AMAZZONIA AI CIELI° ITALIANI

skies

Paola è appena tornata dal Brasile dove ha partecipato a una conferenza per la protezione delle foreste. Paola è farmacista e sta conducendo delle ricerche sulla scomparsa° di medicinali che venivano° prodotti da piante, ormai in estinzione, nella foresta amazzonica.

disappearance / were

Enrico ed Aldo sono arrivati a casa di Paola e sono ansiosi di sapere tutto su questo viaggio di scoperta.° Sperano di utilizzare le informazioni raccolte° da Paola per sensibilizzare° l'opinione pubblica durante la loro prossima riunione sull'inquinamento dell'atmosfera.

discovery

gathered / sensitize

«Allora, Paola, com'è andata?»

«Non saprei da dove incominciare ma una cosa è certa: non ho visto niente di più meraviglioso e di più triste allo stesso tempo. La natura è di una bellezza indescrivibile, piante con poteri medicinali incredibili, vegetazione lussureggiante°... e nella vastità di tanto verde ci dimentichiamo che un terzo è già stato distrutto e che il processo continua. Noi qui, che viviamo in un centro urbano, contenti di avere un viale alberato° davanti a casa nostra, non ci rendiamo conto della serietà del problema. Dobbiamo assicurare la sopravvivenza delle foreste se ci teniamo al nostro pianeta.»

lush

tree-lined

«Verissimo! Ma sai, abbiamo molto da fare anche nel nostro paese: ripulire le spiagge, depurare i mari, ridurre il traffico cittadino, migliorare le tecniche di riciclaggio, produrre automobili ecologiche. Fortunatamente cominciano a farsi sentire in molti, dai bambini delle scuole elementari a gruppi Verdi impegnati° in varie iniziative per salvare

engaged

l'ambiente. Gli abitanti dei centri costieri delle Marche e dell'Abruzzo, ad esempio, attraversati° dalla Statale° Adriatica sulla quale transitano 2500 TIR° al giorno, si sono riuniti in un gruppo per la difesa dell'ambiente e, dopo molte battaglie, sono riusciti a far dirottare° il traffico sull'autostrada. Lo stesso sta succedendo al nord nella Val di Susa, soffocata° dal traffico autostradale, e alla periferia° di Agrigento in Sicilia, inquinata dallo smog delle fabbriche.°»

°crossed / °state highway
°international transport trucks

°to divert

°choked

°outskirts

°factories

«A proposito, Paola, dovresti aiutarci a preparare un volantino contro l'utilizzo del carbone° come forma di energia alternativa.»

°coal

«Ho appena letto un articolo su questa nuova tecnologia e ho già delle idee per il vostro volantino!»

E ORA A VOI

A **Se ne parla o no?** Quale dei seguenti argomenti *non* è menzionato nella **Lettura**?

_____ l'estinzione di piante medicinali
_____ la riunione di Aldo ed Enrico
_____ la fauna in Brasile
_____ la professione di Paola
_____ l'insensibilità dell'opinione pubblica
_____ il successo di alcune iniziative private
_____ il traffico autostradale in Italia
_____ le conseguenze dell'inquinamento

B **Preparate un volantino!** Aldo ed Enrico hanno chiesto a Paola di aiutarli a preparare un volantino contro l'utilizzo del carbone come forma di energia alternativa. Ecco il volantino di Paola.

NOI VERDI DICIAMO *NO!*

NO AL CARBONE COME FORMA DI ENERGIA ALTERNATIVA!

Il carbone è più pericoloso del petrolio e del metano e le conseguenze del suo utilizzo sono gigantesche. Esiste una correlazione tra i tumori e le emissioni di zolfo (*sulphur*)... Perché non parlare invece di uso più efficace dell'energia elettrica?

TOCCA A VOI SALVARE IL VOSTRO HABITAT.

Partecipate alla riunione per la protezione dell'ambiente, il 5 maggio, ore 3:00, al Centro Terra di via Mazzini 15.

Adesso tocca proprio a voi! Siete i membri di un'associazione per la protezione dell'ambiente. Preparate un volantino che pubblicizza l'importanza del riciclaggio. Lavorate in gruppi di tre o quattro. Confrontate il vostro volantino con il resto della classe e premiate (*reward*) il migliore!

PAROLE DA RICORDARE

VERBI

allacciare to buckle
*****andare/*venire** (*p.p.* **venuto**) **a prendere** to pick up (*a person*)
chiedere (*p.p.* **chiesto**)/**dare un passaggio** to ask for/give a lift
controllare to check
depurare to purify
fare benzina to get gas
fare l'autostop to hitchhike
fare il pieno to fill up one's gas tank
indovinare to guess
inquinare to pollute
parcheggiare to park
prendere la multa to get a ticket, fine
proteggere to protect
riciclare to recycle
*****rimanere** (*p.p.* **rimasto**) to remain, stay
*****rimanere senza benzina** to run out of gas

risolvere to solve
rispettare to respect
　rispettare il limite di velocità to obey the speed limit
scaricare to unload, to discharge

NOMI

l'ambiente (*m.*) environment
l'automobilista (*m./f.; m. pl.* **gli automobilisti**) motorist, driver
l'autostrada highway
la benzina (**normale/super/verde**) gas (regular/super/unleaded)
il biglietto ticket (*theater, train*)
le chiavi della macchina car keys
la cintura di sicurezza seat belt
il controllo tune-up
il distributore di benzina gas pump
il divieto di sosta no-parking zone

l'effetto serra greenhouse effect
la fascia di ozono ozone layer
la gomma tire
l'inquinamento pollution
il limite di velocità speed limit
il meccanico (*pl.* **meccanici**) mechanic
i mezzi di trasporto (*means of*) transportation
la multa ticket, fine
l'olio oil
la patente driver's license
la protezione dell'ambiente environmentalism
il riciclaggio recycling
i rifiuti garbage
il segnale sign
la targa (*pl.* **le targhe**) license plate
il/la vigile traffic officer

AGGETTIVI

ecologico (*m. pl.* **ecologici**) environmentally safe
pazzo crazy

LA MUSICA E IL PALCOSCENICO

IN BREVE

Grammatica

A. Condizionale passato
B. Pronomi relativi
C. Chi

Lettura

Non solo opera

Claudio Abbado durante una prova d'orchestra.

VOCABOLARIO PRELIMINARE

Dialogo-lampo

SIGNOR GALBIATI: Con chi esci stasera?

MAURA: Esco con Christian. È un musicista di professione. Vedrai, ti piacerà!

Musica e Teatro

l'**aria** aria
il **baritono** baritone
il **basso** bass
il/la **cantante** singer
il **cantautore**, la **cantautrice**
    singer-songwriter
la **canzone** song
il **compositore**, la **compositrice**
    composer
la **musica leggera** pop music
il/la **musicista** musician
l'**opera**, il **melodramma** opera

la **soprano** soprano
il **tenore** tenor

l'**autore**, l'**autrice** author
il **balletto** ballet
la **commedia** comedy, play
il **palcoscenico** stage
la **prima** opening night
la **rappresentazione teatrale**
    play, performance
il/la **regista** director
la **tragedia** tragedy

allestire uno spettacolo to
    stage a production
applaudire to applaud
fischiare to boo (*lit.*, to whistle)
mettere in scena to stage, put
    on, produce
recitare to act

dilettante amateur
di professione as a profession
lirico operatic

PAROLE-EXTRA

Alcuni strumenti musicali

il **basso** bass
la **batteria** drums

il **flauto** flute
la **tromba** trumpet

il **clarinetto** clarinet
il **violino** violin

ESERCIZI

A **Indovinelli.** Date un'occhiata (*glance*) al **Vocabolario preliminare** e poi risolvete questi indovinelli.

ESEMPIO: È la voce (*voice*) femminile più alta. → la soprano

1. Incomincia bene e finisce male.
2. Scrive canzoni e le canta.
3. Suona uno strumento musicale.
4. È considerata la rappresentazione più importante.
5. Scrive musica.
6. Sono le voci maschili nel repertorio lirico.
7. È la parte del teatro dove ha luogo la rappresentazione.
8. Un altro modo per dire **opera**.
9. Non è un musicista di professione.

B **Completate.** Completate le seguenti frasi con la forma adatta del verbo.

Verbi: allestire, applaudire, fischiare, mettere in scena, recitare

1. Il concerto di Vivaldi dei Solisti Veneti è stato un grande successo. Il pubblico _____ per quindici minuti.
2. Una compagnia di balletto russa _____ un grande spettacolo per il Festival dei Due Mondi di Spoleto.
3. Che fiasco! Tutti _____ i due nuovi musicisti.
4. Il tenore ha cantato benissimo ma non sa assolutamente muoversi sul palcoscenico! Non sa _____!
5. L'anno scorso gli studenti di arte drammatica _____ il primo atto di una commedia di Goldoni.

C **Quiz velocissimo.** Sapete abbinare i musicisti e i loro strumenti? Indovinate se non siete sicuri/e!

A	B
1. _____ Benny Goodman	a. la batteria
2. _____ Ringo Starr	b. il violino
3. _____ Louis Armstrong	c. il clarinetto
4. _____ Itzhak Perlman	d. la tromba
5. _____ Jean-Pierre Rampal	e. il basso
6. _____ Charles Mingus	f. il flauto

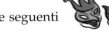

D **Dilettante o professionista?** Lavorando in coppia rispondete alle seguenti domande.

1. Suoni qualche strumento musicale? Se sì, sai leggere la musica o suoni a orecchio (*by ear*)?
2. Fai parte di qualche gruppo che suona o di qualche compagnia che danza o recita?
3. Hai mai pensato di fare il/la musicista di professione? Perché sì o perché no?
4. Conosci qualcuno che fa il/la musicista di professione? Se sì, potresti descrivere il suo stile di vita?

5. Come attività da dilettante cosa sceglieresti fra la musica, la danza e la recitazione?

6. Qual è il tuo/la tua cantante preferito/a di musica leggera?

7. Hai un'opera preferita? Conosci qualche aria d'opera? Quali?

8. Hai autori e autrici preferiti? Quali?

 **IN ASCOLTO**

Tutti i gusti son gusti! Angiolina e Valentino parlano dei loro gusti musicali. Ascoltate attentamente, poi completate le frasi seguenti.

1. La canzone interpretata da De Andrè si chiama _____ .

2. È una canzone _____ che ha più di _____ .

3. I temi della canzone sono l'_____ e la _____ .

4. Valentino preferisce cantautori come _____ e _____ .

5. La sera delle elezioni nazionali Lucio Dalla ha cantato _____ .

GRAMMATICA

A Condizionale passato

GIANCARLO: Ciao, Paolo, speravo di vederti a Spoleto:* come mai non sei venuto?

PAOLO: Sarei venuto molto volentieri, ma purtroppo non ho trovato posto all'albergo.

GIANCARLO: Peccato! Avresti dovuto prenotare la camera un anno fa, come ho fatto io.

1. The **condizionale passato** (conditional perfect: *I would have sung, they would have left*) is formed with the conditional of **avere** or **essere** + *past participle.*

GIANCARLO: Hi, Paolo, I was hoping to see you in Spoleto. How come you didn't show up?
PAOLO: I would have been happy to come, but unfortunately I didn't find room at the hotel.
GIANCARLO: Too bad! You should have reserved a room a year ago like I did.

*The Festival of the Two Worlds, started by the Italian-American composer Giancarlo Menotti in 1958, takes place in Spoleto and in Charleston, South Carolina in June and July. It attracts the international avant-garde of music, theater, ballet, cinema, and the arts.

CONDIZIONALE PASSATO CON **avere**	CONDIZIONALE PASSATO CON **ẹssere**
avrẹi avresti avrebbe $\Big\}$ lavorato avremmo avreste avrẹbbero	sarẹi saresti $\Big\}$ partito/a sarebbe saremmo sareste $\Big\}$ partiti/e sarẹbbero

—**La mia maestra me lo diceva che la pittura mi avrebbe portato in alto.**[a]

[a]portato... *take me places*

2. The Italian conditional perfect corresponds to English *would have + verb.*

| Avrei preferito vedere un'opera senza i sottotitoli. | *I would have preferred to see an opera without subtitles.* |
| Saremmo andati volentieri alla Scala, ma non abbiamo potuto. | *We would gladly have gone to La Scala, but we weren't able to.* |

3. The conditional perfect of **dovere** + *infinitive* is equivalent to English *should have* or *ought to have + past participle.*

| Avreste dovuto invitarlo. | *You ought to have invited him.* |
| Non sarei dovuto arrivare in ritardo. | *I shouldn't have arrived late.* |

4. The conditional perfect of **potere** + *infinitive* is equivalent to English *could (might) have + past participle.*

| Avrei potuto ballare tutta la notte. | *I could have danced all night.* |
| Sarebbe potuto arrivare prima. | *He might have arrived earlier.* |

5. In Italian, the conditional perfect (instead of the present conditional, as in English) is used in indirect discourse to express a future action seen from a point in the past.

Ha detto, «**Comprerò** i biglietti per tutti.»	*He said, "I'll get tickets for everyone."*
Ha detto che **avrebbe comprato** i biglietti per tutti.	*He said that he would get tickets for everyone.*
Hanno scritto, «**Arriveremo** a teatro prima delle otto.»	*They wrote, "We'll arrive at the theater before eight o'clock."*
Hanno scritto che **sarebbero arrivati** a teatro prima delle otto.	*They wrote that they would arrive at the theater before eight o'clock.*

ESERCIZI

A **Trasformazioni.** Replace the subject with each subject in parentheses and make all other necessary changes.

1. Io avrei voluto vedere una commedia. (i ragazzi / anche tu / Claudia / tu e Gino)
2. Mirella sarebbe andata volentieri all'opera. (i signori Neri / tu, Piera / anche noi / io)
3. Tu hai detto che ci avresti accompagnato al concerto. (Giorgio / voi / Lei / le ragazze)
4. Franco ha detto che sarebbe andato al festival. (le signore / noi / io / Laura)

B **Le ultime parole famose.** Mauro is not terribly scrupulous about keeping his promises. Following the example, tell what he said he would do, and explain what prevented him.

ESEMPIO: Finirò presto. →
Ha detto che avrebbe finito presto ma ha lavorato tutta la sera.

1. Scriverò una volta alla settimana. 2. Ritornerò a casa prima di mezzanotte. 3. Berrò solo acqua minerale. 4. Non mangerò più gelati. 5. Mi alzerò presto ogni giorno. 6. Non mi arrabbierò. 7. Cercherò di venire al concerto. 8. Andrò sempre a piedi.

C **La settimana scorsa.** Tell four things you could have done last week. Then tell four things you should have done last week.

ESEMPI: La settimana scorsa avrei potuto andare al balletto...
La settimana scorsa avrei dovuto suonare il clarinetto...

B Pronomi relativi

ANGELA: Vittoria, ben tornata! Ti sei divertita al Festival? Ho saputo che eri sempre in compagnia di un bellissimo ragazzo che fa l'attore, un Don Giovanni di cui tutte le donne s'innamorano.
VITTORIA: I soliti pettegolezzi! Non bisogna credere a tutto quello che dice la gente!
ANGELA: È vero. Però in ciò che dice la gente c'è spesso un granello di verità.

ANGELA: Vittoria, welcome back! Did you have a good time at the Festival? I heard you were always seen with a very handsome young man who is an actor, a Don Juan that all the women fall in love with. VITTORIA: The usual gossip! You shouldn't believe everything people say! ANGELA: That's true. However, there's often a grain of truth in what people say.

1. Relative pronouns (*who, whose, whom, which, that*) link one clause to another.

> What's the name of the girl? The girl is playing the piano.
> What's the name of the girl *who* is playing the piano?

Whom or *that* can often be omitted in English (*the man I love = the man whom I love*), but they must be expressed in Italian. The clause that contains the relative pronoun is called the relative clause. The Italian relative pronouns are **che, cui,** and **quello che** or **ciò che.**

—Finalmente una volta in cui non mi chiedi cosa c'è a pranzo!

2. **Che** corresponds to *who, whom, that,* and *which;* it is the most frequently used relative pronoun. It is invariable, it can refer to people or things, and it functions as either a subject or an object.

Come si chiama il musicista che suona il piano?	*What's the name of the musician who is playing the piano?*
Abbiamo comprato il violino che volevamo.	*We bought the violin (that) we wanted.*

3. **Cui** is used instead of **che** after a preposition. It is also invariable.

È una commedia di cui tutti parlano.	*It's a comedy everyone is talking about (about which everyone is talking).*
Ecco la signora a cui devi dare il libretto.	*Here's the lady you must give the libretto to (to whom you must give the libretto).*
Giorgio è l'amico con cui vado sempre all'opera.	*Giorgio is the friend with whom I always go to the opera.*

4. **Quello che** (or the short form, **quel che**) and **ciò che** correspond to *what,* with the meaning *that which.* **Quello di cui** and **ciò di cui** correspond to *that of which.*

quello che quel che ciò che	*what, that which*	quello di cui ciò di cui	*that of which*
tutto quello che tutto quel che tutto ciò che	*all that, everything that*		

Andremo a vedere quello che vuoi.	*We'll go see what you want.*
Non raccontatemi tutto quello che succede nel film!	*Don't tell me everything that happens in the film!*
Era proprio quello di cui avevo paura.	*It was exactly what I was afraid of.*

ESERCIZI

A **Piccoli dialoghi.** Complete the conversations with a relative pronoun, using a preposition where needed.

1. s1: Non è quella la cantautrice _____ hanno dato il premio (*prize*)?
   s2: Sì, è proprio lei! Mi piacciono molto le canzoni _____ canta.
2. s1: Come si chiama il compositore _____ hai conosciuto?
   s2: Si chiama Bertoli. È quello _____ tutti parlano.
3. s1: La donna _____ esce Paolo è pianista.
   s2: Allora _____ avevo sentito dire era vero!
4. s1: Lo spettacolo _____ recita Cristina comincia stasera. Perché non andiamo a vederlo?
   s2: Ottima idea! Un po' di distrazione è proprio quello _____ abbiamo bisogno.

B **Giochiamo a Jeopardy!** Construct the answer, then give the corresponding question. Use the information given and follow the example.

ESEMPIO: la persona / vendere salame e prosciutto →
   s1: È la persona che vende salame e prosciutto.
   s2: Che cos'è un salumiere?

1. la persona / dirigere uno spettacolo teatrale
2. la cabina / trasportare le persone da un piano all'altro
3. la donna / recitare nei teatri o nei film
4. il documento / servire (*to be necessary*) per guidare
5. la persona / servire a tavola in ristoranti, trattorie e caffè
6. la persona / riparare il motore della macchina
7. l'uomo / scrivere e cantare le proprie (*his own*) canzoni
8. la rappresentazione teatrale / cominciare male e finire bene
9. la donna / scrivere libri e commedie
10. il pezzo di carta / dare accesso a un teatro o a un cinema

Now answer each question, using the appropriate **pronome relativo.**

ESEMPIO: Che cos'è un programma? →
   È ciò che ci dice i nomi degli attori e dei registi.

1. Che cos'è un aperitivo?
2. Che cos'è un palcoscenico?
3. Che cosa sono i sottotitoli?
4. Che cos'è l'antipasto?
5. Che cos'è l'opera?
6. Che cos'è il balletto?

C **Ecco!** Answer each question, using **ecco.**

ESEMPIO: Con che cosa scrive? → Ecco la matita con cui scrivo.

1. Di chi è innamorato? 2. Chi cerca di impressionare? 3. Dove ha scritto il Suo nome? 4. Che cosa spera di ottenere? 5. Per chi ha scritto questa canzone? 6. Da chi impara l'italiano? 7. Con chi prende il caffè? 8. A chi vorrebbe dare un bacio?

—Quello che più mi indispettisce,[a] è che gli unici spettatori sono entrati con un biglietto omaggio[b]!

[a]*bugs* [b]*free*

D **Completate.** Complete according to your opinions and experiences.

1. Il cantautore (La cantautrice) di cui mi sono innamorato/a...
2. Le sere in cui non ho niente da fare...
3. Non dimenticherò mai quello che...
4. Conosco un(a) musicista dilettante che...
5. La ragione per cui non sono venuto/a è che...

E **Traduzioni.** Express in Italian.

1. Say what you want, Pietro!   2. Did you like the present I gave you?
3. The room I study in is small.   4. They'll do all they can to (**per**)
help us.   5. The singer I prefer is Lucio Dalla.

C Chi

—Litigano per chi deve portare il simbolo della pace...

1. **Chi** can substitute for **la persona che** and **le persone che** and for **quello che** and **quelli che** when they refer to people. It is *always* used with a singular verb. It can translate into English as *the one(s) who, he/she who,* or *those who.* **Chi** is frequently used in proverbs and in making generalizations.

Chi sta attento capisce.	*Those who pay attention understand.*
Chi dorme non piglia pesci.	*He who sleeps doesn't catch any fish. (The early bird catches the worm.)*
Non parlare con chi non conosci.	*Don't talk to (those) people (whom) you don't know.*

2. As you already know, **chi** can also be used as an interrogative pronoun, alone or after a preposition.

Suona il telefono. Chi sarà?	*The phone is ringing. Who could it be?*
Con chi studi?	*With whom do you study?*

ESERCIZI

A **Chi.** Restate the following sentences, using **chi.**

ESEMPIO: Quelli che scrivono bene avranno successo. →
Chi scrive bene avrà successo.

1. Non approvo quelli che fischiano a teatro.   **2.** Quelli che non capiscono il russo possono leggere il libretto.   **3.** Ricordi il nome di quello che ha allestito questo spettacolo?   **4.** Quelli che hanno parcheggiato in divieto di sosta hanno preso la multa.   **5.** Le persone che cantano danno l'impressione di non avere preoccupazioni.   **6.** Cosa succede a quelli che mangiano troppo e non fanno abbastanza esercizio?   **7.** L'opera sarà più interessante per le persone che hanno già letto il libretto.

B Conversazione.

1. Quando è a teatro, che cosa dice a chi parla ad alta voce?   **2.** Che cosa pensa di chi mangia durante la rappresentazione?   **3.** Secondo Lei, dovrebbe essere vietato l'ingresso a chi arriva in ritardo a teatro?   **4.** Chi ha il raffreddore (*cold*) dovrebbe stare a casa ed evitare di andare nei locali pubblici?   **5.** Chi fuma dovrebbe avere il permesso di fumare al cinema, a teatro, in un ristorante, sull'aereo?

Now ask the same questions of a classmate and report to the class the answers that differ from your own.

PICCOLO RIPASSO

A **Combinazioni.** Use a relative pronoun to combine each pair of sentences. Use a preposition if necessary.

ESEMPIO: Questo è il titolo. Non dovete dimenticarlo. →
Questo è il titolo **che** non dovete dimenticare.

1. È arrivata molta gente. Tra la gente ci sono personalità famose.   **2.** Mi è piaciuta la commedia. Nella commedia ha recitato Mariangela Melato.
3. Non ricordo il cantante. Gli ho prestato la partitura (*score*).   **4.** Spiegaci la ragione. Hai lasciato il concerto per questa ragione.   **5.** Avrebbero dovuto vendere quel teatro. Il teatro aveva bisogno di molte riparazioni (*repairs*).   **6.** È una sinfonia molto interessante. Ne parla spesso la professoressa.   **7.** Vi faccio vedere (*show*) una tragedia importante. Dovete fare attenzione a questa tragedia.   **8.** Vorrei conoscere il baritono. Il baritono è entrato in questo momento.

B **Le solite giustificazioni!** Working with a partner, explain why the following people were unable to do the things listed below. Use the **condizionale passato** in your response.

ESEMPIO: Piera / venire al festival →
   s1: Non è venuta al festival Piera?
   s2: Ha detto che sarebbe venuta, ma si è sentita male.

1. Maurizio / mettere in scena una commedia
2. Gianni / comprare i biglietti
3. Gino e Silvio / accompagnarvi al concerto rock
4. Patrizia e Anna / andare al Festival Jazz
5. Mirella / arrivare presto a teatro
6. Mariangela / parlare con la nuova regista

C Conversazione.

1. Lei dice sempre quello che pensa? 2. Che cosa farebbe Lei per attirare l'attenzione su di sè? 3. Lei crede a quel che dice la gente? a quello che legge sui giornali? all'oroscopo? alle previsioni del tempo? 4. Le piacerebbe potere mangiare sempre quello che vuole? 5. Quali personalità famose (del mondo della musica) si vestono in modo (*manner*) stravagante secondo Lei? 6. Di quale cantante/musicista Le piacerebbe fare la conoscenza (*acquaintance*)? Con chi uscirebbe a cena?

DIALOGO

ESPRESSIONI UTILI

Altro che!	Of course! By all means!
Mi viene da piangere!	I feel like crying!
per forza	necessarily (*lit., perforce*)

Christie e Clark, due amici canadesi di Anna, sono venuti in Italia a trascorrere° un'estate tutta musicale.   *to spend*

ANNA: Non potevate scegliere un periodo migliore! Luglio e agosto sono due mesi di spettacoli eccezionali in tutta Italia.

CLARK: Anche la stagione operistica all'Arena di Verona di cui ho sentito tanto parlare è in estate?

ANNA: Altro che! È forse uno degli eventi più attesi° dagli amanti dell'opera! Quest'anno viene allestita l'*Aida* di Verdi. Chissà che spettacolo!   *anticipated*

CLARK: Dove possiamo comprare i biglietti?

ANNA: I biglietti?! A trovarli!° Adesso è troppo tardi, avreste dovuto comprarli almeno sei mesi fa!

CLARK: Accidenti!° Ci saremmo dovuti informare prima! Mi sarebbe proprio piaciuto vedere quest'opera con tutti gli elefanti e i cammelli sul palcoscenico. Chissà che scenografia!

CHRISTIE: A me il grande spettacolo non interessa; io preferisco la semplicità della *Bohème* di Puccini.

ANNA: Ah, il grande amore tra il povero poeta Rodolfo, che vive miseramente in una soffitta con i suoi amici artisti, e la delicata Mimì ammalata di tisi°...

CHRISTIE: Ma qual è l'altra storia d'amore ambientata° a Parigi che finisce tragicamente?

ANNA: *La Traviata* di Verdi! Alfredo è innamorato della bella Violetta, una prostituta dell'alta società parigina. Il padre, contrario a questa unione, costringe° Violetta a lasciare suo figlio...

CLARK: Basta, mi viene già da piangere! Ma tutte le opere devono finire per forza male?

ANNA: No, infatti ci sono due generi di opera: l'opera seria e l'opera buffa. La prima è un dramma con finale tragico, la seconda è piuttosto una commedia lirica.

CLARK: Anche nel Settecento° e nell'Ottocento° l'opera era così popolare?

ANNA: Ancora di più! Era una forma di intrattenimento° tanto importante quanto il cinema oggi; anzi, l'opera buffa° era nel Settecento il genere più popolare.

CHRISTIE: Mi piacerebbe proprio vedere una di queste opere comiche. Cosa ci consigli?

ANNA: *La Cenerentola* o *L'Italiana in Algeri* di Rossini sarebbero un buon inizio!

A... You're lucky if you find any!

Darn!

ammalata... suffering from consumption
set

forces

1700s / 1800s
entertainment
comic

L'Arena di Verona, tappa obbigata per gli amanti dell'opera.

SI DICE COSÌ!

Scena (*scene, stage*) is used in a number of idiomatic expressions.

andare in scena	to be performed, staged
il colpo di scena	*coup de théâtre*, unexpected event
entrare in scena	to enter (the stage)
far scena	to make an impression
fare scena muta	not to utter a single word
mettere in scena	to stage, put on, produce

TOCCA A TE!

Completa le frasi con le espressioni adatte.

1. Alla fine del primo atto c'è stato un grande ____; tutti gli spettatori sono rimasti a bocca aperta.
2. Stasera al Teatro Comunale ____ la prima della *Bohème* di Puccini.
3. Il regista Zeffirelli ____ molte opere.
4. Appena il tenore ____, il pubblico ha applaudito.
5. L'*Aida* è un'opera che ____ molta ____.
6. Non hanno voluto dire niente, ____.

E ORA A VOI

A **Sul melodramma.** Facendo riferimento al **Dialogo** dite se siete d'accordo con le seguenti affermazioni. Se no, spiegate perché.

1. Rodolfo vive in una soffitta perché è di moda.
2. *La Traviata* di Verdi e *La Bohème* di Puccini sono opere buffe.
3. Nella *Traviata* di Verdi, il padre di Alfredo è contrario all'unione del figlio con Violetta perché lei è povera.
4. L'opera rappresenta solo storie d'amore tragiche.
5. L'opera è un genere musicale nato in questo secolo (*century*).
6. Soltanto i nobili e i ricchi andavano all'opera nell'Ottocento.
7. Rossini ha scritto solo opere serie.

B **Un'estate tutta musicale!** Un amico italiano (un'amica italiana) viene a trascorrere l'estate nel vostro paese. Quali sono gli eventi musicali da non perdere (*not to miss*)? Cosa consigliate di vedere? Dove? Parlate dei vostri gusti musicali e lavorate in coppia.

ESEMPIO: S1: Voglio trascorrere un'estate tutta musicale! Sono appassionata (*fond*) di blues. Dove mi consigli di andare? Cosa mi consigli di vedere?

   S2: Se sei appassionata di blues, Chicago, Kansas City e New Orleans sono tappe fondamentali. C'è anche un locale (*club*) qui vicino che ha i migliori cantanti blues della zona! Si chiama...

IN ASCOLTO

Che bella voce! Daniele e Rita parlano di una nuova diva del mondo lirico. Ascoltate attentamente, poi correggete le frasi sbagliate.

1. La nuova mezzosoprano si chiama Renata Scotto.
2. Ha uno stile musicale molto vivace.
3. Interpreta bene la musica di Wagner.
4. Rita ha avuto la fortuna di sentire questa cantante nell'*Italiana in Algeri*.
5. Questa diva usa molti gesti quando canta.

LETTURA

ESPRESSIONI UTILI	
vale la pena notare	it's worth noting
di facile ascolto	easy to listen to, light-hearted
Cosa c'è di male?	What's wrong?

Ma la musica italiana non è solo opera...

Christie, l'amica canadese di Anna, è sorpresa di sentire che in Umbria c'è un grande concerto jazz. Per lei la musica italiana è sempre stata solo la lirica e adesso vuole saperne di più. Anna fa un breve discorso sulla musica d'oggi in Italia.

NON SOLO OPERA

«Per molti stranieri la musica in Italia è quasi sinonimo di opera —dice Anna. Senza dubbio il melodramma occupa un posto importantissimo sulla scena musicale italiana in quanto° specchio sociale e memoria di un grande passato. Chi non conosce le arie più famose delle opere di Verdi, di Puccini, di Bellini e di Donizetti? Non bisogna però ignorare l'altra vasta produzione musicale italiana che va dalle canzoni di Eros Ramazzotti ai ritmi blues e gospel di Zucchero, dalle canzoni politico-sociali di cantautori come Fabrizio De Andrè, Lucio Dalla e Francesco De Gregori, al rap di Jovannotti. C'è poi la musica leggera del festival di Sanremo, il rock dei Litfiba e di Vasco Rossi, la musica da liscio° e le nuove rivelazioni jazzistiche di cantanti come Tiziana Ghiglioni, Stefania Rava e Rossana Casale.»

in... *as*

da... *ballroom*

«A proposito di jazz vale la pena notare che il jazz femminile in Italia è in ascesa° e che l'interesse per questo genere musicale da parte delle donne sta aumentando.»

in... *increasing*

Interviene Osvaldo, un amico di Anna.

«Parlando di Rossana Casale, io mi ricordo che lei ha partecipato al festival di Sanremo con una canzone di musica leggera.»

«Infatti —conferma Anna— ha incominciato così la sua carriera musicale, come cantante pop. Sanremo è un importante trampolino di lancio° per molti cantanti ma è un festival per la canzone di facile ascolto. Rossana Casale, una volta° riconosciuta come cantante pop di successo a Sanremo, ha poi deciso di seguire la via più dura ma più gratificante° del jazz. Il jazz richiede molto studio, paga poco e non lascia molto spazio a una vita normale di famiglia.»

trampolino... *launching pad*

una... *once*

rewarding

«Ma la Casale non è la sola —continua— Anche Zucchero ha cominciato con canzoni sentimentali a Sanremo ma poi ha preso la strada del blues ed è diventato una stella a livello internazionale. Nel suo ultimo album ha persino° cantato un duetto con Pavarotti, intitolato «Miserere». Il testo è stato poi tradotto° per il mercato internazionale da Bono, il leader degli U2.»

even

translated

«Immagino le critiche dei puristi dell'opera! —esclama Christie— «Pavarotti contamina il melodramma... Pavarotti diventa cantante blues!»

«E in fondo, perché no? —risponde Anna— Cosa c'è di male in un duetto lirico-blues? Dopotutto la sperimentazione anche in campo musicale potrebbe portare° a nuove rivelazioni e a un nuovo tipo di collaborazione tra musicisti di diverso genere.»

lead

E ORA A VOI

A **Attenzione al testo!** Quali delle seguenti affermazioni sono basate sulla **Lettura**?

1. **a.** L'opera in Italia è solo un bel ricordo.
   b. L'opera fa parte del patrimonio culturale degli italiani.

2. **a.** Tutto ciò che non è opera lirica non è musica seria.
   b. La musica leggera, la musica da liscio, la canzone politico-sociale, il jazz e il blues italiano sono forme musicali tanto importanti quanto l'opera.

3. **a.** Molti cantanti italiani incominciano la loro carriera musicale al festival di Sanremo.
   b. I cantanti che partecipano al festival di Sanremo sono tutti cantanti d'opera.

4. **a.** Rossana Casale ha scelto il jazz perché vuole diventare ricca e perché è la via più facile al successo.
   b. Zucchero è un cantante blues di successo anche all'estero.

5. **a.** Pavarotti, grande tenore, non avrebbe dovuto cantare un duetto con un cantante blues.
   b. Non c'è niente di male in un duetto lirico-blues.

B **Musica lirica, leggera, sinfonica...** Secondo voi, quali sono i generi musicali che richiedono più/meno studio, applicazione (*concentration*) e professionalità? In quali è più facile/più difficile ottenere successo? In quali c'è più/meno possibilità di fare soldi? Prima scambiate le vostre opinioni in gruppetti di 2 o 3, secondo l'esempio. Poi riassumete le vostre opinioni e confrontatele con gli altri gruppi.

   ESEMPIO: S1: Secondo te, la musica folk richiede molto studio?
              S2: Secondo me, no. Se il cantante ha una bella voce e una personalità simpatica può avere molto successo e fare molti soldi senza troppi anni di studio...

Generi di musica: blues, da camera (*chamber*), da liscio, folk, jazz, leggera, lirica, rap, sinfonica...

C **Intervista.** Fate finta (*pretend*) di essere giornalisti/e italiani/e che scrivono per una rivista di musica e intervistate un (una) musicista americano/a. Poi scrivete un breve articolo sulla base di quello che ha detto il/la musicista. Cominciate con queste domande.

1. C'è un trampolino di lancio per i cantanti nel vostro paese?
2. Secondo Lei, c'è una distinzione fra musica seria e musica non seria? Cosa considera musica seria?
3. C'è un genere musicale che considera alla base di tutti gli altri? Quali generi musicali considera nuovi, degli ultimi anni?
4. Secondo Lei, perché la musica americana ha così tanto successo all'estero? Che tipo di musica viene facilmente esportato?

PAROLE DA RICORDARE

VERBI

allestire to prepare
  allestire uno spettạcolo to
    stage a production
applaudire to applaud
attirare to attract
cercare di (+ *inf.*) to try to (*do
  something*)
fischiare to boo (*lit.*, to whistle)
mẹttere in scena to stage, put
  on, produce
recitare to act, play
sperare di (+ *inf.*) to hope to
  (*do something*)

NOMI

l'aria aria
l'autore, l'autrice author
il balletto ballet
il barịtono baritone

il basso bass
il/la cantante singer
il cantautore, la cantautrice
  singer-songwriter
la canzone song
la commedia comedy
il compositore, la compositrice
  composer
il dramma (*pl.* **i drammi**) drama
il modo manner, way
la mụsica leggera pop music
il/la musicista musician
l'ọpera, il melodramma opera
il palcoscẹnico stage
il personaggio famous person;
  character (*in a play*)
il pettegolezzo gossip
la prima opening night
la rappresentazione teatrale
  play, performance
il/la regista film or theater
  director

la soprano soprano
il sottotịtolo subtitle
lo spettạcolo show
il tenore tenor
la tragedia tragedy

AGGETTIVI

dilettante amateur
lịrico (*m. pl.* **lịrici**) operatic
stravagante extravagant

ALTRE PAROLE ED ESPRESSIONI

ben tornato welcome back
di professione as a profession,
  professional
infatti in fact
peccato too bad

ARTE E LETTERATURA

Arte murale in Piazza della Scala.

VOCABOLARIO PRELIMINARE

Dialogo-lampo

LUCIANO: Etruschi, greci, arabi... tutti con-
tribuirono al patrimonio artistico
italiano.
MASSIMINO: E i francesi, gli inglesi?
LUCIANO: Be', ne trasferirono un po' nei
loro paesi...

ARTE E LETTERATURA

affrescare to fresco
l'affresco fresco
l'archeologia archeology
l'architettura architecture
il capolavoro masterpiece
costruire to build
dipingere (*p.p.* **dipinto**) to paint
il mosaico mosaic
la novella / il racconto short
  story
l'opera artwork

il paesaggio landscape
la pittura painting (*art form*)
la poesia poem, poetry
il quadro, il dipinto painting
  (*individual work*)
il restauro restoration
il ritratto portrait
il romanzo novel
le rovine, i ruderi ruins
lo scavo archeologico
  archeological dig
scolpire (**isc**) to sculpt
  la scultura sculpture

la statua statue

ARTISTI E LETTERATI

l'archeologo (*pl.,* **gli**
  archeologi) archeologist
l'architetto architect
il pittore, la pittrice painter
il poeta (*pl.,* **i poeti**), **la**
  poetessa poet
lo scrittore, la scrittrice writer
lo scultore, la scultrice
  sculptor

PAROLE-EXTRA

l'argomento subject, topic
il brano extract, selection
la citazione quotation
il/la protagonista protagonist
la relazione paper, report
il riassunto summary
la ricerca research

il tema theme

citare to quote
riassumere to summarize

il Medioevo the Middle
  Ages

il Rinascimento the
  Renaissance
l'età moderna / la modernità
  the modern period
il postmoderno the
  postmodern

ESERCIZI

A **In altre parole.** Abbinate le parole della colonna A con le definizioni della colonna B.

A	B
1. _____ un affresco	**a.** un componimento in rima
2. _____ un capolavoro	**b.** quello che resta di una civiltà
3. _____ un racconto	**c.** un personaggio principale
4. _____ un paesaggio	**d.** la migliore opera di un (un') artista
5. _____ una statua	**e.** una rappresentazione di una
6. _____ un mosaico	persona
7. _____ una poesia	**f.** un dipinto sul muro
8. _____ un ritratto	**g.** un'opera di scultura
9. _____ un protagonista	**h.** una rappresentazione della campagna,
10. _____ le rovine	delle montagne, ecc.
	i. una breve storia
	j. una decorazione fatta di frammenti
	colorati di vetro o pietra

B **Quiz-lampo.** Dite in poche parole cosa fanno questi artisti e letterati.

> ESEMPIO: l'architetto →
> L'architetto costruisce edifici.

1. la scultrice e lo scultore   **4.** l'archeologo e l'archeologa
2. il poeta e la poetessa   **5.** la scrittrice e lo scrittore
3. il pittore e la pittrice

C **Una letterata.** Giulietta è una studentessa di lettere. Leggete il brano che racconta cosa lei ha fatto questa settimana, poi completatelo con le forme adatte delle espressioni elencate.

Espressioni: la citazione, il personaggio, la protagonista, la relazione, il romanzo, la scrittrice, il tema

Questa settimana Giulietta ha letto un _____[1] molto interessante e ha deciso di farne una _____[2] per la classe. Vuole parlare soprattutto della _____[3] femminile, un _____[4] molto particolare. Secondo Giulietta, con questo libro, la _____,[5] Virginia Woolf, ha trattato il _____[6] più importante per lei. Giulietta cercherà di dimostrare la sua teoria con molte _____[7] dal testo.

D Conversazione.

1. Le interessa l'archeologia? Ha visitato degli scavi archeologici? Dove?
2. Ha sentito parlare dei (*heard about*) restauri degli affreschi di Michelangelo nella Cappella Sistina? Che ne pensa?
3. Le piace la pittura? Ha un quadro preferito?
4. Qual è, secondo Lei, un capolavoro del Medioevo? del Rinascimento? dell'età moderna? del postmoderno? (Può essere in qualsiasi campo artistico.)

5. Ha mai studiato l'architettura? C'è un palazzo o una chiesa che Le piace in modo particolare?

6. Su quale artista Le piacerebbe di più fare ricerche? Perché?

Una visita a Firenze. Antonella e Pasquale stanno parlando davanti a Palazzo Vecchio, a Firenze. Ascoltate attentamente, poi completate le seguenti frasi.

1. Antonella voleva visitare Palazzo Vecchio ma _____.
2. Piazza della Signoria era stata trasformata in _____.
3. Dall'alto la gente poteva vedere _____.
4. C'erano rovine del _____ e alcune più antiche del periodo etrusco.
5. Il Bargello è _____.

A Passato remoto

La professoressa Marcenaro inizia la sua lezione.

«Oggi vi parlerò di Michelangelo, di questo grandissimo artista che si affermò come pittore, scultore, architetto ed anche come poeta. Studiò con il Ghirlandaio e poi lavorò per principi, duchi, vescovi e papi. La sua opera più famosa sono gli affreschi della volta della Cappella Sistina. Questo immane lavoro che Michelangelo volle eseguire senza alcun aiuto durò ben quattro anni (1508–1512). Gli affreschi illustrano episodi del Vecchio Testamento e culminano con il Giudizio Universale... »

Michelangelo, *Sibilla libica*, c. 1510*

Professor Marcenaro begins her lesson. "Today I will tell you about Michelangelo, about this great artist who excelled as a painter, a sculptor, an architect, and also as a poet. He studied with Ghirlandaio; then he worked for princes, dukes, bishops, and popes. His most famous works are the frescoes on the ceiling of the Sistine Chapel. This immense work that Michelangelo insisted on completing with no help took four full years (1508–1512). The frescoes illustrate episodes from the Old Testament and culminate with the Last Judgment. . . ."

*Particolare dell'affresco (prima dei recenti restauri) sul soffitto della Cappella Sistina, Città del Vaticano, Roma, Italia. (foto: Scala/Art Resource, New York)

1. The **passato remoto** (**lavorai**: *I worked, I did work*) is another past tense that reports actions completed in the past. Unlike the **passato prossimo**, the **passato remoto** is a simple tense (consisting of one word).

   With the exception of the third person singular, all persons of the tense retain the characteristic vowel of the infinitive. To form the third person singular, **-are** verbs add **-ò** to the infinitive stem, **-ere** verbs add **-è**, and **-ire** verbs add **-ì**.

lavorare	potere	finire
lavorai	potei	finii
lavorasti	potesti	finisti
lavorò	potè	finì
lavorammo	potemmo	finimmo
lavoraste	poteste	finiste
lavorarono	poterono	finirono

Giotto affrescò la Cappella Arena intorno al 1305.	*Giotto frescoed the Arena Chapel around 1305.*
Petrarca finì *Il Canzoniere* nel 1374.	*Petrarca finished **The Canzoniere** in 1374.*

2. The **passato remoto** of **essere, dare, dire, fare,** and **stare** is irregular in all persons.

essere	dare	dire	fare	stare
fui	diedi	dissi	feci	stetti
fosti	desti	dicesti	facesti	stesti
fu	diede	disse	fece	stette
fummo	demmo	dicemmo	facemmo	stemmo
foste	deste	diceste	faceste	steste
furono	diedero	dissero	fecero	stettero

3. Many other verbs that are irregular in the **passato remoto** follow a 1–3–3 pattern: they are irregular only in the first person singular and the third person singular and plural. Their irregular forms follow the same pattern: the *irregular stem* + **-i, -e,** and **-ero.**

avere (*Irregular stem:* **ebb-**)	
ebbi	avemmo
avesti	aveste
ebbe	**ebbero**

COMMON VERBS THAT FOLLOW THE 1–3–3 PATTERN			
avere	ebbi	*rispondere*	risposi
chiedere	chiesi	*scrivere*	scrissi
conoscere	conobbi	*(sor)ridere*	(sor)risi
decidere	decisi	*vedere*	vidi
dipingere	dipinsi	*venire*	venni
leggere	lessi	*vincere*	vinsi
mettere	misi	*vivere*	vissi
nascere	nacqui	*volere*	volli
prendere	presi		

Sorrise quando gli feci la foto.

Prese la penna e **rispose** subito alla lettera.

He smiled when I took his picture.
She took a pen and answered the letter immediately.

—Allora dissi risoluto a mia moglie: o fuori il cane, o fuori tu!

ESERCIZI

A **Trasformazioni.** Replace the subject with each subject in parentheses and change the verb accordingly. Make any other necessary changes.

1. Io visitai le mostre (*exhibits*) più importanti. (i turisti / anche noi / Giuliana / voi)
2. Agli Uffizi Rachele vide molti quadri di Botticelli. (io / tu e Paolo / le signore / noi)
3. Seguimmo un corso di archeologia molti anni fa. (il nonno / io / i signori Contrada / anche voi)
4. In Italia prendesti lezioni di scultura. (noi / Guido / le ragazze / anch'io)

B **Un po' di tutto.** Restate the following sentences, replacing the **passato prossimo** with the **passato remoto.**

ESEMPIO: Quando ha visto il quadro l'ha comprato subito. →
Quando vide il quadro lo comprò subito.

1. Dove è nato e dove è morto Raffaello? **2.** Hanno preso l'autobus per andare agli scavi; non ci sono andati a piedi. **3.** A chi ha dato il biglietto d'ingresso (*entrance*)? **4.** Abbiamo cercato di entrare nel museo ma non abbiamo potuto. **5.** La guida ha aperto la porta e noi abbiamo ammirato i dipinti. **6.** Hanno avuto molti problemi prima della mostra.

C **Chi dipinse? Chi scolpì? Chi scrisse?** Alternating with a partner, ask and answer questions as in the example.

ESEMPIO: *Il Decamerone* / Boccaccio →
s1: Chi scrisse *Il Decamerone*?
s2: Lo scrisse Boccaccio.

1. *La Divina Commedia* / Dante
2. *La Gioconda* / Leonardo
3. *La Pietà* / Michelangelo
4. *La Primavera* / Botticelli
5. *Il Canzoniere* / Petrarca
6. *La vita di San Francesco* / Giotto
7. *Il Davide* / Donatello
8. *Canne al vento* / Grazia Deledda

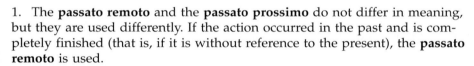

B Ripasso dei tempi del passato

Due uomini viaggiavano insieme. Uno trovò una scure e l'altro disse: «Abbiamo trovato una scure.» «No», osservò il primo, «perché dici *abbiamo trovato*? Devi dire *hai trovato*.» Poco dopo si videro inseguiti da quelli che avevano perduto la scure, e quello che l'aveva disse al compagno, «Siamo rovinati!» «Non devi dire *siamo* rovinati», rispose il compagno, «devi dire *sono* rovinato.»

1. The **passato remoto** and the **passato prossimo** do not differ in meaning, but they are used differently. If the action occurred in the past and is completely finished (that is, if it is without reference to the present), the **passato remoto** is used.

> Calvino **scrisse** *Palomar* nel 1983. *Calvino wrote **Palomar** in 1983.*
> Dante **morì** nel 1321. *Dante died in 1321.*

If the action took place during a period of time that is not yet over (today, this month, this year), or if the effects of the action are continuing into the present, the **passato prossimo** should be used.

> Oggi **ho letto** una novella di *Today I read a story by Boccaccio.*
>   Boccaccio.
> In questo mese **ho scritto** due *This month I've written two*
>   relazioni.   *reports.*
> Dio **ha creato** il mondo. *God created the world.*

2. Those are the formal rules, but in spoken Italian the **passato remoto** is seldom used except in certain areas of the country. However, it is commonly used in writing to narrate historical events, the lives of people who are no longer living, fables, tales, and the like.

Two men were traveling together. One found an axe and the other said, "We've found an axe." "No," said the first, "why do you say *we've* found? You should say *you've* found." Soon afterward they found themselves pursued by those who had lost the axe, and the one who had it said to his partner: "We're in trouble!" "You shouldn't say *we're* in trouble," replied his partner, "you should say *I'm* in trouble."

3. To describe a habitual action or an ongoing action in the past, the **imperfetto** is used with the **passato remoto** exactly as it is used with the **passato prossimo.**

Non **comprai** il quadro perché non **avevo** abbastanza soldi.	*I didn't buy the painting because I didn't have enough money.*
Non **ho comprato** il quadro perché non **avevo** abbastanza soldi.	
Mi **chiesero** perché **ridevo.**	*They asked me why I was laughing.*
Mi **hanno chiesto** perché **ridevo.**	

Esercizi

—**Secondo me guardavano la televisione!**

🅐 **Trasformazioni.** Replace the subject with each word or phrase in parentheses, and make all other necessary changes.

1. Non le scrissi perché non avevo il suo indirizzo. (noi / tu / i ragazzi / Paolo)
2. Si fermò a Ravenna perché voleva vedere i mosaici. (io / i signori / anche noi / tu e Giulia)
3. Franco disse che non sapeva dipingere. (anche tu / le signore / voi / io)
4. Vedemmo *Il Cenacolo* (*The Last Supper*) quando visitammo Milano. (Cesare / i nostri amici / voi / anche tu)

🅑 **Ricordi del passato.** Restate each sentence in the past, using first the **passato prossimo** plus the **imperfetto,** then the **passato remoto** plus the **imperfetto.**

ESEMPIO: Piera non va alla mostra perché è troppo stanca. →
Piera non è andata alla mostra perché era troppo stanca.
Piera non andò alla mostra perché era troppo stanca.

1. Non visitiamo Santa Croce perché è troppo tardi.   2. Gli chiedo se ha l'orario del museo.   3. Mi dicono che non conoscono la letteratura del Rinascimento.   4. Telefona a Cinzia perché vuole il suo romanzo.
5. Non puoi vedere bene gli affreschi perché c'è poca luce.   6. Mi dicono che non hanno la guida.

🅒 **Un'idea luminosa.°** In the following anecdote, put the verbs in parentheses in the **imperfetto** or the **passato remoto,** as needed.

Un giorno, Bridges, famoso organista e compositore inglese, (trovarsi) a Mosca° col suo amico romanziere° Player.
　　I due (dovere) andare a Pietroburgo e dato che (essere) già tardi, (prendere) una carrozza e (gridare) al cocchiere° di portarli alla stazione. Ma il cocchiere non (capire) una parola d'inglese, e

Un'idea... *A bright idea*

Moscow
novelist

coachman

loro non (conoscere) il russo. Finalmente (avere)
un'idea luminosa. Uno (cominciare) a fare con la
bocca il rumore di un treno che parte, mentre l'altro
(fischiare°) con tutta la sua forza. Il cocchiere (fare)   *to whistle*
segno d'aver capito e (spronare°) il cavallo. «È stata   *to spur*
una bella idea, la nostra!» (esclamare) Player.
«Oh, era una cosa tanto semplice!» (dire) Bridges,
tutto soddisfatto. Dieci minuti dopo, la carrozza
(fermarsi) davanti a un manicomio.°   *mental hospital*

C Riassunto dei plurali irregolari

LUCIANO: Questi quadri sono stupendi! Sono magnifici! Sono antichi?
VALERIO: No, non sono nemmeno vecchi! Per fortuna ho molti amici e
amiche che dipingono e ogni tanto mi fanno un regalo. Lo
stile è classico ma i pittori sono contemporanei.

1. The plural of certain nouns and adjectives depends on where the stress
falls in the word.

 a. Masculine nouns and adjectives ending in **-io** end in **-i** in the plural
 when the **-i** of the singular is not stressed.

negozio → negozi		bacio → baci	
operaio → operai		vecchio → vecchi	
viaggio → viaggi		grigio (*gray*) → grigi	

If the **-i** of the singular is stressed, however, the plural ends in **-ii.**

zio	→ zii
invio (*mailing*)	→ invii
natio (*native*)	→ natii

LUCIANO: These paintings are marvelous! They're magnificent! Are they old masters?
VALERIO: No, they're not even old! I'm lucky enough to have many friends who paint and once
in a while they give me a present. The style is classic, but the painters are contemporary.

b. Masculine nouns and adjectives ending in **-co** form their plural with **-chi** if the stress is on the syllable preceding **-co.** They form their plural with **-ci** if the stress is two syllables before **-co.**

			Eccezioni:	
pacco → pacchi	mędico → mędici		amico	→ amici
disco → dischi	polįtico → polįtici		nemico (*enemy*) → nemici	
antico → antichi	magnįfico → magnįfici		greco (*Greek*) → greci	

c. Masculine nouns and adjectives ending in **-go** usually end in **-ghi** in the plural, regardless of where the stress falls.

dialogo → dialoghi
lago → laghi
lungo → lunghi

2. You already know that feminine nouns and adjectives ending in **-ca** form their plural with **-che** (amica → amiche). Similarly, feminine nouns and adjectives ending in **-ga** change **-ga** to **-ghe** in the plural.

strega (*witch*) → streghe
toga → toghe
lunga → lunghe

3. Nouns and adjectives ending in **-cia** and **-gia** form their plural with **-ce** and **-ge** if the **-i** of the singular is not stressed, or with **-cie** and **-gie** if the **-i** of the singular is stressed.

pioggia (*rain*) → piogge   farmacįa → farmacįe
mancia → mance   bugįa (*fib, lie*) → bugįe
grigia → grige   allergia → allergįe

E SERCIZI

A Plurali. Give the plural of each phrase.

ESEMPIO: mancia generosa → mance generose

1. vecchio disco **2.** marca (*brand*) francese **3.** operaio stanco **4.** amico simpatico **5.** amica simpatica **6.** papa polacco **7.** parco pubblico **8.** vecchia pelliccia (*fur coat*) **9.** giacca lunga **10.** programma politico **11.** occhio grigio **12.** paese natio **13.** greco antico **14.** valigia grigia **15.** quadro magnifico

B Conversazione.

1. Dice mai bugie? **2.** Quanti zii e quante zie ha? **3.** Soffre di qualche allergia? **4.** Conosce qualcuno che abbia quadri antichi? **5.** Ha mai visto statue greche? Ammira la cultura degli antichi greci?

A **Oggi e ieri.** Restate each sentence, using the **passato prossimo** plus the **imperfetto,** then the **passato remoto** and the **imperfetto.**

> ESEMPIO: Non visito gli scavi perché sono stanco. →
> Non ho visitato gli scavi perché ero stanco.
> Non visitai gli scavi perché ero stanco.

1. Gli chiedo se studia il Medioevo.
2. Mi risponde che preferisce il Rinascimento.
3. Non andiamo alla conferenza perché dobbiamo finire la ricerca.
4. Non leggono romanzi perché preferiscono racconti brevi.
5. Dici che ti piacciono molto i paesaggi.

B **Qualcosa su Goldoni.** Complete the following passage with the **imperfetto** or the **passato remoto** of the verbs in parentheses, as needed.

Lo zio Pasquale (chiamare) il nipote Luigino e (incominciare) una lezione di letteratura italiana.

«Oggi ti parlerò di un grande commediografo italiano.» Luigino (esclamare) subito: «Vuoi dire Carlo Goldoni!» Lo zio (apprezzare, *to appreciate*) l'intervento del nipote e (continuare): «Figlio di un medico, Carlo Goldoni (nascere) a Venezia nel 1707. (Studiare) prima a Perugia, poi a Rimini e poi all'Università di Pavia. (Laurearsi) in legge a Padova ma non (esercitare, *to practice*) la professione di avvocato perché (avere) una grande passione per il teatro. La sua prima opera importante (essere) *La vedova scaltra,°* a cui (seguire) rapidamente molte altre, come *La bottega° del caffè, La famiglia dell'antiquario, La locandiera.°*»

«Nel 1762 (trasferirsi) a Parigi, dove nel 1787 (pubblicare) i tre volumi di *Mémoirs* con cui (finire) la sua carriera di scrittore.»

La... The Shrewd Widow

shop

innkeeper

DIALOGO

ESPRESSIONI UTILI

Non vedo l'ora di...	I can't wait to . . .
a grandezza originale	full-size
Caspita!	Good gracious!
cicerone	guide
la percezione ambientale	environmental perception

Spoleto. Davanti all'entrata del Duomo, Valerio, Luciano e Giovanna aspettano l'orario di apertura per visitare gli affreschi di Filippo Lippi.

Filippo Lippi (1406–1469), *Incoronazione della Vergine* **(particolare), Duomo di Spoleto, Italia. (foto: Scala/Art Resource, New York)**

VALERIO: Non vedo l'ora di vedere come è venuto il restauro degli affreschi!

LUCIANO: Dicono che i colori sono molto più vivaci, come nella Cappella Sistina dopo il restauro degli affreschi di Michelangelo.

GIOVANNA: E durante i lavori hanno scoperto molte cose interessanti sulla tecnica pittorica° di Filippo Lippi. Per esempio, non tutto è stato dipinto a fresco, cioè sulla calce° fresca...

pictorial

plaster

LUCIANO: E perché?

GIOVANNA: Perché Filippo Lippi non dipingeva con l'aiuto di cartoni, cioè di disegni preparati prima sulla carta a grandezza originale, ma improvvisava molto. Quindi, spesso doveva perfezionare il suo lavoro o quello dei suoi aiutanti° con la tecnica a secco... *assistants*

VALERIO: Caspita! Come sei preparata! Che altro sai? Data di nascita, data di morte, anno di esecuzione dell'opera, maestri e discepoli dell'artista?

GIOVANNA: Tutto! Mi sono studiata la guida ieri sera prima di andare a dormire così posso farvi da cicerone. Dunque, Filippo Lippi nacque a Firenze nel 1406, fu discepolo di Masolino e Masaccio, lavorò per i Medici e per le famiglie più illustri del suo tempo. Dipinse le *Storie della Vergine* per il Duomo di Spoleto tra il 1466 e il 1469, anno della sua morte. Leonardo ne apprezzò la capacità di percezione ambientale e di osservazione del reale. Michelangelo lo celebrò e lo imitò in molte cose...

VALERIO: Insomma, fu uno dei grandi del Rinascimento, come il Pinturicchio che andremo a vedere domani nella cattedrale di Spello, un piccolo paese non lontano da qui. Ho saputo, per caso, che anche i suoi affreschi sono stati restaurati...

LUCIANO: Mamma mia! Devo dirlo al mio amico Peter! Così quando verrà in Italia non andrà, come sempre, solo a Firenze e a Roma. Ci sono troppe cose da scoprire in giro per la penisola...

SI DICE COSÌ!

Caso (*chance; case, event*) is used in many different expressions.

a caso	at random
per caso	by chance
in ogni caso	in any case
non è il caso	it's not necessary
i casi della vita	the events of life
un caso giuridico	a legal case

TOCCA A TE!

Completa il paragrafo con le forme adatte delle espressioni elencate sopra.

Tiziana e Roberto si incontrarono _____[1] in piazza del Duomo. Era molto tempo che non si vedevano e volevano parlare dei _____.[2] Non conoscevano bene la zona quindi andarono in un ristorante _____.[3] Tiziana, una dottoressa, gli raccontò dei suoi casi clinici. Roberto, un avvocato, parlò molto di un interessante _____.[4] Alla fine Roberto voleva pagare il conto ma Tiziana gli disse che _____.[5]

E ORA A VOI

A **Tutto vero?** Se è falso, spiegate perché.

1. I colori degli affreschi di Filippo Lippi sono più vivaci dopo il restauro.
2. Filippo Lippi non improvvisava mai.
3. Filippo Lippi usava solo la tecnica a fresco.
4. Michelangelo e Leonardo non apprezzarono Filippo Lippi.
5. Gli affreschi del Pinturicchio si trovano a Spello.
6. Peter, l'amico di Luciano, è già stato in Umbria.

B **La vita di un artista.** Rileggete attentamente il **Dialogo.** Poi, lavorando in coppia, preparate tre domande e tre risposte scritte sulla vita di Filippo Lippi. Usate il passato remoto!

ESEMPIO: S1: Chi furono i maestri di Filippo Lippi?
          S2: I suoi maestri furono Masolino
              e Masaccio.

IN ASCOLTO

Un temperamento artistico. Giovanna sta dipingendo il ritratto di Valerio all'aria aperta dopo la visita a Spello. Ascoltate attentamente, poi completate le frasi seguenti.

1. Giovanna non riesce a dipingere il ritratto perché:
   _____ è troppo stanca.
   _____ preferirebbe fare una statua.
   _____ Valerio non sta fermo.
2. Secondo Giovanna, il suo quadro verrà (*will be*) considerato:
   _____ un fiasco, grazie a Valerio.
   _____ un buon esordio (*beginning*).
   _____ un capolavoro del tardo Novecento.
3. Valerio, però, dice che Giovanna:
   _____ esagera.
   _____ è già una brava pittrice.
   _____ ha imparato molto in pochi mesi.
4. Giovanna dice a Valerio di non parlare più perché:
   _____ è arrabbiata.
   _____ ha bisogno del silenzio per concentrarsi.
   _____ gli sta facendo la bocca.
5. Valerio preferirebbe:
   _____ continuare a parlare.
   _____ fare due passi in campagna.
   _____ mangiare qualcosa.

ESPRESSIONI UTILI

Mi sento in colpa.	I feel guilty.
decine di altri	dozens (*lit.* tens) of others
devo chiudere	I must end
Cambierai idea.	You'll change your mind.
Che te ne pare?	What do you think of it?

Pinturicchio (1454–1513), *Cristo fra i dottori della Chiesa* (particolare), S. Maria Maggiore, Spello, Italia. (foto: Scala/Art Resource, New York)

Nella sua stanza d'albergo, a Spello, con la vista della campagna Umbra, Luciano scrive al suo amico inglese Peter.

CLASSICI O CONTEMPORANEI?

Spello, 10 giugno 1995

Carissimo Peter,

Finalmente trovo il tempo e l'ispirazione per scriverti due righe.° Mi *lines*
sento un po' in colpa perché avrei dovuto farlo prima ma... non volevo
deprimerti° con i miei problemi. Oggi invece sto benissimo, sono in Um- *to depress you*
bria per il weekend con due miei amici e ti ho pensato mentre facevo indigestione di affreschi. Ieri ho rivisto gli affreschi di Simone Martini e di
Giotto ad Assisi. Oggi ho visto a Spoleto quelli di Filippo Lippi e, qui a
Spello, la Cappella Baglioni con gli affreschi del Pinturicchio. Una cosa incredibile! La prossima volta che vieni in Italia devi assolutamente vederli.

Ho anche pensato molto ai tuoi prossimi studi in Italia. So che ti interessa il Medioevo e che vuoi continuare le tue ricerche sul Petrarca, su Dante
e su Boccaccio. Io però, come ben sai, sono un appassionato della contemporaneità e devo spingerti° a conoscere almeno alcuni degli scrittori e delle *push you*
scrittrici di oggi. Ce ne sono di bravissimi! E non parlo solo di quelli ormai classici tipo Italo Calvino o la Dacia Maraini. A me, per esempio, piacciono moltissimo i racconti un po' misteriosi di Antonio Tabucchi, il modo
di raccontare la diversità di Aldo Busi, il nuovo punto di vista delle donne
nei romanzi di Marta Morazzoni, Francesca Duranti, Clara Sereni, Anna
Maria Ortese... E potrei nominarti decine di altri autori, tutti altrettanto° *just as*
bravi. In alcuni di loro le tematiche° sono ricorrenti° e affascinanti: la memo- *themes / recurrent*
ria, il rovescio,° il rapporto tra la quotidianità° e il mistero... *il... "the other side", the reverse / daily life*

Devo chiudere, mi chiamano per la cena, ma prometto che ti spedirò
presto qualcosa di moderno o di postmoderno da leggere. Forse cambierai
idea e farai una tesi sulle scrittrici italiane degli anni ottanta. Che te ne
pare?

Stammi bene!

A presto,

Luciano

E ORA A VOI

A Sapete rispondere?

1. Perché Luciano non ha scritto prima al suo amico Peter?
2. In che occasione Luciano ha pensato a Peter?
3. Chi ha affrescato la chiesa di San Francesco ad Assisi?
4. Chi sono i più famosi letterati del Medioevo italiano?
5. Quali sono alcuni dei temi ricorrenti nelle opere degli scrittori e delle
   scrittrici degli ultimi anni?

B **Un'indigestione di cultura.** Avete passato anche voi, come Luciano, Valerio e Giovanna una giornata tra musei, palazzi e chiese alla scoperta di arte antica o moderna? Lavorando in coppia, intervistatevi a turno sulle vostre esperienze. Raccontate che cosa avete visto, quando, dove e perché vi è piaciuto.

ESEMPIO: S1: Sei stato/a in un museo famoso? Quando? Dove? C'era una mostra particolare? Com'era?

S2: Sono stato/a al *De Young Museum* di San Francisco, due anni fa. C'era una mostra sulla pittura primitiva americana. Si trattava soprattutto di ritratti di famiglie borghesi, uomini, donne e bambini. I colori erano piuttosto scuri, non c'era molta prospettiva, ma l'atmosfera era molto interessante. E tu?

PAROLE DA RICORDARE

VERBI

affermarsi to establish oneself
affrescare to fresco
ammirare to admire
apprezzare to appreciate
costruire (isc) to build
eseguire (isc) to execute, do
illustrare to illustrate
ridere (*p.p.* **riso**) to laugh
scolpire (isc) to sculpt
sorridere (*p.p.* **sorriso**) to smile

NOMI

l'affresco (*pl.* **gli affreschi**) fresco
l'archeologia archeology
l'archeologo (*pl.* **gli archeologi**), archeologist

l'architetto architect
l'artista (*m./f.; m. pl.* **gli artisti**) artist
il capolavoro masterpiece
il dipinto, il quadro painting (*individual work*)
la guida guide; guidebook
il letterato, la letterata man/woman of letters
il mosaico (*pl.* **i mosaici**) mosaic
la mostra exhibit
la novella short story
l'opera artwork
il paesaggio landscape
il pittore, la pittrice painter
la pittura painting (*art form*)
il poeta (*pl.* **i poeti**), la poetessa poet
il restauro restoration

il ritratto portrait
il romanzo novel
le rovine, i ruderi ruins
lo scavo archeologico archeological dig
lo scrittore, la scrittrice writer
lo scultore, la scultrice sculptor
la statua statue

AGGETTIVI

archeologico archeological
stupendo stupendous

ALTRE PAROLE ED ESPRESSIONI

per fortuna luckily

IERI E OGGI IN ITALIA III

IL TEATRO NELLA STORIA

La storia del teatro italiano incomincia nell'anno 240 a.C.: Livio Andronico presenta sulle scene una tragedia e una commedia greca. I romani hanno da questo momento il loro teatro regolare che è essenzialmente un teatro profano. Il grande teatro medievale è il teatro religioso. Accanto al° dramma sacro lo spettacolo comico, satirico, buffonesco continua però a divertire le folle.°

Nel Rinascimento s'afferma° il teatro erudito, nato dallo studio dei classici greci e latini. Nasce allo stesso tempo la commedia dell'arte, importante per lo sviluppo° del teatro italiano ed europeo successivo. Gli attori, adesso professionisti, hanno ruoli fissi (es.: il napoletano Pulcinella, il bergamasco Arlecchino) e recitano «a soggetto».°

Nel Settecento, Goldoni, commediografo veneziano, introduce importanti riforme nel teatro. Stanco dell'artificiosità dei secoli precedenti, Goldoni porta sulle scene una commedia realistica, genuina, che mette in evidenza° la psicologia dei personaggi, la quotidianità,° i rapporti di classe.

Il teatro drammatico di fine Ottocento ha caratteri essenzialmente borghesi. Con Pirandello, agli inizi° del Novecento, compare° il tema dell'inconscio,° del rapporto realtà/apparenza, normalità/anormalità, individuo/mondo esterno. Nel contesto del teatro contemporaneo, commediografi come Dario Fo riprendono° forme della commedia dell'arte (farsa, satira, mimo) per discutere di politica e di conflitti sociali.

(Adapted from the *Enciclopedia Italiana di Scienze, Lettere ed Arti*. Istituto Giovanni Treccani.)

Accanto... Next to

crowds

becomes successful

development

recitano... improvise

mette... emphasizes / daily life

beginning / appears
unconscious

revive

***Maschere italiane* (1958), Virgilio Simonetti (illustrazione dal *Dizionario Enciclopedico Italiano*; foto Istituto della Enciclopedia Italiana, Roma).**

Il Teatro Olimpico (1585), Andrea Palladio (Vicenza; foto SCALA/Art Resource).

TU E IL TEATRO: PENSIERI E PAROLE

1 **Associazioni.** Guarda attentamente le immagini rappresentate in queste pagine e poi collega ognuna di esse (*them*) con almeno una delle parole seguenti: allegria, antichità, classicità, commedia dell'arte, commedia erudita, comicità, farsa, formalità, inconscio, maschere, Medioevo, quotidianità, realismo, riforma del teatro, Rinascimento, satira, severità, spettacolo.

2 **Riflessioni.** Pensa a una rappresentazione teatrale che hai visto e rifletti sui seguenti punti: Ti è piaciuta? Perché sì o perché no? Ti ha colpito (*strike*) in qualche modo? Quali emozioni ti aspetti di provare (*experience*) quando vai a teatro? Perché, secondo te, la gente va a teatro? A cosa serve il teatro?

3 **Desideri.** Hai la possibilità di recitare in una rappresentazione teatrale di tua scelta: quale sceglieresti? Una commedia o una tragedia? Del periodo classico, medievale, rinascimentale o contemporaneo? Quale personaggio vorresti impersonare (*interpret*)?

Scena dalla *Tempesta* di William Shakespeare, regia (1984) di Giorgio Strehler (foto Luigi Ciminaghi/The Performing Arts Center, SUNY Purchase, New York).

Scrivi una pagina spiegando il perché delle tue scelte.

ESEMPIO: Goldoni è uno dei miei commedio- grafi preferiti. Mi piacciono molto le sue commedie per- ché parlano di per- sonaggi reali, ge- nuini. Mi piace il suo umorismo. Mi piacerebbe recitare la parte di Miran- dolina ne *La locan- diera* perché...

Preparativi di attori per una recita (sec. I), mosaico (Napoli, Museo Nazionale; foto SCALA/Art Resource).

Scena dal *Plauto* (1518), Melchiorre Sessa e Pietro de' Ravani (foto The British Library, London).

Leggi ad alta voce questo brano dalla commedia **La locandiera** (*The Innkeeper*) (1752) di Carlo Goldoni.

MIRANDOLINA È nemico° delle donne? Non le può vedere?	*an enemy*
Povero pazzo°! Non avrà ancora trovato quella che sappia	*nut*
fare.° Ma la troverà. La troverà. E chi sa che non l'abbia	che... *who knows how to deal with him*
trovata°? Con questi per l'appunto mi ci metto di picca.° Quei	che... *if he hasn't found her* / Con... *I intend to deal with him out of spite.* /
che mi corrono dietro,° presto presto mi annoiano. La nobiltà	*behind*
non fa per me. La ricchezza la stimo e non la stimo. Tutto il	
mio piacere consiste in vedermi servita, vagheggiata,° adorata.	*admired*
Questa è la mia debolezza,° e questa è la debolezza di quasi	*weakness*
tutte le donne. A maritarmi° non ci penso nemmeno, non ho	*sposarmi*
bisogno di nessuno; vivo onestamente, e godo° la mia libertà.	*I enjoy*
Tratto° con tutti, ma non m'innamoro mai di nessuno. Voglio	*I deal*
burlarmi di° tante caricature di amanti spasimati;° e voglio	burlarmi... *poke fun at* / *yearning*
usar tutta l'arte per vincere, abbattere e conquassare° quei	abbattere... *bring down and shake up*
cuori barbari e duri che sono nemici di noi,° che siamo la	*noi donne*
miglior cosa che abbia prodotto al mondo la bella madre	
natura.	

PARLARE DI POLITICA

CAPITOLO
16

A Venezia, giovani in difesa dei valori della Resistenza.

VOCABOLARIO PRELIMINARE

Dialogo-lampo

ANITA: Per chi voti?
ADRIANA: Per chi difende la democrazia e gli interessi di tutti i cittadini!
ANITA: E chi sarebbe?
ADRIANA: Sto ancora cercando di capirlo...

La politica

LO STATO

la Camera dei Deputati Chamber of Deputies (*lower house of Parliament*)
la costituzione Constitution
la democrazia democracy
il deputato, la deputata representative (*in the Chamber of Deputies*)
eleggere to elect
le elezioni elections
il governo government
il ministro minister (*in government*)
 il primo ministro prime minister

il partito politico political party
il presidente della Repubblica president of the Republic
il Senato Senate (*upper house of Parliament*)
il senatore, la senatrice senator
votare to vote
il voto vote

I PROBLEMI SOCIALI

aumentare to raise
l'aumento raise, increase
diminuire (isc) to reduce
disoccupato unemployed
la disoccupazione unemployment

l'impiegato, l'impiegata white-collar worker
l'operaio, l'operaia blue-collar worker
la riduzione reduction
il salario wage
lo sciopero strike
*__essere in sciopero__ to be on strike
 fare sciopero, scioperare to strike
lo stipendio salary
le tasse taxes

PAROLE-EXTRA

la crisi crisis
il conservatore, la conservatrice conservative
la demagogia demagoguery
il diritto right, privilege

la dittatura dictatorship
il/la femminista feminist
la manifestazione demonstration

il/la progressista progressive, liberal

ESERCIZI

A **La parola giusta.** Guardate il **Vocabolario preliminare** e le **Parole-extra**, poi collegate parole e definizioni.

1. _____ il voto	**a.** chi lavora in fabbrica (*factory*)
2. _____ la dittatura	**b.** i contributi pagati allo stato
3. _____ il disoccupato	**c.** la rappresentante alla Camera
4. _____ la femminista	**d.** chi lotta (*fights*) per i diritti delle donne
5. _____ il conservatore	**e.** un sistema di governo non democratico
6. _____ la deputata	**f.** chi non ha lavoro
7. _____ l'operaio	**g.** uno strumento della democrazia
8. _____ le tasse	**h.** chi non è progressista

B **Fuori luogo** (*Out of place*)! Trovate il nome o espressione che sembra fuori luogo e spiegate perché.

> ESEMPIO: il deputato, il ministro, l'impiegata, la senatrice →
> *L'impiegata* è il nome fuori luogo, perché non riguarda il governo.

1. il salario, il Senato, lo stipendio, l'operaio
2. la riduzione, il partito politico, eleggere, il voto
3. il primo ministro, il presidente, la Camera dei Deputati, il Senato
4. aumentare, diminuire, il salario, la demagogia

C Conversazione.

1. Come si chiamano i Suoi senatori (le Sue senatrici)? E il Suo deputato (la Sua deputata)?
2. Come si chiama l'attuale (*current*) presidente degli Stati Uniti? Sa chi è il presidente della Repubblica Italiana?
3. Ha votato alle ultime elezioni nazionali? Perché sì o perché no?
4. Secondo Lei, il Suo paese è in crisi? Perché? Cosa bisognerebbe fare per risolvere la crisi?
5. C'è qualcuno nella Sua famiglia che abbia fatto sciopero? Può spiegare perché ha scioperato?
6. Ha mai partecipato a una manifestazione? Dove, quando e per quale motivo?

 IN ASCOLTO

Dopo le elezioni. Luca e Donata stanno conversando dopo le elezioni nazionali. Ascoltate attentamente, poi correggete le frasi sbagliate.

1. Luca non ha votato perché era molto confuso.
2. Secondo Donata, il discorso politico è stato molto negativo.
3. Per Luca, il diritto di voto non è molto importante.
4. Donata ha distribuito volantini (*flyers*) in città.
5. Evidentemente, Luca non è femminista.

GRAMMATICA

A Congiuntivo presente

PENSIONATO 1: Ho l'impressione che i problemi del mondo siano in continuo aumento: mi pare che aumenti il problema della povertà, così come quello della disoccupazione; mi sembra che crescano i problemi delle minoranze e degli immigrati; credo che siano molto gravi i problemi ecologici... chi vuoi che pensi ai pensionati?

PENSIONATO 2: Ma anche i nostri problemi sono importanti e dobbiamo farci sentire. Anzi, io penso che sia necessario che tutti si occupino dei problemi di tutti, non solo dei propri!

1. Verbs in both Italian and English have several essential qualities: tense (the time of action), voice (active or passive), and mood, which conveys the perception of the speaker. All the verb forms you have learned so far (except the conditional and imperative) belong to the *indicative* mood, which states facts and conveys an idea of certainty or objectivity.

Gli studenti **organizzano** una manifestazione.	*Students are organizing a demonstration.*
Anche gli insegnanti **faranno** sciopero.	*Instructors, too, will strike.*
Il governo non **ha applicato** le riforme.	*The government didn't enforce the reforms.*

The *subjunctive* mood (**il congiuntivo**), introduced in this chapter, expresses uncertainty, doubt, possibility, or personal feelings rather than fact. It conveys the opinions and attitudes of the speaker.

Credo che **organizzino** una manifestazione.	*I believe they are organizing a demonstration.*
È probabile che anche gli insegnanti **facciano** sciopero.	*It's probable that instructors, too, will strike.*
È male che il governo non **abbia applicato** le riforme.	*It's bad that the government didn't enforce the reforms.*

RETIRED MAN 1: I have the feeling that there are more and more problems in the world. It seems to me that the problem of poverty is on the rise, as well as unemployment; it seems to me that minorities' and immigrants' problems are also increasing. I think that our ecological problems are also very serious . . . Who do you think is going to think about retired people?
RETIRED MAN 2: But our problems are significant, too, and we've got to make ourselves heard. What's more, I think it's essential for all of us to be concerned about each other's problems, not just our own.

The subjunctive is generally preceded by a main (independent) clause and the conjunction **che.**

INDICATIVO				CONGIUNTIVO
independent clause	+	**che**	+	*dependent clause*
Credo		che		organizzino una manifestazione.

In English, the subjunctive is used infrequently: *I move that the meeting* **be** *adjourned; We suggest that he* **go** *home immediately.* In Italian, however, the subjunctive is used often in both speaking and writing.

The subjunctive mood has four tenses: present, past, imperfect, and pluperfect.

2. The present subjunctive (**il congiuntivo presente**) is formed by adding the appropriate endings to the verb stem. Verbs ending in **-ire** that insert **-isc-** in the present indicative follow the same pattern in the present subjunctive.

	lavorare	**scrivere**	**dormire**	**capire**
che io	lavori	scriva	dorma	capisca
che tu	lavori	scriva	dorma	capisca
che lui/lei	lavori	scriva	dorma	capisca
che	lavoriamo	scriviamo	dormiamo	capiamo
che	lavoriate	scriviate	dormiate	capiate
che	lavorino	scrivano	dormano	capiscano

Since (within each of the three conjugations) the singular endings are the same, singular subject pronouns are generally used to avoid confusion.

Vogliono che **io voti.** *They want me to vote.*

3. Verbs with infinitives ending in **-care** and **-gare** have an **h,** in all persons, between the stem and the present subjunctive endings.

È bene che il governo appli**ch**i le riforme.
It's good that the government is enforcing the reforms.

Purtroppo, bisogna che tutti pag**h**ino le tasse!
Unfortunately, it's necessary for everyone to pay taxes!

4. Verbs ending in **-iare** drop the **-i-** from the stem before the present subjunctive endings are added.

È necessario che cominc**i**ate a farvi sentire!
It's necessary for you to start making yourselves heard!

Senatore, crede che la gente ci mang**i** con questi stipendi?
Senator, do you think (that) people can eat on these salaries?

CATTONI

—Sì, penso che una gita in gondola non sia sempre necessariamente romantica.

5. The following verbs have irregular present subjunctive forms:

VERBI CON FORME IRREGOLARI DEL CONGIUNTIVO	
andare	vada, andiamo, andiate, vadano
avere	abbia, abbiamo, abbiate, abbiano
dare	dia, diamo, diate, diano
dire	dica, diciamo, diciate, dicano
dovere	debba, dobbiamo, dobbiate, debbano
essere	sia, siamo, siate, siano
fare	faccia, facciamo, facciate, facciano
potere	possa, possiamo, possiate, possano
sapere	sappia, sappiamo, sappiate, sappiano
stare	stia, stiamo, stiate, stiano
uscire	esca, usciamo, usciate, escano
venire	venga, veniamo, veniate, vengano
volere	voglia, vogliamo, vogliate, vogliano

ESERCIZI

A **Trasformazioni.** Restate each sentence, replacing the italicized word with each word or phrase in parentheses and making all other necessary changes.

1. Credo che *tu* non capisca la politica italiana. (voi / Giulia / gli americani / lui)
2. È necessario che *tutti* votino. (ognuno / anche tu / Lei / io)
3. Spero che *gli italiani* eleggano le persone giuste. (voi / tu / il signore / noi)

B **Consigli.** Your roommate has just had an annual check-up and finds that he/she needs to change some habits. Working with a partner, create exchanges using **vuole che** and **bisogna che**.

> ESEMPIO: usare poco sale →
> S1: Il dottore vuole che io usi poco sale.
> S2: Ha ragione; bisogna che tu usi poco sale.

1. mangiare molta frutta   2. fare un po' di footing   3. andare anche in palestra   4. bere meno caffè   5. stare più tranquillo   6. avere più pazienza   7. passeggiare all'aria aperta   8. alzarsi presto   9. cercare di diminuire lo stress   10. prendere un po' di sole

C **Mini-intervista.** Find out from a classmate the following information.

1. quali cose spera che succedano con le prossime elezioni   2. quali cose ha paura che succedano quest'anno   3. se crede che il governo rispetti i diritti di tutti i cittadini   4. se pensa che la politica internazionale sia importante

B   Verbi ed espressioni che richiedono il congiuntivo

CAMERIERE: Professore, vuole che Le porti il solito caffè o preferisce un poncino?*

PROFESSORE: Fa un po' fresco... Forse è meglio che prenda un poncino. Scalda di più.

CAMERIERE: Speriamo che questo sciopero finisca presto, professore.

PROFESSORE: Certo; ma bisogna che prima gli insegnanti abbiano un miglioramento delle loro condizioni di lavoro.

When two conjugated verbs are connected by **che,** it is necessary to decide whether the second verb should be in the indicative or the subjunctive. The verb in the independent clause determines whether the indicative or the subjunctive should be used in the dependent clause.

1. When the verb or expression in the independent clause denotes certainty, the indicative is used in the dependent clause. When the verb or expression in the independent clause expresses emotion, opinion, doubt, or uncertainty, the subjunctive is used in the dependent clause. Compare these sentences.

So che vot**ate.**	*I know you are voting.*
Ho l'impressione che vot**iate.**	*I have the impression you're voting.*
È vero che **c'è** un aumento della disoccupazione.	*It's true that there is an increase in unemployment.*
È probabile che **ci sia** un aumento della disoccupazione.	*It's likely that there is an increase in unemployment.*

Expressions that denote certainty and that are therefore followed by the indicative include **so che, è vero che, sono sicuro che, sono certo che, vedo che, è ovvio che, riconosco che, dimostra che.**

2. The following verbs and expressions are normally followed by the subjunctive.

EXPRESSIONS INDICATING EMOTION	
Sono contento/felice Mi (dis)piace Ho paura Preferisco Spero	che il presidente e i senatori siano d'accordo.

WAITER: Professor, do you want me to bring you the usual cup of coffee or would you prefer a **poncino?** PROFESSOR: It's a bit chilly. Maybe it's better for me to have a **poncino.** It warms you up more. WAITER: Let's hope that this strike will end soon, Professor. PROFESSOR: It will, but first it's necessary for teachers to obtain better working conditions.

*__Poncino__ is a hot drink made with water, sugar, and rum or other liqueurs. The word is an adaptation of the English word *punch.*

EXPRESSIONS INDICATING OPINION, DOUBT, UNCERTAINTY

Credo
Dubito
Ho l'impressione ⎫ che il primo ministro vada in Cina.
Immagino
Penso

EXPRESSIONS INDICATING A COMMAND OR WISH

Chiedo
Desidero ⎫ che i professori abbiano migliori condizioni di lavoro.
Esigo
Voglio

IMPERSONAL VERBS AND EXPRESSIONS

(Non) è bene
(Non) bisogna
(Non) è importante
(Non) è (im)possibile
(Non) è (im)probabile
È incredibile
(Non) è male ⎫ che riprendano le discussioni con i lavoratori.
È ora (*It's time*)
Pare
Peccato (*It's too bad*)
Può darsi (*It's possible*)
Sembra
È strano

ESERCIZI

A **La famiglia Cesarini.** Complete the following paragraph with the correct form of the present indicative or subjunctive.

Sembra che Davide e Paola non _____[1] (avere) abbastanza soldi e che non _____[2] (potere) mandare il figlio Matteo all'università. Peccato che lui non _____[3] (avere) una borsa di studio (*scholarship*). È certo che lui _____[4] (avere) intenzione di frequentare l'università. Può darsi che la nonna lo _____[5] (aiutare) finanziariamente. Speriamo che la famiglia _____[6] (potere) risolvere questo problema. Matteo a volte è un po' pigro ma è anche vero che _____[7] (essere) un ragazzo molto intelligente e che _____[8] (meritare) di essere aiutato!

B **Conversazioni.** Complete the conversations with the correct form of the indicative or the subjunctive.

1. FRANCO: Senti, vuoi che (io) ti _____ (dare) una mano in giardino?
   SANDRO: No, Franco, ma grazie lo stesso. So che tu _____ (essere) molto occupato: è ora che io _____ (aiutare) te, una volta tanto!
2. FRANCO: Sai, ho saputo che Maria e Antonio non _____ (andare) in Italia quest'estate.
   SANDRO: Davvero? Peccato che Maria non _____ (potere) andare a trovare la madre: credo che lei _____ (stare) poco bene.

C Conversazione.

1. Che cosa vuol fare dopo la laurea? **2.** I Suoi genitori che cosa vogliono che Lei faccia? **3.** È probabile che Lei trovi il lavoro che desidera? **4.** Pensa che la disoccupazione sarà sempre un problema?

C Congiuntivo passato

—Sono proprio contento che sia venuto anche Lei a questo ricevimento[a]!

[a]*reception*

1. The past subjunctive (**il congiuntivo passato**) is formed with the present subjunctive of **avere** or **essere** plus the past participle of the main verb.

VERBI CONIUGATI CON **avere**		VERBI CONIUGATI CON **essere**	
che io abbia		che io sia	
che tu abbia		che tu sia	partito/a
che lui/lei abbia	lavorato	che lui/lei sia	
che abbiamo		che siamo	
che abbiate		che siate	partiti/e
che abbiano		che siano	

2. The past subjunctive is used in place of either the **passato prossimo** or the **passato remoto** of the indicative whenever the subjunctive is required.

Hanno superato la crisi.	*They overcame the crisis.*
Credo che **abbiano superato** la crisi.	*I think they overcame the crisis.*
Anche i pensionati **scioperarono.**	*The retirees also went on strike.*
Ho l'impressione che anche i pensionati **abbiano scioperato.**	*I think that the retirees also went on strike.*

3. The chronological relationship between the action in the dependent clause and the action in the independent clause determines whether the present or the past subjunctive should be used.

RELATIONSHIP TO ACTION IN INDEPENDENT CLAUSE
Dependent clause: action at the same time or later → present subjunctive
Dependent clause: action earlier → past subjunctive

Credo che **facciano** sciopero.	*I think they're on strike (now).* *I think they'll go on strike (later).*
Credo che **abbiano fatto** sciopero.	*I think they went on strike (previously).*
Siamo contenti che **vengano** alla riunione.	*We're glad they are coming to the meeting (today).* *We're glad they will come (later).*
Siamo contenti che **siano venuti** alla riunione.	*We're glad they came to the meeting.*

ESERCIZI

A **Trasformazioni.** Replace the italicized expressions with those in parentheses, and make all necessary changes.

1. Credo che *i signori* abbiano votato. (il dottore / tu / voi / Lei)
2. Ci dispiace che *Renata* non si sia fatta sentire. (i tuoi cugini / voi / tu / le signore)
3. È strano che *le tue amiche* non siano venute alla manifestazione. (l'avvocato / voi due / tu / gli altri)

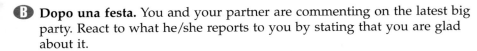

B **Dopo una festa.** You and your partner are commenting on the latest big party. React to what he/she reports to you by stating that you are glad about it.

ESEMPIO: Franca / andare via molto presto →
        S1: Sai, Franca è andata via molto presto.
        S2: Lo so e sono contento che sia andata via molto presto!

1. Claudio e Paolo / non bere niente
2. Gino / non dire le solite sciocchezze (*nonsense*)
3. Renata / venire con Samuele
4. Riccardo / invitare anche i Brambilla
5. Franca / parlare delle ultime elezioni
6. le tue paste / piacere a tutti

D Congiuntivo o infinito?

FIORELLA: Valentina, come mai in giro a quest'ora? Non sei andata in ufficio?
VALENTINA: Non lo sapevi? Ho chiesto altri sei mesi di aspettativa per avere più tempo per mio figlio.
FIORELLA: Sei contenta di stare a casa?
VALENTINA: Per ora sì, ma tra sei mesi bisogna che io torni a lavorare e allora mio marito chiederà l'aspettativa per stare col bambino.

The subjunctive and the conjunction **che** are used when the subject of the verb in the independent clause and the subject of the verb in the dependent clause are different: *Io* **voglio che** *tu* **voti!** When the subject is the same for both verbs, there are two different possibilities.

1. As you already know, the infinitive alone follows verbs indicating preference (**desiderare, preferire, volere**) when the subject is the same. Compare the following:

Voglio **votare** presto.   *I want to vote early.*
Voglio **che votiate** presto.   *I want you to vote early.*

FIORELLA: Valentina, what are you doing out at this hour? Didn't you go to work? VALENTINA: Didn't you know? I asked for six more months of maternity leave to have more time for my son. FIORELLA: Are you happy staying home? VALENTINA: Yes, for now, but in six months I'll have to go back to work; and then my husband will ask for a paternity leave so he can stay with the baby.

2. After most other verbs and expressions, **di** + *infinitive* is used when the subject is the same.

Spero **di votare** presto.	*I hope to vote early.*
Spero **che votiate** presto.	*I hope you vote early.*
Sono contenta **di aiutare** i senzatetto.	*I'm glad to help homeless people.*
Sono contenta **che il governo aiuti** i senzatetto.	*I'm glad the government helps homeless people.*

The past infinitive (**avere** or **essere** + *past participle*) is used to refer to an action that has already occurred. In the case of past infinitives with **essere,** the past participle agrees with the subject in gender and number.

—Dottore, ho la sensazione che tutti mi ignorino...

VERBI CONIUGATI CON **avere**	VERBI CONIUGATI CON **ẹssere**
present infinitive: votare	andare
past infinitive: avere votato	ẹssere andat**o/a/i/e**

Ho paura **di non aver capito.**	*I'm afraid I didn't understand.*
Ho paura **che non abbiate capito.**	*I'm afraid you didn't understand.*
Sono contenti **di esser venuti.**	*They are happy they came (to have come).*
Sono contenti che tu sia venuta.	*They are happy you came.*

3. After impersonal expressions that take the subjunctive, the subjunctive is used if the verb of the dependent clause has an expressed subject. But if no subject is expressed, the infinitive alone is used.

Non è possibile **che lui ricordi** tutto.	*It isn't possible for him to remember everything.*
Non è possibile **ricordare** tutto.	*It isn't possible to remember everything.*

Esercizi

A **Sembra, è vero...** Create new sentences by beginning with each of the expressions given in parentheses. Use **che** + *indicative*, **che** + *subjunctive*, or the infinitive with or without **di.**

ESEMPIO: Vi fate sentire. (sembra / è vero / non pensate) →
Sembra che vi facciate sentire.
È vero che vi fate sentire.
Non pensate di farvi sentire.

1. Ho un aumento. (voglio / non vogliono / è probabile)
2. Conoscono bene le teorie femministe. (pare / credono / sono sicuro)
3. Organizzate lo sciopero. (sperate / può darsi / è importante)
4. Riprendo il lavoro tra poco. (è vero / non credo / siete contenti)

B **Opinioni personali.** Complete each sentence in a logical manner.

> ESEMPI: Voglio... →
> Voglio votare alle prossime elezioni.
>
> Voglio che... →
> Voglio che ci sia una riforma del sistema sanitario.

1. È vero che...
2. È ora che...
3. Non credo di...
4. Non credo che...
5. Spero che...
6. Sono contento/a di...
7. Non sono felice di...
8. Mi dispiace che...

E Nomi e aggettivi in -a

—Pare che la prima ballerina sia un'accesa^a femminista.   ^a*ardent*

1. You have already learned that nouns ending in **-a** are generally feminine and that the **-a** changes to **-e** in the plural. There are a few nouns ending in **-a** that are masculine. Their plural ends in **-i.**

SINGOLARE	PLURALE
il poet**a** *poet*	i poet**i**
il programm**a** *program*	i programm**i**
il panoram**a** *view*	i panoram**i**
il pap**a** *pope*	i pap**i**
il problem**a** *problem*	i problem**i**

2. Nouns ending in **-ista** can be either masculine or feminine, depending on whether they indicate a male or a female. The plural ends in **-isti** (*m.*) or **-iste** (*f.*).

SINGOLARE	PLURALE
il tur**ista**	i tur**isti**
la tur**ista**	le tur**iste**
l'art**ista**	gli art**isti** le art**iste**

3. You already know that adjectives that end in **-o** can have four endings (**rosso/a/i/e**) and that adjectives that end in **-e** can have two endings (**difficile/i**). There are a few adjectives ending in **-ista** (for example, **ottimista, femminista, comunista**) that have three endings: **-a, -i** and **-e**. The singular ending for both masculine and feminine is **-a**. The plural endings are **-i** for masculine and **-e** for feminine.

—**Paesaggista**[a]?
—**No, ritrattista.**

[a]*Landscape artist*

SINGOLARE	PLURALE
il ragazzo ottim**ista** la ragazza ottim**ista**	i ragazzi ottim**isti** le ragazze ottim**iste**

Esercizi

A **Plurali.** Give the plural of each phrase.

ESEMPIO: il deputato progressista →
               i deputati progressisti

1. il grand'artista
2. la famosa pianista
3. il movimento femminista
4. il programma socialista
5. quel poeta pessimista
6. l'intellettuale comunista
7. il problema difficile

B Conversazione.

1. Si considera pessimista o ottimista? Perché?
2. È femminista? Crede che una donna sposata debba stare in casa e occuparsi dei bambini? Crede che una donna debba guadagnare tanto quanto un uomo per lo stesso lavoro? Crede che un uomo debba collaborare alle faccende (*chores*) domestiche? Pensa che entrambi (*both*) i genitori debbano avere aspettative per occuparsi dei bambini?
3. Ci sono cose di cui Lei è entusiasta, per esempio, del Suo videoregistratore? Della Sua nuova automobile? Della Sua casa? Dei Suoi corsi? Del Suo lavoro? Di un bel panorama?

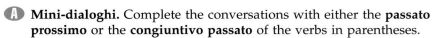

PICCOLO RIPASSO

A **Mini-dialoghi.** Complete the conversations with either the **passato prossimo** or the **congiuntivo passato** of the verbs in parentheses.

1. MARIA: Gino, hai visto i risultati delle elezioni? Non ti pare strano che la gente _____ (votare) ancora per questi partiti?

GINO: Può darsi che _____ (avere) paura di cambiare. È vero che molte persone _____ (capire) che il vecchio sistema non funziona, ma è probabile che non _____ (essere) entusiasti nemmeno dei nuovi partiti.

2. SARA: Sembra che gli insegnanti _____ (ottenere) un aumento di stipendio.

ROBERTO: Era ora! Tutti dicono che l'istruzione è importante ma è vero che gli insegnanti non _____ (ricevere) mai stipendi decenti.

3. MIA: Ho saputo che gli assistenti (*instructors*) _____ (farsi sentire). Ma come?

LUCA: Sì, so che _____ (organizzare) una dimostrazione, e mi pare che _____ (richiedere) molti cambiamenti (*changes*).

B **Reazioni.** Working with a partner, react positively to all the news you hear. Start with **sono contento/a che** + *present* or *past subjunctive*, or **sono contento/a di** + *present* or *past infinitive*.

ESEMPI: tu / votare per il partito vincente (*winning*) →
S1: Hai votato per il partito vincente.
S2: Sì, e sono contenta di avere votato per il partito vincente.

molte persone / votare ieri →
S1: Molte persone hanno votato ieri.
S2: Sì, e sono contenta che molte persone abbiano votato ieri.

1. lo sciopero dei treni / finire domani
2. il governo / approvare la riforma delle scuole
3. tu / avere un aumento di stipendio la settimana scorsa
4. tu / andare alle urne (*polls*) molto presto ieri
5. gli insegnanti / riprendere il lavoro domani
6. tu / conoscere bene la costituzione

C **Tanto da fare.** Mention three things you have to do today, using the subjunctive. Begin each sentence with **Bisogna che.**

ESEMPIO: Bisogna che io studi il congiuntivo!

Now mention three things you're glad you've done. Begin each sentence with **Sono contento/a di.**

ESEMPIO: Sono contenta di essere andata in piscina stamattina.

DIALOGO

ESPRESSIONI UTILI

Si sono beccati...	They got . . . , They walked off with . . .
Non si salva più nessuno.	No one is above suspicion.
Ed era anche ora!	And it was about time!
arricchirsi sulla pelle di...	to get rich at the expense of . . .
Mi va tutto di traverso.	I can't swallow any of it.

Invito ad una manifestazione contro il governo delle destre.

MANIFESTAZIONE
SABATO 23 APRILE
h. 17.30 Campo S.Geremia

● NO A PROCESSI E DENUNCE CONTRO IL CSA MORION
● NO ALLA CHIUSURA DEI CENTRI SOCIALI
● PER UNA MIGLIORE QUALITA' DELLA VITA

VENEZIA

CONTRO vecchi e nuovi fascismi contro i razzismi il sessismo e l'intolleranza, contro le privatizzazioni, la disoccupazione.

PER l' internazionalismo, il diritto alla casa, al reddito garantito ai servizi sociali ed agli spazi di libertà.

questa è la nostra

LIBERAAZIONE

Siamo contro la PRIMA REPUBBLICA delle stragi, gladio, P2, delle leggi speciali, della politica dei sacrifici e della difesa delle istituzioni, fondata sulla distruzione di ogni movimento di lotta. Siamo contro la SECONDA REPUBBLICA, delle destre al potere. Non abbiamo costituzioni da difendere. Non abbiamo bandiere da raccogliere. Bisogna dar vita ad un 'nuovo inizio', scrivere un'altra storia.

C.S.A MORION C.S.O.A RIVOLTA C.S.O.A PEDRO
C.S.O.A KANO C.S.O.A AGRRRO C.S.O.A EMO 1 DELLA LISTA

Giulia ed Enrico sono a cena a casa di Guido.

ENRICO: Accendi la televisione, voglio sentire quanti altri socialisti si sono beccati oggi una denuncia°... *charge, indictment*

GIULIA: O quanti democristiani o repubblicani o comunisti... ormai non si salva più nessuno.

GUIDO: Ed era anche ora! Non se ne poteva più della corruzione, delle tangenti,° di politici e *bribes* finanzieri° che si arricchivano *financiers* sulla pelle degli italiani!

GIULIA: Tutto verissimo! Il problema però è che la situazione politica adesso è estremamente confusa. Ho paura che nessuno sappia cosa fare, per chi votare, cosa aspettarsi dal futuro...

ENRICO: Non c'è una forza politica che abbia un programma decente. C'è solo molta demagogia e i peggiori sfruttano° la situazione. *take advantage of*

GIULIA: Infatti crescono i partiti della destra. Mi sembra quasi che sia peggio di prima. Siamo cascati dalla padella nelle brace?*

---

*__Cascare dalla padella nelle brace__ means *to jump out of the frying pan into the fire.*

GUIDO: Non esageriamo! Cerchiamo di essere un po' ottimisti. In fondo gli italiani hanno sempre dimostrato una grande coscienza politica e civile, soprattutto nei momenti più difficili. Non voglio fare della retorica ma sono convinto che anche questa volta sapremo difendere la democrazia e riusciremo a punire i colpevoli° senza mettere in crisi tutto il sistema... *the guilty parties*

ENRICO: Ma il sistema è già in crisi, è in crisi da anni! Tutta l'Europa è in crisi e saltano fuori° i vecchi nazionalismi; guarda cosa è successo nella ex-Jugoslavia. E chi se l'aspettava? *saltano... are springing forth*

GIULIA: Adesso basta per favore! Se incominciamo a parlare di guerre mi va tutto di traverso e questa notte mi vengono gli incubi.° Speriamo che la ragione trionfi... *mi... I'll have nightmares*

GUIDO: E che la gente tenga gli occhi ben aperti... e che non si torni indietro°... *si... go backwards*

SI DICE COSÌ!

Beccarsi can mean *to get, to walk off with.*

Si è beccato trent'anni.	He got thirty years.
Si sono beccati il primo premio.	They walked off with first prize.
Non voglio beccarmi l'influenza.	I don't want to catch the flu.

TOCCA A TE!

Forma delle frasi complete.

1. _____ Se esci con questo tempo
2. _____ Non eravate pronti per l'esame
3. _____ Non hanno pagato le tasse
4. _____ Sono passata col rosso (*ran a red light*)
5. _____ Ha scritto romanzi stupendi

a. e si sono beccati una denuncia.
b. e si è beccato il premio Nobel.
c. ti beccherai un raffreddore (*cold*).
d. e vi siete beccati un brutto voto.
e. e mi sono beccata una multa.

E ORA A VOI

A **Cosa pensano? Cosa sperano?** Facendo riferimento al **Dialogo** completate le seguenti frasi. Non dimenticate il congiuntivo, quando è necessario.

1. Enrico vuole sentire _____.
2. Secondo Guido, non se ne poteva più _____.
3. Giulia ha paura che nessuno _____.
4. Secondo Enrico non c'è _____.
5. A Giulia sembra quasi che _____.
6. Guido è convinto che gli italiani _____.
7. Giulia spera _____.

B **Un programma politico.** Pensate ai problemi di politica interna ed estera del vostro paese. Cosa sta cercando di fare il presidente (il primo ministro)? Con un compagno (una compagna), fate domande e date risposte secondo l'esempio.

> ESEMPIO: creare più posti di lavoro →
> S1: Pensi che il presidente voglia creare più posti di lavoro?
> S2: Sì, penso (credo, ho l'impressione, mi sembra) che lo voglia. (No, penso che non lo voglia.) E tu?

1. creare un servizio sanitario nazionale (*National Health Plan*)
2. imporre (*to impose*) il controllo delle armi (*gun control*)
3. aumentare le tasse per i ricchi
4. risolvere il problema della droga
5. finanziare le ricerche per l'Aids
6. migliorare la situazione dei senzatetto
7. aiutare i paesi in via di sviluppo (*developing*)

Il nuovo gabinetto. Giulia ed Enrico parlano delle recenti elezioni italiane. Ascoltate attentamente, poi completate le frasi seguenti.

1. Giulia è contenta che molte _____ siano state denunciate.
   a. tangenti **b.** senatrici **c.** operaie
2. Questo è il _____ governo dalla seconda guerra mondiale al presente.
   a. tredicesimo **b.** quindicesimo **c.** cinquantatreesimo
3. Il rappresentante della Lega Lombarda vorrebbe _____.
   a. dimettersi (*resign*) **b.** dividere l'Italia in tre repubbliche federali
   c. diventare primo ministro
4. Un neo-fascista è stato nominato ministro _____.
   a. dell'interno **b.** delle poste e delle telecomunicazioni
   c. del tesoro (*treasury*)
5. Giulia è preoccupata perché non ci sono _____ nel nuovo gabinetto.
   a. donne **b.** socialisti **c.** persone di colore

ESPRESSIONI UTILI

un peso morto	deadweight
all'oscuro di	in the dark about

MA CHE SUCCEDE IN ITALIA?

Enrico, giornalista di un importante quotidiano° italiano, è in viaggio all'estero per lavoro. Da un paio di giorni è a Austin, ospite di conoscenti che lo bombardano di domande sulla situazione politica italiana. Oggi Enrico ha deciso di partire dalle origini.

daily newspaper

«Capisco che molto di quello che succede ora non vi sia chiaro. Molti intrighi restano misteriosi anche per la maggior parte degli italiani ma una cosa è certa: alcuni problemi sono vecchi come lo stato italiano.

In realtà, l'Italia come nazione è un fenomeno abbastanza recente. Prima del 1861 era un insieme di stati indipendenti o sottoposti° al dominio° straniero. Il Sud per esempio è stato, in pratica, una colonia della Spagna per secoli e si è impoverito° a causa dello sfruttamento° di quel governo. Lo stato italiano non ha mai risolto° l'inferiorità economica del Meridione, anzi ha concentrato lo sviluppo nel Nord, favorendo l'emigrazione dal Sud verso la Fiat di Torino, l'Alfa Romeo di Milano e le altre grandi industrie dell'Italia settentrionale. I lavoratori meridionali hanno dunque contribuito al benessere° del paese, ma adesso un partito come la Lega Nord vorrebbe addirittura spaccare° l'Italia in due e liberarsi del Sud come di un peso morto.»

subordinate / domination, rule

si... grew poor / exploitation

resolved

affluence

to split

«E la mafia? E le bombe? Chi c'è dietro questi attentati° terroristici?»

attacks

«Per ora si possono fare solo delle ipotesi ma è certo che, oltre alla criminalità organizzata, sono molti quelli che vorrebbero fermare i cambiamenti di questi ultimi anni. Non parlo naturalmente dell'italiano medio che era all'oscuro della corruzione e che è ben felice che si faccia giustizia. Le indagini° sono dirette in varie direzioni: si parla di «servizi segreti deviati», di cospirazioni e, ovviamente, di mafia. Ma in fondo anche negli Stati Uniti come in altri paesi del mondo ci sono stati molti attentati e omicidi che restano ancora irrisolti.° La situazione italiana non è poi così anomala.° Il potere corrotto cerca sempre di eliminare i suoi avversari.»

investigations

unresolved

abnormal

«Enrico, devi scrivere un libro! Sono sicura che sai molte più cose di quelle che vuoi dirci questa sera!»

Propaganda elettorale nelle strade di Venezia.

E ORA A VOI

A **Vero o falso?** Se è falso, spiegate perché.

1. Anche per gli italiani ci sono molti misteri politici.
2. L'Italia è una nazione unita dal 1600.
3. Se il Sud è povero non è colpa (*the fault*) dei meridionali.
4. Gli emigranti del Sud hanno contribuito alla ricchezza del Nord.
5. La mafia è probabilmente tra i responsabili degli attentati.

B **Spiegare la situazione.** Siete ospiti di conoscenti italiani che vogliono sapere tutto sulla situazione politica degli Stati Uniti. Seguendo l'esempio della **Lettura**, preparate con un compagno (una compagna) una breve relazione scritta. Leggetela poi in classe!

PAROLE DA RICORDARE

VERBI

applicare to apply; to enforce
aumentare to raise
diminuire (isc) to reduce
dubitare to doubt
eleggere to elect
esigere (*p.p.* **esatto**) to expect; to demand
farsi sentire to make oneself heard
organizzare to organize
riprendere (*p.p.* **ripreso**) to resume
scioperare to strike
  *essere in sciopero to be on strike
  fare sciopero to go on strike
votare to vote

NOMI

l'aspettativa maternity/ paternity leave
l'aumento raise
la Camera Chamber (*House*)
  la Camera dei Deputati Chamber of Deputies (*lower house of Parliament*)
la costituzione Constitution
la democrazia democracy
il deputato, la deputata representative, member of lower house of Parliament
la diminuzione reduction
la discussione discussion
la disoccupazione unemployment
l'elezione (*f.*) election
il governo government
l'impiegato, l'impiegata white-collar worker
il ministro minister (*in government*)
  il primo ministro prime minister
l'operaio, l'operaia blue-collar worker
il panorama panorama, view
il papa pope
il partito (political) party
il pensionato, la pensionata retired person
la politica politics
il presidente president
il programma program
la repubblica republic
la riduzione reduction
la riforma reform
il salario wage
lo sciopero strike
il Senato Senate (*upper house of Parliament*)
il senatore, la senatrice senator
lo stato state
la tassa tax
il/la turista tourist
il voto vote

AGGETTIVI

comunista communist
disoccupato unemployed
entusiasta enthusiastic
incredibile incredible
ottimista optimistic
pessimista pessimistic
politico (*m. pl.* **politici**) political
sociale social

ALTRE PAROLE ED ESPRESSIONI

è ora it's time
pare it seems
può darsi maybe, it's possible

IL MONDO DEL LAVORO

IN BREVE

Un lavoro d'artista!

VOCABOLARIO PRELIMINARE

Dialogo-lampo

GIORDANO: Inflazione, disoccupazione, crisi economica... e come lo trovo un lavoro?!

ANTONELLA: Bisogna aver pazienza e persistere: fare domande, rispondere ad annunci, partecipare a concorsi...

GIORDANO: E tu, da quanto tempo persisti?

Il lavoro

assumere (*p.p.* **assunto)** to hire
avere un colloquio to have an interview
cercare lavoro to look for a job
il/la collega colleague
fare il/la + *professione* to be a + *profession*
  fare il/la dirigente to be an executive, manager
fare domanda to apply
fissare un colloquio to set up an interview
licenziare to fire
licenziarsi to quit

la mansione function, duty (*professional*)
partecipare a un concorso to take a civil service exam
la professione, il mestiere profession, trade
il requisito requirement
riempire un modulo to fill out a form
rispondere a un annuncio to answer an ad

l'assistenza medica health insurance

l'assistenza sanitaria nazionale national health care
l'azienda, la ditta firm
il commercio business, trade
il costo della vita cost of living
l'industria industry
l'inflazione inflation
il lavoratore, la lavoratrice worker
l'offerta offer
la richiesta demand
il sindacato union

ESERCIZI

A **Sondaggio.** Quale sarebbe il vostro atteggiamento nelle seguenti situazioni?

1. Siete insoddisfatti/e del vostro lavoro.
    a. Vi licenziate e cercate un altro lavoro.
    b. Decidete di restare anche se siete infelici perché state guadagnando molto.
2. I vostri colleghi sono insopportabili (*unbearable*).
    a. Li ignorate completamente e vi concentrate sul vostro lavoro.
    b. Vi stressate pensando a come rispondere ai loro commenti.

3. La vostra ditta ha assunto un nuovo dirigente invece di promuovere (*advance*) voi.
   a. Andate a parlarne con il direttore della ditta.
   b. Non dite niente e vi lamentate in continuazione con gli altri lavoratori.
4. Gli stipendi nel settore in cui lavorate sono molto bassi; il costo della vita è aumentato.
   a. Vi unite ai sindacati e protestate.
   b. Vi lamentate ma aspettate che le cose si risolvano da sole.
5. Vedete un annuncio sul giornale; è proprio il lavoro che cercavate, ma non avete tutti i requisiti.
   a. Fate domanda lo stesso.
   b. Non rispondete all'annuncio; non avete tempo da perdere.

B **Tutto sul lavoro.** Completate i brevi dialoghi scegliendo le espressioni adatte.

1. s1: Signora Rizzo, Le piace fare l'architetto?
   s2: Molto. È una (professione / azienda) interessantissima!
2. s1: Si è licenziata Irene?
   s2: Sì, e per fortuna qui in Italia non si (*one*) perde (l'assistenza medica / l'inflazione).
3. s1: Hai fatto domanda per quel lavoro?
   s2: No, non penso di avere tutti i (colleghi / requisiti) necessari.
4. s1: Non vedo più Morelli.
   s2: Non lo sapevi? L'hanno (cercato / licenziato) un mese fa.
5. s1: Paolo, che fai da queste parti?
   s2: Sto andando ad un colloquio; (cerco lavoro / faccio il dirigente) da quasi sei mesi.
6. s1: Gloria è un tipo interessante. Cosa fa?
   s2: Non so esattamente; credo che lavori (nell'industria / nella mansione) dello spettacolo.
7. s1: Quest'anno le vendite sono in diminuzione (*down*).
   s2: Mah, è un periodo di scarsa (inflazione / richiesta).

C **A caccia di lavoro.** Simone Bellini, laureato in economia e commercio, ha finalmente trovato un lavoro! Completate la sua storia con parole del **Vocabolario preliminare** e con espressioni che conoscete già.

Simone Bellini era senza lavoro; era _____[1] da quasi tre mesi. Aveva fatto tutto il possibile: aveva _____[2] a molti _____[3] sul giornale, aveva _____[4] domanda in diverse aziende, aveva _____[5] tanti moduli, aveva fissato dei _____[6] con agenzie internazionali, e aveva persino _____[7] a due concorsi per entrare al Ministero della Finanza. Per fortuna viveva con i suoi e così non doveva pensare ai _____[8] per l'affitto! Finalmente, un giorno ha ricevuto un' _____[9] di lavoro: lo _____[10] era molto alto, più di quanto si aspettasse e le sue _____[11] di lavoro erano ben definite e ragionevoli. Naturalmente Simone ha accettato!

IN ASCOLTO

Buon lavoro! Parlano Simone Bellini e la dirigente della ditta che l'ha assunto. Ascoltate attentamente, poi completate le frasi seguenti.

1. La signora Pagani è molto felice di _____ Simone Bellini.
2. Simone può incominciare _____.
3. Il segretario della signora Pagani gli darà il modulo per _____.
4. Secondo Simone, le sue _____ sono molto chiare.
5. Alla fine del colloquio la dirigente presenta Simone _____.

GRAMMATICA

A   Congiunzioni che richiedono il congiuntivo

Telefonata da un'oreficeria d'Arezzo in Florida

SIGNOR ONGETTA: Pronto, Signora Croci? Buongiorno, sono il rappresentante della Bottega del Gioiello. A proposito delle catene d'oro... non deve preoccuparsi, le ho già spedite e arriveranno in settimana... a meno che la posta non abbia ritardi!

SIGNORA CROCI: Sarebbe possibile una seconda spedizione prima che finisca l'anno? Ai nostri clienti piacciono molto le vostre creazioni!

SIGNOR ONGETTA: Non glielo posso promettere: per quanto i miei operai facciano il possibile, c'è sempre la possibilità di qualche intoppo.

SIGNORA CROCI: E il costo, sarà lo stesso?

SIGNOR ONGETTA: Be', no, ci sarà un leggero aumento. Ne capirà i motivi senza che glieli spieghi: il prezzo dell'oro, il costo della mano d'opera, l'inflazione...

A telephone call from a goldsmith's shop in Arezzo to Florida
MR. ONGETTA: Hello, Mrs. Croci? Good morning, I am the agent for the Bottega del Gioiello. Regarding the gold chains . . . you needn't worry; I have already shipped them, and they will arrive within the week . . . unless there is a delay in the mail! MRS. CROCI: Would a second shipment be possible before the year is over? Our clients are very fond of your creations! MR. ONGETTA: I can't promise. Though my employees do their best, there is always the possibility of some kind of problem. MRS. CROCI: And the cost, will it be the same? MR. ONGETTA: Well, no, there will be a slight increase. You probably understand the reasons without my explaining them to you: the price of gold, the cost of labor, inflation . . .

1. A conjunction (**una congiunzione**) is a word that connects other words or phrases. None of the conjunctions you have learned so far require the subjunctive.

Ti telefonerò **appena** usciranno gli annunci.	*I'll call you as soon as the ads come out.*
Fa la dirigente **ma** non guadagna molto.	*She's an executive but she doesn't earn much.*
Ero nervoso **mentre** aspettavo di entrare.	*I was nervous while I was waiting to go in.*
Si è licenziata **perché** era insoddisfatta del lavoro.	*She quit because she was unhappy with her job.*

2. Some conjunctions *always* take the subjunctive. The most common are

affinché perché	*so that*
a meno che... non	*unless*
prima che	*before (someone doing something)*
senza che	*without (someone doing something)*
benché per quanto quantunque sebbene	*although*
a condizione che a patto che purché	*provided that*

Danno dei corsi **perché** gli impiegati **siano** aggiornati.	*They offer courses so that their employees are up-to-date.*
Non posso darti un passaggio **a meno che** mio marito **non riporti** la macchina.	*I can't give you a ride unless my husband brings back the car.*
Telefonale **prima che assuma** un altro!	*Call her before she hires someone else!*
Dovresti fare domanda **senza che** lui lo **sappia.**	*You should apply without his knowing.*
Accetterò quell'offerta di lavoro **purché** tu lo **voglia.**	*I'll accept that job offer provided that you want me to.*

3. The subjunctive is used after **prima che, senza che,** and **perché** (in the sense of *so that*) *only* when the subjects of the two connected clauses are different. When they are the same, use **prima di** + *infinitive,* **senza** + *infinitive,* or **per** + *infinitive.* Compare:

Fa' domanda **prima che parta** la signora Bruni!	*Apply before Mrs. Bruni leaves!*
Fa' domanda **prima di partire!**	*Apply before you leave!*

Partirai **senza che** Giulia ti **saluti?**	*Will you leave without Giulia's saying good-bye to you?*
Partirai **senza salutare** Giulia?	*Will you leave without saying good-bye to Giulia?*
Lavora **perché** i figli **possano** frequentare l'università.	*She works so that her children can go to college.*
Lavora **per poter** frequentare l'università.	*She works so that she can go to college.*

—Vai a chiamare gente, prima che spunti[a] il sole!

[a]*rises*

ESERCIZI

A **Trasformazioni.** Replace the italicized expressions with those in parentheses and make all necessary changes.

1. Vanno in ufficio prima che *io* mi alzi. (tu / voi / i bambini / Mario)
2. Starò zitta purché *tu* cerchi lavoro. (Eduardo / i ragazzi / voi / Maria e Chiara)
3. Si licenzierà a meno che *tu* non le dia un aumento. (voi / l'azienda / i dirigenti / io)

B **A condizione che...** Complete each sentence with attention to the agreement of verb tenses.

ESEMPI: Mi sono licenziata per...
Mi sono licenziata per avere più tempo per la musica.

Sto cercando lavoro sebbene...
Sto cercando lavoro sebbene ci siano poche possibilità.

1. Cambierò mestiere a condizione che...
2. Ho riempito il modulo senza...
3. Parteciperò a questo concorso per...
4. Telefono all'agenzia prima che...
5. Dopo la laurea farò un viaggio a meno che...
6. Risponderò agli annunci sul giornale sebbene...

C **Quale costruzione?** Choose between the two forms given. Make all necessary changes.

ESEMPIO: Piera ha partecipato al concorso (senza / senza che) dirlo a nessuno. →
Piera ha partecipato al concorso senza dirlo a nessuno.

1. Dario e Claudia vogliono trovare un lavoro (prima di / prima che) finire l'università.
2. Remo è stato assunto (benché / perché) non avere tutti i requisiti necessari per quel posto.
3. Accetto la vostra offerta di lavoro (a patto che / prima che) le mie mansioni essere ben definite.
4. I miei colleghi si licenzieranno (a meno che / sebbene) il sindacato non aiutarli.
5. Antonella ha richiesto un trasferimento (senza / senza che) dire niente a nessuno.

B Altri usi del congiuntivo

—Mi porti lo stesso, qualunque cosa sia!

In addition to the uses you studied in **Capitolo 16,** the subjunctive is also used in the following situations:

1. in a dependent clause introduced by an indefinite word or expression

> chiunque *whoever, whomever*
> comunque *however, no matter how*
> dovunque *wherever*
> qualunque *whatever, whichever (adjective)*
> qualunque cosa *whatever, no matter what (pronoun)*

Chiunque tu **sia,** parla!	*Whoever you are, speak!*
Comunque vadano le cose, devi avere pazienza.	*No matter how things work out, you must have patience.*
Dovunque tu **vada,** troverai lavoro.	*Wherever you go, you'll find a job.*
Qualunque professione Anna **scelga,** avrà successo.	*Whatever profession Anna chooses, she will be successful.*
Qualunque cosa succeda, informateci!	*Whatever happens, let us know!*

2. in a relative clause introduced by a relative superlative

È l'azienda **più grande** che ci **sia.**	*It's the largest firm that there is.*
È il lavoro **più difficile** che io **abbia** mai **fatto.**	*It's the most difficult work I've ever done.*

3. in a relative clause introduced by a negative

Non c'è **nessuno** che tu **possa** assumere?	*Isn't there anyone you can hire?*
Mi dispiace, ma non c'è **niente** che io **possa** fare.	*I'm sorry, but there's nothing I can do.*

4. in a relative clause that follows an indefinite or negative expression (someone or something that is hypothetical, unspecified, or nonexistent). Compare:

Abbiamo una segretaria che **conosce** il francese e l'inglese.	*We have a secretary who knows French and English.*
Cerchiamo una segretaria che **conosca** il francese e l'inglese.	*We're looking for a secretary who knows French and English.*
Ha un lavoro che **è** poco faticoso.	*He has a job that's not too tiring.*
Ha bisogno di un lavoro che **sia** poco faticoso.	*He needs a job that's not too tiring.*

Esercizi

A **In ufficio.** Restate each of your colleague's sentences, substituting an indefinite word for the words in italics. Make all necessary changes.

ESEMPIO: Il nuovo impiegato legge *tutto quello che* gli do. →
Il nuovo impiegato legge qualunque cosa io gli dia.

1. *Quelli che* vogliono possono riempire il modulo adesso. **2.** *Non importa chi è,* l'avvocato non può vederlo. **3.** *Non importa dove* andate, non dimenticate di scrivere! **4.** *Non importa come si veste,* il signor Cammisa è sempre elegante. **5.** Voglio trovare *la persona che* sa riparare il mio computer! **6.** *La persona che* parte più tardi di tutti deve chiudere il negozio.

B **Franco il fortunato e Stefano lo sfortunato.** Everything goes well for Franco, but Stefano is one unfortunate fellow. Take the part of Stefano and restate Franco's sentences.

ESEMPIO: C'è qualcuno che mi ama. → Non c'è nessuno che mi ami.

1. C'è qualcuno che mi vuole fare un regalo.
2. C'è qualcuno che viene al cinema con me.
3. C'è qualcosa che mi interessa.
4. C'è qualcosa che mi piace in frigo.
5. C'è qualcuno che mi parla volentieri.
6. C'è qualcosa che tu puoi fare per rallegrarmi (*cheer me up*).

C **Ma certo!** Marco thinks you are unfamiliar with Italian culture. Answer as in the example, using the words in parentheses. Marco asks . . .

ESEMPIO: se conosci Sofia Loren (l'attrice / bravo) →
S1: Conosci Sofia Loren?
S2: Certo! È l'attrice più brava che io conosca!

1. se hai mai visitato Napoli (la città / artistico)
2. se hai mai provato il tiramisù (il dolce / squisito)
3. se conosci il *Corriere della Sera* (il giornale / interessante)
4. se hai mai visto gli affreschi di Giotto (gli affreschi / bello)
5. se hai mai sentito *La Traviata* di Verdi (l'opera / commovente [*moving*])

D **Mini-dialoghi.** Complete each exchange with the appropriate indicative or subjunctive form of the verb in parentheses.

1. s1: Abbiamo bisogno di qualcuno che ci _____ (dare) una mano a finire questo lavoro.

   s2: Perché non telefoni a Renata? È una delle persone più competenti che io _____ (conoscere).

2. s1: Gino, sei proprio fortunato. Hai degli amici che _____ (essere) sinceri e sensibili.

   s2: Lo so, ma adesso cerco un'amica che _____ (essere) sincera e sensibile!

3. s1: Sandro, alla cassa (*cash register*) c'è qualcuno che _____ (avere) bisogno di aiuto!

   s2: Non c'è nessun altro che lo _____ (potere) aiutare? Sto servendo un cliente!

4. s1: Voglio portare Paolo in un ristorante che non _____ (costare) troppo. Vediamo... Conosci le Quattro Stagioni?

   s2: Certo! È ottimo, ma è anche il ristorante più caro che _____ (esserci)!

C Costruzioni con l'infinito

—Te lo avevo detto di non iscriverti alla società
protettrice degli animali!...

The infinitive is used in many constructions in Italian. It can be the subject of a sentence, the object of another verb, or the object of a preposition.

1. In Italian, *only* the infinitive form of a verb can function as a subject or direct object. This is in contrast to English, where either the infinitive or the gerund (the *-ing* form) can be used.

Cercare lavoro è molto faticoso.	*Looking for a job is very tiring.*
È vietato **fumare.**	*Smoking is prohibited.*
Preferisco **sciare.**	*I prefer skiing (to ski).*

2. When an infinitive follows a conjugated verb, it may be used without a preposition, or it may be preceded by **a** or **di.** You have already learned many verbs that take these prepositions with the infinitive. The following tables summarize the most common verbs.

---

verbo + infinito

amare *to love*	potere *to be able to, can, may*
desiderare *to wish*	preferire *to prefer*
dovere *to have to, must*	sapere *to know how*
piacere *to like*	volere *to want*

Also: Impersonal expressions with **ẹssere,** such as **è bene, è giusto**
Impersonal expressions, such as **bisogna, sembra, pare,** and
basta (*it's enough*)

Non **voglio licenziarlo;** è un ottimo lavoratore!	*I don't want to fire him; he's an excellent worker!*
Basta telefonarmi se vuole accettare l'offerta.	*It's enough (You have only) to call me if you want to accept our offer.*

---

*verbo + **di** + infinito*

accettare *to accept*	chiẹdere *to ask*	pensare *to plan*
avere bisogno *to need*	crẹdere *to believe*	permẹttere *to allow, permit*
avere il piacere *to have the pleasure*	decịdere *to decide*	promẹttere *to promise*
avere intenzione *to intend*	dimenticare *to forget*	ricordare *to remember*
avere paura *to be afraid*	dire *to say, tell*	smẹttere *to stop, cease*
avere voglia *to feel like*	finire *to finish*	sperare *to hope*
cercare *to try*		

Ha accettato di collaborare con la nostra azienda.	*She agreed to work with our firm.*
Hanno intenzione di assumere una nuova interprete.	*They're planning to hire a new interpreter.*
Ho deciso di rispondere all'annuncio.	*I've decided to answer the ad.*

---

*verbo + **a** + infinito*

abituarsi *to get used to*	imparare *to learn*
aiutare *to help*	insegnare *to teach*
cominciare (incominciare) *to begin*	invitare *to invite*
continuare *to continue*	riuscire *to succeed*
convịncere *to convince*	stare attento *to be careful*

Also: Verbs of motion, such as **andare, fermarsi, passare,** and **venire**

È riuscita a vincere il concorso!	*She succeeded in winning the civil service exam!*
Vi insegnerò ad usare i computer.	*I'll teach you how to use the computers.*
Sono passata a salutare un mio vecchio collega.	*I stopped by to say hello to an old colleague of mine.*

3. You already learned about the use of the infinitive with **prima di, senza,** and **per** earlier in this chapter. **Dopo** (*after,* used only with the past infinitive) and **invece di** (*instead of*) are also used with the infinitive. Note that in English these prepositions usually take the *-ing* form of the verb.

Dopo aver battuto le lettere, telefoni alla professoressa Pieri.	*After typing the letters, call Professor Pieri.*
Dopo essersi licenziato, Giulio è tornato a fare il falegname.	*After quitting, Giulio went back to being a carpenter.*
Invece di non fare nulla, perché non rispondi a qualche annuncio?	*Instead of doing nothing, why don't you answer a few ads?*

Remember that when an infinitive is used in English to express purpose (implying *in order to*), **per** must always be used in Italian.

Ha fissato un appuntamento **per parlare** dell'assistenza medica.	*She made an appointment (in order) to talk about health insurance.*

ESERCIZI

A **Mini-dialoghi.** Complete the exchanges, using **a** or **di** or leaving the space blank, as necessary.

1. s1: Signora Marino, ho il piacere _____ presentarLe il dottor Guidotti.
    s2: Piacere! Finalmente sono riuscita _____ conoscerLa di persona!
2. s1: Piera, i tuoi figli sanno _____ giocare a tennis?
    s2: Sì, hanno cominciato _____ prendere lezioni l'estate scorsa.
3. s1: Ermanno, mi potresti aiutare _____ scrivere questo articolo?
    s2: Certo, ma prima devo _____ finire _____ correggere questa relazione.
4. s1: Signori, desiderano _____ mangiare sul terrazzo?
    s2: Veramente preferiremmo _____ sederci dentro.

B **Prima.** List three things you would do . . .

ESEMPIO: prima di fare domanda per un lavoro →
Prima di fare domanda per un lavoro, mi informerei sulle mansioni, preparerei il mio curriculum (*résumé*), chiederei i consigli (*advice*) di mia sorella.

1. prima di accettare un'offerta di lavoro
2. prima di licenziarti
3. prima di presentarti a un colloquio importante

C **Pensieri vari.** Complete each sentence in a logical manner.

> ESEMPIO: Molte persone riescono... →
> Molte persone riescono a trovare lavoro senza difficoltà.

1. Non posso dimenticare...
2. Sono finalmente riuscito/a...
3. Invece di continuare...
4. Dopo aver deciso...
5. Bisogna abituarsi...

D Le forme **Lei** e **Loro** dell'imperativo

> SEGRETARIA: Dottoressa, il signor Biondi ha bisogno urgente di parlarLe: ha già telefonato tre volte.
> DOTTORESSA MANCINI: Che seccatore! Gli telefoni Lei, signorina, e gli dica che sono già partita per Chicago.
> SEGRETARIA: Pronto!... Signor Biondi?... Mi dispiace, la dottoressa è partita per un congresso a Chicago... Come dice?... L'indirizzo? Veramente, non glielo saprei dire: abbia pazienza e richiami tra dieci giorni!

1. You already learned the **tu, voi,** and **noi** forms of the imperative in **Capitolo 11.** The **Lei** and **Loro** imperative forms are identical to those of the present subjunctive. The negative imperative is formed by placing **non** before the affirmative form.

	lavorare	**scrivere**	**dormire**	**finire**
(Lei)	(non) lavor**i**	(non) scriv**a**	(non) dorm**a**	(non) fin**isca**
(Loro)	(non) lavor**ino**	(non) scriv**ano**	(non) dorm**ano**	(non) fin**iscano**

Signora, **aspetti! Non entri** ancora!

Signori, **finiscano** di mangiare e **paghino** alla cassa!

Ma'am, wait! Don't come in just yet!

Gentlemen, finish eating and pay at the cash register!

SECRETARY: Doctor, Mr. Biondi needs to speak to you urgently. He has already called three times.
DR. MANCINI: What a nuisance! You call him, Miss, and tell him that I already left for Chicago.
SECRETARY: Hello! Mr. Biondi? I'm sorry, but the doctor left for a conference in Chicago . . . What was that? The address? Really, I couldn't tell you. Be patient and call back in 10 days!

2. Verbs that are irregular in the present subjunctive have the same irregularity in the **Lei** and **Loro** imperatives.

Venga quando vuole.	*Come when you wish.*
Signori, Li prego, **siano** pronti alle nove!	*Gentlemen, please be ready at nine!*

3. Unlike pronouns used with **tu, noi,** and **voi** commands, pronouns used with **Lei** and **Loro** commands must always *precede* the verb.

Le telefoni subito!	*Call her immediately!*
Non **gli dica** quello che abbiamo deciso.	*Don't tell him what we've decided.*
Signori, **si accomodino.**	*Ladies and gentlemen, make yourselves comfortable.*
Non **si preoccupi,** professore.	*Don't worry, professor.*

—**Presto, venga: c'è l'auto del mio maestro[a] in sosta vietata!**

[a]*insegnante*

4. Note that the infinitive often replaces the imperative in directions, public notices, recipes, and so on.

Ritirare lo scontrino alla cassa.	*Get a receipt at the cash register.*
Cuocere per un'ora.	*Cook for an hour.*

ESERCIZI

A **A cena.** Tonight you have both Tommaso and your business professor over for dinner. Tell the professor the same things you tell Tommaso.

ESEMPIO: Vieni a tavola! →
Professoressa Zigiotti, venga a tavola!

1. Aspettami in salotto!
2. Dimmi cosa ne pensi!
3. Bevi un po' di vino!
4. Non preoccuparti del cane!
5. Finisci pure i ravioli!
6. Prendi una fetta di torta!
7. Guarda questo quadro!
8. Va' in giardino!
9. Non dimenticare il cappotto!
10. Salutami tua figlia!

—**Pieghi[a] un po' la testa a sinistra, prego...**

[a]*Turn*

Now repeat the exercise, addressing the commands to Professor Zigiotti and her husband.

ESEMPIO: Signori, vengano a tavola!

B **Coraggio!** Working with a partner, imagine that you are both urging a timid business colleague to do certain things. Use the expressions given below.

ESEMPIO: comprarlo →
S1: Perché non lo compra?
S2: Su, lo compri!

1. dircelo
2. rispondergli
3. parlarne
4. andarci
5. regalarglielo
6. invitarla
7. raccontarcela
8. ritornarci

C **Questi turisti!** Imagine that you are a guide traveling with a group of tourists through Italy. Tell them to do or not to do each of the following:

1. non lasciare niente sull'autobus
2. non comprare nulla in questo negozio
3. non fermarsi a fare troppe fotografie
4. bere acqua minerale
5. mettersi delle scarpe comode (*comfortable*)
6. dare una buona mancia all'autista (*driver*)
7. essere puntuali

E La formazione dei nomi femminili

CLAUDIO: Ieri al ricevimento dai Brambilla c'era un sacco di gente interessante.

MARINA: Ah sì? Chi c'era?

CLAUDIO: Il pittore Berardi con la moglie, pittrice anche lei; dicono che è più brava del marito... la professoressa di storia dell'arte Stoppato, il poeta Salimbeni con la moglie scultrice, un paio di scrittori e scrittrici di cui non ricordo i nomi...

MARINA: Che ambiente intellettuale! Ma i Brambilla cosa fanno?

CLAUDIO: Be', lui è un grosso industriale tessile e lei è un'ex-attrice.

1. Most nouns referring to people or animals have one form for the masculine and one for the feminine.

a. Generally, the feminine is formed by replacing the masculine ending with **-a.**

ragazzo → ragazza	cameriere → cameriera
signore → signora	gatto → gatta

b. A few nouns, especially those indicating a profession or a title, use the ending **-essa** for the feminine.

dottore → dottoressa	poeta → poetessa
professore → professoressa	principe (*prince*) → principessa

CLAUDIO: Yesterday at the party at the Brambillas' there were a lot of interesting people.
MARINA: Were there? Who was there? CLAUDIO: The painter Berardi and his wife, who is also a painter. They say she's better than her husband. . . . The art history teacher Stoppato, the poet Salimbeni and his sculptor wife, and several writers whose names I don't remember. MARINA: What an intellectual atmosphere! What do the Brambillas do? CLAUDIO: Well, he's a big textile tycoon and she's a former actress.

c. Most nouns ending in **-tore** in the masculine end in **-trice** in the feminine.

pittore	→ pittrice	sciatore (*skier*)	→ sciatrice
lettore (*reader*)	→ lettrice	attore	→ attrice

d. Nouns ending in **-e, -ga,** and **-ista** are masculine or feminine, depending on the person referred to.

il cantante	→ la cantante	il regista	→ la regista
il mio collega	→ la mia collega	il dentista	→ la dentista

e. Some nouns have a completely different form for the masculine and feminine.

fratello	sorella
marito	moglie
maschio	femmina
re	regina
uomo	donna

ESERCIZI

A **Metamorfosi.** Change these phrases from the feminine to the masculine.

ESEMPIO: le gatte pigre →
           i gatti pigri

1. un'operaia comunista
2. una moglie stanca
3. una vecchia attrice
4. delle buone colleghe
5. una principessa straniera
6. una poetessa pessimista
7. le grandi pittrici
8. delle donne simpatiche
9. delle sorelle ottimiste

B **No, ma...** Working with a partner, create exchanges as in the example.

ESEMPIO: uno sciatore italiano →
           S1: Conosci uno sciatore italiano?
           S2: No, ma conosco una sciatrice
               italiana!

1. dei cantanti tedeschi
2. un signore ospitale
3. dei bravi dentisti
4. un re francese
5. un cameriere distratto
6. dei dirigenti impegnati

PICCOLO RIPASSO

ESERCIZI

A **Conclusioni.** Complete each line in column A with a conclusion from column B.

A	B
Riuscirò a trovare lavoro	prima di andare a letto.
Benché siano ricchi	abbiamo fatto colazione.
Potete restare qui	non aprire la porta.
Chiunque suoni	per quanto la crisi economica sia seria.
Bevo sempre qualcosa	a meno che non facciate attenzione.
Dopo esserci alzati	sono infelici.
Non capirete niente	purché non facciate rumore.

B **Una lettera.** Complete Angela's letter to Franca using the prepositions **a** or **di.** If no preposition is necessary, leave the space blank.

Cara Franca,

Eccomi a Bologna finalmente! Sono molto soddisfatta del mio nuovo lavoro e penso proprio _____[1] rimanere qui per tre o quattro anni. Non mi sono ancora abituata _____[2] alzarmi tutti i giorni alle sei della mattina e non riesco ancora _____[3] andare a letto prima della mezzanotte. Devo assolutamente cercare _____[4] cambiare i miei vecchi orari!

Gianni mi ha aiutato _____[5] traslocare e mi ha quasi convinto _____[6] affittare un monolocale vicino alla Torre degli Asinelli. È abbastanza caro e non so se posso già _____[7] permettermi _____[8] pagare un affitto del genere, ma credo di farcela. Al massimo, andrò _____[9] mangiare tutte le sere a casa di Gianni!

I miei nuovi colleghi sembrano tutti simpatici... per il momento! Ieri mi hanno invitato _____[10] partecipare ad una loro riunione: ho imparato subito _____[11] non essere troppo timida!

Buone notizie: ho smesso _____[12] fumare e ho deciso _____[13] incominciare _____[14] giocare a tennis. Basta _____[15] avere un po' di buona volontà (*will*)! Adesso ti lascio perché tra poco Gianni passa _____[16] prendermi. Ah, dimenticavo _____[17] dirti che il mese prossimo ho intenzione _____[18] venire a casa per tre o quattro giorni.

Spero _____[19] sentirti presto!

Un bacione, Angela

DIALOGO

ESPRESSIONI UTILI

per esercitare la libera professione	to work as an independent professional
Non ne vuole più sapere.	He doesn't want anything more to do with it.
Prendi pure in giro!	Go ahead and make fun!

Gabriella ha avuto un colloquio presso uno studio di commercialista° e ha buone possibilità di essere assunta. Deve però passare un esame di stato per essere ammessa all'Ordine dei Ragionieri° e diventare così un libero consulente.° Incontra per la strada una sua amica, Cinzia, incinta° di sette mesi.

consulting firm

Ordine... Council of Accountants
consultant

pregnant

Tra poco sarò in aspettativa...

CINZIA: Gabriella, ciao! Allora, com'è andato il colloquio?

GABRIELLA: Penso bene! A condizione che passi l'esame di stato, credo proprio che il posto sia assicurato! Sai, adesso per esercitare la libera professione non è più sufficiente il diploma; ci vuole anche una laurea breve in economia e amministrazione delle imprese° e l'esame di stato.

businesses

CINZIA: Sono sicura che andrà benissimo! E comunque vadano le cose puoi sempre venire a lavorare nella fattoria° di mio padre! Mi convinco ogni giorno di più che fare il contadino° sia il mestiere migliore!

farm
farmer

GABRIELLA: Purché mi offra abbastanza da vivere... mollo° tutto! Scherzi a parte,° spero di farcela. A proposito di colloqui, ho sentito che Francesco si è licenziato dalla ditta per cui lavorava.

I'll drop
Scherzi... All joking aside

CINZIA: Sì, non era per niente soddisfatto... stressato in continuazione, problemi con i dirigenti, sempre in viaggio. Adesso ha intenzione di partecipare a un concorso per entrare alle Poste.

GABRIELLA: Capisco perché Francesco non ne vuole più sapere... anche i miei amici americani si lamentano spesso del ritmo frenetico del loro lavoro e io gli dico sempre: «Avete bisogno di sindacati più forti!»

CINZIA: I tuoi amici sono molto simpatici! Ho avuto delle discussioni molto interessanti con loro l'estate scorsa sui pro e i contro di un servizio sanitario gratuito per tutti*...

CINZIA: Guarda! Arriva Francesco! Parli del diavolo e spuntano le corna!† Ciao! Arrivi a consegnare° la posta?   *deliver*

FRANCESCO: Sì, sì, prendi pure in giro! Intanto ci vuole un bel coraggio a licenziarsi con la crisi economica e la disoccupazione d'oggi!

CINZIA: Infatti! O sei un incosciente° o dovevi essere proprio infelice a   *irresponsible* lavorare sui computer!

FRANCESCO: Lasciamo perdere! E tu? Cosa fai in giro? Non dovresti essere a scuola?

CINZIA: Ho smesso di lavorare ieri. Sono in aspettativa‡ finalmente!

GABRIELLA: Bene! Pare che siamo tutti liberi al momento! Andiamo a prenderci un caffè!

SI DICE COSÌ!

Passo (*lit., step* or *passage*) is used in a variety of idioms and proverbs.

fare quattro passi	to go for a stroll
stare al passo con	to keep up with (something)
a due passi	right nearby
di questo passo	at this rate/pace
fare il passo più lungo della gamba	to bite off more than one can chew
fare il passo secondo la gamba	to cut one's coat according to one's cloth

TOCCA A TE!

Completa le frasi con le espressioni adatte.

1. Non hai bisogno della macchina, puoi andare benissimo a piedi: la banca è _____.
2. Ma non sei ancora pronto? Il film incomincia alle otto! _____ non arriviamo più!
3. È importante _____ quello che succede nel mondo.
4. Che serata! È troppo bella per restare in casa! Andiamo a _____!

*Every citizen in Italy is guaranteed free health care. The Italian national plan covers all expenses with the exception of consultations in private hospitals.
†Italian proverb: *Speak of the devil and horns start to sprout.*
‡Pregnant women in Italy have the right by law to take a paid leave of absence from work of five months, two before the baby is born and three after delivery. The leave period can be extended to a full year without risk of job loss.

E ORA A VOI

A **Perché?** Rispondete alle seguenti domande e giustificate le vostre scelte riferendovi a passi nel **Dialogo.**

1. Perché Gabriella vuole essere ammessa all'Ordine dei Ragionieri?
   a. Per prestigio personale.
   b. Per guadagnare più soldi.
   c. Perché ama il campo in cui lavora.
2. Perché Francesco ha deciso di lavorare per le Poste?
   a. Perché è stanco di viaggiare e vuole avere orari più regolari.
   b. Perché gli piace la burocrazia.
   c. Perché è molto coraggioso.
3. Secondo Gabriella, perché gli americani hanno bisogno di sindacati più forti?
   a. Perché non hanno l'aspettativa pagata.
   b. Perché lavorano troppo.
   c. Perché non hanno un buon sistema sanitario.
4. Perché Cinzia non è al lavoro?
   a. Perché è stata licenziata.
   b. Perché non ha voglia di lavorare.
   c. Perché ha diritto a stare a casa prima della nascita del bambino.

B **Domanda di lavoro.** Avete deciso di rispondere a questa offerta di lavoro apparsa (*appeared*) sul giornale di mercoledì, 23 marzo.

VICE-DIRETTORE/DIRETTRICE CERCASI

Nota casa editrice cerca laureato/a in lettere/giornalismo per mansioni di alta responsabilità presso il nostro ufficio di pubbliche relazioni. Assunzione immediata. I seguenti requisiti sono indispensabili:

♦ esperienza minima di tre anni nel campo delle P.R.
♦ abilità organizzative e coordinative
♦ capacità di relazionare con editori, giornalisti e scrittori
♦ conoscenza perfetta della lingua inglese
♦ flessibilità ore lavorative
♦ disposto/a a viaggiare (2–3 mesi all'anno) anche all'estero

---

Siete convinti/e che questo è il posto perfetto per voi. Scrivete una lettera al direttore delle P.R. in cui spiegate chi siete, quali sono i vostri titoli di studio, qual è la vostra esperienza professionale e perché pensate di essere il candidato giusto (la candidata giusta) per questa posizione. (Riferitevi ai «requisiti indispensabili» dell'annuncio.)

ESEMPIO: Gentilissimo Dottor Garagnani,
Sono felice di rispondere al Suo annuncio apparso sul giornale di mercoledì, 23 marzo. Mi sono laureato/a...

Al bar. Gabriella va a ritirare lo scontrino (*receipt*); Cinzia e Francesco continuano a parlare del lavoro. Ascoltate attentamente, poi completate le frasi seguenti.

1. Francesco _____ cambiare professione.
   a. è costretto (*obliged*) a
   b. non ha deciso di
   c. vuole veramente
2. Francesco dice che a Telotel _____.
   a. i suoi colleghi sono insopportabili
   b. i computer lo fanno impazzire
   c. le sue mansioni sono troppo limitate
3. Francesco _____ per entrare alle Poste.
   a. dovrà aspettare
   b. ha bisogno di specializzarsi
   c. ha tutti i requisiti
4. Per Cinzia, il lavoro è _____.
   a. una passione
   b. poco soddisfacente
   c. noioso ma necessario
5. Quando saranno in tre, Cinzia e il marito avranno bisogno _____.
   a. della colf (*domestic helper*)
   b. di due stipendi
   c. di un appartamento più grande
6. Secondo Francesco, il padre di Cinzia _____.
   a. ha una vita meno stressante
   b. ha una vita molto difficile
   c. si annoia in campagna

ESPRESSIONI UTILI

Sono già a posto.	I'm already secure in my position.
in attesa che salti fuori qualcosa	-waiting until something comes up
non si dà tanta pena	(he/she) doesn't worry too much

ANDANDO A CASA

Dopo aver chiaccherato per quasi un'ora con Gabriella e Francesco, Cinzia si avvia° verso casa. «Che fortuna», pensa, «almeno io sono già a posto.» Eh sì, essere a posto, avere un lavoro sicuro, era stata la preoccupazione dei suoi° dal momento in cui si era laureata. Quando poi aveva vinto il concorso per insegnare matematica al liceo scientifico del paese, i suoi si erano tranquillizzati: finalmente era professoressa di ruolo°!

Intanto Giorgio, suo marito, laureatosi° un anno prima di lei, stava ancora cercando lavoro nel suo campo: legge. Avrebbe dovuto ascoltare quegli amici laureati, a spasso° da anni, che gli avevano consigliato di intraprendere° una carriera nel settore scientifico. «Di avvocati e di dottori ce ne sono già troppi!» lo avevano avvisato,° ma lui era determinato a fare l'avvocato. E quindi adesso fa il fotografo in attesa che salti fuori qualcosa nel campo legale! «Ci vuole pazienza», dicono gli ottimisti.

Cinzia non si dà tanta pena per Giorgio, anzi è contenta che faccia il fotografo, e a dire la verità, comincia ad esserlo anche lui. «Avrà molto più tempo da dedicare al bambino», dice Cinzia fra sé mentre passa davanti a un negozio Prénatal. Giorgio infatti ha già deciso di ridurre il suo orario lavorativo non appena Cinzia avrà avuto il bambino. Vuole godersi° la sua nuova famiglia e alleviare° le responsabilità domestiche di Cinzia. «Certo che i cinque mesi d'aspettativa aiutano!» pensa Cinzia mentre sale le scale di casa, e le ritornano in mente le parole di Gabriella, che le aveva ricordato le lotte° delle donne italiane per ottenere certi diritti.

«Cinzia, pensa ai milioni di donne in altri paesi che non hanno diritto né ai cinque mesi d'aspettativa pagati, né a tenere il loro posto di lavoro per un anno, né ad assentarsi quando il bambino si ammala. Ci sono paesi industrializzati che stanno scoprendo° adesso quello che noi abbiamo ottenuto da anni.»

Finalmente Cinzia è arrivata. Apre la porta e trova la posta sul tavolo. C'è anche l'assegno dalla scuola. «Eh sì, è proprio una preoccupazione in meno.»

si... sets out

dei... of her parents

di... staff, permanent
having graduated

a... unemployed
to embark on

warned

to enjoy
lighten

battles

discovering

Donne in carriera.

E ORA A VOI

A **A o B?** Completate le frasi riferendovi alla **Lettura.**

1. I genitori di Cinzia erano preccupati perché _____.
   a. Cinzia non aveva molta voglia di lavorare
   b. non sarebbe stato facile trovare un lavoro
2. Cinzia è professoressa di ruolo. Ciò vuol dire che _____.
   a. può essere licenziata in qualsiasi (*any*) momento
   b. il suo posto di lavoro è permanente
3. Gli amici laureati di Giorgio _____.
   a. gli avevano detto di fare l'avvocato
   b. sono disoccupati
4. Giorgio fa il fotografo perché _____.
   a. ci sono troppi laureati in legge in cerca di lavoro
   b. ha studiato fotografia all'università
5. Mentre Cinzia va a casa, pensa _____.
   a. a tutto il lavoro che dovrà fare quando nasce il bambino
   b. a Giorgio, al bambino, alle donne incinte meno fortunate di lei

B **Riflessioni.** Scrivete un piccolo tema che risponda alle seguenti domande.

1. Cosa pensavate di fare da grandi quando eravate alle elementari? E quando avevate 14 anni?
2. Quale carriera vi è stata consigliata al momento di incominciare l'università? E da chi?
3. Quale settore avete poi scelto? E perché?
4. Siete soddisfatti/e ora della vostra scelta? Come sono le prospettive di lavoro nel vostro campo?
5. Il vostro futuro nel mondo del lavoro è come l'avevate immaginato da piccoli/e?

C **Un po' di educazione civica!** La costituzione italiana del 1948 garantisce che «la donna lavoratrice ha gli stessi diritti e, a parità di lavoro (*for the same work*), le stesse retribuzioni che spettano (*are due*) al lavoratore.» Inoltre: «le condizioni di lavoro devono consentire l'adempimento (*fulfilment*) della sua essenziale funzione familiare e assicurare alla madre e al bambino una speciale adeguata protezione» (Art. 37).

1. C'è nella costituzione del vostro paese un passo simile? Di quali diritti godono le lavoratrici nel vostro paese? Per quali diritti stanno ancora lottando (*fighting*)?
2. Nell'ambito della (*Within the*) famiglia e del lavoro, quali sono le responsabilità degli uomini degli anni novanta? Secondo le vostre esperienze, pensate che l'atteggiamento dell'uomo verso la donna sia cambiato negli ultimi dieci anni?
3. I sindacati in Italia sono una forte organizzazione. E nel vostro paese? Pensate che abbiano una funzione utile? Perché sì o perché no?

PAROLE DA RICORDARE

VERBI

abituarsi a (+ *inf.*) to get used to (*doing something*)
assumere (*p.p.* **assunto**) to hire
avere un colloquio to have an interview
cercare lavoro to look for a job
fare il/la + *professione* to be a + *profession*
fare domanda to apply
fissare un colloquio to set up an interview
licenziare to fire
licenziarsi to quit
partecipare a un concorso to take a civil service exam
promettere (*p.p.* **promesso**) (**di** + *inf.*) to promise (*to do something*)
riempire un modulo to fill out a form
rispondere a un annuncio to answer an ad
*****riuscire a** (+ *inf.*) to succeed in (*doing something*); to manage to (*do something*)
smettere (*p.p.* **smesso**) (**di** + *inf.*) to stop, quit (*doing something*)

NOMI

l'annuncio ad
l'assistenza medica health insurance
l'assistenza sanitaria nazionale national health care
l'azienda firm
la catena chain
il/la collega colleague
il colloquio interview
il commercio business, trade
il costo della vita cost of living
il/la dirigente executive, manager
la ditta firm
l'industria industry
l'inflazione (*f.*) inflation
il lavoratore, la lavoratrice worker
la mano d'opera labor
la mansione function, duty
il mestiere, la professione trade, profession
l'offerta offer
l'oro gold
la possibilità possibility, chance
la posta mail; post office
il requisito requirement
la richiesta request, demand

il seccatore, la seccatrice bore, nuisance
il sindacato labor union

AGGETTIVI

adatto suitable
leggero slight
soddisfatto satisfied, happy

ALTRE PAROLE ED ESPRESSIONI

a condizione che provided that
affinché so that
a meno che... non unless
a patto che provided that
benché although
chiunque whoever, whomever
comunque no matter how
dovunque wherever
per quanto although
perché + *subjunctive* so that
prima che before
purché provided that
qualunque cosa whatever
quantunque although
sebbene although
senza che without

LA SOCIETÀ MULTI-CULTURALE

IN BREVE

Grammatica
A. L'imperfetto del congiuntivo
B. Il trapassato del congiuntivo
C. Correlazione dei tempi nel congiuntivo

Lettura
Nel nostro piccolo...

Perugia: una passeggiata in piazza.

VOCABOLARIO PRELIMINARE

Dialogo-lampo

ANTONIO: Perché non possiamo convivere tutti pacificamente?

FABRIZIO: Certo che possiamo! Basta risolvere il problema del razzismo, della violenza, della povertà, della droga...

Temi e problemi

l'alcolismo alcoholism
l'amicizia friendship
il consumismo consumerism
la droga drugs
la giustizia justice
l'ingiustizia injustice
il materialismo materialism
la povertà poverty
il razzismo racism

la ricchezza wealth
l'uguaglianza equality
la violenza violence

apprezzare to appreciate
assicurare to ensure
convivere to live together
eliminare to eliminate

ẹssere a favore di to be in favor of
ẹssere contro to be against
fidarsi di to trust
giudicare to judge

impegnato politically engaged; busy

ESERCIZI

A **Contrari.** Collegate le espressioni della colonna A con i loro contrari nella colonna B.

	A		B
1.	_____ l'amicizia	**a.**	la miseria
2.	_____ la giustizia	**b.**	rendere incerto
3.	_____ impegnato	**c.**	l'ostilità
4.	_____ assicurare	**d.**	l'ingiustizia
5.	_____ la ricchezza	**e.**	indifferente

B **Cosa ti fa più paura?** Mettete due crocette vicino alle cose che vi preoccupano di più e una crocetta vicino alle cose che vi preoccupano di meno. Poi spiegate le vostre scelte.

ESEMPI: La solitudine mi preoccupa molto perché oggi c'è poca stabilità nell'ambito della famiglia.
La diversità mi preoccupa poco perché per me è un valore positivo.

_____ la solitudine	_____ le malattie incurabili	_____ la violenza
_____ l'indifferenza	_____ l'intolleranza religiosa	_____ il materialismo
_____ il razzismo	_____ l'ingiustizia	_____ la droga
_____ il consumismo	_____ l'instabilità politica	_____ l'alcolismo
_____ la povertà	_____ la diversità	

C **A favore o contro?** Siete a favore delle seguenti leggi o contro? Spiegate perché.

ESEMPIO: una legge che elimini il divieto (*prohibition*) dell'uso d'alcolici da parte dei giovani sotto i ventun'anni → Sarei contro questa legge perché (troppi adolescenti muoiono a causa dell'uso di alcolici). *o* Sarei a favore di questa legge perché...

1. una legge che permetta *solo* alla polizia di portare armi da fuoco.
2. una legge che renda le droghe leggere (tipo marijuana) legali.
3. una legge che stanzi (*allocates*) fondi per riabilitare i tossicodipendenti (*drug addicts*).
4. una legge che sovvenzioni (*subsidizes*) centri sociali per i senzatetto (*homeless people*).

D **Cosa ne pensano?** Chiedete a un compagno (una compagna)...

1. se per lui/lei l'uguaglianza è una realtà impossibile.   **2.** se per lui/lei la povertà è naturale in ogni società.   **3.** se si sente spesso giudicato/a dagli altri.   **4.** se i suoi genitori lo/la capiscono e apprezzano le sue idee.   **5.** se considera problematico convivere in una società multietnica.   **6.** se si fida dei suoi amici.   **7.** se è ottimista riguardo al futuro.

IN ASCOLTO

Da queste parti. Antonia e Fabrizio stanno parlando della vita nel loro quartiere, una borgata (*working-class suburb*) di Roma. Ascoltate attentamente, poi completate le frasi seguenti.

1. Secondo Antonia c'è meno _____ oggi che vent'anni fa.
    a. ingiustizia   **b.** violenza   **c.** povertà
2. _____ tra i giovani preoccupa Fabrizio.
    a. L'alcolismo   **b.** Il consumismo   **c.** La povertà
3. Antonia dice che molti _____ sono extracomunitari.
    a. venditori   **b.** tassisti   **c.** baristi
4. Secondo Fabrizio, i _____ fanno paura a tutte le persone decenti.
    a. drogati   **b.** naziskin   **c.** disoccupati
5. I due amici conoscono molte persone _____ anche oggi.
    a. indifferenti   **b.** impegnate   **c.** estremiste

GRAMMATICA

A · L'imperfetto del congiuntivo

CINZIA: Così tuo padre non voleva che tu ti fidanzassi
con Shamira?

IVAN: Assurdo! Sperava invece che mi innamorassi di Daniela, così
sarei diventato dirigente nell'azienda di suo padre!

CINZIA: Che materialista! E tua madre?

IVAN: Lei invece non vedeva l'ora che mi sposassi con Shamira!
Non può sopportare Daniela!

1. The imperfect subjunctive (**l'imperfetto del congiuntivo**) is formed by adding the characteristic vowel and the appropriate endings to the infinitive stem. The endings for all verbs are the same.

	lavorare	**scrivere**	**dormire**	**capire**
che io	lavora**ssi**	scrive**ssi**	dormi**ssi**	capi**ssi**
che tu	lavora**ssi**	scrive**ssi**	dormi**ssi**	capi**ssi**
che lui/lei/Lei	lavora**sse**	scrive**sse**	dormi**sse**	capi**sse**
che	lavora**ssimo**	scrive**ssimo**	dormi**ssimo**	capi**ssimo**
che	lavora**ste**	scrive**ste**	dormi**ste**	capi**ste**
che	lavora**ssero**	scrive**ssero**	dormi**ssero**	capi**ssero**

2. The verbs at the top of the next page have irregular stems in the imperfect subjunctive. Note that **bere, dire,** and **fare** form the imperfect subjunctive from the same stem they use for the **imperfetto**.

CINZIA: So, your father didn't want you to get engaged to Shamira? IVAN: Ridiculous! He hoped that I would fall in love with Daniela instead, so that I would become an executive in her father's firm! CINZIA: What a materialist! And your mother? IVAN: Instead she couldn't wait for me to get married to Shamira! She can't stand Daniela!

ẹssere	dare	stare	bere (**bev**evo)	dire (**dic**evo)	fare (**fac**evo)
fossi	dessi	stessi	bevessi	dicessi	facessi
fossi	dessi	stessi	bevessi	dicessi	facessi
fosse	desse	stesse	bevesse	dicesse	facesse
fọssimo	dẹssimo	stẹssimo	bevẹssimo	dicẹssimo	facẹssimo
foste	deste	steste	beveste	diceste	faceste
fọssero	dẹssero	stẹssero	bevẹssero	dicẹssero	facẹssero

3. The conditions that determine the use of the present subjunctive (**Capitoli 16** and **17**) also apply to the use of the imperfect subjunctive. The imperfect subjunctive is used when the verb in the independent clause is in some *past tense* or the *conditional,* and when the action of the dependent clause takes place *simultaneously with,* or *later than,* the action of the independent clause.

Credo che **abbia** ragione.	*I think she's right.*
Credevo che **avesse** ragione.	*I thought she was right.*
Non **è** probabile che **prendano** una decisione.	*It isn't likely they'll make a decision.*
Non **era** probabile che **prendessero** una decisione.	*It wasn't likely they would make a decision.*
Non c'**è** nessuno che mi **capisca.**	*There's no one who understands me.*
Non c'**era** nessuno che mi **capisse.**	*There was no one who understood me.*
Il razzismo **è** il peggior problema che ci **sia.**	*Racism is the worst problem there is.*
Il razzismo **era** il peggior problema che ci **fosse.**	*Racism was the worst problem there was.*

Esercizi

A **Trasformazioni.** Replace the indicated verb with the correct form of each verb in parentheses.

1. Bisognava che io *camminassi.* (riposarsi [*to rest*] / prendere una decisione / finire / guadagnarsi da vivere [*to earn a living*])

2. Preferiresti che *tornassero?* (rimanere / non bere / dare una mano / dire la verità)

3. Speravamo che voi *pagaste.* (fare la spesa / non interferire / avere ragione / essere contro questa legge)

B **Mini-dialoghi.** Complete each exchange with the appropriate imperfect subjunctive form of the verb in parentheses.

1. s1: Non credevo che Giuseppe _____ (essere) così impegnato.
   s2: Sai, lavora sempre. Vorrei tanto che _____ (prendersi) una vacanza.
2. s1: Ho aperto la finestra perché _____ (entrare) un po' d'aria.
   s2: Se hai bisogno d'aria, sarebbe meglio che tu _____ (andare) fuori: io ho freddo e sto poco bene.
3. s1: Mi pareva che voi _____ (annoiarsi) alla festa venerdì sera.
   s2: Beh, speravamo che Marco e Silvio non _____ (raccontare) le solite sciocchezze.
4. s1: Cercavamo qualcuno che ci _____ (potere) aiutare.
   s2: Vorrei che voi mi _____ (chiamare) quando avete bisogno di aiuto!
5. s1: Il dottore voleva che io _____ (bere) otto bicchieri d'acqua al giorno. Che noia!
   s2: Invece era importante che tu _____ (seguire) il suo consiglio.

C **Desideri personali.** Complete each sentence according to your opinions and desires.

ESEMPIO: Vorrei che i giovani fossero più impegnati (fossero meno consumisti, combattessero contro il razzismo).

1. Vorrei che il governo...
2. Sarebbe meglio che i giovani...
3. Da bambino/a, avevo paura che...
4. Era meglio che i miei amici...
5. Preferirei che i miei genitori...

—**Ma a te piacerebbe che noi venissimo a curiosare^a in casa tua?**   [a]*snoop around*

D Conversazione.

1. Vorrebbe che le università eliminassero i corsi obbligatori di culture nonoccidentali? Perché sì o perché no? Se il Suo curriculum non include corsi di questo tipo, vorrebbe che facessero parte del Suo programma di studi?

2. Preferirebbe che la Sua famiglia fosse contro o a favore dell'aborto (*abortion*)?

3. Le piacerebbe che i Suoi amici fossero un po' più aperti di vedute (*open-minded*)?

4. È soddisfatto/a dei Suoi studi? I Suoi genitori vorrebbero che Lei scegliesse un altro campo (*field*) di studi?

5. Vorrebbe che i Suoi genitori fossero più o meno autoritari? Più o meno convenzionali? Perché?

B   Il trapassato del congiuntivo

—Capitano, ma io credevo che avesse dato l'ordine di abbandonare la nave per restar solo con me!

1. The pluperfect subjunctive (**il trapassato del congiuntivo**) is formed with the imperfect subjunctive of **avere** or **essere** + *past participle* of the verb.

VERBI CONIUGATI CON **avere**	VERBI CONIUGATI CON **essere**
che io avessi ⎫	che io fossi ⎫
che tu avessi ⎪	che tu fossi ⎬ partito/a
che lui/lei avesse ⎬ lavorato	che lui/lei fosse ⎭
che avessimo ⎪	che fossimo ⎫
che aveste ⎪	che foste ⎬ partiti/e
che avessero ⎭	che fossero ⎭

2. The pluperfect subjunctive is used in place of the **trapassato indicativo** whenever the subjunctive is required.

Avevano capito.	*They had understood.*
Speravo che **avessero capito.**	*I was hoping they had understood.*

3. It is also used in a dependent clause when the verb in the independent clause is in a *past tense* or in the *conditional* and the action of the dependent clause occurred *before* the action of the independent clause.

Ho paura che non **abbiano risolto** quel problema.
    I'm afraid they didn't resolve that problem.

Avevo paura che non **avessero risolto** quel problema.
    I was afraid they hadn't resolved that problem.

È impossibile che **abbiano trovato** quella situazione divertente.
    It's impossible that they found that situation amusing.

Era impossibile che **avessero trovato** quella situazione divertente.
    It was impossible that they had found that situation amusing.

È il più bel paesaggio che io **abbia** mai **visto.**
    It's the most beautiful landscape I have ever seen.

Era il più bel paesaggio che io **avessi** mai **visto.**
    It was the most beautiful landscape I had ever seen.

—Mi chiedevo perché non mi avessi restituito la mia scala a pioliª...

ªscala... *ladder*

ESERCIZI

Ⓐ **Pettegolezzi.** Restate this week's hot gossip, using the pluperfect subjunctive.

ESEMPIO: È strano che Giovanna sia venuta sola! →
              Era strano che Giovanna fosse venuta sola!

1. Può darsi che Pino e Anna abbiano litigato (*argued*). **2.** Sembra che Mara si sia licenziata. **3.** Barbara è molto felice che loro abbiano divorziato. **4.** Credo che Alberto abbia dovuto vendere la nuova macchina. **5.** È incredibile che Piero sia a favore di questa legge. **6.** È possibile che Laura sia uscita anche con Gino! **7.** Sperano che non abbia trovato la lettera di Giulia. **8.** È impossibile che lui abbia detto una bugia (*lie*)!

Ⓑ **Mini-dialoghi.** Complete the exchanges, using the imperfect and pluperfect subjunctive as appropriate.

1. S1: Vorrei tanto che Marco e Paolo non _____ (fidarsi) di Chiara!
    S2: Hai ragione; Chiara li ha proprio delusi (*let down*). Sarebbe stato meglio che loro non _____ mai _____ (chiedere) il suo aiuto.
2. S1: Scusa, Gina, vorrei che tu _____ (stare) un po' zitta. Cerco di studiare.
    S2: Studi ancora? Credevo che tu _____ già _____ (finire).
3. S1: Zio Leo, che buoni spaghetti! Non sapevo che ti _____ (piacere) cucinare.
    S2: Come! Non li hai ancora finiti! Mi aspettavo (aspettarsi [*to expect*]) che a questo punto li _____ già _____ (mangiare) tutti!
4. S1: Non sono ancora arrivati i ragazzi? Pensavo che ormai _____ (arrivare).
    S2: E io, invece, credevo che _____ (partire) domani mattina.

C   Correlazione dei tempi nel congiuntivo

LAURA: Mamma, ho deciso di accettare quel lavoro a New York.

MADRE: Ma non sarebbe meglio che tu restassi qui a Trieste, vicino alla famiglia, agli amici? A New York c'è il problema della violenza e della droga: non voglio che ti capiti qualcosa di brutto...

LAURA: Mamma, il problema della violenza e della droga c'è in tutte le grosse città. E poi, vorrei che tu capissi che è importante che io faccia nuove esperienze.

MADRE: Capisco, Laura, ma è naturale che io mi preoccupi...

As you know, the tense of the subjunctive is determined by the tense of the verb in the independent clause and the time relationship between the actions or states expressed by the verbs in the two clauses.

1. This chart shows the sequence of tenses when the verb in the independent clause is in the present, future, or imperative.

IL PRESENTE, IL FUTURO O L'IMPERATIVO NELLA PROPOSIZIONE INDIPENDENTE	
Dependent clause action at the same time or later →	present subjunctive
Dependent clause action earlier →	past subjunctive

Spero che non **interferisca.**	*I hope he doesn't interfere.*
Non **vorranno** che **interferisca.**	*They won't want him to interfere.*
Spero che non **abbia interferito.**	*I hope he didn't interfere.*
Sii contento che non **abbia interferito!**	*Be glad he didn't interfere!*

2. The chart at the top of the next page shows the sequence of tenses when the verb in the independent clause is in any past tense or in the conditional.

LAURA: Mom, I've decided to accept that job in New York.   MOTHER: But wouldn't it be better for you to stay here in Trieste, close to your family, your friends? In New York there are the problems of violence and drugs: I don't want something bad to happen to you.   LAURA: Mom, the problem of violence and drugs is in every big city... and then, I wish you would understand that it's important for me to have new experiences.   MOTHER: I understand, Laura, but it's natural that I worry...

QUALSIASI TEMPO DEL PASSATO O IL CONDIZIONALE NELLA PROPOSIZIONE INDIPENDENTE	
Dependent clause action at the same time or later → Dependent clause action earlier →	imperfect subjunctive pluperfect subjunctive

Credevo che **rimanessero** a casa.	*I thought they were staying home.*
Avevo sperato che **rimanessero** a casa.	*I had hoped they would stay home.*
Credevo che **fossero rimasti** a casa.	*I thought they had stayed home.*
Vorrei che **fossero rimasti** a casa!	*I wish they had stayed home!*

—**Abbiamo visto la luce accesa:**[a] **abbiamo pensato che foste in casa...** [a]*on*

3. As in English, the expression **come se** (*as if*) is always followed by the imperfect or pluperfect subjunctive, regardless of the tense of the main verb.

Lo amano **come se fosse** il loro figlio.	*They love him as if he were their son.*
Parlavano **come se** non **fosse successo** niente.	*They were talking as if nothing had happened.*

ESERCIZI

🅐 **Trasformazioni.** Create new sentences, replacing the indicated words with the words or phrases in parentheses and making all necessary changes.

1. *Spero* che abbiano risolto il problema dei senzatetto. (Vorrei / Bisogna / Era bene / Sperava)
2. *Sono contenta* che i miei genitori si fidino di me. (Preferirei / È bene / Non credi / Non credevi)
3. *Credevo* che il senatore fosse a favore di quella legge. (Mi pare / Sarebbe meglio / Non vorranno / Siate contenti)
4. *Vorrei* che avessero parlato dell'alcolismo. (Dubito / È bene / Non credeva / Era possibile)

B **Mini-dialoghi.** Complete each exchange with the correct form of the verb in parentheses.

1. s1: Paolo vuole che suo figlio _____ (fare) il medico.
   s2: Come se _____ (potere) decidere lui!
2. s1: Ci ha aiutato senza che noi glielo _____ (chiedere).
   s2: Com'è stato gentile! Spero che voi lo _____ (ringraziare [*to thank*]).
3. s1: Vorrei che io e Franco non _____ (litigare [*to argue*]) ieri.
   s2: Non ti preoccupare, Anna: non è possibile che tu e Franco _____ (andare) sempre d'accordo!
4. s1: Bisognerebbe che tu _____ (imparare) una lingua straniera.
   s2: Hai ragione; ma credi che _____ (essere) possibile?
5. s1: È strano che Lisa _____ (andare) a far spese ieri invece di venire alla manifestazione.
   s2: Già, credevo che _____ (essere) contro il consumismo e il materialismo!

C **Fallo tu!** Your roommate is always trying to wriggle out of the household chores. Set him or her straight, as in the example.

ESEMPIO: bisognava / Michele / passare l'aspirapolvere (*vacuum cleaner*) →
s1: Bisognava che Michele passasse l'aspirapolvere.
s2: No, bisognava che tu passassi l'aspirapolvere!

1. è necessario / Cinzia e Gina / fare la spesa
2. bisognava / Michele / lavare i piatti
3. era necessario / tu / mettere la macchina in garage
4. bisogna / tu e Cinzia / chiamare la padrona di casa
5. era necessario / Cinzia e Gina / stare a casa ieri sera

PICCOLO RIPASSO

ESERCIZI

A **Mi dispiaceva.** Say that you were sorry about the following things. Use the imperfect or pluperfect subjunctive, or the present or past infinitive, as necessary.

ESEMPIO: Dario non era stato ammesso. →
Mi dispiaceva molto che Dario non fosse stato ammesso.

1. Avevo giudicato Lucia male.
2. I miei amici non avevano apprezzato le mie buone intenzioni.
3. Mi ero comportato da bigotto.
4. Voi eravate contro quella legge.
5. Dovevo risolvere il problema da solo.
6. Nessuno aveva protetto i loro diritti.

B **Benché...** Combine each pair of sentences choosing between the expressions in parentheses. Make all necessary changes.

> ESEMPIO: Non fumavo. I miei genitori fumavano. (prima di / sebbene) →
> Non fumavo sebbene i miei genitori fumassero.

1. Carlo aveva partecipato alla riunione. Era molto impegnato. (benché / a condizione che)
2. Hanno risolto il problema. Non hanno chiesto aiuto a nessuno. (senza che / senza)
3. Cercarono di integrarsi. Avevano incontrato molte difficoltà. (quantunque / prima di)
4. Parlava molto bene l'italiano. Nessuno glielo aveva insegnato. (purché / sebbene)
5. Lo hanno obbligato a prendere una decisione. Non era pronto. (per quanto / a patto che)
6. Hai deciso. Avevo avuto l'opportunità di pensarci. (prima di / prima che)

C Conversazione.

1. Secondo Lei, cosa dovrebbe fare il governo per risolvere il problema della violenza, della droga, dell'alcolismo? Cosa dovremmo fare noi per aiutare il governo a prendere le decisioni giuste?
2. È bene che i bambini incomincino ad imparare altre lingue alle elementari? A cosa potrebbe servire conoscere un'altra lingua e un'altra cultura così presto? Secondo Lei, potrebbe servire a risolvere in parte il problema del razzismo?
3. Interferirebbe Lei con la decisione di Suo figlio di sposare qualcuno di etnia o di religione diversa? Perché sì o perché no?

DIALOGO

ESPRESSIONI UTILI

Ma che discorsi fai?	What kind of nonsense are you talking?
ci mancavano anche...	the last things we needed were..
Mio fratello la pensava come Massimo...	My brother used to talk just like Massimo . . .

Tu pensi solo alle moto!

Una conversazione fra amici in un caffè.

NICOLETTA: Avete sentito? Il nostro sindaco° ha deciso di aprire un nuovo
centro sociale vicino allo stadio comunale.

mayor

MASSIMO: Come se non avessimo abbastanza problemi in Italia! Ci mancavano anche gli extracomunitari...

NICOLETTA: Ma che discorsi fai? Prima di tutto, questa è stata la decisione più
intelligente che il nostro Comune avesse potuto prendere. Secondo, sarebbe meglio che tu la smettessi di fare° questi ragiona-
menti° da intollerante!

la... quit making
arguments

MASSIMO: Non è intolleranza, è realtà politica ed economica! Siamo già in
sessanta milioni in Italia e il dieci per cento è disoccupato!

LORENZO: Sai cosa, Massimo? Il tuo è egoismo... è provincialismo... è bigotteria.° Non è la disoccupazione che ti preoccupa tanto, è la diversità!

bigotry

MASSIMO: Non è affatto vero. Ho amici tossicodipendenti, omosessuali,
handicappati... Ma gli extracomunitari... il discorso è diverso.
Cosa possono offrire al nostro paese?

LORENZO: Loro stessi! La loro cultura, la loro musica, la loro letteratura, la
loro voglia di integrarsi in una nuova società! E poi, chi sei tu per
decidere chi è utile alla società e chi non lo è? Tu, ad esempio,
cosa hai da offrire? Ti sei mai chiesto cosa possono pensare loro
di te? Pensi forse che questi immigrati vogliano avere a che fare
con tipi come te?

BARBARA: Un momento! La verità è che siamo tutti un po' disorientati. La
struttura della nostra società sta cambiando così rapidamente,
e adesso anche noi dobbiamo imparare a convivere in un'Italia
sempre più multietnica.

NICOLETTA: Vero, ma il problema di base è l'ignoranza. Mio fratello la pensava come Massimo, ma da quando ha conosciuto degli immigrati della Costa d'Avorio, si è reso conto che la sua era solo paura del diverso.

MASSIMO: Praticamente mi avete dato del° razzista quando invece ho fatto un discorso puramente economico.

BARBARA: Attenzione, anche Hitler aveva fatto un discorso economico...

LORENZO: Tregua°! Arrivano i panini! Be', comunque l'importante è che se ne discuta sempre e apertamente. È l'unico modo per combattere l'ignoranza!

mi... you called me a

Truce

SI DICE COSÌ!

In **Capitolo 6** you learned how to use **mancare** when it means *to miss, to lack,* or *to be missing.* The idiom **ci mancava (ci mancavano)** is also very common.

Ci mancava anche questa! This is the last thing we needed! (This is the limit!)

Ci mancavano anche i loro commenti! The last thing we needed was their comments! (We really didn't need to hear from them!)

TOCCA A TE!

Crea brevi dialoghi usando ognuna della seguenti espressioni.

ESEMPIO: Ci mancavi anche tu! →
S1: Non sono proprio d'accordo con te!
S2: Perfetto! Ci mancavi anche tu! Adesso sono tutti contro di me!

1. Ci mancavano anche le riunioni del venerdì sera!
2. Ci mancava anche questo ritardo!
3. Ci mancavano anche gli intolleranti!
4. Ci mancava anche questa!

E ORA A VOI

A **Secondo me...** Come descrivereste i quattro amici del dialogo? Scegliete un'espressione adatta per ognuno e giustificate le vostre scelte!

1. Massimo è _____ perché...
   a. razzista
   b. confuso
   c. ragionevole
2. Nicoletta è _____ perché...
   a. impegnata
   b. ottimista
   c. troppo ingenua (*naive*)
3. Lorenzo è _____ perché...
   a. aperto ad altre culture
   b. un moderato
   c. un reazionario
4. Barbara è _____ perché...
   a. realista
   b. un'estremista
   c. informata

B **Combattiamo l'ignoranza discutendo!** E voi, avete mai accusato qualcuno di essere bigotto/a, di avere una mentalità provinciale, di essere ignorante riguardo ad altre culture, di avere pregiudizi? Se sì, perché? Come ha reagito? Come si è difeso/a? Lavorando in coppia parlate delle vostre esperienze.

ESEMPIO: S1: Io una volta ho litigato con un'amica. Diceva che bisognava evitare (*avoid*) gli omosessuali...

S2: Cosa le hai detto? E lei, come ha reagito? Come si è difesa?

IN ASCOLTO

Ben arrivata! Barbara e Lorenzo parlano di amici di Lorenzo che hanno adottato (*adopted*) una bambina etiope. Ascoltate attentamente, poi correggete le frasi sbagliate.

1. Gli amici di Lorenzo non sono ancora tornati dall'Etiopia.
2. Il nome etiope della bambina significa «la figlia della luna.»
3. Selamawit ha già due anni.
4. È stato facile adottare la bambina.
5. Selamawit parlerà solo italiano.

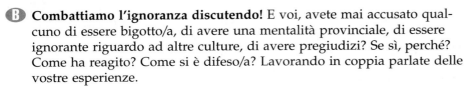
LETTURA

ESPRESSIONI UTILI

nel nostro piccolo   in our own small way
siamo in molti a...   there are many of us who . . .

NEL NOSTRO PICCOLO...

Nicoletta incontra suo fratello Remo davanti allo stadio comunale dove si trovano sempre con i loro amici dopo cena. Sono circa in venti seduti sulle panchine° della piazzetta; ridono, scherzano, discutono, s'abbracciano, si mettono d'accordo sul cosa fare in serata. Una compagnia° di provincia come tante, si direbbe, il cui unico scopo° è di stare insieme, parlare, divertirsi, lontano dall'occhio vigilante della famiglia, via dalle preoccupazioni della scuola e del lavoro. Eppure° c'è

benches

group of friends / goal

Yet

qualcosa in più in questo gruppo di giovani: Manuel è senegalese, Shamira è somala, Dalia è bosniaca, Patrizio è disoccupato, Elena è una madre giovanissima, alcuni sono studenti universitari, altri lavorano in fabbrica° e *factory* tutti sono uniti dalla stessa voglia di conoscersi, di condividere esperienze diverse, spinti° l'uno verso l'altro dal desiderio di allargare° i propri oriz- *driven / broaden* zonti culturali e sociali.

Remo ci pensa mentre torna a casa con Nicoletta: «Sai, Nicky, contrariamente a quanto si dice di noi giovani, non siamo tutti indifferenti e apatici di fronte ai problemi sociali. Siamo in molti ad essere impegnati in associazioni e cooperative di diverso genere con l'obbiettivo comune di aiutare qualcuno, di contribuire a qualcosa, di sentirci utili insomma.

«In tutta Italia stanno nascendo centri di solidarietà autogestiti,° fondati *self-governing* spesso da studenti universitari entusiasti, che sperano in questo modo di creare ponti° di contatto con la società. Prendi ad esempio il centro sociale *bridges* multietnico Malcolm X di Ostia* che aiuta i nuovi immigrati ad integrarsi. Era una colonia estiva° per bambini, poi rimasta inutilizzata per anni e *colonia... summer camp* adesso uno studente di ingegneria l'ha trasformata in un vero centro di solidarietà, con corsi di lingua, cineforum e laboratori teatrali. I problemi sono ancora molti ma il progetto è già riuscito per metà.

«Prendi anche la comunità Seman in Sicilia per il recupero° dei tossi- *rehabilitation* codipendenti, o l'associazione Villa Pizzone di Milano che raccoglie° ma- *collects* teriale usato per poi rimetterlo a nuovo° e rivenderlo a coloro° che non pos- *rimetterlo... refurbish it /* sono permettersi° i prezzi di negozio. E si potrebbe andare avanti... » *those / afford*

«Sai, Remo, nel nostro piccolo, anche il nostro gruppo è un centro di solidarietà. L'importante è tenere sempre le porte aperte, sapere ascoltare e comunicare.»

Vorrei restare a Bologna...

---

*Ostia is a town approximately twenty-five kilometers from Rome.

E ORA A VOI

A **Un gruppo speciale.** Mettetevi in coppia e rispondete alle domande che seguono in modo completo.

1. Cosa ha di speciale il gruppo di giovani a cui appartiene Remo?
2. Come considera Remo la gioventù d'oggi?
3. Qual è la funzione del centro sociale Malcolm X? E quella della comunità Seman? E quella dell'associazione Villa Pizzone?
4. Secondo voi, Nicoletta ha fiducia nel futuro? Cosa vuole dire con la frase, «L'importante è tenere sempre le porte aperte»?

B **Sentirsi utili...** Formate gruppi di tre o quattro e condividete le vostre esperienze basandovi sulle domande che seguono.

1. Avete un gruppo di amici con cui vi trovate sempre? Dove vi incontrate? Quando? Cosa fate insieme? Di cosa parlate?
2. Fate parte di qualche associazione o centro di solidarietà? Come vi fa sentire? Considerate il vostro contributo carità, dovere o giustizia?
3. Nella vostra comunità, siete in molti impegnati in iniziative sociali? Secondo voi, come si potrebbero coinvolgere (*involve*) più giovani in questo tipo di iniziative? C'è abbastanza consapevolezza (*awareness*) tra i giovani dei grossi problemi sociali d'oggi?

PAROLE DA RICORDARE

VERBI

apprezzare to appreciate
assicurare to ensure
convivere to live together
eliminare to eliminate
***essere a favore di** to be in favor of
***essere contro** to be against
fidarsi di to trust, have faith in
giudicare to judge
guadagnarsi da vivere to earn a living
interferire (isc) to interfere
obbligare a (+ *inf.*) to oblige, force to (*do something*)
prendere una decisione to make a decision

riposarsi to rest
risolvere (*p.p.* **risolto**) to resolve
sovvenzionare to subsidize

NOMI

l'alcolismo alcoholism
l'amicizia friendship
la bugia fib, lie
il consumismo consumerism
la droga drugs
l'esperienza experience
la giustizia justice
l'ingiustizia injustice
il materialismo materialism
la povertà poverty
il razzismo racism
la ricchezza wealth

il/la senzatetto homeless person
il/la tossicodipendente drug addict
l'uguaglianza equality
la violenza violence

AGGETTIVI

autoritario strict, authoritarian
convenzionale conventional
impegnato politically engaged; busy

ALTRE PAROLE ED ESPRESSIONI

come se as if

CINEMA, TELEVISIONE, GIORNALI

Morte a Venezia di Luchino Visconti: bellezza e solitudine.

VOCABOLARIO PRELIMINARE

Dialogo-lampo

MICHELE: Alla televisione c'è solo violenza, i giornali sono pieni di cronaca nera... Ma questi giornalisti non hanno il senso della realtà?

Il linguaggio dei media

LE PUBBLICAZIONI

il quotidiano daily paper
il settimanale weekly publication
il mensile monthly publication

la cronaca news
la cronaca nera crime news
il/la cronista reporter
il/la giornalista journalist
l'intervista interview
le notizie news

pubblicare to publish
la recensione review
recensire to review
la redazione editorial staff
il redattore, la redattrice editor
la stampa press
stampare to print, publish

IL CINEMA E LA TELEVISIONE

l'attore, l'attrice actor
la colonna sonora sound track

doppiare to dub
girare to shoot
produrre to produce
il produttore, la produttrice producer
lo schermo screen
trasmettere, mandare in onda to broadcast
la trasmissione broadcast, telecast

ESERCIZI

A **Il linguaggio dei media.** Collegate parole e definizioni.

	A		B
1.	_____ la cronaca nera	**a.**	tradurre
2.	_____ la redazione	**b.**	trasmettere
3.	_____ doppiare	**c.**	filmare
4.	_____ la stampa	**d.**	chi finanzia un film
5.	_____ la cronista	**e.**	una serie di domande
6.	_____ girare	**f.**	la giornalista
7.	_____ l'intervista	**g.**	la pagina del crimine
8.	_____ la trasmissione	**h.**	l'insieme dei redattori
9.	_____ il produttore	**i.**	l'insieme delle pubblicazioni
10.	_____ mandare in onda	**j.**	il programma

B **La parola esatta.** Leggete il brano seguente, poi completatelo con espressioni del **Vocabolario preliminare** e con altre espressioni che conoscete.

Il mio giornale mi ha dato l'incarico (*assignment*) di _____[1] l'ultimo _____[2] di Spielberg. Sono un appassionato di musica quindi ero molto interessato alla _____.[3] Mi è piaciuta e ho pensato che era perfetta per la vicenda (*story*). Perfetta anche la scelta degli _____,[4] tutti molto bravi. Il film è durato più di tre ore ma i miei occhi erano incollati (*glued*) allo _____.[5] Ho pensato che il _____[6] ha fatto un ottimo lavoro e dunque la mia _____[7] è stata molto positiva. Ho portato il mio pezzo alla _____[8] alle sette di sera, in tempo per essere _____[9] per il giorno dopo.

C **Quotidiani, settimanali, mensili.** Com'è il vostro giornale preferito? Di che cosa tratta? Quali sono gli argomenti che leggete per primi? E quelli che non leggete mai? Lavorando in coppia, descrivete a turno il giornale o la rivista che preferite, poi riportate i risultati alla classe.

ESEMPIO: S1: A me piace leggere *Panorama.* È un settimanale italiano di attualità, politica e cultura. Leggo prima gli articoli sugli ultimi avvenimenti (*events*) di politica interna, poi gli articoli più divertenti: personaggi famosi, spettacoli, pettegolezzi (*gossip*). Non sono sempre d'accordo con le loro analisi ma non ci sono molti giornali migliori.
           S2: A me, invece, piace leggere...

IN ASCOLTO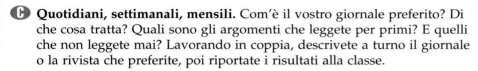

C'è una bella (*quite a*) **differenza!** Gianfranco e Lisa parlano della televisione in Italia e negli Stati Uniti. Ascoltate attentamente, poi completate le frasi seguenti.

1. Secondo Gianfranco, la TV italiana mette in onda _____.
   a. solo film italiani
   b. solo vecchi film
   c. molti film stranieri
2. Lisa dice che i telefilm americani _____.
   a. fanno schifo (*are disgusting*)
   b. hanno più protagoniste femminili
   c. sono seguiti anche in Italia
3. Per Gianfranco, le recensioni cinematografiche in Italia _____.
   a. servono solo a pubblicizzare i film
   b. sono sempre positive
   c. sono più sofisticate di quelle americane
4. Secondo Lisa, le telenovelas (*soap operas*) americane _____.
   a. parlano a volte di importanti questioni sociali
   b. sono meno drammatiche di quelle italiane
   c. sono uguali a quelle italiane

GRAMMATICA

A Il periodo ipotetico con l'indicativo

Secondo molte persone, i proverbi non sono pure e semplici curiosità; sono una forma di letteratura. I proverbi riflettono la filosofia, la cultura e le esperienze di intere generazioni e rappresentano una chiave per la comprensione d'un popolo.

Un proverbio cinese dice: «Se vuoi essere felice per un'ora, ubriacati. Se vuoi essere felice per tre giorni, sposati. Se vuoi essere felice per otto giorni, uccidi il tuo maiale e mangialo. Ma se vuoi essere felice per sempre, diventa giardiniere.»

Conditional sentences consist of two clauses: an *if* clause that indicates a condition and a main clause that indicates the result of that condition: *If I don't sleep, I become irritable. If they arrive early, we'll go to the beach.*

1. In Italian, **se** introduces the clause with the condition. When the conditions presented are real or possible, the **se** clause is in an indicative tense (present, future, or past), and the main clause is in either the indicative or the imperative.

se CLAUSE	MAIN CLAUSE
Indicative	*Indicative or Imperative*
se + present tense future tense past tenses	present tense future tense past tenses imperative

Se gli **piacciono** i film di Fellini, gli **potete** regalare *La strada.*
: *If he likes Fellini's movies, you can give him **La strada.***

Se non l'**hai** ancora **visto, non leggere** la recensione!
: *If you haven't seen it yet, don't read the review!*

Se **vai** in centro, **comprami** un quotidiano italiano.
: *If you go downtown, buy me an Italian newspaper.*

—**Se trovate un orologio d'oro nella polenta, è del cuoco.ª**

ª*cook*

Many people feel that proverbs aren't mere curiosities, they're a form of literature. Proverbs reflect the philosophy, culture, and experiences of entire generations and are a key to understanding a group of people. A Chinese proverb says: "If you want to be happy for an hour, get drunk. If you want to be happy for three days, get married. If you want to be happy for eight days, kill your pig and eat it. But if you want to be happy forever, become a gardener."

2. The only tense pattern that differs from English is **se** + *future*. When the main clause is in the future, the **se** clause must *also* be in the future. This corresponds to *if* + *present* in English.

<table>
<tr><td>Se **leggerete** il romanzo,
apprezzerete di più il film.</td><td>*If you read the novel, you will*
appreciate the film more.</td></tr>
</table>

Esercizi

A **Abitudini** (*Habits*). Working with a partner, ask and answer questions as in the example.

> ESEMPIO: **avere sonno** →
> s1: Se hai sonno, cosa fai?
> s2: Se ho sonno, bevo un espresso. E tu?
> s1: Se ho sonno, vado a dormire.

1. avere bisogno di dimagrire   **2.** sentirsi solo/a (*lonely*)   **3.** non avere voglia di cucinare   **4.** non potere dormire   **5.** non trovare un parcheggio   **6.** vedere un bel film

B **Se...** Complete each sentence in a logical manner.

1. Se leggerai quel giornale...
2. Se non hanno scritto la cronaca nera...
3. Se faranno un'intervista...
4. Se non conoscete quella trasmissione televisiva...
5. Se la regista farà una conferenza...
6. Se hai letto la recensione...

B Il periodo ipotetico con il congiuntivo

—Se fosse per me, non darei mai un passaggio a nessuno.

1. In conditional sentences in which imaginary situations (likely or unlikely to happen) are described, the **se** clause is in the *imperfect subjunctive* and the main clause is in the *conditional.*

se CLAUSE	MAIN CLAUSE
Subjunctive	*Conditional*
se + imperfect subjunctive	present conditional conditional perfect

Se **avessi** più tempo, **vedrei** tutti i film di Pasolini.
Se tu non **fossi** tanto pigro, **avresti** già **finito** la relazione.

If I had more time, I would see all of Pasolini's films.
If you weren't so lazy, you would have finished your paper already.

2. Imaginary, contrary-to-fact situations in the past are expressed by a **se** clause in the *pluperfect subjunctive* with the main clause in the *conditional.*

se CLAUSE	MAIN CLAUSE
Pluperfect Subjunctive	*Conditional*
se + pluperfect subjunctive	present conditional conditional perfect

Se **avessi avuto** più tempo, **avrei visto** tutti i film di Pasolini.
Se tu non **fossi stato** tanto pigro, **avresti** già **finito** la relazione.

If I had had more time, I would have seen all of Pasolini's films.
If you hadn't been so lazy, you would have finished your paper already.

3. In contrast to English, the present and past conditional are used *only* in the main clause, *never* in the **se** clause. Only the imperfect or pluperfect subjunctive may be used in the **se** clause of a hypothetical sentence.

Esercizi

Ⓐ **Trasformazioni.** Replace the italicized expression with each subject in parentheses, and make other necessary changes.

1. Se *tu* potessi essere un personaggio, chi vorresti essere? (Lei / voi / Loro)
2. Se *io* avessi letto la recensione, non sarei andata a vedere quel film. (i miei genitori / tu / noi)
3. Se *Giulio* avesse letto l'articolo, avrebbe potuto scrivere il riassunto. (voi / gli studenti / io)

—Sarebbe stato un bel viaggio di nozze[a] se mia moglie non avesse preferito andarsene per conto suo[b]!

[a]viaggio... *honeymoon*
[b]per... *on her own*

B **Fantasie.** Complete each sentence according to your own hopes and desires.

1. Se avessi un sacco di soldi...
2. Se ci fosse la pace nel mondo...
3. Se potessi andare in qualsiasi paese...
4. Se fossi bello come Denzel Washington (bella come Naomi Campbell)...
5. Se potessi risolvere un solo problema sociale...
6. Se fossi intelligente come Einstein (Madame Curie)...

C **Un congresso.** Your university's Italian department recently sponsored a conference on Italian film. Talk about it with a classmate, following the example.

> ESEMPIO: venire / Maria (vedere il programma) →
> S1: Perché non è venuta Maria?
> S2: Sarebbe venuta se avesse visto il programma.

1. parlare / il professor Pisani (non perdere gli appunti [*notes*])
2. partecipare alla discussione / tu (conoscere i registi)
3. scrivere un articolo / Anna (andare alla conferenza)
4. venire / Paolo e Franco (non dover lavorare)
5. citare la tua recensione / signora Bruni (leggerla)

D Conversazione.

1. Se io Le chiedessi un favore, me lo farebbe? **2.** Se vedesse un extra-terrestre, scapperebbe (*run away*)? **3.** Se avesse un appartamento più grande, inviterebbe i Suoi amici più spesso? **4.** Se potesse imparare un'altra lingua, quale sceglierebbe? Perché? **5.** Se potesse rinascere, chi o che cosa vorrebbe essere? Perché?

C **Fare** + infinito

MICHELE: L'hai poi finita quella traduzione per i sottotitoli in inglese?
LINA: Non me ne parlare! Mi ha fatto diventare matta!
MICHELE: Lo so che sei sempre stata una perfezionista...
LINA: Perfezionista fino a un certo punto. Ci ho lavorato due mesi, ma mi sono resa conto che ancora non va: dovrò farmi aiutare da qualcun altro più bravo di me.
MICHELE: Sta' tranquilla: te la faccio riguardare dalla mia amica Suzanne che è un'ottima traduttrice.

MICHELE: Well, then, have you finished that translation of the English subtitles? LINA: Don't talk to me about it! It drove me crazy. MICHELE: I know you've always been a perfectionist... LINA: A perfectionist up to a certain point. I worked on it for two months, but I realized that it's not there yet: I'll have to get some help from someone who's better than I am. MICHELE: Don't worry. I'll have it looked over for you by my friend Suzanne, who's an excellent translator.

1. **Fare** + *infinitive* is used to convey the idea of *having something done* or *having someone do something.* Noun objects follow the infinitive. Compare these sentences.

La redattrice **scrive** una recensione.	*The editor writes a review.*
La redattrice **fa scrivere** una recensione.	*The editor has a review written.*
Scrivo i sottotitoli.	*I'm writing the subtitles.*
Faccio scrivere i sottotitoli.	*I'm having subtitles written.*

2. Object pronouns normally precede the form of **fare.** They are attached to **fare** only when **fare** is in the infinitive form or in the first or second person of the imperative.

Faccio lavare la macchina; **la faccio lavare** ogni sabato.	*I'm having the car washed; I have it washed every Saturday.*
Fa' riparare il televisore; **fallo riparare** al più presto!	*Have the TV set repaired; have it repaired as soon as possible!*
Desidero far mettere il telefono; desidero **farlo mettere** nel mio studio.	*I wish to have a phone put in; I wish to have it put in my study.*

3. When the sentence has only one object, it is a direct object. When there are two objects, the *thing* is the direct object and the *person* is the indirect object. The preposition **a** turns a noun or a disjunctive pronoun into an indirect object.

Fanno leggere **Marco.**	*They make Marco read.*
Lo fanno leggere.	*They make him read.*
Fanno leggere le notizie **a Marco.**	*They make Marco read the news.*
Fanno leggere le notizie **a lui.**	*They make him read the news.*
Gli fanno leggere le notizie.	
Gliele fanno leggere.	*They make him read them.*

In compound tenses, the past participle **fatto** agrees in gender and number with the direct object.

Mi hanno fatto doppiare i film.	*They had me dub the films.*
Me **li** hanno fat**ti** doppiare.	*They had me dub them.*

4. When the use of **a** can cause ambiguity, **a** + *person* is replaced by **da** + *person.*

TWO POSSIBLE MEANINGS

Ho fatto scrivere una lettera **a Mario.**	*I had Mario write a letter.* *I had a letter written to Mario.*

ONE MEANING ONLY

Ho fatto scrivere una lettera **da Mario.**	*I had Mario write a letter.*

5. **Farsi** + *infinitive* + **da** + *person* means *to make oneself heard/understood/be seen by someone.* **Essere** is used in compound tenses.

Come possiamo **farci capire da** tutti?

How can we make ourselves understood by everyone?

Si sono fatti arrestare.

They had themselves arrested.

—**Diamola da costruire all'impresaª che ci farà spendere meno.** ªazienda

ESERCIZI

A **Trasformazioni.** Replace the words in italics with each word or phrase in parentheses.

1. Devo far riparare *il televisore.* (la macchina / l'orologio / l'ascensore / la bicicletta / il videoregistratore)
2. Hai fatto *piangere* (*to cry*) la bambina? (ridere / dormire / giocare / mangiare / bere)
3. Non mi faccia *aspettare!* (uscire / pagare / cantare / guidare / ripetere)

B **Quanto costa?** Working with a partner, find out how much the following services cost in your city. (Make up an answer or use the **futuro di probabilità** if you're not sure.)

ESEMPIO: installare / il telefono →
  S1: Quanto costa far installare il telefono in questa città?
  S2: Costerà cento dollari.

1. lavare a secco (*dry clean*) / una giacca
2. riparare / un orologio
3. installare / il cavo (*cable TV*)
4. cambiare / l'olio della macchina
5. stirare / i pantaloni

C **Cosa gli faresti fare?** Advise your friend about what he should have these people do at his next party.

> ESEMPIO: Paolo parla troppo. → Fallo stare zitto!

1. Gina ha una bella voce.   **2.** Antonio è un ottimo cuoco.   **3.** Lina e Stefano sanno ballare il tango e il valzer.   **4.** Marco e Bruno hanno molti Cd nuovi.   **5.** Chiara e Stefania hanno dello champagne.

D **La nuova manager.** Your new boss is making lots of changes in the office. Tell what she is having everyone do. Follow the example.

> ESEMPIO: imparare il WordPerfect / tu →
> La nuova manager fa imparare il WordPerfect a te.
> Ti fa imparare il WordPerfect.

1. scrivere dei programmi / me
2. spedire tutto per DHL / noi
3. richiamare puntualmente i clienti / Marco
4. leggere il *Wall Street Journal* / gli impiegati
5. tenere (*to keep*) pulite le scrivanie / noi
6. fare il caffè / il suo assistente

E **Un miracolo.** You managed to have all your housemates do their chores last week. Answer each question in the affirmative, using the double object pronouns in your response.

> ESEMPIO: lavare i piatti (Claudio) →
> S1: Hai fatto lavare i piatti a Claudio?
> S2: Sì, glieli ho fatti lavare.

1. comprare il pane / Gina
2. annaffiare (*to water*) le piante / Claudio e Gina
3. pulire il frigo / Anna
4. apparecchiare la tavola / Antonio
5. lavare la macchina / Antonio e Gina
6. fare la spesa / Claudio e Anna

—Ho sentito che avete fatto mettere il caminetto.

F Conversazione.

1. Chi o che cosa La fa ridere? **2.** Le piace che il Suo professore (la Sua professoressa) d'italiano Le faccia ripetere le parole nuove? Lo trova utile per la pronuncia? **3.** Su che cosa farebbe fare un'indagine di mercato (*marketing survey*)? **4.** Quale articolo americano farebbe tradurre in italiano? **5.** Immagini di avere un appuntamento con una persona che non ha mai visto. Che cosa farebbe per farsi riconoscere?

D **Lasciare** e i verbi di percezione + infinito

—**Guarda che se la lasci cadere,ᵃ poi vai tu a cercarla!**   ᵃ*fall*

1. Just like **fare,** the verb **lasciare** (*to let, allow, permit*) and verbs of perception (**vedere, guardare, sentire,** etc.) are followed directly by the infinitive.

Non ci **lascia scrivere** a mano.	*He doesn't allow us to write by hand.*
Abbiamo sentito leggere la giornalista.	*We heard the journalist read.*

2. Noun objects generally follow the infinitive, while pronoun objects precede the main verb. Pronouns are attached to the main verb only when it is in the infinitive or in the first or second person of the imperative.

—Hai sentito piangere la mamma?	*Did you hear Mother cry?*
—Sì, **l'ho sentita** piangere.	*Yes, I heard her cry.*
Perché non lasci giocare i bambini? **Lasciali** giocare!	*Why don't you let the children play? Let them play!*
Non voglio **vederti** correre.	*I don't want to see you run.*

3. **Lasciare** may also be followed by **che** + *subjunctive*.

Perché non **lo** lasciate **parlare?**	*Why don't you let him talk?*
Perché non lasciate **che lui parli?**	

Esercizi

A **Il fratellino.** Giulia's little brother is getting into trouble, as usual. Restate each of her commands to him.

ESEMPIO: Lascia che il gatto mangi! → Lascia mangiare il gatto!

1. Lascia che Annuccia dorma!
2. Lascia che la nonna legga in pace!
3. Lascia che parli io!
4. Lascia che gli zii guardino la TV!
5. Lascia che Maria prepari la cena!
6. Lascia che entri il postino (*mailman*)!
7. Lascia che giochi il cane!
8. Lascia che scriva la lettera io!

—E io ti ripeto che ho sentito la terra muoversi...

Now restate each command, using the appropriate pronoun.

ESEMPIO: Lascialo mangiare!

B **Ti lasciano...** Find out from a friend who has **genitori all'antica** whether his or her parents allow the following things, and imagine the answers.

ESEMPIO: S1: (fumare) Ti lasciano fumare? →
S2: Sì, mi lasciano fumare. (No, non mi lasciano fumare.)

1. uscire ogni sera
2. portare ragazzi/e in casa
3. ritornare a casa dopo mezzanotte
4. spendere i soldi come vuole
5. mangiare quello che vuole
6. dormire fino a tardi
7. andare in discoteca
8. bere vini e liquori

Now list three things your parents didn't allow you to do when you were little. Begin with **I miei genitori non mi lasciavano...**

ESEMPIO: I miei genitori non mi lasciavano guardare la TV, mangiare da McDonald's, bere le bibite.

C **Un incidente stradale** (*traffic accident*). A police officer is interviewing a man who saw an accident. Tell what the man would say using the expressions listed.

ESEMPIO: ragazzo / uscire / da un negozio →
Ho visto un ragazzo uscire da un negozio.

1. ragazzo / attraversare (*to cross*) la strada / col rosso (*against the light*)
2. due macchine / arrivare a tutta velocità
3. la prima macchina / frenare (*to brake*) / investire (*to run over*) il ragazzo
4. la seconda macchina / non poter frenare / scontrarsi con la prima macchina
5. un'ambulanza / arrivare / trasportare il ragazzo all'ospedale

PICCOLO RIPASSO

A **Conclusioni.** Complete each line in column A by choosing the appropriate conclusion from column B.

A	B
1. Se parlasse chiaramente,	**a.** se non fosse stato corretto?
2. Se tieni la finestra aperta,	**b.** perché me l'hai fatta tradurre?
3. Avreste pubblicato quel titolo (*headline*)	**c.** perché non l'avete lasciato pagare?
4. Se tu non mi lasciassi uscire,	**d.** si farebbe capire.
5. Se voleva pagare lui,	**e.** se le informazioni sono esatte.
6. Io stampo le notizie	**f.** fai entrare le zanzare (*mosquitoes*).
7. Se avevi capito la poesia,	**g.** starei a casa.

B **Conversazioni.** Complete each conversation with the appropriate form of
the verb in parentheses.

1. s1: Se tu _____ (studiare), prenderesti dei voti migliori.
   s2: E se non dovessi lavorare, io _____ (potere) studiare di più!
2. s1: Se _____ (avere) fame, mangia!
   s2: Non ti preoccupare, nonna. Mangerò se _____ (avere) fame.
3. s1: Andrei volentieri in Inghilterra se _____ (sapere) parlare inglese.
   s2: Allora, se ci vuoi andare, perché non _____ (seguire) un corso d'inglese?
4. s1: Se _____ (finire) ieri, avreste potuto accompagnarci.
   s2: Anche se avessimo lavorato fino a tardi per finire, _____ (essere) troppo stanchi per accompagnarvi.

DIALOGO

ESPRESSIONI UTILI

Non gliene importa più niente.	She no longer cares about it.
Dubito!	I have my doubts!
Mi ha fatto morire dal ridere.	I almost died laughing.
il suo forte	his strong point
Mi raccomando...	Please . . .

Non c'è *La Repubblica***?**

Brindisi, la zona del porto. Tiziana e Stefano aspettano i loro amici Luisa e Davide che ritornano con il traghetto° dalla Grecia.

ferry

TIZIANA: Ho comprato un paio di giornali per Luisa: *La Repubblica* e il *Corriere della Sera.* Se nelle isole i giornali italiani non arrivano sarà assetata di° notizie!

assetata... hungry (lit., thirsty) for

STEFANO: O forse, dopo un mese di Grecia, anche dei problemi italiani non gliene importa più niente...

TIZIANA: Dubito, comunque lasciamo decidere a loro cosa vogliono fare e di che cosa vogliono parlare. Non ho nessuna intenzione di rovinargli° il ritorno a casa! Se ci fossero cose allegre da raccontare sarebbe diverso ma purtroppo la situazione non è rosea.°

ruin their

rosy

STEFANO: Direi anzi che è piuttosto grigia... Senti, perché stasera non li portiamo al cinema? Stanno facendo rivedere tutti i film di Nanni Moretti, l'idolo di Stefano.

TIZIANA: Mi sembra un'ottima idea! Oggi danno *Ecce bombo,* il suo vecchio film sul '68,* e domani *La messa è finita:* la crisi del dopo '68. Il secondo era un po' triste ma il primo mi ha fatto morire dal ridere!

STEFANO: Io i film di Moretti li ho visti tutti tranne° *Palombella rossa,* ma lo devo assolutamente vedere: le satire politico-sociali sono il suo forte. E per cena dove andiamo?

except

TIZIANA: Possiamo far preparare da Giovanni le melanzane alla parmigiana e le orecchiette,° poi passo da mio padre e mi faccio dare una bottiglia di vino buono...

a type of pasta

STEFANO: E se vogliono andare a casa a dormire o a guardare la televisione? Questa sera c'è *Milano, Italia,* i dibattiti sono sempre interessanti...

TIZIANA: Se Luisa non passa la serata con noi non è più mia amica. Sono al sole da due ore per aspettare il suo stupido traghetto! Ma perché non hanno preso l'aereo?

STEFANO: Eccoli! Mi raccomando, non siamo invadenti.° Lasciamo decidere a loro...

intrusive

---

*1968 was a year of student uprisings and social unrest in Italy and throughout Europe.

SI DICE COSÌ!

Importare (*to matter, to be important*) can be used in two different constructions: like the verb **piacere,** with indirect objects; or on its own.

Che t'importa?	What do you care?
Non me ne importa niente!	I couldn't care less (about it)!
Non gli importa del suo lavoro.	He doesn't care about his job.
Non importa!	It doesn't matter! (Never mind!)
Certo che importa!	It certainly does matter!

TOCCA A TE!

Forma delle frasi complete.

1. _____ Cecilia è un'egoista:
2. _____ Non preoccuparti. Se sei in ritardo
3. _____ Paolo non è uno sportivo. Del calcio
4. _____ Non è un tuo problema. Dunque
5. _____ È il mio migliore amico. Se è triste

a. certo che mi importa!
b. non le importa di nessuno.
c. che t'importa?
d. non gliene importa niente!
e. non importa.

E ORA A VOI

A **Le ultime notizie.** Scegliete la risposta giusta!

1. Secondo Tiziana
   a. Luisa vorrà sapere subito le ultime notizie.
   b. Luisa ha già letto i giornali italiani in Grecia.
   c. a Luisa non importa più niente dell'Italia.
2. Secondo Stefano
   a. Davide non pensa che Moretti sia molto bravo.
   b. i film di Moretti sono tutti da vedere.
   c. Moretti non è portato per la satira.
3. Secondo Tiziana
   a. andare al cinema non è una buona idea.
   b. *Ecce bombo* è un film triste.
   c. potrebbero andare a cena da Giovanni.

B **Il giornale o la televisione?** Lavorando in gruppi preparate un questionario sui media. Intervistate professori, studenti di altre classi, amici e conoscenti. Poi confrontate i risultati. Possibili argomenti per il questionario:

1. Leggete i giornali?
2. Quanti? Quali?
3. Guardate i telegiornali?
4. Guardate i programmi di attualità (*current events*)?
5. Cosa preferite come fonte (*source*) di informazioni? Perché?

IN ASCOLTO

Una retrospettiva. Luisa e Davide continuano a parlare della retrospettiva dei film di Fellini che hanno visto in Grecia. Ascoltate attentamente, poi correggete le frasi sbagliate.

1. *Fellini Satyricon* e *Roma* sono tra i film preferiti di Davide.
2. Giulietta Masina ha recitato in un solo film di Fellini.
3. Fellini si è affermato (*became popular*) all'estero con *Giulietta degli spiriti*.
4. Davide ha visto *La strada* varie volte.
5. Secondo Fellini, *8½* era un film del tutto (*completely*) autobiografico.

LETTURA

ESPRESSIONI UTILI

film (o romanzo) di formazione	bildungsroman, film or novel about the moral and intellectual development of the protagonist
Dove li mettiamo?	What shall we do about them? (*lit.*, Where shall we put them?)
Io mi rifiuto!	I refuse!

L'ESPERTO DI CINEMA

Il giorno dopo, disfatte° le valige, Davide è al suo tavolo di lavoro: esperto di cinema, deve scrivere, per una rivista greca, una breve storia del cinema italiano.

    «Da dove incomincio? Dunque, se decidessi di procedere in ordine cronologico, dovrei incominciare dal neo-realismo, cioè dalla fine degli anni quaranta. Prima di questa fase il panorama cinematografico italiano è dominato dal modello Hollywoodiano, dal cinema d'evasione.° Solo dopo la seconda guerra mondiale e la caduta del fascismo si affermano registi con una diversa visione della tematica e della tecnica cinematografica: non più spettacolo ma realtà, la realtà della guerra, della fame, della disperazione. Il film diventa documento, gli attori sono spesso non professionisti...

having unpacked

escape, escapism

A questo punto dovrei parlare almeno di un paio di classici del neo-realismo: *Ladri di biciclette,* girato nel 1948 da Vittorio De Sica (la lotta per la sopravvivenza° di una famiglia italiana in una società sconvolta° dalla miseria°), e *Roma città aperta* (1945) di Roberto Rossellini. In modi diversi, entrambi° questi film sembrano interrogarci sui poteri° antitetici della crudeltà e della solidarietà umane.»

    survival / devasted
    poverty
    both / powers

Davide si alza dal tavolo, va in cucina e si prepara un caffè: «Se invece volessi incominciare dai registi contemporanei—pensa contemplando il suo espresso—dopo Moretti parlerei subito di Pupi Avati e probabilmente tra i suoi film sceglierei *Regalo di Natale* del 1986. È un film sull'amicizia, sul caso, sulla memoria, sui rimpianti.° Un film pieno di pathos, come molti film di Avati sui tragicomici eroi del mondo contemporaneo. E poi dovrei parlare di Marco Risi e del suo discorso sugli emarginati° in *Mary per sempre* (1988) e in *Ragazzi fuori* (1990); di Gabriele Salvatores e della sua satira sulla guerra in *Mediterraneo* (1990); di Francesca Archibugi e del suo film di formazione *Mignon è partita* (1990)... »

    regrets

    excluded, marginalized people

Davide torna al suo tavolo e fissa° lo schermo bianco del suo computer: «Ma ditemi come è possibile scrivere una storia del cinema italiano in sole due pagine? Dove li mettiamo Fellini, Antonioni, Pasolini, Visconti, Scola, Bellocchio, i fratelli Taviani... le decine di grandi, grandissimi registi italiani? Io mi rifiuto! O mi lasciano scrivere almeno dieci pagine o l'articolo lo fanno fare a qualcun altro!»

    stares at

La Strada, capolavoro di Federico Fellini, e l'indimenticabile protagonista Giulietta Masina con Anthony Quinn.

E ORA A VOI

A **Tutto chiaro?** Rileggete la **Lettura,** poi spiegate perché le seguenti affermazioni sono vere o false.

1. Il cinema italiano è sempre stato molto originale.
2. Nel dopoguerra si afferma una tecnica cinematografica nuova.
3. I registi neo-realisti volevano far dimenticare la realtà.
4. *Ladri di biciclette* parla di una ricca famiglia borghese.
5. Pupi Avati è un regista contemporaneo.
6. *Ragazzi fuori* è un film sui giovani privilegiati.

B **I film del mese.** Avete un negozio di video e volete pubblicizzare i film del mese. Lavorando in coppia scegliete tre film classici e tre film nuovi e scrivete due o tre frasi per presentare ogni film. Confrontate poi le vostre scelte con quelle dei compagni (delle compagne).

ESEMPIO: *Orlando,* da un romanzo di Virginia Woolf, è un film originalissimo sul rapporto individuo-società attraverso i secoli.

PAROLE DA RICORDARE

VERBI

doppiare to dub
girare to shoot
produrre* (*p.p.* **prodotto**) to produce
piangere (*p.p.* **pianto**) to cry, weep
pubblicare to publish
recensire (**isc**) to review
riparare to repair, fix
stampare to print, to publish
tradurre† (*p.p.* **tradotto**) to translate
trasmettere, mandare in onda to broadcast, to telecast

ubriacarsi to get drunk
uccidere (*p.p.* **ucciso**) to kill

NOMI

l'attore, l'attrice actor, actress
la colonna sonora sound track
la cronaca news
la cronaca nera crime news
il/la cronista reporter
il/la giornalista journalist
l'indagine (*f.*) survey
l'intervista interview
il mensile monthly publication
il produttore, la produttrice producer

il proverbio proverb
la recensione review
la redazione editorial staff
il settimanale weekly publication
il redattore, la redattrice editor
lo schermo screen
la stampa press
la trasmissione broadcast, telecast
il quotidiano daily paper

---

*Conjugated like an **-ere** verb; its present, imperfect, and subjunctive stem is **produc-** (**produco, produci, produce,** etc.). For additional forms, see the Appendix.
†Conjugated like **produrre.**

ITALIANI E AMERICANI

Roma: azalee e turisti a Trinita dei Monti.

IN BREVE

Grammatica

A. La forma passiva del verbo

B. Il **si** impersonale

Lettura

Mezz'ora in taxi

VOCABOLARIO PRELIMINARE

Dialogo-lampo

MASSIMO: Barbara, perché il tuo cognome è Frich? Non mi sembra italiano.

BARBARA: Perché gli antenati di mio padre erano austriaci.

MASSIMO: Anche tua madre è di origine austriaca?

BARBARA: No, la famiglia di mia madre è di origine veneta e pugliese.

MASSIMO: E tu sei lombarda! E pensare che ci sono ancora quelli che credono che esista il puro lombardo!

L'antropologia sociale

l'abitudine (*f.*) habit
gli antenati ancestors
l'atteggiamento attitude
il comportamento sociale social behavior
il confronto comparison
la generalizzazione generalization
il mito myth

l'origine (*f.*) origin
il pregiudizio prejudice
le radici roots
il retaggio heritage
lo stereotipo stereotype
la tradizione tradition
l'usanza custom

generalizzare to generalize

*emigrare to emigrate
*immigrare to immigrate
ricordare to remember
sognare to dream

emancipato emancipated

ESERCIZI

A La parola giusta. Collegate parole e definizioni.

A	B
1. _____ gli antenati	**a.** libero, evoluto
2. _____ emigrare	**b.** la base, le origini
3. _____ il retaggio	**c.** immaginare, desiderare
4. _____ le radici	**d.** andare a vivere in un nuovo paese
5. _____ il confronto	**e.** i progenitori
6. _____ emancipato	**f.** arrivare in un nuovo paese
7. _____ immigrare	**g.** la comparazione
8. _____ sognare	**h.** l'eredità culturale

B **Immagini dell'Italia e degli italiani.** Rispondete alle seguenti domande tratte da un'inchiesta (*poll*) condotta nei paesi della CEE, la Comunità Economica Europea (*EEC, the European Economic Community*), ora chiamata l'Unione Europea.

1. Quale personaggio Le viene in mente quando si parla dell'Italia?
2. Quale prodotto Le viene in mente quando si parla dell'Italia?
3. Che cosa ammira soprattutto dell'Italia?

gli artisti	i politici
gli scienziati	gli imprenditori (*entrepreneurs*)
gli atleti	altri?

4. Secondo Lei, gli italiani sono soprattutto:

romantici	pigri
presuntuosi (*presumptuous*)	buongustai (*gourmets*)
sexy	intraprendenti (*enterprising*)
rumorosi (*noisy*)	altro?
simpatici	

5. Secondo Lei, l'Italia è soprattutto:

il centro della cultura Europea	un paese poco sicuro (*safe*)
un centro turistico	altro?

C **Immagini dell'America.** Con l'aiuto di un compagno (una compagna) pensate a

1. una generalizzazione che si fa quando si parla degli americani.
2. un determinato atteggiamento che pensate distingua gli americani da altri.
3. un'abitudine che pensate sia propria dell'americano medio.
4. un'usanza che pensate sia nata negli Stati Uniti.
5. una tradizione che pensate sia importante nella cultura americana.
6. qualcosa che è diventato un mito nella cultura americana.

D **Stereotipi.** In gruppi di tre o quattro confrontate tra di voi le risposte che avete dato negli esercizi B e C e riflettete sui seguenti punti:

1. Pensate che alcune delle vostre risposte siano basate su stereotipi? Se sì, quali? Spiegate.
2. Secondo voi, alcune delle immagini che evocano questi stereotipi hanno un elemento di verità? Spiegate.
3. Come nascono gli stereotipi? È una questione di ignoranza, di pregiudizio, d'altro? Fate degli esempi.

—È nato a Pisa.

Parliamone insieme! Lisa e Umberto stanno parlando degli stereotipi.
Ascoltate attentamente, poi completate le frasi seguenti.

1. Secondo Lisa, gli stereotipi nascono _____.
   a. da quello che dicono amici e parenti
   b. dalle esperienze personali
   c. dall'ignoranza
2. Secondo Umberto, i film hollywoodiani _____.
   a. corrispondono, purtroppo, alla realtà
   b. non rispecchiano (*reflect*) i valori degli americani
   c. non contribuiscono agli stereotipi
3. I due amici dicono che il mito Pavarotti _____.
   a. rispecchia il carattere di molti italiani
   b. è tutto sommato (*all things considered*) qualcosa di positivo
   c. corrisponde a un'immagine stereotipata degli italiani
4. Secondo Umberto, non bisogna _____.
   a. fidarsi di certe immagini proposte dai media
   b. parlare con persone bigotte e provinciali
   c. esagerare; certi stereotipi sono innocenti

 ## La forma passiva del verbo

GIACOMO:	Signora Bertucci, che buona cena! Le tagliatelle erano squisite. Mi dica, dove le ha comprate?
SIGNORA BERTUCCI:	Figlio mio, da noi, la pasta è sempre fatta in casa...
GIACOMO:	E la tavola! Proprio un sogno.
ANGELA:	Sai, Giacomo, la tovaglia l'ha fatta la nonna. E i tovaglioli...
SIGNORA BERTUCCI:	Sono stati ricamati dalla zia Maria quando aveva solo quindici anni.
GIACOMO:	Che belle queste tradizioni di famiglia!

GIACOMO: Mrs. Bertucci, what a good dinner! The noodles were wonderful. Tell me, where did you buy them? MRS. BERTUCCI: My boy, in our house, the pasta is always made at home. GIACOMO: And the table! Just beautiful. ANGELA: You know, Giacomo, my grandmother made the tablecloth. And the napkins . . . MRS. BERTUCCI: They were embroidered by Aunt Maria when she was only fifteen. GIACOMO: How beautiful these family traditions are!

1. All the verb tenses you have studied so far have been in the active voice; the subject of the verb performed the action. In the passive voice (**la forma passiva**), the subject of the verb is acted upon. Compare these sentences.

> ACTIVE VOICE: *She made the noodles.*
> PASSIVE VOICE: *The noodles were made by her.*

2. The passive voice in Italian is formed exactly as in English. It consists of **essere** in the desired tense + *past participle*. If an agent (the person performing the action) is expressed, it is preceded by **da.** All past participles must agree with the subject in gender and number.

—**Sono stato investito**^a **mentre facevo l'autostop!**

^a*run over*

soggetto + **essere** + *participio passato* (+ **da**)

Le tagliatelle **sono fatte** da Giacomo.	*The noodles are made by Giacomo.*
Le tagliatelle **sono state fatte** da Giacomo.	*The noodles were made by Giacomo.*
Le tagliatelle **saranno fatte** da Giacomo.	*The noodles will be made by Giacomo.*

Note that the passive voice can consist of two words (simple tenses) or three words (compound tenses). In compound tenses, both participles agree with the subject.

ESERCIZI

A **Trasformazioni.** Replace the italicized word with the appropriate form of the verbs in parentheses.

1. La casa è stata *costruita* nel 1950. (cominciare / dipingere / finire / vendere / comprare)
2. Quando volete essere *pagati*? (svegliare / chiamare / invitare / servire / assumere)

B **Che belle scarpe!** You are a person with expensive tastes and habits! Answer your partner's questions, as in the example.

> ESEMPIO: scarpe →
> S1: Che belle scarpe! Dove sono state fatte?
> S2: Sono state fatte in Italia.

1. stivali
2. borsa
3. camicia
4. jeans (*m. pl.*)
5. cappotto
6. camicette

—**A che ora vuoi essere svegliata?**

G Piccolo quiz. Choose the correct answer for each question, and answer using a complete sentence. (Answers at the bottom of the page.)*

ESEMPIO: Chi ha scritto l'*Amleto?* Dickens? Shakespeare? Milton? →
L'*Amleto* è stato scritto da Shakespeare.

1. Chi ha costruito le Piramidi? I greci? I romani? Gli egiziani?
2. Chi ha dipinto *La Gioconda?* Da Vinci? Michelangelo? Raffaello?
3. Chi ha inventato la radio? Volta? Marconi? Bell?
4. Chi ha mandato il primo uomo nello spazio? I russi? I giapponesi? Gli americani?
5. Chi ha musicato *Falstaff?* Rossini? Puccini? Verdi?
6. Chi ha diretto *Amarcord?* Bertolucci? Fellini? Antonioni?

B Il **si** impersonale

ADA: Nonna, sei arrivata negli Stati Uniti nel 1930? Com'eri giovane! E avevi già un bambino!
NONNA LILÌ: Figlia mia, erano tempi diversi... Ci si sposava giovani, e si doveva lavorare sodo per guadagnarsi il pane.
ADA: Povera nonna! Non sarai stata molto felice.
NONNA LILÌ: No, cara, tutt'altro: ci si voleva bene in famiglia e ci si divertiva con cose semplici. Certi valori si sono perduti con il passar degli anni...

1. The **si** construction is often used in Italian to express the passive voice, particularly when an agent is not expressed. The *active* voice of the verb is in the third person singular or plural, depending on whether the subject is singular or plural. Compound tenses always take the auxiliary **essere**. The subject usually follows the verb.

Si fa ancora il pane in casa?	*Is bread still made at home?*
Si fanno ancora le tagliatelle in casa?	*Are noodles still made at home?*
Si sono combattuti molti pregiudizi.	*Many prejudices were fought against.*

2. The **si** construction can also be used to express an impersonal or unspecified subject. There are several English equivalents of this use: *one, you, we, they,* or *people + verb.*

Si generalizza troppo.	*People generalize too much.*

ADA: Grandma, you came to the United States in 1930? How young you were! And you already had a baby! GRANDMA LILÌ: My girl, those were different times. You got married young, and you had to work hard to earn a living. ADA: Poor Grandma! You probably weren't very happy. GRANDMA LILÌ: No, darling, on the contrary: families were close and had fun in simple ways. Certain values have been lost with the passing years. . . .

*1. gli egiziani 2. Da Vinci 3. Marconi 4. i russi 5. Verdi 6. Fellini

The impersonal **si** construction employs a third person verb in the singular or plural. The verb is in the third person plural when used with a plural direct object.

A che ora **si mangia?**	*What time are we eating?*
Si mang**ia la pasta?**	*Are we eating pasta?*
Si mang**iano gli spaghetti?**	*Are we eating spaghetti?*

3. The phrase **ci si** must be used when a *reflexive* verb is used impersonally.

Ci si dimentica delle usanze.	*People forget customs.*

—Bisogna proprio dire che una volta si sapeva apprezzare la vera bellezza.

4. Compound tenses of both the passive and the impersonal **si** constructions are formed using **essere.** If the verb is normally conjugated with **essere,** the past participle always ends in **-i,** even though the verb is singular. If the verb is normally conjugated with **avere** and the sentence has a direct object, the past participle agrees with the direct object in gender and number.

Si è part**iti** subito.	*We left immediately.*
Ci si è alz**ati** presto.	*We got up early.*
Si è mangia**to** bene.	*We ate well.*
Si è mangia**ta la pasta.**	*We ate pasta.*
Si sono mangia**ti gli spaghetti.**	*We ate spaghetti.*

ESERCIZI

A **Si.** Restate each sentence, using the **si** construction.

ESEMPIO: Non accettiamo mance. → Non si accettano mance.

1. A chi paghiamo il conto?
2. Non emigriamo più.
3. Aspettavamo i risultati delle elezioni.
4. Non usiamo più questa parola.
5. Non facciamo confronti (*comparisons*).
6. Conosciamo le buone maniere.
7. Non accetteremo prenotazioni (*reservations*).
8. Non rispettiamo le tradizioni.

B **Dove si fanno queste cose?** Answer the questions, forming complete sentences based on the items in column B.

A	B
1. Dove si compra il prosciutto?	in farmacia
2. Dove si vedono i film?	in un museo
3. Dove si comprano le medicine?	al cinema
4. Dove si vede una partita di calcio?	dal salumiere
5. Dove si vedono le opere d'arte?	allo stadio
6. Dove si comprano i biglietti del treno?	alla biglietteria

C **Informazioni.** Imagine that a friend has just arrived from Italy and needs help learning the ropes. Ask and answer questions as in the example.

ESEMPIO: comprare / i gettoni (*tokens*) per la metropolitana (*subway*) →
s1: Dove si comprano i gettoni per la metropolitana?
s2: Si comprano qui vicino.

1. dare (*to show*) / film stranieri
2. trovare / una buona libreria (*bookstore*)
3. vendere / i biglietti dell'autobus
4. andare a ballare
5. noleggiare / le bici

PICCOLO RIPASSO

A **Come?** Answer the questions using one of the options listed.

1. Come si può imparare bene una lingua straniera?
   a. vivendo nel paese
   b. studiando molto
   c. frequentando persone che parlano quella lingua
2. Come si può dimagrire?
   a. facendo ginnastica
   b. stando a dieta
   c. prendendo pillole
3. Come si combattono i pregiudizi?
   a. rispettando le differenze
   b. facendo gli indifferenti
   c. non discutendo mai
4. Come si può risparmiare benzina?
   a. obbligando la gente a prendere l'autobus
   b. fabbricando macchine più piccole
   c. riducendo il limite di velocità
5. Come si potrebbero evitare tanti incidenti?
   a. guidando più piano
   b. rispettando i cartelli stradali
   c. tenendo la distanza regolamentare

B **Un congresso.** Tell about the latest conference at your university, substituting the **si** construction for the passive voice.

ESEMPIO: Molti articoli sono stati letti. → Si sono letti molti articoli.

1. Gli stereotipi sono stati affrontati. **2.** Molti libri sono stati venduti. **3.** È stato presentato anche un film. **4.** Molti racconti sono stati discussi. **5.** Molti romanzi sono stati recensiti.

DIALOGO

ESPRESSIONI UTILI

Ti trovi nel mezzo a dire...	You are caught in the middle saying . . .
siano duri a morire	die hard

Ci si vede a Vicenza, davanti al liceo...

Lory è sull'aereo che la riporta° a San Francisco. Seduta accanto° a lei c'è una ragazza che legge l'ultimo romanzo di Aldo Busi. Lory è un po' triste e ha voglia di chiacchierare.

che... that is bringing her back / next to

LORY: Scusa se ti interrompo, mi chiamo Lory. Sei italiana?

GRAZIA: Piacere, sono Grazia. Sì, sono italiana ma studio a Berkeley da quattro anni...

LORY: E ogni anno torni in Italia?

GRAZIA: Sì, voglio vedere i miei amici e la mia famiglia almeno° una volta all'anno. Abbiamo sempre tante cose da raccontarci... come si sta negli Stati Uniti... cos'è cambiato in Italia... gli americani sono così... gli italiani invece...

at least

LORY: Ho capito. E tu ti trovi nel mezzo a dire: «Ma no, non è vero che in America si pensa solo ai soldi... non è vero che gli americani sono superficiali, individualisti... ci sono anche gli americani che pensano ai problemi sociali e che non si occupano° solo della loro carriera... »

si... are concerned about

GRAZIA: Esattamente! E quando sono qui è la stessa cosa con gli italiani. Molti americani pensano che gli italiani siano tutti «Latin lovers» pronti ad assaltare le turiste, senza rispetto per la vita privata, estroversi, sempre pronti a ridere e a cantare. Tantissimi italiani invece sono introversi, odiano le feste e le canzonette, non si occupano della moda e non hanno mai fatto la pasta in casa.

LORY: Sembra che gli stereotipi e i miti siano duri a morire.

GRAZIA: Secondo me è tutta questione di pigrizia.° Invece di cercare di conoscere le persone è più facile dire: «Ah! È americano, allora si occuperà solo di sport. È italiano, allora la sua passione sarà la cucina.» Se poi si fanno i confronti: «Le donne americane sono più emancipate delle donne italiane!» «Ma scherzi? Le donne italiane sono molto più emancipate delle donne americane!»

laziness

LORY: Be', su questo punto credo che potremmo discutere per qualche ora! Piuttosto com'è il libro che stai leggendo?

GRAZIA: Ecco, questo è il tipico esempio di un romanzo scritto da un italiano che potrebbe essere considerato «atipico», *Seminario sulla gioventù*, di Aldo Busi. In realtà il libro ha avuto un successo enorme, proprio perché la sua storia, per quanto dissacrante° e «anomala», rappresenta aspetti ben riconoscibili° della cultura italiana...

iconoclastic, shocking
ben... *highly apparent*

LORY: La prossima volta° che vado in Italia lo compro!

La... *The next time*

SI DICE COSÌ!

Duro (*hard*) is used in a variety of idioms and proverbs.

I vizi sono duri a morire.	Bad habits die hard.
Non sono duro d'orecchio!	I am not hard of hearing!
Ha la pelle dura!	He is thick-skinned!
Avete la testa dura!	You are very stubborn!
Devo tener duro.	I have to hold out (have my own way).
È un osso duro.	He is a tough guy.
Hai il sonno molto duro!	You sleep like a log!
Sarà dura ma ce la faranno!	It'll be tough, but they'll make it!

TOCCA A TE!

Completa con l'uso corretto di **duro**.

1. Non capisco perché continui a gridare (*yell*)! Non sono _____!
2. Non sopporto (*stand*) i tuoi amici. Hanno proprio _____!
3. Non abbiamo sentito niente ieri notte. Abbiamo _____!
4. Dobbiamo resistere fino alla fine! Dobbiamo _____!
5. Non preoccuparti per Franca. È sopravvissuta (*survived*) a tanti incidenti. È _____!

E ORA A VOI

A **Ricapitolando.** Vero o falso? Correggete le frasi sbagliate.

1. Sia in Italia che negli Stati Uniti si fanno molte generalizzazioni.
2. Grazia è d'accordo con le generalizzazioni che si fanno sugli italiani e sugli americani.
3. Gli stereotipi sopravvivono (*survive*) a causa della pigrizia di molti.
4. Lory è d'accordo che le donne italiane sono più emancipate delle donne americane.
5. L'ultimo romanzo di Aldo Busi parla dei giovani italiani.
6. Leggendo l'ultimo romanzo di Aldo Busi si possono riconoscere determinati comportamenti della società italiana.

B **Radici.** Pensate alla vostra famiglia e alla comunità in cui vivete e scrivete una pagina che risponda alle seguenti domande.

1. Quali sono le origini della vostra famiglia? Da dove sono venuti i vostri antenati e perché?
2. Quali sono le radici del vostro retaggio culturale? Sentite di appartenere (*to belong*) più a una cultura piuttosto che a un'altra? Perché? Quali sono le immagini associate alla cultura a cui appartenete?
3. La comunità in cui vivete condivide le vostre tradizioni culturali? Se no, trovate difficile vivere in una comunità con valori diversi dai vostri?

I N ASCOLTO

L'immigrazione. Daniel, un amico americano di Grazia, le sta parlando del suo retaggio culturale. Ascoltate attentamente, poi correggete le frasi sbagliate.

1. Il nonno di Daniel è napoletano.
2. Viene da una famiglia di contadini (*farmers*).
3. La vita era molto meno dura in California.
4. La nonna di Daniel è nata negli Stati Uniti.
5. I nonni di Daniel non sono mai tornati al loro paese.
6. A Daniel interessa ben poco il proprio retaggio culturale.

LETTURA

ESPRESSIONI UTILI

tengono a...	care about . . .
non mi stancherò mai di ripetere	I'll never tire of repeating

MEZZ'ORA IN TAXI

Il potere dei gesti.

In taxi, dall'aeroporto a casa, Grazia ripensa alla sua conversazione con Lory.

«Certo è difficile parlare delle abitudini culturali di un popolo senza cadere in generalizzazioni che possono essere assolutamente false. Per esempio, dire che gli italiani «tengono alle apparenze» è verissimo per alcuni italiani ma non è vero ed anzi può essere offensivo per altri. Può essere vero, in generale, che gli italiani si vestono bene, perché l'industria della moda è così diffusa in Italia che in qualsiasi mercato si possono trovare, a basso prezzo, cose belle e di buona qualità; ma questo è diverso dal «tenere alle apparenze» che è un atteggiamento psicologico e sociale di certi italiani, come di certi americani, o svedesi, o francesi.»

Il taxi sta percorrendo il Bay Bridge, a sinistra si vede San Francisco; Berkeley ed Oakland sono all'orizzonte:° *horizon*

«Difficile è anche generalizzare sui comportamenti sociali. Ad esempio, è vero che molti italiani non si spostano dalla loro città d'origine, restano legati alla famiglia, hanno rapporti d'amicizia con le stesse persone per la maggior parte della loro vita. Ma è anche vero che nel secolo scorso, come nel Novecento, moltissimi italiani sono dovuti emigrare per lavoro all'estero, o dal sud al nord, lasciando, a volte per sempre, parenti e amici. Le condizioni economiche sono quindi spesso determinanti per le abitudini sociali, in Italia come negli altri paesi.»

Il taxi imbocca° College Avenue, Grazia tira fuori° il portafoglio.   *enters* / tira... *takes out*

«Insomma, questa è una cosa che non mi stancherò mai di ripetere: le «generalizzazioni» sono sempre inaccurate, e quindi inutili, soprattutto quando riguardano caratteristiche psicologiche e comportamenti. Invece di parlare degli italiani o degli americani proviamo a parlare di Rossana, di Alessandro, di Lory, di John. E per capire la cultura e le usanze, leggiamo la storia, leggiamo i giornali e, potendo, facciamo un viaggio in Italia, dimenticando tutto quello che abbiamo sentito sull'Italia e sugli italiani... »

Sono sempre felice di vedere le mie amiche!

E ORA A VOI

A **Perché?** Secondo Grazia:

1. Dire che gli italiani tengono alle apparenze non è vero per tutti perché _____.
2. Molti italiani vestono bene perché _____.
3. Moltissimi italiani sono dovuti emigrare perché _____.
4. Le condizioni economiche sono determinanti per le abitudini sociali perché _____.
5. Le generalizzazioni sono sempre innacurate quando _____.
6. Dobbiamo dimenticare tutto quello che abbiamo sentito sull'Italia e sugli italiani per _____.

B **L'Italia in America.** Quali elementi della cultura italiana (cucina, moda, letteratura, film, arte, musica) sono oggi parte della vita e della cultura americana? Lavorando con un compagno (una compagna) pensate ad uno o più elementi, poi scrivete in quali città americane, secondo voi, sono più diffusi (*widespread*) e perché. Confrontate i vostri risultati con la classe.

ESEMPIO: Secondo noi, un elemento molto diffuso è la cucina, non solo la pizza e gli spaghetti, ma anche il caffè.
Qui a Seattle abbiamo tanti bar e torrefazioni (*coffee roasters*); da noi quasi tutti conoscono la parola **barista**...

C **Stereotipo e spettacolo.** Lavorando in gruppi scegliete un film o un programma televisivo che presenti americani o italiani in modo stereotipico. Preparate poi una scena da rappresentare in classe. Gli altri gruppi dovranno indovinare il titolo del film (o programma televisivo) e spiegare perché la situazione o i personaggi sono stereotipici.

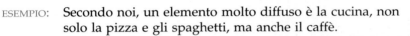

PAROLE DA RICORDARE

VERBI

*emigrare to emigrate
generalizzare to generalize
*immigrare to immigrate
sognare to dream

NOMI

l'abitudine habit
gli antenati ancestors

l'atteggiamento attitude
il confronto comparison
il comportamento sociale
    social behavior
la generalizzazione
    generalization
il mito myth
l'origine (f.) origin
il pregiudizio prejudice
le radici roots
il retaggio heritage

lo stereotipo stereotype
le tagliatelle noodles
la tovaglia tablecloth
il tovagliolo napkin
la tradizione tradition
l'usanza custom
il valore value

AGGETTIVI

emancipato emancipated

Non vorrei mai lasciare l'Italia.

IERI E OGGI IN ITALIA IV

IL LAVORO NELLA STORIA

Nel mondo antico la divisione del lavoro era dominata dalla divisione della società fra uomini liberi e uomini schiavi.° Nel Medioevo la schiavitù non scompare° completamente ma viene° gradualmente sostituita dalla servitù. Si può infatti definire come servitù lo stato di non-libertà dei lavoratori della terra, che erano sottoposti,° in varie forme, al potere economico, politico, giudiziario dei signori.°

enslaved

disappears / is

subjected

lords

Tra il Medioevo e il Rinascimento molte novità trasformano l'economia europea:

a. Cresce l'importanza del commercio e del capitale commerciale.
b. Cresce l'importanza del mercato cittadino.
c. Si stabilisce un collegamento tra attività mercantile e attività finanziaria.
d. Aumenta la produzione di beni° non agricoli (tessuti,° soprattutto lana e seta).°

goods / textiles

lana... wool and silk

In questo processo l'Italia è inizialmente all'avanguardia ma poi, nel Seicento, nel Settecento e in parte dell'Ottocento (per vari motivi che gli storici stanno ancora discutendo) l'economia italiana si trasforma più lentamente° rispetto al modello inglese.

slowly

Lo sviluppo industriale dell'Italia è avvenuto° principalmente negli ultimi cent'anni (dopo la creazione dello Stato unitario), e con dislivelli° notevoli tra le varie regioni del paese.

happened

differences

(Adapted from the *Storia d'Italia Einaudi*.)

La vendemmia (sec. IV), mosaico (Roma, Mausoleo di S. Costanza; foto SCALA/Art Resource).

TU E IL LAVORO: PENSIERI E PAROLE

1 **Associazioni.** Guarda attentamente le diverse rappresentazioni del lavoro, poi collega ogni immagine con almeno una delle seguenti parole o espressioni: animali; antichità; commercio; contemporaneità; emancipazione femminile; lavoro femminile; manifestazione; Medioevo; mercato, organizzazione dei lavoratori; prodotti agricoli; schiavi; sviluppo industriale; trasporto; vendita.

2 **Riflessioni.** Pensa al tuo lavoro, al lavoro che fai (anche occasionalmente), e/o ai lavori che hai fatto nel passato. Quali parole puoi usare per descriverli? Sono lavori interessanti? soddisfacenti? frustranti? ripetitivi? creativi? Sono lavori che hai scelto o che hai dovuto fare per necessità?

3 **Desideri.** Pensa al tuo lavoro ideale. È simile al tuo lavoro reale o diverso? Perché? È un lavoro che avrai la possibilità di fare? Che cosa fai per prepararti ad ottenere il lavoro che desideri? Perché lo preferisci ad altri lavori? Pensi che sia adatto alle tue capacità e al tuo carattere? Prendi un foglio di carta e scrivi un tema (almeno una pagina).

ESEMPIO: Il mio lavoro ideale è quello della scrittrice. Mi è sempre piaciuto scrivere racconti, poesie, saggi, articoli...

La fabbrica di lana (c. 1570), Mirabello Cavalori (Firenze, Palazzo Vecchio; foto Fototeca MARKA).

Lavandaie a Milano, lungo il naviglio (c. 1900; foto Fototeca MARKA).

La fiumana (Quarto stato) (c. 1896),
Giuseppe Pelizza da Volpedo
(Milano, Pinacoteca di Brera; foto
SCALA/Art Resource).

Effetti del buongoverno in città (c.
1338; dopo i recenti restauri),
Ambrogio Lorenzetti (Siena, Palazzo
Pubblico; foto SCALA/Art Resource).

Leggi ad alta voce questo brano dal romanzo
Casalinghitudine (1987) di Clara Sereni.

Così la casa... non posso lasciarla a se stessa, non reggo° il disordine la polvere° il vaso di fiori vuoto.° Allora la domestica° due volte alla settimana: il grosso è risolto, lavori pesanti° non ne faccio più; ma restano tantissimi piccoli gesti... annaffiare° le piante del terrazzo, sistemare i giornali, spegnere lo scaldabagno° quando accendo la lavatrice altrimenti il contatore° non regge,° cucinare e ospitare, comprare il latte... attaccare i bottoni, togliere° la polvere dai quadri altrimenti è inutile tenerli appesi,° comprare il concime° per le piante, mettere l'antispifferi° alle finestre, sostituire il rotolo finito di carta igienica° con quello nuovo, pulire il filtro della lavastoviglie, comprare le pile di ricambio° per la sveglia° elettrica e per i giochi di Tommaso, togliere le incrostazioni di calcio dalla macchinetta del caffè e dal ferro da stiro, comprare la carta extra-strong e la puntina° del giradischi, un detersivo per il cotone un altro per lana seta nylon, sale grosso e sale fino, affettare l'arrosto grattuggiare il parmigiano: fare argine° alle puzze,° al degrado, alla frantumazione°—e senza questi gesti non si sopravvive, io non sopravvivo.	non... *I can't stand* *dust / empty / maid* *heavy* *watering* *water heater / meter* *work* *removing* tenerli... *keep them hanging / fertilizer* *weather stripping* carta... *toilet paper* pile... *new batteries / alarm clock* *needle* fare... *preventing* *smells / shattering*

APPENDIX

AVERE AND **ESSERE**
Conjugation of the Verb **avere**
Conjugation of the Verb **essere**

REGULAR VERBS
Conjugation of the Verb **cantare**
Conjugation of the Verb **ripetere**
Conjugation of the Verb **dormire**
Conjugation of the Verb **capire**

IRREGULAR VERBS
Irregular Verbs of the First Conjugation: **-are** Verbs
Irregular Verbs of the Second Conjugation: **-ere** Verbs
Irregular Verbs of the Third Conjugation: **-ire** Verbs
Verbs with Irregular Past Participles
Verbs Conjugated with **essere** in Compound Tenses

AVERE AND ESSERE

Conjugation of the Verb *avere*

Infinitive — PRESENT: avere PAST: avere avuto

Participle — PAST: avuto

Gerund — SIMPLE: avendo COMPOUND: avendo avuto

INDICATIVE

PRESENT	IMPERFECT	PASSATO REMOTO	FUTURE
ho	avevo	ebbi	avrò
hai	avevi	avesti	avrai
ha	aveva	ebbe	avrà
abbiamo	avevamo	avemmo	avremo
avete	avevate	aveste	avrete
hanno	avevano	ebbero	avranno

PASSATO PROSSIMO	TRAPASSATO	TRAPASSATO REMOTO	FUTURE PERFECT
ho	avevo	ebbi	avrò
hai	avevi	avesti	avrai
ha	aveva	ebbe	avrà
abbiamo } avuto	avevamo } avuto	avemmo } avuto	avremo } avuto
avete	avevate	aveste	avrete
hanno	avevano	ebbero	avranno

CONDITIONAL

PRESENT	PERFECT
avrei	avrei
avresti	avresti
avrebbe	avrebbe } avuto
avremmo	avremmo
avreste	avreste
avrebbero	avrebbero

SUBJUNCTIVE

PRESENT	PAST	IMPERFECT	PLUPERFECT
abbia	abbia	avessi	avessi
abbia	abbia	avessi	avessi
abbia	abbia } avuto	avesse	avesse } avuto
abbiamo	abbiamo	avessimo	avessimo
abbiate	abbiate	aveste	aveste
abbiano	abbiano	avessero	avessero

IMPERATIVE

abbi (non avere)
abbia
abbiamo
abbiate
abbiano

Conjugation of the Verb *essere*

Infinitive — PRESENT: essere PAST: essere stato/a/i/e

Participle — PAST: stato/a/i/e

Gerund — SIMPLE: essendo COMPOUND: essendo stato/a/i/e

INDICATIVE

PRESENT	IMPERFECT	PASSATO REMOTO	FUTURE
sono	ero	fui	sarò
sei	eri	fosti	sarai
è	era	fu	sarà
siamo	eravamo	fummo	saremo
siete	eravate	foste	sarete
sono	erano	furono	saranno

PASSATO PROSSIMO	TRAPASSATO	TRAPASSATO REMOTO	FUTURE PERFECT
sono	ero	fui	sarò
sei } stato/a	eri } stato/a	fosti } stato/a	sarai } stato/a
è	era	fu	sarà
siamo	eravamo	fummo	saremo
siete } stati/e	eravate } stati/e	foste } stati/e	sareste } stati/e
sono	erano	furono	saranno

CONDITIONAL

PRESENT	PERFECT
sarei	sarei
saresti	saresti } stato/a
sarebbe	sarebbe
saremmo	saremmo
sareste	sareste } stati/e
sarebbero	sarebbero

SUBJUNCTIVE

PRESENT	PAST	IMPERFECT	PLUPERFECT
sia	sia	fossi	fossi
sia	sia } stato/a	fossi	fossi } stato/a
sia	sia	fosse	fosse
siamo	siamo	fossimo	fossimo
siate	siate } stati/e	foste	foste } stati/e
siano	siano	fossero	fossero

IMPERATIVE

sii (non essere)
sia
siamo
siate
siano

REGULAR VERBS

Conjugation of the Verb *cantare*

Infinitive — PRESENT: cantare PAST: avere cantato

Participle — PAST: cantato

Gerund — SIMPLE: cantando COMPOUND: avendo cantato

INDICATIVE

PRESENT	IMPERFECT	PASSATO REMOTO	FUTURE
canto	cantavo	cantai	canterò
canti	cantavi	cantasti	canterai
canta	cantava	cantò	canterà
cantiamo	cantavamo	cantammo	canteremo
cantate	cantavate	cantaste	canterete
cantano	cantavano	cantarono	canteranno

PASSATO PROSSIMO		TRAPASSATO		TRAPASSATO REMOTO		FUTURE PERFECT	
ho		avevo		ebbi		avrò	
hai		avevi		avesti		avrai	
ha	cantato	aveva	cantato	ebbe	cantato	avrà	cantato
abbiamo		avevamo		avemmo		avremo	
avete		avevate		aveste		avrete	
hanno		avevano		ebbero		avranno	

CONDITIONAL

PRESENT	PERFECT	
canterei	avrei	
canteresti	avresti	
canterebbe	avrebbe	cantato
canteremmo	avremmo	
cantereste	avreste	
canterebbero	avrebbero	

SUBJUNCTIVE

PRESENT	PAST	
canti	abbia	
canti	abbia	
canti	abbia	cantato
cantiamo	abbiamo	
cantiate	abbiate	
cantino	abbiano	

IMPERFECT	PLUPERFECT	
cantassi	avessi	
cantassi	avessi	
cantasse	avesse	cantato
cantassimo	avessimo	
cantaste	aveste	
cantassero	avessero	

IMPERATIVE

canta (non cantare)
canti
cantiamo
cantate
cantino

Conjugation of the Verb *ripetere*

Infinitive — PRESENT: ripetere PAST: avere ripetuto

Participle — PAST: ripetuto

Gerund — SIMPLE: ripetendo COMPOUND: avendo ripetuto

INDICATIVE

PRESENT	IMPERFECT	PASSATO REMOTO	FUTURE
ripeto	ripetevo	ripetei	ripeterò
ripeti	ripetevi	ripetesti	ripeterai
ripete	ripeteva	ripeté	ripeterà
ripetiamo	ripetevamo	ripetemmo	ripeteremo
ripetete	ripetevate	ripeteste	ripeterete
ripetono	ripetevano	ripeterono	ripeteranno

PASSATO PROSSIMO		TRAPASSATO		TRAPASSATO REMOTO		FUTURE PERFECT	
ho		avevo		ebbi		avrò	
hai		avevi		avesti		avrai	
ha	ripetuto	aveva	ripetuto	ebbe	ripetuto	avrà	ripetuto
abbiamo		avevamo		avemmo		avremo	
avete		avevate		aveste		avrete	
hanno		avevano		ebbero		avranno	

CONDITIONAL

PRESENT	PERFECT	
ripeterei	avrei	
ripeteresti	avresti	
ripeterebbe	avrebbe	ripetuto
ripeteremmo	avremmo	
ripetereste	avreste	
ripeterebbero	avrebbero	

SUBJUNCTIVE

PRESENT	PAST	
ripeta	abbia	
ripeta	abbia	
ripeta	abbia	ripetuto
ripetiamo	abbiamo	
ripetiate	abbiate	
ripetano	abbiano	

IMPERFECT	PLUPERFECT	
ripetessi	avessi	
ripetessi	avessi	
ripetesse	avesse	ripetuto
ripetessimo	avessimo	
ripeteste	aveste	
ripetessero	avessero	

IMPERATIVE

ripeti (non ripetere)
ripeta
ripetiamo
ripetete
ripetano

Conjugation of the Verb *dormire*

Infinitive
PRESENT: dormire   PAST: avere dormito

Participle
PAST: dormito

Gerund
SIMPLE: dormendo   COMPOUND: avendo dormito

INDICATIVE

PRESENT	IMPERFECT	PASSATO REMOTO	FUTURE
dormo	dormivo	dormii	dormirò
dormi	dormivi	dormisti	dormirai
dorme	dormiva	dormì	dormirà
dormiamo	dormivamo	dormimmo	dormiremo
dormite	dormivate	dormiste	dormirete
dormono	dormivano	dormirono	dormiranno

PASSATO PROSSIMO	TRAPASSATO	TRAPASSATO REMOTO	FUTURE PERFECT
ho	avevo	ebbi	avrò
hai	avevi	avesti	avrai
ha ⎫	aveva ⎫	ebbe ⎫	avrà ⎫
abbiamo ⎬ dormito	avevamo ⎬ dormito	avemmo ⎬ dormito	avremo ⎬ dormito
avete	avevate	aveste	avrete
hanno ⎭	avevano ⎭	ebbero ⎭	avranno ⎭

CONDITIONAL

PRESENT	PERFECT
dormirei	avrei
dormiresti	avresti
dormirebbe	avrebbe ⎫
dormiremmo	avremmo ⎬ dormito
dormireste	aveste
dormirebbero	avrebbero ⎭

SUBJUNCTIVE

PRESENT	PAST	IMPERFECT	PLUPERFECT
dorma	abbia	dormissi	avessi
dorma	abbia	dormissi	avessi
dorma	abbia ⎫	dormisse	avesse ⎫
dormiamo	abbiamo ⎬ dormito	dormissimo	avessimo ⎬ dormito
dormiate	abbiate	dormiste	aveste
dormano	abbiano ⎭	dormissero	avessero ⎭

IMPERATIVE

dormi (non dormire)
dorma
dormiamo
dormite
dormano

Conjugation of the Verb *capire*

Infinitive
PRESENT: capire   PAST: avere capito

Participle
PAST: capito

Gerund
SIMPLE: capendo   COMPOUND: avendo capito

INDICATIVE

PRESENT	IMPERFECT	PASSATO REMOTO	FUTURE
capisco	capivo	capii	capirò
capisci	capivi	capisti	capirai
capisce	capiva	capì	capirà
capiamo	capivamo	capimmo	capiremo
capite	capivate	capiste	capirete
capiscono	capivano	capirono	capiranno

PASSATO PROSSIMO	TRAPASSATO	TRAPASSATO REMOTO	FUTURE PERFECT
ho	avevo	ebbi	avrò
hai	avevi	avesti	avrai
ha ⎫	aveva ⎫	ebbe ⎫	avrà ⎫
abbiamo ⎬ capito	avevamo ⎬ capito	avemmo ⎬ capito	avremo ⎬ capito
avete	avevate	aveste	avrete
hanno ⎭	avevano ⎭	ebbero ⎭	avranno ⎭

CONDITIONAL

PRESENT	PERFECT
capirei	avrei
capiresti	avresti
capirebbe	avrebbe ⎫
capiremmo	avremmo ⎬ capito
capireste	aveste
capirebbero	avrebbero ⎭

SUBJUNCTIVE

PRESENT	PAST	IMPERFECT	PLUPERFECT
capisca	abbia	capissi	avessi
capisca	abbia	capissi	avessi
capisca	abbia ⎫	capisse	avesse ⎫
capiamo	abbiamo ⎬ capito	capissimo	avessimo ⎬ capito
capiate	abbiate	capiste	aveste
capiscano	abbiano ⎭	capissero	avessero ⎭

IMPERATIVE

capisci (non capire)
capisca
capiamo
capiate
capiscano

IRREGULAR VERBS

Irregular Verbs of the First Conjugation: *-are* Verbs

There are only four irregular **-are** verbs: **andare, dare, fare,** and **stare.***

andare to go
PRESENT INDICATIVE: vado, vai, va; andiamo, andate, vanno
PRESENT SUBJUNCTIVE: vada, vada, vada; andiamo, andiate, vadano
IMPERATIVE: va' (vai), vada; andiamo, andate, vadano
FUTURE: andrò, andrai, andrà; andremo, andrete, andranno
CONDITIONAL: andrei, andresti, andrebbe; andremmo, andreste, andrebbero

dare to give
PRESENT INDICATIVE: do, dai, dà; diamo, date, danno
PRESENT SUBJUNCTIVE: dia, dia, dia; diamo, diate, diano
IMPERATIVE: da' (dai), dia; diamo, date, diano
IMPERFECT SUBJUNCTIVE: dessi, dessi, desse; dessimo, deste, dessero
PASSATO REMOTO: diedi (detti), desti, diede (dette); demmo, deste, diedero (dettero)
FUTURE: darò, darai, darà; daremo, darete, daranno
CONDITIONAL: darei, daresti, darebbe; daremmo, dareste, darebbero

fare to do; to make
PRESENT INDICATIVE: faccio, fai, fa; facciamo, fate, fanno
PRESENT SUBJUNCTIVE: faccia, faccia, faccia; facciamo, facciate, facciano
IMPERATIVE: fa' (fai), faccia; facciamo, fate, facciano
IMPERFECT: facevo, facevi, faceva; facevamo, facevate, facevano
IMPERFECT SUBJUNCTIVE: facessi, facessi, facesse; facessimo, faceste, facessero
PAST PARTICIPLE: fatto
PASSATO REMOTO: feci, facesti, fece; facemmo, faceste, fecero
FUTURE: farò, farai, farà; faremo, farete, faranno
CONDITIONAL: farei, faresti, farebbe; faremmo, fareste, farebbero
GERUND: facendo

stare to stay
PRESENT INDICATIVE: sto, stai, sta; stiamo, state, stanno
PRESENT SUBJUNCTIVE: stia, stia, stia; stiamo, stiate, stiano
IMPERATIVE: sta' (stai), stia; stiamo, state, stiano
IMPERFECT SUBJUNCTIVE: stessi, stessi, stesse; stessimo, steste, stessero
PASSATO REMOTO: stetti, stesti, stette; stemmo, steste, stettero
FUTURE: starò, starai, starà; staremo, starete, staranno
CONDITIONAL: starei, staresti, starebbe; staremmo, stareste, starebbero

*The forms or tenses not listed here follow the regular pattern.

Irregular Verbs of the Second Conjugation: *-ere* Verbs

accludere to enclose
PAST PARTICIPLE: accluso
PASSATO REMOTO: acclusi, accludesti, accluse; accludemmo, accludeste, acclusero

assumere to hire
PAST PARTICIPLE: assunto
PASSATO REMOTO: assunsi, assumesti, assunse; assumemmo, assumeste, assunsero

bere to drink
PRESENT INDICATIVE: bevo, bevi, beve; beviamo, bevete, bevono
PRESENT SUBJUNCTIVE: beva, beva, beva; beviamo, beviate, bevano
IMPERATIVE: bevi, beva; beviamo, bevete, bevano
IMPERFECT: bevevo, bevevi, beveva; bevevamo, bevevate, bevevano
IMPERFECT SUBJUNCTIVE: bevessi, bevessi, bevesse; bevessimo, beveste, bevessero
PAST PARTICIPLE: bevuto
PASSATO REMOTO: bevvi, bevesti, bevve; bevemmo, beveste, bevvero
FUTURE: berrò, berrai, berrà; berremo, berrete, berranno
CONDITIONAL: berrei, berresti, berrebbe; berremmo, berreste, berrebbero
GERUND: bevendo

cadere to fall
PASSATO REMOTO: caddi, cadesti, cadde; cademmo, cadeste, caddero
FUTURE: cadrò, cadrai, cadrà; cadremo, cadrete, cadranno
CONDITIONAL: cadrei, cadresti, cadrebbe; cadremmo, cadreste, cadrebbero

chiedere to ask   **richiedere** to require
PAST PARTICIPLE: chiesto
PASSATO REMOTO: chiesi, chiedesti, chiese; chiedemmo, chiedeste, chiesero

chiudere to close
PAST PARTICIPLE: chiuso
PASSATO REMOTO: chiusi, chiudesti, chiuse; chiudemmo, chiudeste, chiusero

conoscere to know   **riconoscere** to recognize
PAST PARTICIPLE: conosciuto
PASSATO REMOTO: conobbi, conoscesti, conobbe; conoscemmo, conosceste, conobbero

convincere to convince
PAST PARTICIPLE: convinto
PASSATO REMOTO: convinsi, convincesti, convinse; convincemmo, convinceste, convinsero

correre to run
PAST PARTICIPLE: corso
PASSATO REMOTO: corsi, corresti, corse; corremmo, correste, corsero

cuocere to cook
PRESENT INDICATIVE: cuocio, cuoci, cuoce; cociamo, cocete, cuociono
PRESENT SUBJUNCTIVE: cuocia, cuocia, cuocia; cociamo, cociate, cuociano
IMPERATIVE: cuoci, cuocia; cociamo, cocete, cuociano
PAST PARTICIPLE: cotto
PASSATO REMOTO: cossi, cocesti, cosse; cocemmo, coceste, cossero

decidere to decide
      PAST PARTICIPLE: deciso
      PASSATO REMOTO: decisi, decidesti, decise; decidemmo, decideste, decisero

dipendere to depend
      PAST PARTICIPLE: dipeso
      PASSATO REMOTO: dipesi, dipendesti, dipese; dipendemmo, dipendeste, dipesero

dipingere to paint
      PAST PARTICIPLE: dipinto
      PASSATO REMOTO: dipinsi, dipingesti, dipinse; dipingemmo, dipingeste, dipinsero

discutere to discuss
      PAST PARTICIPLE: discusso
      PASSATO REMOTO: discussi, discutesti, discusse; discutemmo, discuteste, discussero

distinguere to distinguish
      PAST PARTICIPLE: distinto
      PASSATO REMOTO: distinsi, distinguesti, distinse; distinguemmo, distingueste, distinsero

dividere to divide
      PAST PARTICIPLE: diviso
      PASSATO REMOTO: divisi, dividesti, divise; dividemmo, divideste, divisero

dovere to have to
      PRESENT INDICATIVE: devo (debbo), devi, deve; dobbiamo, dovete, devono (debbono)
      PRESENT SUBJUNCTIVE: debba, debba, debba; dobbiamo, dobbiate, debbano
      FUTURE: dovrò, dovrai, dovrà; dovremo, dovrete, dovranno
      CONDITIONAL: dovrei, dovresti, dovrebbe; dovremmo, dovreste, dovrebbero

leggere to read
      PAST PARTICIPLE: letto
      PASSATO REMOTO: lessi, leggesti, lesse; leggemmo, leggeste, lessero

mettere to put   **promettere** to promise   **scommettere** to bet
      PAST PARTICIPLE: messo
      PASSATO REMOTO: misi, mettesti, mise; mettemmo, metteste, misero

muovere to move
      PAST PARTICIPLE: mosso
      PASSATO REMOTO: mossi, muovesti, mosse; muovemmo, muoveste, mossero

nascere to be born
      PAST PARTICIPLE: nato
      PASSATO REMOTO: nacqui, nascesti, nacque; nascemmo, nasceste, nacquero

offendere to offend
      PAST PARTICIPLE: offeso
      PASSATO REMOTO: offesi, offendesti, offese; offendemmo, offendeste, offesero

parere to seem
PRESENT INDICATIVE: paio, pari, pare; paiamo, parete, paiono
PRESENT SUBJUNCTIVE: paia, paia, paia; paiamo, paiate, paiano
PAST PARTICIPLE: parso
PASSATO REMOTO: parvi, paresti, parve; paremmo, pareste, parvero
FUTURE: parrò, parrai, parrà; parremo, parrete, parranno
CONDITIONAL: parrei, parresti, parrebbe; parremmo, parreste, parrebbero

piacere to please
PRESENT INDICATIVE: piaccio, piaci, piace; piacciamo, piacete, piacciono
PRESENT SUBJUNCTIVE: piaccia, piaccia, piaccia; piacciamo, piacciate, piacciano
IMPERATIVE: piaci, piaccia; piacciamo, piacete, piacciano
PAST PARTICIPLE: piaciuto
PASSATO REMOTO: piacqui, piacesti, piacque; piacemmo, piaceste, piacquero

piangere to cry
PAST PARTICIPLE: pianto
PASSATO REMOTO: piansi, piangesti, pianse; piangemmo, piangeste, piansero

potere to be able
PRESENT INDICATIVE: posso, puoi, può; possiamo, potete, possono
PRESENT SUBJUNCTIVE: possa, possa, possa; possiamo, possiate, possano
FUTURE: potrò, potrai, potrà; potremo, potrete, potranno
CONDITIONAL: potrei, potresti, potrebbe; potremmo, potreste, potrebbero

prendere to take   **riprendere** to resume   **sorprendere** to surprise
PAST PARTICIPLE: preso
PASSATO REMOTO: presi, prendesti, prese; prendemmo, prendeste, presero

produrre to produce   **tradurre** to translate
PRESENT INDICATIVE: produco, produci, produce; produciamo, producete, producono
PRESENT SUBJUNCTIVE: produca, produca, produca; produciamo, produciate, producano
IMPERFECT: producevo, producevi, produceva; producevamo, producevate, producevano
IMPERFECT SUBJUNCTIVE: producessi, producessi, producesse; producessimo, produceste, producessero
PAST PARTICIPLE: prodotto
PASSATO REMOTO: produssi, producesti, produsse; producemmo, produceste, produssero

rendere to give back
PAST PARTICIPLE: reso
PASSATO REMOTO: resi, rendesti, rese; rendemmo, rendeste, resero

ridere to laugh
PAST PARTICIPLE: riso
PASSATO REMOTO: risi, ridesti, rise; ridemmo, rideste, risero

rimanere to remain
PRESENT INDICATIVE: rimango, rimani, rimane; rimaniamo, rimanete, rimangono
PRESENT SUBJUNCTIVE: rimanga, rimanga, rimanga; rimaniamo, rimaniate, rimangano
IMPERATIVE: rimani, rimanga; rimaniamo, rimanete, rimangano
PAST PARTICIPLE: rimasto

PASSATO REMOTO: rimasi, rimanesti, rimase; rimanemmo, rimaneste, rimasero
FUTURE: rimarrò, rimarrai, rimarrà, rimarremo, rimarrete, rimarranno
CONDITIONAL: rimarrei, rimarresti, rimarrebbe; rimarremmo, rimarreste, rimarrebbero

rispondere to answer
PAST PARTICIPLE: risposto
PASSATO REMOTO: risposi, rispondesti, rispose; rispondemmo, rispondeste, risposero

rompere to break **interrompere** to interrupt
PAST PARTICIPLE: rotto
PASSATO REMOTO: ruppi, rompesti, ruppe; rompemmo, rompeste, ruppero

sapere to know
PRESENT INDICATIVE: so, sai, sa; sappiamo, sapete, sanno
PRESENT SUBJUNCTIVE; sappia, sappia, sappia; sappiamo, sappiate, sappiano
IMPERATIVE: sappi, sappia; sappiamo, sappiate, sappiano
PASSATO REMOTO: seppi, sapesti, seppe; sapemmo, sapeste, seppero
FUTURE: saprò, saprai, saprà; sapremo, saprete, sapranno
CONDITIONAL: saprei, sapresti, saprebbe; sapremmo, sapreste, saprebbero

scegliere to choose
PRESENT INDICATIVE: scelgo, scegli, sceglie; scegliamo, scegliete, scelgono
PRESENT SUBJUNCTIVE: scelga, scelga, scelga; scegliamo, scegliate, scelgano
IMPERATIVE: scegli, scelga; scegliamo, scegliete, scelgano
PAST PARTICIPLE: scelto
PASSATO REMOTO: scelsi, scegliesti, scelse; scegliemmo, sceglieste, scelsero

scendere to descend
PAST PARTICIPLE: sceso
PASSATO REMOTO: scesi, scendesti, scese; scendemmo, scendeste, scesero

scrivere to write **iscriversi** to enroll
PAST PARTICIPLE: scritto
PASSATO REMOTO: scrissi, scrivesti, scrisse; scrivemmo, scriveste, scrissero

sedere to sit
PRESENT INDICATIVE: siedo, siedi, siede; sediamo, sedete, siedono
PRESENT SUBJUNCTIVE: sieda, sieda, sieda (segga); sediamo, sediate, siedano (seggano)
IMPERATIVE: siedi, sieda (segga); sediamo, sedete, siedano (seggano)

succedere to happen
PAST PARTICIPLE: successo
PASSATO REMOTO: successi, succedesti, successe; succedemmo, succedeste, successero

tenere to hold **appartenere** to belong **ottenere** to obtain
PRESENT INDICATIVE: tengo, tieni, tiene; teniamo, tenete, tengono
PRESENT SUBJUNCTIVE: tenga, tenga, tenga; teniamo, teniate, tengano
IMPERATIVE: tieni, tenga; teniamo, tenete, tengano
PASSATO REMOTO: tenni, tenesti, tenne; tenemmo, teneste, tennero
FUTURE: terrò, terrai, terrà; terremo, terrete, terranno
CONDITIONAL: terrei, terresti, terrebbe; terremmo, terreste, terrebbero

uccịdere to kill
    PAST PARTICIPLE: ucciso
    PASSATO REMOTO: uccisi, uccidesti, uccise; uccidemmo, uccideste, uccịsero

vedere to see
    PAST PARTICIPLE: visto *or* veduto
    PASSATO REMOTO: vidi, vedesti, vide; vedemmo, vedeste, vịdero
    FUTURE: vedrò, vedrại, vedrà; vedremo, vedrete, vedranno
    CONDITIONAL: vedrẹi, vedresti, vedrebbe; vedremmo, vedreste, vedrẹbbero

vịncere to win
    PAST PARTICIPLE: vinto
    PASSATO REMOTO: vinsi, vincesti, vinse; vincemmo, vinceste, vịnsero

vịvere to live
    PAST PARTICIPLE: vissuto
    PASSATO REMOTO: vissi, vivesti, visse; vivemmo, viveste, vịssero
    FUTURE: vivrò, vivrại, vivrà; vivremo, vivrete, vivranno
    CONDITIONAL: vivrẹi, vivresti, vivrebbe; vivremmo, vivreste, vivrẹbbero

volere to want
    PRESENT INDICATIVE: voglio, vuọi, vuole; vogliamo, volete, vọgliono
    PRESENT SUBJUNCTIVE: voglia, voglia, voglia; vogliamo, vogliate, vọgliano
    IMPERATIVE: vogli, voglia; vogliamo, vogliate, vọgliano
    PASSATO REMOTO: volli, volesti, volle; volemmo, voleste, vọllero
    FUTURE: vorrò, vorrại, vorrà; vorremo, vorrete, vorranno
    CONDITIONAL: vorrẹi, vorresti, vorrebbe; vorremmo, vorreste, vorrẹbbero

Irregular Verbs of the Third Conjugation: *-ire* Verbs

aprire to open
    PAST PARTICIPLE: aperto

dire to say, tell
    PRESENT INDICATIVE: dico, dici, dice; diciamo, dite, dịcano
    PRESENT SUBJUNCTIVE: dica, dica, dica; diciamo, diciate, dịcano
    IMPERATIVE: di', dica; diciamo, dite, dịcano
    IMPERFECT: dicevo, dicevi, diceva; dicevamo, dicevate, dicẹvano
    IMPERFECT SUBJUNCTIVE: dicessi, dicessi, dicesse; dicẹssimo, diceste, dicẹssero
    PAST PARTICIPLE: detto
    PASSATO REMOTO: dissi, dicesti, disse; dicemmo, diceste, dịssero
    GERUND: dicendo

morire to die
    PRESENT INDICATIVE: muọio, muori, muore; moriamo, morite, muọiono
    PRESENT SUBJUNCTIVE: muọia, muọia, muọia; moriamo, moriate, muọiano
    IMPERATIVE: muori, muọia; moriamo, morite, muọiano
    PAST PARTICIPLE: morto

offrire to offer   **soffrire** to suffer
    PAST PARTICIPLE: offerto

salire to climb
    PRESENT INDICATIVE: salgo, sali, sale; saliamo, salite, salgono
    PRESENT SUBJUNCTIVE: salga, salga, salga; saliamo, saliate, salgano
    IMPERATIVE: sali, salga; saliamo, salite, salgano

scoprire to discover
    PAST PARTICIPLE: scoperto

uscire to go out   **riuscire** to succeed
    PRESENT INDICATIVE: esco, esci, esce; usciamo, uscite, escono
    PRESENT SUBJUNCTIVE: esca, esca, esca; usciamo, usciate, escano
    IMPERATIVE: esci, esca; usciamo, uscite, escano

venire to come   **avvenire** to happen
    PRESENT INDICATIVE: vengo, vieni, viene; veniamo, venite, vengono
    PRESENT SUBJUNCTIVE: venga, venga, venga; veniamo, veniate, vengano
    IMPERATIVE: vieni, venga; veniamo, venite, vengano
    PAST PARTICIPLE: venuto
    PASSATO REMOTO: venni, venisti, venne; venimmo, veniste, vennero
    FUTURE: verrò, verrai, verrà, verremo, verrete, verranno
    CONDITIONAL: verrei, verresti, verrebbe; verremmo, verreste, verrebbero

Verbs with Irregular Past Participles

accludere *to enclose*	accluso	morire *to die*	morto
aprire *to open*	aperto	muovere *to move*	mosso
assumere *to hire*	assunto	nascere *to be born*	nato
avvenire *to happen*	avvenuto	offendere *to offend*	offeso
bere *to drink*	bevuto	offrire *to offer*	offerto
chiedere *to ask*	chiesto	parere *to seem*	parso
chiudere *to close*	chiuso	perdere *to lose*	perso *or* perduto
convincere *to convince*	convinto	piangere *to weep, cry*	pianto
correre *to run*	corso	prendere *to take*	preso
cuocere *to cook*	cotto	produrre *to produce*	prodotto
decidere *to decide*	deciso	promettere *to promise*	promesso
dipendere *to depend*	dipeso	rendere *to return, give back*	reso
dipingere *to paint*	dipinto	richiedere *to require*	richiesto
dire *to say, tell*	detto	riconoscere *to recognize*	riconosciuto
discutere *to discuss*	discusso	ridere *to laugh*	riso
distinguere *to distinguish*	distinto	rimanere *to remain*	rimasto
dividere *to divide*	diviso	riprendere *to resume*	ripreso
esistere *to exist*	esistito	risolvere *to solve*	risolto
esprimere *to express*	espresso	rispondere *to answer*	risposto
essere *to be*	stato	rompere *to break*	rotto
fare *to do, make*	fatto	scegliere *to choose*	scelto
interrompere *to interrupt*	interrotto	scendere *to get off*	sceso
iscriversi *to enroll*	iscritto	scommettere *to bet*	scommesso
leggere *to read*	letto	scoprire *to discover*	scoperto
mettere *to put*	messo	scrivere *to write*	scritto

soffrire *to suffer* sofferto
sorprendere *to surprise* sorpreso
succedere *to happen* successo
uccidere *to kill* ucciso
vedere *to see* visto *or* veduto
venire *to come* venuto
vincere *to win* vinto
vivere *to live* vissuto

Verbs Conjugated with *essere* in Compound Tenses

andare *to go*
arrivare *to arrive*
avvenire *to happen*
bastare *to suffice, be enough*
bisognare *to be necessary*
cadere *to fall*
cambiare* *to change, become different*
campare *to live*
cominciare* *to begin*
costare *to cost*
crepare *to die*
dipendere *to depend*
dispiacere *to be sorry*
diventare *to become*
durare *to last*
entrare *to enter*
esistere *to exist*
essere *to be*
finire* *to finish*
fuggire *to run away*

ingrassare *to put on weight*
morire *to die*
nascere *to be born*
parere *to seem*
partire *to leave, depart*
passare† *to stop by*
piacere *to like, be pleasing*
restare *to stay*
rimanere *to remain*
ritornare *to return*
riuscire *to succeed*
salire‡ *to go up; to get in*
scappare *to run away*
scendere* *to get off*
sembrare *to seem*
stare *to stay*
succedere *to happen*
tornare *to return*
uscire *to leave, go out*
venire *to come*

In addition to the verbs listed above, all reflexive verbs are conjugated with **essere.**

---

*Conjugated with **avere** when used with a direct object.
†Conjugated with **avere** when the meaning is *to spend* (*time*), *to pass.*
‡Conjugated with **avere** when the meaning is *to climb.*

VOCABULARY

This vocabulary contains contextual meanings of most words used in this book. Active vocabulary is indicated by the number of the chapter in which the word first appears (the designation P refers to the **Capitolo preliminare**). Proper and geographical names are not included in this list. Exact cognates do not appear unless they have an irregular plural or irregular stress.

The gender of nouns is indicated by the form of the definite article, or by the abbreviation *m.* or *f.* if the article does not reveal gender. Adjectives are listed by their masculine form. Irregular stress is indicated by a dot under the stressed vowel. Idiomatic expressions are listed under the major word in the phrase, usually a noun or a verb. An asterisk (*) before a verb indicates that the verb requires **essere** in compound tenses. Verbs ending in **-si** always require **essere** in compound tenses and are therefore not marked. Verbs preceded by a dagger (†) usually take **essere** in compound tenses unless followed by a direct object, in which case they require **avere**. Verbs followed by (isc) are third conjugation verbs that insert **-isc-** in the present indicative and subjunctive and in the imperative. The following abbreviations have been used:

abbr.	abbreviation	*fig.*	figurative	*n.*	noun
adj.	adjective	*form.*	formal	*p.p.*	past participle
adv.	adverb	*ind.*	indicative	*pl.*	plural
art.	article	*inf.*	infinitive	*prep.*	preposition
coll.	colloquial	*inform.*	informal	*pron.*	pronoun
conj.	conjunction	*inv.*	invariable	*p.r.*	**passato remoto**
f.	feminine	*lit.*	literally	*s.*	singular
fam.	familiar	*m.*	masculine	*subj.*	subjunctive

ITALIAN–ENGLISH VOCABULARY

A

a, ad (*before vowels*) at, in, to (1); **a destra** to/on the right (1); **a sinistra** to/on the left (1)
abbandonare to abandon
abbastanza *inv.* enough (11); **abbastanza bene** pretty good (P); pretty well
l'abbigliamento clothing (11); **il negozio di abbigliamento** clothing store (11)
l'abbinamento combination (of)
abbinare (a) to go with; to match, pair
abbondante abundant; a lot of
abbracciare to embrace (7)
l'abbraccio (*pl.* **gli abbracci**) embrace
abbronzarsi to get tanned, tan
l'abilità ability
abitare to live, reside (3)
l'abitazione *f.* dwelling, house (12)
l'abito suit; outfit
abitualmente usually
abituarsi a (+ *n. or inf.*) to get used to (*something / doing something*) (17)
l'abitudine *f.* habit (20)
abolire to abolish
l'aborto abortion
abruzzese from Abruzzi
l'accademia academy
accanto (a) next (to)
accattivante captivating
accendere (*p.p.* **acceso**) to turn on
l'accesso access
accettare (**di** + *inf.*) to accept (*doing something*)
accidenti! darn!
accogliente welcoming
accogliere (*p.p.* **accolto**) to welcome
accomodarsi to come in; to make oneself at home
accompagnare to accompany
accontentarsi di to be satisfied with (7)
accoppiare to pair, match
l'accordo agreement; **d'accordo** agreed; *essere d'accordo** to agree, be in agreement
accorgersi (*p.p.* **accorto**) (**di**) to be aware (of)
accurato precise, accurate
accusare to accuse
l'aceto vinegar
l'acqua (minerale) (mineral) water (5)
acquatico (*m. pl.* **acquatici**) aquatic, water *adj.*
acquisito: il parente acquisito in-law
adagio slowly (7)
adatto suitable, appropriate (17)
addirittura even; absolutely
l'addome abdomen; stomach

addormentarsi to fall asleep (7)
addosso on top of, on the back of; **saltare addosso** (**a** + *person*) to jump on top (of)
adeguato adequate
l'adempimento fulfillment, completion
adesso now (12)
l'adolescente adolescent
adolescente *adj.* adolescent
l'adolescenza adolescence
adoperare to make use of
adorabile adorable
adorare to adore
adottare to adopt (18)
adottivo adoptive
adrenalinico (*m. pl.* **adrenalinici**) full of adrenalin
adriatico (*m. pl.* **adriatici**) *adj.* Adriatic
l'adulto adult
adulto *adj.* adult
l'aereo (*pl.* **gli aerei**) airplane (1)
aerobico (*m. pl.* **aerobici**) aerobic
l'aeroplano airplane (1); *andare in aeroplano** to fly, go by plane (3)
l'aeroporto airport (1)
l'affare *m.* business; **un brutto affare** an unpleasant matter; **fare un affare** to make a deal (11); **l'uomo / la donna d'affari** businessman/woman
affascinante fascinating
affatto: non affatto not at all
affermarsi to establish oneself (15)
affermativo affirmative
l'affermazione *f.* affirmation; statement
afferrare to grab
affettare to slice
l'affettato cold cuts
affettivo emotional
affinché so that, in order that (17)
affittare to rent (*a house or apartment*) (10)
l'affitto rent; **in affitto** to rent; for rent (12)
affollato crowded (5)
affrescare to fresco (15)
l'affresco (*pl.* **gli affreschi**) fresco (15)
affrontare to face; to confront
africano *adj.* African (2)
l'agenzia agency; **agenzia di viaggi** travel agency
l'aggettivo adjective (1)
aggiornato current, up-to-date
aggiungere (*p.p.* **aggiunto**) to add
aggressivo aggressive
agile agile
l'aglio garlic (6); **lo spicchio d'aglio** clove of garlic
agosto August (P)
l'aiutante helper
aiutare (**a** + *inf.*) to help (*do something*) (7)

l'aiuto help; aid; assistance; **avere bisogno di aiuto** to need help
l'ala (*pl.* **le ali**) wing
alberato tree-lined
l'albergatore *m.* innkeeper
alberghiera: la scuola alberghiera school of hotel management
l'albergo (*pl.* **gli alberghi**) hotel (1)
l'albero tree
l'alcolico (*pl.* **gli alcolici**) alcoholic drink
alcolico (*m. pl.* **alcolici**) *adj.* alcoholic
l'alcolismo alcoholism (18)
alcuni/alcune some; a few (12)
l'alfabeto alphabet
gli alimentari *m. pl.* foods (11); **il negozio di alimentari** grocery store (11)
l'alimentazione *f.* nutrition, diet (9)
allacciare to buckle; to fasten (13)
†allargare to widen
allarmante alarming
l'alleanza alliance
alleato allied
l'allegria happiness
allegro cheerful (2)
l'allenamento training
allenarsi to train (*in a sport*)
l'allenatore / l'allenatrice coach
l'allergia allergy
allergico (*m. pl.* **allergici**) allergic
allestire to prepare (14); **allestire uno spettacolo** to stage a production (14)
alleviare to alleviate
l'allievo / l'allieva student
l'alloggio lodging
allora then (1); and so
almeno at least
le Alpi the Alps
alternarsi to take turns
alternativo *adj.* alternative (13)
alto tall (2); high (2); **ad alta voce** out loud; **alta borghesia** upper middle class; **alta moda** high fashion; **dall'alto** from above; **dall'alto in basso** from top to bottom
altrettanto likewise; the same to you
altrimenti otherwise
altro other (2); anything else, something else; **un altro / un'altra** another; **altro che!** of course!; **altri tre anni** three more years
alzare to raise, lift
alzarsi to get up (7)
amare to love
l'amante *m., f.* lover
amazzonici (*m. pl.* **amazzonici**) of the Amazon
ambedue both
ambientale environmental

ambientare to be located
l'ambiente *m.* environment (13); **la protezione dell'ambiente** environmentalism (13)
l'ambito setting
ambulante walking; **il venditore (la venditrice) ambulante** street vendor
ambulanza ambulance
l'America latina Latin America
americano *adj.* American (2); **il football americano** football (9)
l'amicizia friendship (18)
l'amico / l'amica (*pl.* **gli amici / le amiche**) friend (1)
ammalarsi to become sick, ill
ammalato sick, ill (5)
ammettere (*p.p.* **ammesso**) to admit
l'amministrazione *f.* administration, management
ammirare to admire (15)
ammobiliato furnished
l'amore *m.* love
ampio (*m. pl.* **ampi**) ample
l'analisi *f.* (*pl.* **le analisi**) analysis
analizzare to analyse
anche also, too (2); even; **anche prima** even before; **anche se** even if
ancora still (7); even; **ancora una volta** once more (P); **non... ancora** not yet (12)
*****andare** to go (3); **andare** (**a** + *inf.*) to go (*to do something*) (3); **andare in aeroplano** to fly, go by plane (3); **andare in automobile** to drive, go by car (3); **andare in barca a vela** to go sailing (4); **andare in bicicletta** to ride a bicycle (3); **andare in campagna** to go to the country (10); **andare in campeggio** to go camping; **andare a casa** to go home; **andare a cavallo** to go horseback riding (9); **andare a dormire** to go to bed, retire; **andare all'estero** to go abroad (10); **andare in ferie** to go on vacation (10); **andare in macchina** to drive (3); to ride; **andare male** to go badly; **andare al mare** to go to the seashore (10); **andare in montagna** to go to the mountains (10); **andare a piedi** to walk, go by foot (3); **andare in piscina** to go swimming; **andare a prendere** to pick up (*a person*) (13); **andare in scena** to be performed; **andare di traverso** to go the wrong way; **andare in treno** to go by train; **andare a trovare** to visit (6); **andare alle urne** to vote; **andare in vacanza** to go on vacation (10); **andare via** to go away, leave (5); **andarsene** to go away
andata e ritorno *adj.* round-trip
l'angolo angle; (*street*) corner
l'anima persa condemned soul
l'animale *m.* animal
animare to animate

animatamente animatedly, excitedly
l'animazione *f.* animation
annaffiare to water
l'anno year (P); **altri tre anni** three more years; **avere... anni** to be . . . years old (1); **il Capo d'Anno** New Year's Day; **il passar degli anni** the passage of time
annoiarsi to be bored, get bored (7)
annunciare to announce
l'annuncio (*pl.* **gli annunci**) ad (17); announcement; **rispondere a un annuncio** to answer an ad (17)
anomalo anomalous, unusual
ansioso anxious (2)
l'antenato ancestor (20)
anteriore anterior; prior
antico (*m. pl.* **antichi**) ancient, antique; **all'antica** old-fashioned (19)
l'antipasto hors d'oeuvre (6)
antipatico (*m. pl.* **antipatici**) unpleasant, disagreeable (2)
l'antiquario (*pl.* **gli antiquari**) antique-dealer
l'antropologia anthropology (3)
anzi and even; but rather, on the contrary
anziano elderly
apatico (*m. pl.* **apatici**) apathetic
l'aperitivo aperitif, before-dinner drink (5)
aperto open (5); **all'aperto** outdoor (5); **all'aria aperta** outside
l'apertura opening; **l'orario di apertura** business hours
apparecchiare to set up; **apparecchiare la tavola** to set the table
l'apparenza appearance; **tenere alle apparenze** to care about appearances
apparso appeared
l'appartamento apartment (1)
appartenere to belong
appassionante enrapturing, inspiring passionate feelings
appassionato (di) crazy (about)
appena as soon as; just, barely, hardly
gli Appennini the Appenines
l'appetito appetite; **buon appetito!** enjoy your meal!
applaudire to applaud (14)
l'applauso applause
applicare to apply (16); to enforce
apposta deliberately, on purpose
apprezzare to appreciate (15)
l'appuntamento appointment (4); date
gli appunti *m., pl.* notes; **prendere appunti** to take notes
aprile *m.* April (P)
aprire (*p.p* **aperto**) to open (4); **aprite i libri!** open your books! (P)
l'arachide *f.* peanut
l'aragosta lobster
l'arancia orange (*fruit*) (5)
l'aranciata orangeade, orange soda (1)
l'arbitro referee

l'archeologia archeology (15)
archeologico (*m. pl.* **archeologici**) archeological (15); **lo scavo archeologico** archeological dig (15)
l'archeologo / l'archeologa (*pl.* **gli archeologi / le archeologhe**) archeologist (15)
l'architetto architect (15)
l'architettura architecture (3)
l'Artico the Arctic
l'area zone, area (10); field
l'argomento subject, topic
l'aria air; aria (*opera*) (14); appearance; **all'aria aperta** outside; **aria condizionata** air-conditioning (10); **avere l'aria preoccupata** to look worried
l'armadio (*pl.* **gli armadi**) wardrobe, cupboard (12); **armadio a muro** built-in wardrobe (12)
l'arma *f.* weapon; **armi da fuoco** firearms
l'aroma *m.* (*pl.* **gli aromi**) aroma
arrabbiarsi to get angry, be angry (7)
arrabbiato angry (7)
arrangiarsi to manage, get by
l'arredamento furnishings, furniture (12)
arredato furnished
arricchirsi to get rich; **arricchirsi sulla pelle di** to get rich at the expense of
*****arrivare** to arrive (3); **ben arrivato!** welcome!
arrivederci/arrivederLa good-bye (*inform./form.*) (P)
l'arrivo arrival
arrostire (isc) to roast
l'arrosto roast (6)
l'arte *f.* art (3); **arte drammatica** dramatic art (3); **l'istituto dell'arte** art school; **l'opera d'arte** artwork (15); **la storia dell'arte** art history (3)
articolato articulated; **la preposizione articolata** preposition combined with article
l'articolo (determinativo/indeterminativo) (definite/indefinite) article
artigianale *adj.* craft
l'artigianato crafts
l'artigiano craftsman
l'artista *m., f.* (*m. pl.* **gli artisti**) artist (15)
artistico (*m. pl.* **artistici**) artistic
l'ascensore *m.* elevator (12)
l'ascesa ascent
ascoltare to listen to (4); **di facile ascolto** *adj.* easy listening (*music*)
l'asilo (d'infanzia) day-care center
aspettare to wait (for)
aspettarsi to expect
l'aspettativa maternity/paternity leave (16)
l'aspirapolvere *m.* vacuum cleaner; **passare l'aspirapolvere** to vacuum
l'aspirina aspirin

assaltare to assault
assassinato assassinated
l'assegno check (10)
assentarsi to be absent
assetato thirsty
assicurare to ensure (18); to insure
l'assistente assistant
l'assistenza assistance; **assistenza medica** health insurance (17); **assistenza sanitaria nazionale** national health care (17)
associare to associate
l'associazione f. association
assolutamente absolutely
assoluto adj. absolute
assumere (p.p. **assunto**) to hire (17)
l'assunzione f. hire; **l'Assunzione** Feast of the Assumption (*August 15*)
assurdo absurd
l'astrologia astrology
l'astronauta m., f. (m. pl.) **gli astronauti** astronaut
l'astronomia astronomy (3)
atipico (m. pl. **atipici**) atypical
l'atleta (m., f.) (m. pl. **gli atleti**) athlete
l'atletica leggera track and field (9)
l'atmosfera atmosphere
attaccare to attack
l'atteggiamento attitude (20)
attentamente attentively
l'attentato attack
attento careful; attentive; *stare attento to pay attention (3); to be careful
l'attenzione f. attention (P); **attenzione!** pay attention!; **fare attenzione** to pay attention
l'attesa: in attesa waiting for, awaiting, expecting
atteso expected; awaited
l'attico (pl. **attici**) penthouse (12)
l'attimo moment
attirare to attract (14)
l'attività f. activity
attivo active
l'atto act; record, document
l'attore / l'attrice actor/actress (19)
attraversare to cross
attraverso across; **attraverso i secoli** through the centuries
attribuire (isc) to attribute
attristare to sadden
attuale present, current
l'attualità current event (19)
l'augurio (pl. **gli auguri**) wish; **auguri!** best wishes! congratulations!
†aumentare to raise, increase (16)
l'aumento raise, increase (16)
l'autista m., f. (m. pl. **gli autisti**) driver
l'auto f. (pl. **le auto**) automobile, car (1); **auto soccorso** self-help
autobiografico (m. pl. **autobiografici**) autobiographical
l'autobus m. (pl. **gli autobus**) bus (1); **prendere l'autobus** to take the bus
autogestito self-administered

l'automobile, l'auto (pl. **le auto**) f. automobile, car (1); *andare in automobile to drive, go by car (3)
l'automobilista m., f. (m. pl. **gli automobilisti**) motorist, driver (13)
l'autore / l'autrice author (14)
autoritario (m. pl. **autoritari**) strict, authoritarian (18)
l'autostop m. hitchhiking; **fare l'autostop** to hitchhike (13)
l'autostrada highway (13)
autostradale adj. highway
l'autunno autumn (P)
avanti forward; in front; **avanti!** go on!; come in!; move forward!
avaro stingy (2)
avere to have (1); **avere... anni** to be . . . years old (1); **avere l'aria** to appear, seem (8); **avere bisogno di (aiuto)** to need (help) (1); **avere caldo** to feel hot, warm (1); **avere un colloquio** to have an interview (17); **avere a disposizione** to have at one's disposal, for one's use; **avere fame** to be hungry (1); **avere fortuna** to be lucky; **avere freddo** to feel cold (1); **avere fretta** to be in a hurry (1); **avere l'impressione** to have the impression; **avere intenzione** (di + inf.) to intend (to do something); **avere mal di testa** to have a headache; **avere paura (di)** to be afraid (1); **avere pazienza** to be patient; **avere la pelle dura** to be tough; **avere il piacere** (di + inf.) to be delighted (to do something) (9); **avere le prove** to rehearse; **avere ragione** to be right; **avere sete** to be thirsty (1); **avere sonno** to be sleepy (1); **avere successo** to be successful; **avere la testa dura** to be hard-headed; **avere torto** to be wrong; **avere voglia** (di + n. or inf.) to feel like (something / doing something) (1)
l'avorio ivory; **la Costa d'Avorio** Ivory Coast
l'avvenimento event
l'avventura adventure
avventuroso adventurous
l'avverbio (pl. **gli avverbi**) adverb
avversario (pl. **gli avversari**) adversary
avviarsi to head towards
avvicinarsi to approach, get near
avvisare to warn
l'avviso notice
l'avvocato / l'avvocatessa lawyer
l'azienda firm, company (17)
l'azione f. action
azzurro sky blue (2)

B

il/la baby-sitter baby sitter
il baccano ruckus; **fare baccano** to carry on loudly

baciare to kiss (7)
il bacio (pl. **i baci**) kiss; **il bacione** big kiss
i baffi mustache
bagnato wet
il bagnino / la bagnina lifeguard
il bagno bathroom (4); bath; bathtub; **il costume da bagno** bathing suit; **fare il bagno** to take a bath (7)
la baia bay
il balcone balcony (12); **il balconcino** small balcony
ballare to dance (3)
il ballerino / la ballerina ballet dancer; **primo ballerino / prima ballerina** principal dancer
il balletto ballet (14)
il ballo dance (4); dancing; **la festa da ballo** ball; **la lezione di ballo** dancing lesson (4); **la scuola di ballo** dancing school
il bambino / la bambina child, little boy/girl (2)
la banana banana
la banca bank (1)
la bancarella stand, stall (11)
il banchiere banker
il banco (pl. **i banchi**) counter (5)
bandire (isc) to announce
il bar (pl. **i bar**) bar (1); café, coffee shop
la barba beard; **farsi la barba** to shave (of men) (7)
Barbablù Bluebeard
il barbiere barber
la barca boat; *andare in barca a vela to go sailing (4); **barca a vela** sailboat
il/la barista (m. pl. **i baristi**) bartender
il baritono baritone (14)
il barocco Baroque
barocco (m. pl. **barocchi**) adj. baroque
la barzelletta joke
basarsi (su) to be based (on)
basato based
la base base
il baseball baseball (9)
la basilica basilica
il basilico basil
il basket, basketball basketball (9)
il basso bass (singer) (14)
basso low, short (in height) (2); **dall'alto in basso** from top to bottom
***bastare** to suffice, be enough; **basta!** enough!; stop!; **basta con/di** enough of
la battaglia battle
battere to beat; **battere a macchina** to type
la batteria drums, percussion section (14)
battezzare to baptize; to name
battuto beaten; surpassed; typed
be', beh well, um
beato lucky, fortunate
beccarsi coll. to get, receive; to be sentenced to; to walk off with (some-

thing); **beccarsi una denuncia** to get charged with

la Befana Epiphany (*January 6*)

la bellezza beauty

bello beautiful, handsome (2); **ciao, bella!** bye, dear!; **fare bello** to be nice weather (3)

benché although (17)

bene well, fine (P); **abbastanza bene** pretty good (P); pretty well; **benissimo!** very well! (P); very good!; **ben arrivato!** welcome!; nice to see you! **ben tornato!** welcome back! (14); **fare bene a** to be good for; **molto bene!** very good!; well done!; **stare bene** to be well, fine (3); **va bene** OK, fine (P); **va bene?** is that OK? (1)

il benvenuto welcome, greeting

benvenuto (a) welcome (to)

la benzina gasoline (13); **benzina normale/super/verde** regular/super/unleaded gasoline (13); **il distributore di benzina** gas pump / gas station (13); **fare benzina** to get gas (13); **rimanere senza benzina** to run out of gas (13)

bere (*p.p.* **bevuto**) to drink (4)

il berretto cap

bestiale beastly, awful

la bevanda beverage (5)

bianco (*m. pl.* **bianchi**) white (2); **passare la notte in bianco** to pull an all-nighter (10)

la Bibbia Bible

il biberon baby-bottle

la bibita soft drink, soda (5); beverage

la biblioteca library (3); **in biblioteca** at/in/to the library

il bibliotecario / la bibliotecaria (*m. pl.* **i bibliotecari**) librarian

il bicchiere (drinking) glass (1)

la bicicletta, la bici (*pl.* **le bici**) bicycle (1); **andare in bicicletta** to ride a bicycle (3)

la biglietteria ticket office

il biglietto (theater, train) ticket (13); **biglietto di andata e ritorno** round-trip ticket; **biglietto da visita** business card; **biglietto omaggio** complimentary ticket

la bigotteria bigotry

il bigotto / la bigotta bigot

bilaterale bilateral

bilingue bilingual

il bimbo / la bimba baby

il binario (*pl.* **i binari**) (train) track

la biologia biology (3)

biondo blond (2)

la birra beer (1)

bisognare to be necessary; **bisogna** it is necessary

il bisogno need; **avere bisogno di (aiuto)** to need, have need of (help) (1)

la bistecca steak (6)

bloccare to block

blu *inv.* blue

il blues blues (*music*)

la bocca mouth

bò well; I don't know

il bollettino bulletin, news

bollire to boil

il bollito boiled (poached) meat

la bomba bomb

bombardare to bombard

la bontà goodness, kindness

la borgata small town; suburb

borghese middle-class

borghesia middle class; **alta borghesia** upper middle class

la borsa purse; **borsa di studio** scholarship

il bosco (*pl.* **i boschi**) woods (8)

la bottega shop, store

la bottiglia bottle

la boutique (*pl.* **le boutique**) boutique, shop (11)

la brace embers, coals; **cascare dalla padella nella brace** to jump out of the frying pan into the fire

il brano extract, selection, excerpt

bravo good, able (2); **bravo in** good at (9)

breve short (*in duration*), brief

brindare (a) to toast, drink a toast (to)

il brindisi toast

la brioche (*pl.* **le brioche**) brioche, sweet roll

i broccoli broccoli

il brodo broth; **in brodo** in broth (6)

bruciapelo: a bruciapelo point-blank

bruno dark-haired, dark-complexioned (2)

brutto ugly (2); bad; **un brutto affare** an unpleasant matter; **un brutto voto** a bad grade; **fare brutto** to be bad weather (3)

il bucato laundry

il buco hole

buffo funny, comical (2); **l'opera buffa** comic opera

la bugia fib, lie (18); **dire una bugia** to lie, tell a lie

il buio darkness

il buongustaio / la buongustaia (*m. pl.* **i buongustai**) gourmet

buono good (1); **buon appetito!** enjoy your meal!; **buon compleanno!** happy birthday!; **buon divertimento!** have fun!; **buona fortuna!** good luck!; **buona giornata!** have a nice day!; **buon giorno (buongiorno)!** hello!, good morning! (P); good day!; **buon lavoro!** enjoy your work!; **buon Natale!** Merry Christmas!; **buona notte!** good night! (P); **buona Pasqua!** Happy Easter! (1); **buona sera!** good afternoon!, good evening! (P); **buon viaggio!** bon voyage!; **di buon umore** in a good mood (8);

buonissimo very good, excellent

la burocrazia bureaucracy

il burro butter (11)

bussare to knock

il/la buttafuori (*pl.* **i/le buttafuori**) bouncer

buttare to throw; to toss away; **buttar(e) giù** to toss down, gulp down; **buttare via** to throw away

C

la cabina cabin; booth

la caccia hunt; **a caccia di** in search of; **a caccia di lavoro** looking for work

il cachemire cashmere

cadere to fall

la caduta fall

il caffè coffee (1); café, coffee shop

il calamaro squid

la calamità calamity, misfortune, disaster

la calce plaster

il calcio soccer, football (9)

calcolare to calculate

il caldo heat; **avere caldo** to feel hot, warm (1); **fare caldo** to be hot (*weather*) (3)

caldo hot, warm

la calma calm

calmare to calm

calmo *adj.* calm

la calza sock (11)

il cambiamento change

†**cambiare** to change, become different; to exchange; **cambiare casa** to move (12); **cambiare idea** to change one's mind

il cambio: l'ufficio cambio (currency) exchange

la camera room (4); **Camera dei Deputati** Chamber of Deputies (*lower house of parliament*) (16); **camera da letto** bedroom (12); **camera per gli ospiti** guest room (12); **camera singola/doppia/matrimoniale** single room / room with twin beds / room with a double bed (10); **il compagno / la compagna di camera** roommate

il cameriere / la cameriera server (1)

il camerino dressing room

la camicetta blouse (11)

la camicia shirt (11)

il caminetto fireplace

il camino chimney

il cammello camel

camminare to walk (9)

la campagna country, countryside (5); campaign; **andare in campagna** to go to the country (10); **campagna elettorale** election campaign; **campagna pubblicitaria** ad campaign

la campana bell

il campanello doorbell

il campeggio (*pl.* **i campeggi**) camping;

campsite; *andare in campeggio to go camping
il campionato championship
il/la campione champion
il campo field; campo da tennis tennis court
camuffato disguised
il/la canadese Canadian person
canadese adj. Canadian (2)
il canale channel
il cancro cancer
il candidato / la candidata candidate
il cane dog (1)
il canguro kangaroo
il canile kennel, doghouse
canone: l'equo canone rent control
il canottaggio canoeing, rowing (9)
il/la cantante singer (14)
cantare to sing (3)
il cantautore / la cantautrice singer-songwriter (14)
la cantina cellar (12)
il cantone canton (Swiss geographical unit)
la canzone song (14)
il canzoniere collection of songs or lyric poetry
caotico (m. pl. caotici) chaotic
capace capable
la capacità capability
il capello strand of hair; i capelli hair (2)
capire (isc) to understand (4)
capisco / non capisco I understand / I don't understand (P)
la capitale capital
il capitano captain
*capitare to happen
capite? do you (pl.) understand? (P)
il capitolo chapter
il capo head; boss; Capo d'Anno New Year's Day
il capolavoro masterpiece (15)
la cappella chapel
il cappello hat (11)
il cappotto coat (11)
Cappuccetto Rosso Little Red Riding Hood
il cappuccino cappuccino (espresso coffee and steamed milk) (5)
il capriccio (pl. i capricci) caprice; whim
il carabiniere traffic cop; police officer
la caratteristica characteristic, quality
caratterizzare to characterize
carbonara: alla carbonara with a sauce of eggs, cream, and bacon
il carbone coal
carcerario: la polizia carceraria prison guards
il carcere (pl. le carceri) prison, jail
il carciofo artichoke
cardinale cardinal; i numeri cardinali cardinal (counting) numbers
carino pretty, cute (2); nice

la carità charity; per carità! no way!; God forbid!
la carne meat (6)
caro expensive, dear (2); carissimo dearest, darling
la carota carrot (5)
il carrello serving cart
la carriera career
la carrozza carriage; rail coach, car
la carta paper; playing card; map; carta di credito credit card (10); carta d'identità ID card (2); giocare a carte to play cards
il cartello sign; cartello stradale traffic sign
la cartolina postcard (10); greeting card
la casa house, home (3); a casa at home (3); a casa (di) at the house (of) (3); *andare a casa to go home; cambiare casa to move (12); casa editrice publishing company; casa di moda fashion house (11); in casa at home; home; il padrone / la padrona di casa landlord/landlady (12); *stare a casa / in casa to be home; *uscire di casa to leave the house
il casalingo / la casalinga homemaker
*cascare to fall (archaic); cascare dalla padella nella brace to jump out of the frying pan into the fire
la casella box
la casetta single-family house (12)
il caso chance; caso giuridico legal case; fare caso make a big deal; per caso by chance
caspita! good heavens! (1); you don't say!
la cassa cash register
la cassetta tape cassette
la cassettiera chest of drawers (12)
il cassiere / la cassiera cashier
castano brown (hair, eyes, complexion) (2)
il catalogo (pl. i cataloghi) catalogue (4)
la catastrofe catastrophe
la categoria category
la catena chain (17)
la cattedrale cathedral
cattivello naughty
cattivo bad (2); di cattivo umore in a bad mood (8)
cattolico (m. pl. cattolici) Catholic
la causa cause; a causa di because of
il cavallo horse; a cavallo on horseback; *andare a cavallo (9); la coda di cavallo pony-tail
il cavo cable
il Cd (pl. i Cd) compact disc (4)
c'è there is (1)
celebre famous
celibe single, unmarried (man) (8)
la cena supper, dinner (5); cenetta light supper
il Cenacolo depiction of the Last Supper
cenare to have supper
Cenerentola Cinderella

la censura censorship
il centesimo cent
cento one hundred (P); per cento percent
centrale central
il centro center (5); in centro downtown (5); al centro in the center (12)
la ceramica s. ceramics (4)
cercare to look (for), seek (6); cercare di (+ inf.) to try to (do something) (14); cercare lavoro to look for a job (17); in cerca di searching for; cercasi wanted (in want ads)
il cereale cereal; grain
certo sure; certain; certo! of course!; certo che of course
il cervello brain
la cessione transfer
lo champagne (pl. gli champagne) champagne
che who, whom, which, that; che... ! what/what a . . . !; che... ? what . . . ? (4); what kind of . . . ?; a che ora? (at) what time? (5); altro che! of course!; che cosa? what? (3); che giorno è? what day is it? (P); che ora è?, che ore sono? what time is it? (3); che tempo fa? what's the weather like? (3)
ché (perché) because, since
chi he who, she who, the one who; chi? who? (3); whom?; di chi? whose?
la chiacchiera chat; fare quattro chiacchiere to have a chat (10)
chiacchierare to chat
chiamare to call (someone) (7); chiamarsi to be named, called (7)
chiaramente clearly
chiaro clear
la chiave key (4); chiavi della macchina car keys (13)
chiedere (p.p. chiesto) to ask (for) (5); chiedere un passaggio to ask for a lift (13)
la chiesa church (1)
il chilo kilogram (11)
il chilometro kilometer
la chimica chemistry (3)
chissà who knows
la chitarra guitar (3)
chiudere (p.p. chiuso) to close
chiudete i libri! close your books! (P)
chiunque whoever, whomever (17); anyone, anybody
chiuso closed (16)
ci adv. there; c'è there is (1); ci sono there are (2)
la ciambella doughnut
ciao hi, hello (P); bye (fam.); ciao, bella! bye, dear!
ciascuno each, each one
il cibo food
il cicerone tour guide
il ciclismo cycling (9)

il/la ciclista (*m. pl.* **i ciclisti**) bicyclist

il cielo sky; heaven; **santo cielo!** good heavens! (9)

il cinema (*pl.* **i cinema**) cinema, movie theater (1); cinema, films (3)

cinematografico *adj.* (*m. pl.* **cinematografici**) film, movie

il/la cinese Chinese person; **il cinese** Chinese language

cinese *adj.* Chinese (2)

il cinismo cynicism

la cintura belt (11); **cintura di sicurezza** seat belt (13)

ciò this, that; **ciò che** what, that which (14); **tutto ciò** all that

la cioccolata chocolate; chocolate bar; **alla cioccolata** chocolate-flavored; **cioccolata (calda)** (hot) chocolate (1)

il cioccolato chocolate (*flavor*)

cioè that is

la cipolla onion

circa about, approximately

citare to quote

la citazione quotation, excerpt

la città (*pl.* **le città**) city (1); **città d'origine** hometown

la cittadinanza citizenship

il cittadino / la cittadina citizen

cittadino *adj.* city

il ciuffo lock of hair

civile civil; **lo stato civile** marital status (2)

la civiltà (*pl.* **le civiltà**) civilization

il clarinetto clarinet (14)

la classe class; classroom

classico (*m. pl.* **classici**) classic, classical

la classifica classification, listing; ratings

il/la cliente client, customer (11)

il clima (*pl.* **i climi**) climate

clinico (*m. pl.* **clinici**) clinical

il cloro chlorine

il cocchiere coachman

il coccodrillo crocodile

la coda tail; **coda di cavallo** pony-tail; **mettersi in coda** to get in line

il cognato / la cognata brother- / sister-in-law (8)

il cognome last name (1)

coinvolgere (*p.p.* **coinvolto**) to involve

la colazione breakfast; lunch (5); **fare colazione** to have breakfast, lunch (5); **la prima colazione** breakfast

collaborare to collaborate

il/la collega (*pl.* **i colleghi / le colleghe**) colleague (17)

collegare to link

la collezione collection

il collo neck

il colloquio (*pl.* **i colloqui**) interview (17); **avere/fissare un colloquio** to have / set up an interview (17)

la colonia colony; summer camp

la colonna column; **la colonna sonora** sound track (19)

il colore color

coloro those (*people*); **coloro che** those who

la colpa fault, blame; **in colpa** *adv.* to blame; **sentirsi in colpa** to feel guilty

colpevole guilty

la colpevolezza guilt

colpo: fare colpo (su) to make an impression (on), make a hit (17); **un colpo di fortuna** a stroke of luck; **colpo di scena** coup de théâtre

il coltello knife

coltivare to cultivate, farm

la coltura cultivation

combattere to fight

la combinazione combination; coincidence; **per combinazione** by coincidence, as it happens/happened

come how (2); like; as; **come?** what? (P); how's that? **come mai?** how come?; **come se** as if (18); **come si dice/pronuncia/scrive?** how do you say/pronounce/write? (P); **come stai/sta?** how are you? (*fam./form.*) (P); **come va?** how's it going? (1); **come'è... ? / come sono... ?** what is/are . . . like? (2); **così... come** as . . . as

comico (*m. pl.* **comici**) comic; comical

†**cominciare** to begin, start (3); **cominciare (a +** *inf.***)** to start (*to do something*) (9)

la commedia comedy; play (14)

il commediografo / la commediografa playwright

commentare (su) comment on

il commento comment

commerciale *adj.* commercial

il/la commerciante businessperson; merchant; wholesaler

il commercio business (3), trade

il commesso / la commessa shop assistant, clerk (11)

commovente moving, touching

la comodità (*pl.* **le comodità**) convenience (10)

comodo convenient; comfortable

la compagnia company; **in compagnia** with friends

il compagno / la compagna companion, mate (2); **compagno/compagna di camera/stanza** roommate (2)

compere: fare compere to go shopping (11)

competente competent

compilare to fill out

il compito assignment, homework (3)

il compleanno birthday (5); **buon compleanno!** happy birthday!

complementare complementary

il complesso complex

completamente completely

completare to complete

completo complete; full; *****essere al completo** to be full (*hotel*)

complicato complicated

il complimento compliment (10); **fare un complimento** to pay a compliment; **complimenti!** congratulations!, well done!

il componente component

il componimento composition

comporre (*p.p.* **composto**) compose

il comportamento behavior; **il comportamento sociale** social behavior (20)

comportarsi (da) to behave (like a)

il compositore / la compositrice composer (14)

composto (di) composed (of)

comprare to buy (3)

il compratore / la compratrice buyer

comprensibile understandable

la comprensione understanding

compreso included; including

computerizzato computerized

comunale municipal

il comune city, municipality

comune common

comunemente commonly; in common

comunicare to communicate

la comunicazione communication; **il ministro delle poste e delle comunicazioni** Postmaster General; **le scienze delle comunicazioni** communication studies (3)

il comunismo communism

il/la comunista (*m. pl.* **i comunisti**) communist (16)

comunista (*m. pl.* **comunisti**) *adj.* communist (16)

la comunità community; **Comunità economica europea (Cee)** European Economic Community (EEC)

comunque no matter how (17); however

con with (1)

concentrato concentrated

il concerto concert (4)

la concezione conception; **l'Immacolata Concezione** the Immaculate Conception

concludere (*p.p.* **concluso**) to conclude, finish

la conclusione conclusion

il concorso exam; contest; **partecipare a un concorso** to take a civil service exam (17)

il condimento seasoning; flavoring

condividere (*p.p.* **condiviso**) to share (*a residence, ideas*) (12)

il condizionale conditional (*verb mood*)

condizionato: l'aria condizionata air-conditioning (10)

la condizione condition; **a condizione che** on the condition that (17)

condurre (*p.p.* **condotto**) to lead; to carry out; **condurre delle ricerche** to conduct research

la conferenza lecture; conference

confinare to border

il conflitto conflict
confrontare to confront; to compare
il confronto comparison (20)
la confusione confusion; **che confusione!** what a mess!
confuso confused
il congiuntivo subjunctive (*verb mood*)
la congiunzione conjunction
congratularsi con to congratulate
il congresso congress; meeting, conference
il coniglio (*pl.* **i conigli**) rabbit
coniugare to conjugate
la coniugazione conjugation
il connotato (facial) feature; description
la conoscenza knowledge; acquaintance; **fare la conoscenza di** to meet, make the acquaintance of (9)
conoscere (*p.p.* **conosciuto**) to know, be acquainted with (6); to meet (*in past tenses*)
conosciuto well-known, known
la conquista conquest
conquistare to conquer
la consapevolezza knowledge
consegnare to deliver
la conseguenza consequence; **di conseguenza** consequently, as a consequence
consentire (a) to agree, consent (to)
il conservatore / la conservatrice conservative
considerare to consider
la considerazione consideration
consigliare (di + *inf.*) to advise (*to do something*); to recommend
il consiglio (*pl.* **i consigli**) advice
consolare to console
la consonante consonant
il/la consulente consultant
consumare to consume
il consumismo consumerism (18)
il consumo consumption; waste
il contadino / la contadina farmer (14)
contanti: pagare in contanti to pay in cash (10)
contare to count; **contare su (di)** to count on
contattare to contact
il contatto contact; **mettersi in contatto** to contact
il conte count (*nobility*)
la contemporaneità contemporaneity; modernity
contemporaneo *adj.* contemporary
contenere to contain
contento glad, happy; satisfied; **contento (di +** *inf.*) happy to (*do something*)
il contesto context
il continente continent
continuare to continue; **continuare (a +** *inf.*) to continue (*doing something*) (8)
la continuazione continuation

continuo continuous; **di continuo** continual, continuously
il conto check, bill; (bank) account; **per conto mio/suo/loro** on my/his/their own; **rendersi** (*p.p.* **reso**) **conto (di/che)** to realize
il contorno side dish (6)
la contrapposizione opposition
contrariamente on the contrary; contrary
il contrario (*pl.* **i contrari**) opposite; **al contrario** on the contrary
contrario (a) against, opposed (to)
il contrassegno distinguishing feature
contrastare to contrast
il contrasto contrast, conflict
il contratto contract
contribuire (isc) to contribute
il contributo contribution
contro against; *****essere contro** to be against (18)
controllare to check (13); **controllare l'olio** to check the oil
il controllo check; control; tune-up (13)
il contrordine counter-order
*****convenire** (*p.p.* **convenuto**) to suit
convenzionale conventional (18)
la conversazione conversation
convincente convincing
convincere (a/di + *inf.*) (*p.p.* **convinto**) to convince
*****convivere** (*p.p.* **convissuto**) to live together (18)
coordinativo co-ordinating
coppia couple, pair; **in coppia** as a pair
coprire to cover
coraggio courage; **coraggio!** cheer up!; take heart!
il coreano / la coreana Korean person (2); **il coreano** Korean language
coreano *adj.* Korean (2)
il cornetto croissant
il corno (*pl.* **le corna**) horn; **parli del diavolo e spuntano le corna** speak of the devil . . .
il coro chorus, choir
il corpo body
correggere (*p.p.* **corretto**) to correct
†correre (*p.p.* **corso**) to run (4)
corretto correct
corrompere (*p.p.* **corrotto**) to corrupt; to bribe
corrotto corrupt
la corruzione corruption
la corsa running, race (9)
il corso course (*of study*) (3); **seguire un corso** to take a class (4)
la corte court
il cortile courtyard
corto short (*in length, duration*) (2)
la cosa thing; **cosa?, che cosa?** what? (3); **che cos'è?** what is (it)?; **cosa c'è di male (in +** *n.* or *inf.*) what's wrong (with *something* or *doing*

something); **cosa vuol dire... ?** what does . . . mean? (P); **come vanno le cose?** how are things going?; **qualche cosa** something (12); **qualunque cosa** whatever (17)
cosciente aware
coscienza awareness, consciousness
così thus, so; **così come** just like; **così... come?** how as . . . as; **così così** so-so (P); **così è Napoli** that's what Naples is like; **così tanto** so much; **e così via** and so forth, **per così dire** so to speak; **si dice così** that's what they say; **va bene così** that's enough
la cospirazione conspiracy
la costa the coast; **Costa d'Avorio** Ivory Coast; **costa di sedano** stalk of celery
*****costare** to cost (11)
costiere coastal
costituire (isc) to form
la costituzione Constitution (16)
il costo cost; **costo della vita** cost of living (17)
costoso costly, expensive
costruire (isc) to build, construct (15)
la costruzione construction
il costume da bagno bathing suit
la cotoletta cutlet
il cotone cotton
cotto cooked; **ben cotto** well-done
la cottura cooking
la cozza mussel
la cravatta necktie (11)
creare to create
la creazione creation
credere (a) to believe (in) (11)
il credito credit; **la carta di credito** credit card (10)
la crema cream; cream sauce
*****crescere** (*p.p.* **cresciuto**) to grow
il crimine crime; **la pagina del crimine** crime news
cristiano Christian; **la Democrazia Cristiana** Christian Democratic Party
la critica criticism
criticare to criticize
il critico (*pl.* **i critici**) critic
la crocetta check-mark
la crociera cruise; **fare una crociera** to go on a cruise (10)
la cronaca report; local news; **cronaca nera** crime news (19)
il/la cronista (*m. pl.* **i cronisti**) reporter
la crostata pie (6)
il crostino canapé (6)
crudo raw, uncooked
il cubano / la cubana Cuban person
la cucina kitchen (5); cooking, cuisine (6); **in cucina** in/to the kitchen; **libro di cucina** cookbook (6)
cucinare to cook, prepare food (4)
il cugino / la cugina cousin (1)
cui whom, that, which (*after preps.*); *art.* + **cui** whose

culinario (*m. pl.* **culinari**) culinary
culminare to culminate
la cultura culture
culturale cultural
cuocere (*p.p.* **cotto**) to cook
il cuoco / la cuoca cook, chef
il cuore heart
il curato curate, parish priest
curiosare to snoop
la curiosità curiosity; interesting fact
curioso curious
il/la custode guard, custodian

D

da by (4); from; at; **da molto tempo**
(for) a long time (4); **da quando**
since; **da quanto tempo** (for) how
long (4); **da solo/a** alone (6); by oneself
il/la danese Danish person (2)
il dannato / la dannata damned soul
dannoso harmful
la danza dance (14)
dappertutto everywhere (12)
dare to give (3); **dare un esame** to take
a test (3); **dare fastidio (a)** to bother,
annoy; **dare una mano** to lend a
hand; **dare un passaggio** to give a
lift (13); **dare del tu/Lei (a)** to address (*someone*) in the **tu/Lei** form (9);
può darsi maybe, it's possible (16)
la data date (*calendar*) (4); **data di nascita**
date of birth
dato che since
davanti a in front of
davvero really
la Dc (**Democrazia Cristiana**) Christian
Democratic Party (16)
il debito debt
debole weak
decidere (*p.p.* **deciso**) (**di** + *inf.*) to decide (*to do something*)
decimo tenth
la decina: decine tens
decisamente decidedly, definitely
la decisione decision; **prendere una
decisione** to make a decision (18)
deciso determined
dedicare to dedicate
dedicato devoted, dedicated
definire (isc) to define; to determine
la definizione definition
degustare to taste
la degustazione tasting
delizioso delicious; delightful
deludere (*p.p.* **deluso**) to disappoint
la delusione disappointment
deluso disappointed (2)
democratico (*m. pl.* **democratici**) democratic
la democrazia democracy; **la
Democrazia Cristiana** Christian Democratic Party
la demogogia demagogy
il denaro money

il dente tooth; **al dente** slightly chewy
(*of pasta*); **lavarsi i denti** to brush
one's teeth
il/la dentista (*m. pl.* **i dentisti**) dentist
dentro inside
la denuncia charge, indictment; **beccarsi una denuncia** *coll.* to get
charged with
denunciare to charge, indict
la depressione depression
depresso depressed (2)
deprimere (*p.p.* **depresso**) to depress
depurare to purify (13)
il deputato / la deputata representative, member of lower house of Parliament (16); **la Camera dei Deputati**
Chamber of Deputies (*lower house of
Parliament*) (16)
descritto described
descrivere (*p.p.* **descritto**) to describe
la descrizione description
desiderare to desire
il desiderio (*pl.* **i desideri**) desire, wish
desideroso desirous, eager
la destinazione destination
destra right (*direction*) (1); **a destra**
to/on the right (1)
detenere to withhold
il deterioramento deterioration
il fattore determinante determining
factor
determinare to determine
determinativo: l'articolo determinativo
definite article
determinato determined
detestare to detest, despise
il detrito rubble, debris
dettagliato detailed
il dettaglio (*pl.* **i dettagli**) detail
devastare to devastate
deviato deviated, diverted
di of (1); about; from; than (*in comparisons*); **di chi?** whose?; **di dove sei?**
where are you from? (2); **di fretta**
in a hurry; **di lusso** *adj.* luxurious,
luxury (10); **di meno** less; **di moda**
in fashion; **di nuovo** again (14); **di più**
more; **di solito** usually (4); **di Susanna** Susanna's; **dopo di** (+ *pron.*)
after; **invece di** instead of (10); **pensare di** to think about (*have an opinion; plan to do something*); **un po' (di)**
a little bit (of) (11); **prima di** before;
soffrire di to suffer from
il dialogo (*pl.* **i dialoghi**) dialogue
diametralmente diametrically
il diavolo devil; **parli del diavolo e
spuntano le corna** speak of the
devil . . .
il dibattito debate
dicembre *m.* December (P)
la dieta diet; *essere a dieta to be on a
diet (5); *stare a dieta to be on a diet
il dietologo / la dietologa (*pl.* **i
dietologi / le dietologhe**) dietician

dietro (a) behind
difendere (*p.p.* **difeso**) to defend
la difesa defense
la differenza difference
difficile difficult (2)
la difficoltà (*pl.* **le difficoltà**) difficulty
diffidente (di) distrustful, suspicious
(of)
diffuso widespread
la dignità dignity
la digressione digression
dilazionare to widen
dilettante *adj.* amateur (14)
*dimagrire (isc) to lose weight
dimenticare (**di** + *inf.*) to forget (*to do
something*) (3)
dimenticarsi di to forget (*to do something*) (7)
†diminuire (isc) to reduce (16)
la diminuzione reduction, decrease (16)
dimostrare to demonstrate
dimostrativo demonstrative
la dinamica *s.* dynamics
dinamico (*m. pl.* **dinamici**) dynamic
il dio / la dea (*m. pl.* **gli dei**) god
il dipartimento department
dipendere (*p.p.* **dipeso**) to depend;
dipende it depends (10)
dipingere (*p.p.* **dipinto**) to paint (4)
il dipinto painting (*individual work*) (15)
il diploma (*pl.* **i diplomi**) high-school
diploma (3); **diploma magistrale**
teaching certificate; **diploma di
maturità** high-school graduation
certificate; **diploma universitario**
junior-college diploma
diplomarsi to graduate (*from high
school*) (7)
dire (*p.p.* **detto**) to say, tell (4); **come
si dice... ?** how do you say . . . ? (P);
cosa vuol dire... ? what does . . .
mean? (P); **dire una bugia** to lie, tell
a lie; **a dire la verità** to tell the truth;
per così dire so to speak; **sentire
dire (di)** to hear (about); **si dice così**
that's what they say
diretto direct; directed
il direttore / la direttrice director
il/la dirigente executive (17); manager;
fare il/la dirigente to be an executive
la dirigenza leadership
dirigere (*p.p.* **diretto**) to manage, direct
il diritto straight ahead (1); right; law
dirottare to detour, re-route
disabitato uninhabited
il disastro disaster
il discepolo student; disciple
il disco (*pl.* **i dischi**) phonograph record,
disc (4); **disco volante** flying saucer
il discorso speech; discourse; **che discorso fai?** what are you talking
about?
la discoteca discothèque
la discriminazione discrimination

la **discussione** discussion (16)
discutere (*p.p.* **discusso**) (**di**) to discuss
disegnare to draw (4)
il **disegno** drawing
il **disertore** deserter
disfare to unpack; **disfare le valige** to unpack (one's bags)
disoccupato unemployed (16)
la **disoccupazione** unemployment (16)
disordinato untidy, messy, disorganized
disorientato bewildered
disperato desperate
la **disperazione** desperation; despair
*__dispiacere__ (*p.p.* **dispiaciuto**) to be sorry (*with indirect objects*) (6); **mi dispiace** I'm sorry
disponibile available
la **disponibilità** availability
la **disposizione** disposition, arrangement; **avere a disposizione** to have at one's disposal, for one's use
disposto (**a** + *inf.*) willing (*to do something*)
dissacrante iconoclastic, shocking
la **dissidenza** dissidence; disagreement
la **distanza** distance
distinguere (*p.p.* **distinto**) to distinguish, differentiate
la **distinzione** distinction, difference
distratto distracted; absent-minded
la **distrazione** distraction
distribuire (**isc**) to distribute
il **distributore di benzina** gas pump / gas station (13)
distruggere (*p.p.* **distrutto**) to destroy
distrutto (*coll.*) exhausted
la **distruzione** destruction
disturbare to disturb, trouble, bother
il **dito** (*pl.* **le dita**) finger (9); toe
la **ditta** firm, company (17)
la **dittatura** dictatorship
la **diva** star (*opera*)
il **divano** sofa, couch
*__diventare__ to become
la **diversità** diversity; difference
diverso (**da**) different (from); **diversi/diverse** several, various
divertente fun, amusing, entertaining (2)
divertimento enjoyment, fun; **buon divertimento!** have fun!
divertirsi to have fun (7); **divertirsi un mondo** to have a great time
dividere (*p.p.* **diviso**) to divide, share (12)
divieto prohibition; **divieto di sosta** no-parking zone (13)
divino divine
divorziare to divorce (8)
divorziato divorced (8)
il **divorzio** divorce
la **doccia** shower; **fare la doccia** to take a shower (7)
il/la **docente** docent; instructor

il **documentario** (*pl.* **i documentari**) documentary
il **documento** document, record
il **dolce** dessert (3)
dolce *adj.* sweet; **la dolce vita** easy living
il **dollaro** dollar (1)
il **dolore** sorrow, pain
la **domanda** question (3); **domanda di lavoro** job application; **fare una domanda** to ask a question (3); **fare domanda** to apply, make an application (17)
domandare to ask (4)
domani tomorrow (P); **a domani!** see you tomorrow!
la **domenica** Sunday (P)
domestico *adj.* (*m. pl.* **domestici**) domestic; **le faccende domestiche** household chores
dominato dominated
il **dominio** (*pl.* **i domini**) domination, rule
donare to donate, bestow, give as a gift
la **donna** woman (2); **donna d'affari** businesswoman
il **donnaiolo** womanizer
dopo *prep.* after (5); *adv.* afterwards; **dopo che** *conj.* after (10)
il **dopoguerra** the post-war (*World War II*) period
dopotutto after all
doppiare to dub (19)
doppio (*m. pl.* **doppi**) double (10); **a doppio petto** double-breasted; **la camera doppia** room with twin beds; **giocare il doppio** to play doubles
dormire to sleep (4); *__andare a dormire__ to go to bed, retire; **chi dorme non piglia pesci** the early bird gets the worm; **dormire fino a tardi** to sleep late (5)
il **dottorato** doctorate
il **dottore** / la **dottoressa** (*abbr.* **dott./dott.ssa**) doctor (Dr.) (4); university graduate
dove where (1); **dov'è / dove sono?** where is / where are? (1); **di dove sei?** where are you from? (2)
dovere (+ *inf.*) to have to, must (*do something*) (4)
dovunque wherever (17)
il **dramma** (*pl.* **i drammi**) drama (14)
drastico (*m. pl.* **drastici**) drastic
la **droga** drug (18); drugs
il **drogato** / la **drogata** drug addict
il **dubbio** (*pl.* **i dubbi**) doubt
dubitare to doubt (16)
il **duca** (*pl.* **i duchi**) / la **duchessa** duke/duchess
il **duetto** duet
dunque therefore, then, thus
il **duomo** major church of a city
durante during
*__durare__ to last

la **durata** duration, length
duro tough; difficult; **avere la pelle dura** to be tough; **duro d'orecchio** hard of hearing; *__essere duro a morire__ to be long-lived; **l'osso duro** tough person

E

e, ed (*before vowels*) and (1)
è is (P); **c'è** there is (1)
ebbene well then; so; **ebbene?** so?; and?
*__eccellere__ (*p.p.* **eccelso**) (**in**) to excel (at)
eccessivo excessive
eccetera (*abbr.* **ecc.**) et cetera (etc.)
eccezionale exceptional
l'**eccezione** *f.* exception; **ad eccezione (di)** with the exception (of)
eccitato excited (2)
ecco here is, here are (P); there is, there are; here you are; look; **ecco subito!** right away!
l'**ecologia** ecology
ecologico (*m. pl.* **ecologici**) environmentally safe (13); ecological
l'**economia** economy (3); economics
economico (*m. pl.* **economici**) inexpensive (10); **la comunità economica europea (Cee)** European Economic Community (EEC)
l'**economista** (*m. pl.* **gli economisti**) economist
l'**edera** ivy
l'**edificio** (*pl.* **gli edifici**) building
l'**edilizia** construction
l'**editore** / l'**editrice** publisher (17); **la casa editrice** publishing company
l'**educazione** education; **educazione fisica** physical education (3)
l'**effetto** effect; **effetto serra** greenhouse effect (13); **in effetti** in fact (5)
efficace effective
efficiente efficient
l'**egiziano** / l'**egiziana** Egyptian person
egli he
l'**egoismo** egotism
l'**egoista** (*m. pl.* **egoisti**) egotist
ehi! hey!
l'**elefante** elephant
elegante elegant (2)
elegantemente elegantly
eleggere (*p.p,* **eletto**) to elect (16)
elementare elementary; **le elementari** elementary school (3)
l'**elemento** element
elencare to list
l'**elenco** (*pl.* **gli elenchi**) list
elettorale electoral; **la campagna elettorale** electoral campaign
elettrico (*m. pl.* **elettrici**) electric, electrical
elettronico (*m. pl.* **elettronici**) electronic
elettrotecnica electro-technics

l'elezione *f.* election (16)
eliminare to eliminate (18)
emancipato emancipated (20)
l'emarginato / l'emarginata excluded, neglected person
l'emarginazione *f.* neglect
l'emergenza emergency
emettere (*p.p.* emesso) to emit
l'emigrante emigrant
*emigrare to emigrate (20)
l'emissione *f.* emission
emotivamente emotionally
emotivo emotional
l'emozione *f.* emotion
energico (*m. pl.* energici) energetic
l'energia energy
enorme enormous
l'enoteca wine business; stock of wines
*entrare to enter (5); entrare in scena to go on stage
l'entrata entrance
entusiasmare to make (*someone*) enthusiastic, excite
l'entusiasmo enthusiasm
l'entusiasta (*m. pl.* gli entusiasti) enthusiastic (16)
l'Epifania Epiphany (*January 6*)
l'episodio (*pl.* episodi) episode
l'epoca epoch, era
eppure and; and yet
equilibrato balanced (9)
l'equilibrio balance
l'equitazione *f.* horseback riding (9); horsemanship
l'equivalente *m.* equivalent
l'equo canone rent control
l'erba grass
Ercole Hercules
l'eremita (*pl.* gli eremiti) hermit
l'eroe / l'eroina hero/heroine
eroico (*m. pl.* eroici) heroic
l'errore *m.* mistake, error (3)
esagerare to exaggerate
l'esagerazione *f.* exaggeration
l'esame *m.* examination, test (3); dare un esame to take a test (3); esame di maturità comprehensive high-school exam; l'esamino quiz
esatto exact; esatto! exactly!
l'esaurimento exhaustion; esaurimento nervoso nervous breakdown
esaurito exhausted
esausto exhausted
esclamare to exclaim
esclusivo exclusive
l'escluso left out, excluded (*person*)
l'escursione *f.* excursion; fare un'escursione to take a short trip (9)
l'esecuzione *f.* execution
eseguire (isc) to execute, do, carry out (15)
l'esempio (*pl.* gli esempi) example (P); ad/per esempio for example; secondo l'esempio according to the example

esercitare to exercise, practice
l'esercizio (*pl.* gli esercizi) exercise (3); fare esercizio to exercise; fare esercizi di yoga to practice yoga (4); fate l'esercizio do the exercise (P)
esigente demanding
esigere (*p.p.* esatto) to demand (16)
l'esperienza experience (18)
l'esperto expert
esplorare to explore
esportare to export (17)
l'espressione *f.* expression (P); espressione idiomatica idiom; espressioni verbali verbal expressions
l'espresso espresso coffee
espresso *adj.* express; per espresso by express mail
l'essenza essence
essenziale essential
*essere (*p.p.* stato) to be (2); essere d'accordo to agree, be in agreement; essere al completo to be full (*hotel*); essere contro to be against (18); essere di (+ *city*) to be from . . . ; essere a dieta to be on a diet (5); essere duro a morire to be long-lived; essere a favore di to be in favor of (18); essere puntuale to be on time; essere in ritardo to be late, tardy; essere in sciopero to be on strike (16); essere di umore nero to be in a terrible mood; esserci to be there, be in
l'est *m.* east
l'estate *f.* summer (P); l'estate scorsa last summer
esterno external
estero foreign; *andare all'estero to go abroad (10); la politica estera foreign affairs
l'estetica aesthetics
l'estetista (*m. pl.* gli estetisti) beautician
l'estinzione *f.* extinction; in estinzione endangered (*species*)
estivo *adj.* summer
estremamente extremely
l'estremista (*m. pl.* gli estremisti) extremist
estroverso extroverted
l'età (*pl.* le età) age
eterno eternal
l'etica ethics
etico (*m. pl.* etici) ethical
l'etiope Ethiopian person
l'etnia ethnic group
etnico (*m. pl.* etnici) ethnic
etrusco (*m. pl.* etruschi) Etruscan
l'etto hectogram (11)
europeo European; la Comunità economica europea (Cee) European Economic Community
l'evasione *f.* evasion, escape
l'evento event
evitare to avoid
evocare to evoke, call to mind

l'evoluzione *f.* evolution
evviva hurray (for)
l'extracomunitario (*pl.* gli extracomunitari) citizen of a nation outside the European Union
extraeuropeo *adj.* outside Europe
l'extraterrestre extraterrestrial

F

fa ago (5)
la fabbrica factory; in fabbrica in a factory
fabbricare to manufacture
la faccenda matter, business; faccende domestiche household chores
la faccia (*pl.* le facce) face
facile easy (2); di facile ascolto *adj.* easy listening (*music*)
facilmente easily
la facoltà (*pl.* le facoltà) school, department (*of a university*) (3); che facoltà fai/frequenti? what's your major?
il fagiolo green bean
il falegname carpenter
fallito failed
falso false
la fame hunger; avere fame to be hungry (1); *morire di fame to starve (6)
la famiglia family (2)
famoso famous (2)
la fantascienza science fiction
la fantasia fantasy, imagination
il fantasma (*pl.* i fantasmi) ghost
fantastico (*pl.* fantastici) fantastic
farcito stuffed
fare (*p.p.* fatto) to do (3); to make; fare (+ *inf.*) to cause something to be done; fare il/la (+ *profession*) to be a (+ *profession*) (17); fare aerobica to do aerobics (4); fare un affare to make a deal (11); fare l'autostop to hitchhike (13); fare baccano to carry on loudly; fare il bagno to take a bath (7); fare bello/brutto/caldo/freddo/fresco to be nice/bad/hot/cold/cool (*weather*) (3); fare bene a to be good for; fare benzina to get gas (13); fare caso to make a big deal; fare colazione to have breakfast, lunch (5); fare colpo (su) to make an impression (on), make a hit (17); fare compere to go shopping (11); fare un complimento to pay a compliment; fare la conoscenza di to meet, make the acquaintance of (9); fare una crociera to go on a cruise (10); fare il/la dirigente to be an executive; fare la doccia to take a shower (7); fare una domanda to ask a question (3); fare domanda to apply, (17); make an application; fare un'escursione to take a short trip (9); fare esercizio to exercise; fare eser-

cizi di yoga to practice yoga (4); **fare il footing (il jogging)** to jog, go jogging (9); **fare una foto(grafia) (a)** to take a picture (of) (3); **fare in fretta** to hurry; **fare la ginnastica** to exercise (9); **fare un giro a piedi / in bici / in moto / in macchina** to go for a walk / bike ride / motorcycle ride / car ride; **fare una gita** to take a short trip (9); **fare il letto** to make the bed; **fare male (a)** to hurt (*someone*); **fare una mangiata di** *coll.* to eat; **fare mettere** to have installed; **fare il modesto** to act modest; **fare la parte di** to play the part of; **fare parte di** to take part in, belong to; **fare una passeggiata** to go for a walk (9); **fare il pieno** to fill up one's tank (13); **fare presto** to hurry; **fare quattro chiacchiere** to have a chat (10); **fare quattro passi** to take a stroll; **fare un regalo (a + *person*)** to give a present (*to someone*) (7); **fare riferimento (a)** to refer (to); **fare scena muta** to not utter a single word; **fare schifo (a)** to disgust; **fare sciopero** to go on strike (16); **fare uno sconto** to give a discount; **fare segno** to indicate; **fare la spesa** to go grocery shopping (11); **fare le spese** to go shopping (11); **fare il tifo (per)** to be a fan (of); **fare le vacanze** to take a vacation; **fare un viaggio** to take a trip; **farcela** to succeed; **farsi la barba** to shave (*of men*) (7); **farsi illusioni** to have illusions; **farsi male** to hurt oneself; **farsi sentire** to make oneself heard (16); **fate l'esercizio** do the exercise (P); **mi fa venire la nausea** it makes me sick (13)
la farmacia (*pl.* **le farmacie**) pharmacy
la fascia (*pl.* **le fasce**) **di ozono** ozone layer (13)
il fascino fascination
il/la fascista (*m. pl.* **i fascisti**) fascist
fascista (*m. pl.* **fascisti**) *adj.* fascist
la fase phase
il fastidio (*pl.* **i fastidi**) annoyance; **dare fastidio (a)** to bother, annoy
la fatica effort, work
faticoso tiring (9)
il fattore factor
la fattoria farm
la fauna fauna
la favola fable (8)
il favore favor; *essere a favore di** to be in favor of (18); **per favore** please (P)
favorire (isc) to favor
il fazzoletto handkerchief
febbraio February (P)
federale federal
felice happy (2)
la felpa sweatsuit
la femmina female

femminile feminine
il femminismo feminism
il/la femminista (*m. pl.* **i femministi**) feminist
femminista (*m. pl.* **femministi**) *adj.* feminist
il fenomeno phenomenon
le ferie vacation (10); *andare in ferie** to go on vacation (10)
fermare to stop (*someone or something*) (7); **fermarsi** to stop, come to a stop (7)
il ferragosto Feast of the Assumption (*August 15*)
il fertilizzante fertilizer
la festa party (3); holiday; **festa da ballo** ball
festeggiare to celebrate (10)
il festival (*pl.* **i festival**) festival
festivo *adj.* holiday
la fetta slice
le fettuccine *type of pasta*
la fiaba fable, fairy tale
la fiamma flame
il fiasco fiasco, disaster, mess
la fibra fiber
fidarsi di to trust, have faith in (18)
la fiducia trust, faith
fiducioso faithful
il figlio (*pl.* **i figli**) **/ la figlia** son, daughter (3); **figlio unico** only child
la figura figure
figurati! imagine!; don't mention it!
figurato patterned
la fila row
il filippino / la filippina Filipino/Filipina
il film (*pl.* **i film**) film, movie
il filobus (*pl.* **i filobus**) trolley bus (5)
la filosofia philosophy (3)
il filosofo philosopher
finale final
finalmente finally (1)
la finanza finance, finances; **il Ministero della Finanza** Treasury Department
finanziare to finance
finanziariamente financially
finanziario (*m. pl.* **finanziari**) financial
il finanziere financier
la fine end (6)
finemente finely
la finestra window (4); **il finestrino** window in a train, car, airplane, etc.; **il finestrone** large window
finire (isc) (di + *inf.*) to finish (*doing something*) (4)
fino a till, until (5); **fino a tardi** till late (5)
il fiore flower (7)
la firma signature
firmare to sign
fischiare to boo (*lit.* to whistle) (14)
la fisica physics (3)

il fisico (*pl.* **i fisici**) physicist
fisico (*m. pl.* **fisici**) physical; **l'educazione fisica** physical education (3)
fissare to fix; establish, set; **fissare un colloquio** to set up an interview (17)
fisso firm
il fiume river
il flauto flute (14)
la focaccia (*pl.* **le focacce**) *type of flat Italian bread*
la foglia leaf
il foglio (*pl.* **i fogli**) (sheet of) paper
folcloristico (*m. pl.* **folcloristici**) *adj.* folk, folkloristic
folk: la musica folk folk music
fondamentale fundamental
fondato founded
la fondazione foundation, founding
il fondo: lo sci di fondo cross-country skiing (9); **i fondi** funds
la fontana fountain (1)
la fonte source
la fontina *soft Italian cheese*
il football football (9); soccer; **football americano** football (9)
il footing jogging; **fare il footing** to jog, go jogging (9)
la foresta forest
la foresteria *property rented to foreigners*
la forma form
il formaggio (*pl.* **i formaggi**) cheese (6)
formato formed, composed
la formazione formation
il fornello stove
fornito supplied
il forno oven; **al forno** baked, roast(ed) (6)
il foro forum
forse maybe, perhaps
il forte strong point; fortress, fort
forte strong, loudly
la fortuna fortune, luck; **avere fortuna** to be lucky; **buona fortuna!** good luck!; **un colpo di fortuna** a stroke of luck; **per fortuna** luckily (15)
fortunatamente fortunately
fortunato lucky, fortunate
fotografare to photograph
la fotografia photography; **la fotografia, foto** (*pl.* **le foto**) photograph (1); **fare una fotografia (a)** to take a picture (of) (3)
fotografico: la macchina fotografica camera (3)
il fotografo / la fotografa photographer
il fotoromanzo illustrated romance story
il foulard scarf
fra between, among; in, within (*time expressions*) (10)
frammentato fragmentary
il/la francese French person; **il francese** French language
francese *adj.* French (2)
la frangia bangs (*hair*)

la frase phrase; sentence
il fratellastro stepbrother (8); half brother
il fratello brother (3); **fratellino** little brother
frattempo: nel frattempo in the meanwhile
la freccia (*pl.* **le frecce**) arrow; **la freccia in su** up-arrow; **la freccia in giù** down-arrow
il freddo cold; **avere freddo** to feel cold (1); **fare freddo** to be cold (*weather*) (3); **fa un freddo cane** it's freezing cold
freddo *adj.* cold
frenare to brake; to stop
frequentare to attend (*a school*) (3); to associate with (*people*)
frequente frequent
il fresco coolness; **fare fresco** to be cool (*weather*) (3); **prendere il fresco** to get some fresh air
fresco (*m. pl.* **freschi**) fresh (6); cool (3); **fresco di stampa** hot off the press
la fretta hurry, haste; **avere fretta** to be in a hurry (1); **di fretta** in a hurry (4); **fare in fretta** to hurry
il frigo (*from* **frigorifero**) (*pl.* **i frigo**) refrigerator (4)
fritto fried; **fritto misto** fried seafood platter
fronte: di fronte a in front of, facing
la frutta fruit (6); **macedonia di frutta** fruit salad (6)
il fruttivendolo / la fruttivendola fruit vendor (11)
la fuga escape, flight
†**fuggire** to flee, escape
fumare to smoke (6)
il fumatore / la fumatrice smoker
il fumo smoke
il fungo mushroom
funzionare to work, function
la funzione function; (religious) service
il fuoco (*pl.* **i fuochi**) fire; **le armi da fuoco** firearms
fuori out; outside; **di fuori stagione** *adj.* out-of-season; **fuori da** out(side) of; **fuori moda** out of fashion (11)
i fusilli *type of pasta*
il futuro future; future tense; **in futuro** in the future

G

il gabinetto Cabinet (*political*); bathroom, lavatory
la galleria gallery; tunnel; arcade
il gallone gallon
la gamba leg (9); **in gamba** smart, "with it" (6)
il gambero shrimp
la gara competition, contest
il garage (*pl.* **i garage**) garage
garantire (isc) to guarantee
garantito guaranteed

la garanzia guarantee
il gatto / la gatta cat (1)
il gattopardo leopard
il gelataio / la gelataia (*m. pl.* **i gelatai**) ice-cream maker or vendor (11)
la gelateria ice-cream parlor (11)
il gelato ice cream (1)
la gelosia jealousy
geloso jealous
generale *adj.* general
generalizzare to generalize (20)
la generalizzazione generalization (20)
generalmente generally
il genere genre; type, kind; gender; **in genere** generally (5)
il genero son-in-law (8)
la generosità generosity
generoso generous
il genitore parent (3)
gennaio January (P)
la gente people (5)
gentile *adj.* kind
gentilmente *adv.* kindly
il gentiluomo (*pl.* **i gentiluomini**) gentleman
genuino genuine; authentic (6)
la geografia geography
geografico (*m. pl.* **geografici**) geographic, geographical
il germe seed (*fig.*)
il gerundio (*pl.* **i gerundi**) gerund
il gesto gesture
il ghiaccio ice (5); **il pattinaggio su ghiaccio** ice-skating (9)
già already (5)
la giacca jacket (11)
il giaccone da sci ski-jacket
giallo yellow
il/la giapponese Japanese person; **il giapponese** Japanese language
giapponese *adj.* Japanese (2)
il giardinaggio gardening
il giardinetto small garden
il giardino garden
gigantesco (*m. pl.* **giganteschi**) gigantic
la ginnastica *s.* gymnastics; exercise (9); **ginnastica artistica** gymnastics; **fare la ginnastica** to exercise, do gymnastics (9)
il ginocchio (*pl.* **le ginocchia**) knee (9)
giocare (**a** + *n.*) to play (*a sport or game*); **giocare a carte** to play cards; **giocare il doppio** to play doubles; **giocare a pallone / a pallacanestro / a tennis** to play soccer/basketball/tennis (4)
il giocatore / la giocatrice player (9)
il gioco (*pl.* **i giochi**) game
la gioia joy
il gioiello jewel; jewelry
il giornale newspaper (4); **sul giornale** in the newspaper
il giornalismo journalism
il/la giornalista (*m. pl.* **i giornalisti**) journalist (19)
la giornata day; the whole day; **buona**

giornata! have a nice day!
giorni days (P)
il giorno day (P); **buon giorno!** good morning! (P); good day!; hello!; **che giorno è?** what day is it? (P)
il/la giovane young person, youth; **i giovani** young people, the young
giovane young (2)
il giovanotto young man
il giovedì Thursday (P)
la gioventù youth, young people
girare to turn; to wander around; to shoot (*a film*) (19)
il girasole sunflower
il giro tour (10); trip **fare un giro** to take a tour trip; **fare un giro a piedi / in bici / in moto / in macchina** to go for a walk / bike ride / motorcycle ride / car ride; **in giro** around (17); around here; up and about; **mettere in giro la voce** to spread the rumor (12); **prendere in giro** to tease, make fun of
la gita excursion; **fare una gita** to take a short trip (9); **una gita in gondola** a gondola ride
giudicare to judge (18)
il giudizio (*pl.* **i giudizi**) judgment; **il giudizio universale** the Last Judgment
giugno June (P)
la giungla jungle
giuridico (*m. pl.* **giuridici**) legal; **il caso giuridico** legal case
la giurisprudenza law, jurisprudence (3)
giustificare to justify
la giustizia justice (18)
giusto correct (P); just
gli gnocchi dumplings (6)
la goccia (*pl.* **le gocce**) drop
godere, godersi to enjoy
il gol goal (*sports*) (9)
il golf golf (9)
la gomma tire (13)
la gondola gondola; **una gita in gondola** a gondola ride
la gonna skirt (11)
gotico (*m. pl.* **gotici**) Gothic
governare to govern
il governatore / la governatrice governor
il governo government (16)
il gradino step (*of stairs*)
la grammatica grammar
grammaticale grammatical
il grammo (*pl.* **i grammi**) gram
il grana padano *type of cheese*
grande big, large (2); great; **il grande magazzino** department store (11); **più grande** bigger; older
la grandezza size; **di media grandezza** medium-sized
il granello: un granello di verità a grain of truth
il grasso fat; grease
grasso *adj.* fat (2); fatty, greasy

gratificante gratifying
gratis (*inv.*) free of charge
grato grateful
gratuito free of charge
grave grave, serious
la gravidanza pregnancy
la gravità gravity
grazie thanks, thank you (P); **grazie a te** thanks to you
grazioso pretty, charming
il greco / la greca (*m. pl.* **i greci**) Greek person; **il greco** Greek language
greco (*m. pl.* **greci**) *adj.* Greek
gridare to shout
il grido (*pl.* **le grida**) shout
grigio (*m. pl.* **grigi**) gray (2)
la griglia grill; **alla griglia** grilled (6)
grosso big, large (8); stout; **il pezzo grosso** big-shot
il gruppo group (10)
guadagnare to earn; **guadagnarsi da vivere** to earn a living (18); **guadagnarsi il pane** to earn one's daily bread
il guanto glove (11)
guardare to watch, look at (4); **guardo l'ora** I check the time
il guardaroba (*pl.* **i guardaroba**) wardrobe (*clothes*)
la guerra war; **la prima/seconda guerra mondiale** First/Second World War
la guida guide (15); guidebook
guidare to drive (3)
il gusto taste, preference (6)

H

l'haitiano / l'haitiana Haitian person
haitiano *adj.* Haitian
handicappato handicapped
hollywoodiano *adj.* of Hollywood; Hollywood

I

l'idea idea; **cambiare idea** to change one's mind; **idea luminosa** brilliant idea; **ottima idea!** great idea!
l'ideale *m.* ideal
ideale ideal
identificare to identify
l'identità (*pl.* **le identità**) identity; **la carta d'identità** ID card (2)
l'ideologia ideology
idiomatico (*m. pl.* **idiomatici**): **l'espressione idiomatica** idiom
l'idolo idol
ieri yesterday (5); **ieri sera** last night (5)
ignorare to ignore; to be unaware of
l'ignoto the unknown
illogico (*m. pl.* **illogici**) illogical
illuminare to illuminate
l'illusione *f.* illusion; **farsi illusioni** to have illusions
illustrare to illustrate (15)

illustre illustrious
l'imbarazzo embarassment; **imbarazzo della scelta** the problem of choosing among desirable options, embarassment of riches
imboccare to enter (*a street*)
imitare to imitate
immacolato immaculate; **l'Immacolata Concezione** the Immaculate Conception
immaginare, immaginarsi to imagine
l'immagine *f.* image
immane enormous, vast
immediato immediate
***immigrare** to immigrate (20)
l'immigrato / l'immigrata immigrant
l'immigrazione *f.* immigration
imparare to learn (3); **imparare a** (+ *inf.*) to learn how (*to do something*) (10)
***impazzire (isc)** to go crazy
impegnato politically engaged, busy (18); **impegnato in** involved in
l'impegno obligation, commitment
l'imperativo imperative (*verb mood*)
l'imperfetto imperfect (*verb tense*)
impersonale impersonal
l'impiegato / l'impiegata white-collar worker (16)
l'impiego employment
imporre to impose
l'importanza importance
***importare** to matter, be important
importato imported
impossibile impossible
l'imprenditore / l'imprenditrice entrepreneur; contractor
l'impresa enterprise, undertaking
impressionante impressive
l'impressione *f.* impression; **avere l'impressione** to have the impression
imprestare (prestare) to lend (6)
improvvisare to improvise
in in (1); at, to; **in gamba** smart, "with it" (6)
inaccessibile inaccessible
inaccurato inaccurate
inaspettato unexpected
inaugurare to start off
incallito toughened, hardened
l'incarico (*pl.* **gli incarichi**) burden, task
incartare to wrap (*in paper*) (11)
incinta pregnant
includere (*p.p.* **incluso**) to include
incollato glued
†incominciare to begin, start; **incominciare (a** + *inf.*) to start (*to do something*)
incompleto incomplete
inconfondibile unmistakable
incontrare to run into (*someone*), meet (7)

l'incontro meeting, encounter
l'incosciente reckless person
incosciente *adj.* reckless
incredibile incredible (16)
l'incubo nightmare
incurabile incurable
indaffarato (a) busy (with)
l'indagine *f.* survey (19); investigation; **indagine di mercato** market research
indeciso undecided
indefinito indefinite
indescrivibile indescribable
indeterminativo: l'articolo indeterminativo indefinite article
indeterminato undetermined
l'indiano / l'indiana Indian person
indicare to indicate; to point at
l'indicativo indicative (*verb mood*)
indietro (*adv.*) back; backward; behind
indifferente indifferent
l'indigestione *f.* indigestion
indimenticabile unforgettable
indipendente independent
l'indipendenza independence
indiretto indirect
l'indirizzo address (8)
indispensabile indispensable
indispettire (isc) to rankle, irritate
individuale individual
individualista (*m. pl.* **individualisti**) *adj.* individualistic
indotto led
indovinare to guess (13)
l'indovinello riddle
l'industria industry (17)
l'infanzia childhood; **l'asilo d'infanzia** day-care center
infatti in fact (14)
infelice unhappy (2)
l'inferiorità inferiority
l'infermiere / l'infermiera nurse (17)
l'infinito infinitive
l'inflazione *f.* inflation (17)
l'influenza influenza, the flu
informarsi su/di to find out about
l'informatica computer science
informato aware, informed
l'informazione *f.* information
l'ingegnere *m., f.* engineer (18)
l'ingegneria engineering (3)
ingenuo naïve
l'ingiustizia injustice (18)
l'inglese *m., f.* English person; **l'inglese** English language
inglese English (2); **la zuppa inglese** English trifle (*dessert*) (6)
***ingrassare** to put on weight
l'ingrediente *m.* ingredient
l'ingresso entrance
†iniziare to begin
l'iniziativa initiative
l'inizio (*pl.* **gli inizi**) beginning
innamorarsi (di) to fall in love (with) (7)
innamorato (di) in love (with)

innervosire (isc) to make nervous
inoltre also; furthermore
inospitale inhospitable
l'inquilino / l'inquilina tenant (12)
l'inquinamento pollution (13)
inquinare to pollute (13)
l'insalata salad (6)
l'insegnamento teaching
l'insegnante *m., f.* teacher (3)
insegnare to teach (3)
inseguito pursued, chased
insensibile insensitive (2)
l'insensibilità insensitivity
inserire (isc) to insert
insieme (a) together (with) (4); **tutti insieme** all together (P)
l'insistenza insistence
insistere (per) to insist (*on doing something*)
insoddisfatto unsatisfied (2)
l'insoddisfazione *f.* dissatisfaction
insomma in short (12)
insopportabile unbearable
l'instabilità instability
installare to install
l'insuccesso failure
intanto meanwhile, in the meantime
integerrimo very honest
integrarsi (in) to become integrated (into)
l'intellettuale *m., f.* intellectual
intellettuale *adj.* intellectual
intelligente intelligent (2)
l'intelligenza intelligence
intensificare to intensify
intenso intense; intensive
l'intenzione *f.* intention; **avere intenzione (di + *inf.*)** to intend (*to do something*)
interamente entirely, completely
interessante interesting
interessare to interest; **interessarsi di** to be interested (in) (9)
interessato (di/a) interested in
l'interesse *m.* (**per**) interest (in)
interferire (isc) to interfere (18)
l'intermezzo interlude; intermission
interno internal; **all'interno** inside; **la politica interna** domestic politics
intero entire
interpretare to interpret
l'interpretazione *f.* interpretation
l'interprete *m., f.* interpreter (17)
interrogare to interrogate, question
l'interrogativo interrogative expression
l'interrogazione *f.* interrogation, questioning, oral exam
interrompere (*p.p.* **interrotto**) to interrupt (20)
l'intervallo interval; intermission
*****intervenire** (*p.p.* **intervenuto**) to intervene, break into (*a conversation*)
l'intervento intervention
l'intervista interview (19)
intervistare to interview
intimo intimate

intitolato entitled, called
intollerante intolerant
l'intolleranza intolerance
l'intoppo obstacle
intorno (a + *n.*) around (*something*)
intraprendere (*p.p.* **intrapreso**) to undertake
l'intrattenimento entertainment
l'intrigo (*pl.* **gli intrighi**) intrigue, plot
introverso introverted
inutile useless
l'inutilità uselessness
invadente intrusive, nosy
invece (di) instead (of) (10); on the other hand
inventare to invent
l'invenzione *f.* invention
invernale *adj.* winter
l'inverno winter (P)
l'investimento investment
investire to run over (*with a vehicle*)
inviare to mail; to send
l'invio (*pl.* **gli invii**) sending, forwarding
inviolabile inviolable
invitare to invite (6)
l'invito invitation
io I (1)
l'ipertensione hypertension
l'ipotesi *f.* (*pl.* **le ipotesi**) hypothesis
ipotetico (*m. pl.* **ipotetici**) hypothetical; **il periodo ipotetico** contrary-to-fact sentence
l'irlandese *m., f.* Irish person
irlandese *adj.* Irish (2); Irish language
irregolare irregular
irrisolto unresolved; unsolved
iscriversi (a) (*p.p.* **iscritto**) to enroll (in), sign up (for)
l'isola island; **isola pedonale** pedestrian island
l'ispettore / l'ispettrice inspector
ispirato inspired
l'ispirazione *f.* inspiration
l'istituto institute; **istituto magistrale / tecnico / per l'arte** teacher's college / technical institute / art school
l'istruttore / l'istruttrice instructor
l'istruzione education, instruction
l'italiano / l'italiana Italian person; **l'italiano** Italian language
italiano *adj.* Italian (2)
l'itinerario (*pl.* **gli itinerari**) itinerary (10)

J

il jazz jazz
jazzistico (*m. pl.* **jazzistici**) *adj.* jazz, jazzy
i jeans jeans
il jolly (*pl.* **i jolly**) joker (*cards*)
il jumbo (*pl.* **i jumbo**) jumbo jet
la Juventus *soccer team of Torino*

K

il karatè karate

L

là there
il laboratorio (*pl.* **i laboratori**) laboratory
il ladro thief
il lago (*pl.* **i laghi**) lake (10)
lamentarsi di to complain about (7)
il lampo lightning; lightning flash
la lana wool (11)
lanciare to launch; **lanciare una moda** to set a fashion (11)
il lancio (*pl.* **i lanci**) launch; **il trampolino di lancio** launching pad
il lardo lard
largo wide
le lasagne *type of pasta*
lasciare to leave (behind) (5) **lasciare (+ *inf.*)** to allow, let (*something be done*) (19); **lasciare in pace** to leave alone; **lasciamo perdere** let's forget it
lassù up there
il latino Latin (*language*)
latino *adj.* Latin; **l'America latina** Latin America
il lattaio (*pl.* **i lattai**) milkman (11)
il latte milk (1)
la latteria dairy (11); dairy store
il latticinio (*pl.* **i latticini**) dairy product
la laurea doctorate (*from an Italian university*) (3); college diploma, degree; **mini-laurea** two-year degree (3)
laurearsi to graduate (*from college*) (7); **laurearsi in** to graduate with a degree in
lavare to wash (6); **lavare a secco** to dry-clean
lavarsi to get washed, wash up (7); **lavarsi i denti** to brush one's teeth
la lavastoviglie (*pl.* **le lavastoviglie**) dishwasher (12)
la lavatrice washing machine (12)
lavorare to work (3); **lavorare a maglia** to knit
il lavoratore / la lavoratrice worker (17)
il lavoro job (1); **buon lavoro!** enjoy your work!; **a caccia di lavoro** looking for work; **cercare lavoro** to look for a job (17); **la domanda di lavoro** job application; **il posto di lavoro** job; **riprendere il lavoro** to get back to work
leccare to lick
la lega league
legale legal
la legalità legality
il legame link
legare to tie
la legge law
la leggenda legend

leggere (*p.p.* **letto**) to read (4)
leggero slight (17); light; **atlętica leggera** track and field (9); **mụsica leggera** pop music (14)
leggete read (P)
legislativo legislative
il legname wood products, timber
il legno wood
la lettera letter (4)
Lei you (*form.*) (P); **dare del Lei (a)** to address (*someone*) in the **Lei** form (9)
lei she (1)
il letterato / la letterata man/woman of letters
la letteratura literature (3)
le lęttere letters (3); liberal arts
il letto bed; **a letto** to/in bed (3); **la cạmera da letto** bedroom (12); **fare il letto** to make the bed
il lettore / la lettrice reader (17)
la lettura reading
la lezione lesson, class (1); **lezione di ballo** dancing lesson (4)
lì there
liberarsi to free oneself (12)
la liberazione liberation, freedom
lịbero free (2)
la libertà (*pl.* **le libertà**) liberty, freedom
lịbico (*m. pl.* **lịbici**) *adj.* Lybian
la librerịa bookstore; **in librerịa** at/to/in the bookstore
il libretto libretto (*music*); small book; grade book
il libro book (3); **aprịte i libri!** open your books! (P); **chiudęte i libri!** close your books! (P); **libro di cucina** cookbook (6)
licenziare to fire (17); **licenziarsi** to quit, resign (*from a job*) (17)
il liceo high school (3); **liceo scientịfico** high school for the sciences
lieto (di) glad (about)
limitare to limit
il lịmite limit; **rispettare il lịmite di velocità** to obey the speed limit (13)
la limonata lemonade
il limone lemon (6)
la linea line; shape; figure
la lingua language (3)
il linguaggio (*pl.* **i linguaggi**) language; specialized language
linguịstico (*m. pl.* **linguịstici**) linguistic, linguistical
la lira lira (*Italian currency*) (1)
la lịrica opera; lyric poetry
lịrico (*m. pl.* **lịrici**) operatic (14)
liscio (*m. pl.* **lisci**) straight (*hair*); **la mụsica da liscio** ballroom music (14)
la lista list
litigare to argue, quarrel
il litro liter (11)
il livello level
il locale public place
locale local
il locandiere / la locandiera innkeeper (*archaic*)

la lode praise
lọgico (*m. pl.* **lọgici**) logical
lontano (da) distant, far (from) (1)
loro they
Loro you (*pl. form.*) (1)
la lotta fight, struggle
lottare to fight
la lotterịa lottery
la luce light (8)
luglio July (P)
lui he (1)
luminoso luminous; **l'idea luminosa** brilliant idea
la luna moon
il lunedì Monday (P)
lungo (*m. pl.* **lunghi**) long (2); **a lungo** (for) a long time
il luogo (*pl.* **i luoghi**) place; **luogo di nạscita** place of birth
il lupo wolf
lusso luxury; **di lusso** *adj.* luxurious, luxury (10)
lussuoso luxurious

M

ma but (1)
macché! oh, come on!, what are you talking about!, no way!
la macchia stain, spot
la mạcchina car (1); machine; **in mạcchina** by car; in the car; *andare in mạcchina** to drive; to ride (3); **bạttere a mạcchina** to type; **le chiavi della mạcchina** car keys (13); **fare un giro in mạcchina** to go for a ride; **mạcchina fotogrạfica** camera (3)
la macedonia di frutta fruit salad (6)
il macellaio / la macellaia (*m. pl.* **i macellai**) butcher (11)
la macellerịa butcher shop (11)
le macerie ruins, rubble
la madre mother (2)
il maestro / la maestra elementary school teacher; master (*artist*)
magari perhaps; **magari!** if only . . . !; don't I wish!
il magazzino: il grande magazzino department store (11)
maggio May (P)
maggiore bigger, greater; older (9); **la maggior parte (di)** most, the majority (of)
maggiormente for the most part; more
la magịa magic
mạgico (*m. pl.* **mạgici**) magic(al)
il magistero teaching (*profession*)
magistrale: il diploma magistrale teaching certificate; **l'istituto magistrale** teacher's college
la maglia sweater; **lavorare a maglia** to knit
la maglietta T-shirt (11)
il maglione pullover (11)
magnịfico (*m. pl.* **magnịfici**) magnificent

il mago / la maga (*pl.* **i maghi / le maghe**) wizard / enchantress
magro thin (2)
mah! well!
mai ever (5); never; **non... mai** never, not ever (3); **come mai?** how come?
il maiale pork (6)
la maionese mayonnaise
il mais corn
la malaria malaria
la malattịa illness
il male injury; evil; **il male minore** the lesser of two evils
male badly, poorly; *andare male** to go badly; **avere mal di testa** to have a headache; **cosa c'è di male (in** + *n. or inf.*)? what's wrong (with *something or doing something*)?; **fare/farsi male** to hurt/hurt oneself; **meno male!** thank goodness! (12); **non c'è male** so-so, not bad (P); **non c'è niente di male** there's nothing wrong; *stare male** to be unwell (3)
il malgoverno poor government
malgrado despite
la malinconịa melancholy, depression
malnutrito malnourished
la mamma mother (2); mom; **mamma mia!** good heavens! (3)
il/la manager (*pl.* **i manager/le manager**) manager, boss
mancante missing
*mancare** to lack; to be missing
la mancia (*pl.* **le mance**) tip, gratuity (5)
mandare to send (6); **mandare in onda** to broadcast, telecast (19)
mangiare to eat (3); **mangiarsi** *coll.* to eat up
la mangiata: fare una mangiata di *coll.* to eat
il manicomio (*pl.* **i manicomi**) mental hospital
la maniera manner
la manifestazione (political) demonstration, protest
il manifesto poster; leaflet
la maniglia handle
la mano (*pl.* **le mani**) hand (7); **dare una mano** to lend a hand; **mano d'opera** labor (17); **scrịvere a mano** to write by hand
la mansarda attic (12)
la mansione function (17); duty
la mantella cape
mantenere to maintain, keep
il manzo beef (6)
la mappa map
la maratona marathon (9)
il maratoneto / la maratoneta marathon-runner
la marca brand
il marciapiede sidewalk
il mare sea (10); *andare al mare** to go to the seashore (10)
la margarina margarine
la marina marina

il marito husband (3)
il marmo marble
marrone *inv.* brown (2)
il martedì Tuesday (P)
marzo March (P)
la mascella jaw (9)
la maschera mask
mascherato masked
maschile masculine
il maschio (*pl.* **i maschi**) male
maschio (*pl.* **maschi**) *adj.* male
la massa mass, heap
il massaggiatore / la massaggiatrice masseur / masseuse
il massimo maximum; **al massimo** at the most
massimo maximum
la matematica mathematics (3)
la materia subject (*school*) (3)
il materiale material
il materialismo materialism (18)
materialista (*m. pl.* **materialisti**) materialistic
materno maternal (8)
la matita pencil (3)
la matrigna stepmother (8)
matrimoniale: camera matrimoniale room with a double bed (10)
il mattino / la mattina morning (3); in the morning; **di mattina** in the morning (3)
matto crazy (12); **da matti** like crazy; **mi piace da matti** I'm crazy about (it)
la maturità: il diploma di maturità high-school graduation certificate; **l'esame di maturità** comprehensive high-school exam
la meccanica mechanics
il meccanico (*pl.* **i meccanici**) mechanic (13)
i media the media
la medicina medicine (3)
il medicinale medical product
medicinale medicinal
il medico (*pl.* **i medici**) doctor
medico (*m. pl.* **medici**) medical; **l'assistenza medica** health insurance (17)
medio (*m. pl.* **medi**) medium, average; **di media grandezza** medium-sized; **di media statura** of average height; **la scuola media** middle school; **la scuola media superiore** high school
il Medioevo the Middle Ages (15)
mediterraneo *adj.* Mediterranean
meglio *adv.* better (9); **per il meglio** for the better; for the best; *art.* + **meglio** the best
la mela apple (11)
la melanzana eggplant
il melodramma (*pl.* **i melodrammi**) melodrama; opera (14)
melodrammatico (*m. pl.* **melodrammatici**) melodramatic
il melone melon (6)
il membro member

la memoria memory
meno less (3); fewer; *art.* + **meno** least; **a meno che... non** unless; **le cinque meno un quarto** a quarter of five; **meno di/che** less than; **meno male!** thank goodness! (12); **per lo meno** at least
la mensa cafeteria (2)
mensile monthly; monthly publication (19)
la mentalità mentality
la mente mind; *venire in mente (a)** to come to (*someone's*) mind
mentre while
il menù menu
menzionato mentioned
la meraviglia marvel, wonder; **che meraviglia!** how wonderful!; how strange!
meravigliarsi to marvel, wonder
meraviglioso marvelous, wonderful
il/la mercante merchant
il mercato market (11); **l'indagine** (*f.*) **di mercato** market research
la merce merchandise
il mercoledì Wednesday (P)
meridionale southern
il meridione the south (of Italy)
meritare to deserve, earn
il mese month (P)
la messa mass (*religious*)
il messicano / la messicana Mexican person
messicano Mexican (2)
il mestiere profession, trade (17)
la metà (*pl.* **le metà**) half
il metano methane
mettere (*p.p.* **messo**) to put, place (5); **fare mettere** to have installed; **mettere in giro la voce** to spread the rumor (12); **mettere da parte** to set aside; **mettere piede** to set foot; **mettere in programma** to set up, plan; **mettere in scena** to stage, put on, produce (14); **mettersi** to put on (*clothes*) (7); **mettersi in coda** to get in line; **mettersi in contatto** to contact
mezzanotte midnight
il mezzo half; **mezzi di trasporto** (means of) transportation (13); **le sette e mezzo** seven-thirty
mezzo *adj.* half
mezzogiorno noon
la mezzosoprano (*pl.* **le mezzosoprano**) mezzosoprano
mi chiamo... my name is . . . (P)
mica not; **non... mica** not at all
il microfono microphone
il miele honey (5)
le migliaia thousands
il miglio (*pl.* **le miglia**) mile
il miglioramento improvement
†**migliorare** to improve
migliore *adj.* better (9); *art.* + **migliore** the best
il miliardo billion

il milione million
militante militant
militare *adj.* military
mille (*pl.* **mila**) thousand
la minaccia (*pl.* **le minacce**) threat
minacciare to threaten
minerale *adj.* mineral; **l'acqua minerale** mineral water (5)
il minestrone vegetable soup (6)
la mini-laurea two-year degree (3)
il minimo minimum, least
minimo *adj.* smallest, least
il ministero ministry, department (*government*); **Ministero della Finanza** Treasury Department
il ministro *m., f.* minister (*in government*) (16); **ministro per gli affari esteri** Secretary of State; **ministro delle poste e delle comunicazioni** Postmaster General; **primo ministro** prime minister (16)
la minoranza minority
minore lesser, smaller (9); younger; *art.* + **minore** the least, smallest; youngest; **il male minore** the lesser of two evils
il minuto minute
miope nearsighted
il miracolo miracle
il miraggio (*pl.* **i miraggi**) mirage
miserabile miserable; poor
miseramente miserably; in poverty
la miseria misery; poverty
misto mixed (6); assorted; **fritto misto** fried seafood platter
la misura size
il mito myth (20)
il mobile piece of furniture; **i mobili** furniture (12)
mobilitato mobilized
la moda fashion (11); **all'ultima moda** trendy (11); **alta moda** high fashion; **di moda** in fashion (11); **la casa di moda** fashion house (11); **fuori moda** out of fashion (11); **lanciare una moda** to set a fashion (11)
la modalità (*pl.* **le modalità**) form
il modello model; example
il modello / la modella fashion model
moderato moderate
il moderatore / la moderatrice moderator
la modernità the modern period, modernity (15)
moderno modern
modesto modest; **fare il modesto** to act modest
modico (*m. pl.* **modici**) moderate, reasonable
il modo manner, way (14); **ad ogni modo** in any case; **modo di vivere** way of life
il modulo form (*to fill out*); **riempire un modulo** to fill out a form (17)
la moglie (*pl.* **le mogli**) wife (3)
molecolare molecular
mollare *coll.* to let go (of)

molto *adj.* much, a lot of (2); *adv., inv.* very, a lot; **da molto tempo** (for) a long time (4); **molto bene!** very good!; well done!

il momento moment

mondiale *adj.* world; **la prima/seconda guerra mondiale** the First/Second World War

il mondo world; **divertirsi un mondo** to have a great time

monocolore plain, bland

il monolocale studio apartment (12)

la montagna mountain; ***andare in montagna** to go to the mountains (10)

il monte mountain

monumentale monumental

il monumento monument

morale moral

***morire** (*p.p.* **morto**) to die (5); ***essere duro a morire** to be long-lived; **morire di fame** to starve (6); **morire dal ridere** to die laughing

la morte death

morto dead; **un peso morto** a dead weight

il mosaico (*pl.* **i mosaici**) mosaic (15)

la mostra exhibit (15)

mostrare to show (6)

il motivo motive; reason

la motocicletta, la moto (*pl.* **le moto**) motorcycle (1)

il motore motor

il motorino moped

il movimento movement

la mozzarella mozzarella (*type of cheese*)

il mucchio (*pl.* **i mucchi**) pile, stack

la multa fine (13); ticket; **prendere la multa** to get a ticket, fine (13)

multiculturale multicultural

multietnico (*m. pl.* **multietnici**) multi-ethnic

municipale municipal

muovere (*p.p.* **mosso**): **muoversi** to move

il muratore / la muratrice mason

il muro wall; **le mura** *f. pl.* ancient walls; **l'armadio a muro** built-in wardrobe (12)

il museo museum (1)

la musica music (3); **musica folk** folk music; **musica leggera** pop music (14); **musica da liscio** ballroom music (14)

musicale musical

musicare to set to music

il/la musicista (*m. pl.* **i musicisti**) musician (14)

muto mute, silent; **fare scena muta** to not utter a single word

N

la narrativa narrative

narrativo *adj.* narrative

***nascere** (*p.p.* **nato**) to be born (5)

la nascita birth; **la data / il luogo di nascita** date/place of birth

nascondere (*p.p.* **nascosto**) to hide

il naso nose (8)

il Natale Christmas (6); **buon Natale!** Merry Christmas!

la natalità birth rate

natio *adj.* (*m. pl.* **natii**) native

la natura nature

naturale natural; **le scienze naturali** natural sciences

naturalmente naturally

la nausea nausea; **mi fa venire la nausea** it makes me sick (13)

nautico (*m. pl.* **nautici**) nautical; **lo sci nautico** waterskiing (9)

navale naval

la nave ship

nazionale national; **l'assistenza sanitaria nazionale** national health care (17)

il nazionalismo nationalism

la nazionalità nationality

la nazione nation

ne some of; about it/them

né... né neither . . . nor (12)

neanche not even; **neanch'io** me either

necessariamente necessarily

necessario (*m. pl.* **necessari**) necessary

la necessità (*pl.* **le necessità**) necessity

negare to deny

negativo negative

il/la negoziante shopkeeper (11)

il negozio (*pl.* **i negozi**) store (1); **negozio di abbigliamento / di alimentari** clothing/grocery store (11)

il nemico / la nemica (*m. pl.* **i nemici**) enemy (15)

nemmeno not even

il neonato / la neonata newborn

il neorealismo neorealism

neppure not even

nero black (2); **cronaca nera** crime news (19); ***essere di umore nero** to be in a terrible mood

il nervosismo nervousness

nervoso nervous (2); **l'esaurimento nervoso** nervous breakdown

nessuno *pron.* no one, nobody; *adj.* no; **nessuna cosa** nothing; **non... nessuno** no one, nobody, not anybody (12)

niente nothing; **niente da dirsi/fare/mangiare** nothing to say/do/eat; **niente di male/speciale/strano** nothing wrong/special/strange; **non... niente** nothing (12)

il/la nipote nephew/niece; grandchild (3)

il nipotino / la nipotina grandchild

no no (P)

nobile noble

la nocciolina peanut (5)

noi we (1)

la noia boredom; **che noia!** what a bore!

noioso boring (8)

noleggiare to rent (*a vehicle*) (10)

nolo rental; **prendere a nolo** to rent (*a vehicle*) (10)

il nome name (1); noun

nominare to name; to nominate

non not (1); **non affatto** not at all; **non... ancora** not . . . yet (12); **non c'è male** so-so, not bad (P); **non è vero?** isn't it true? (2); **non... mai** never, not ever (3); **non... nemmeno** not even; **non... nessuno** no one, nobody, not anybody (12); **non... niente/nulla** nothing (12); **non... più** no longer (6); no more

il nonno / la nonna grandfather/grandmother (2)

nono ninth

il nord north

la norma norm

normale normal; **la benzina normale** regular gasoline (13)

il/la norvegese Norwegian person; **il norvegese** Norwegian language

norvegese *adj.* Norwegian

la nostalgia nostalgia; homesickness

notare to notice; to note

le notizie news (19)

noto well-known, famous

la notte night (3); at night; **buona notte!** good night! (P); **di notte** at night (3); **passare la notte in bianco** to pull an all-nighter (10)

la novella short story (15)

novembre *m.* November (P)

le nozze wedding; **il viaggio di nozze** honeymoon trip

nubile single (*woman*) (8)

nucleare nuclear

nulla *m.* nothing; **non... nulla** nothing (12)

il numerale numeral

il numero number; **numero di telefono** telephone number (P); **numeri cardinali** cardinal (counting) numbers

numeroso numerous

la nuora daughter-in-law (8)

nuotare to swim (4)

il nuoto swimming (9)

nuovo new (2); **di nuovo** again (14); **rimettere a nuovo** to make new

la nuvola cloud

O

o or (1); **o... o** either . . . or

l'obbiettivo objective

obbligare a (+ *inf.*) to oblige, force to (*do something*) (18)

l'obbligo (*pl.* **gli obblighi**) obligation; **scuola dell'obbligo / d'obbligo** minimum required schooling

l'occasione *f.* occasion; opportunity

l'occhio (*pl.* **gli occhi**) eye (2)

occidentale western

***occorrere** (*p.p.* **occorso**) to be useful

occupare to occupy; **occuparsi (di)** to devote oneself (to); to take care (of)
occupato occupied; busy
l'oceano ocean
odiare to hate (6)
l'odore *m.* odor, smell; aroma
offendersi (*p.p.* **offeso**) to take offense
offensivo *adj.* offensive
l'offerta offer (17)
offrire (*p.p.* **offerto**) to offer (4); to treat
l'oggetto object
oggi today (P); **quanti ne abbiamo oggi?** what's today's date? (11)
ogni (*inv.*) each, every (4); **ad ogni modo** in any case; **ogni tanto** every once in a while
Ognissanti All Saints' Day (*November 1*)
ognuno everyone, everybody, each one (12)
l'olio (*pl.* **gli oli**) oil (13); **controllare l'olio** to check the oil
l'oliva olive (5)
oltre beyond, further; more than; **oltre a** in addition to, besides; past, beyond
l'omaggio (*pl.* **gli omaggi**): **il biglietto omaggio** complimentary ticket
l'ombra shade; shadow
l'omicidio (*pl.* **gli omicidi**) homicide
omosessuale homosexual
l'onda wave; **mandare in onda** to broadcast, telecast (19)
onesto honest
l'opera opera (14); work; **opera d'arte** artwork (15); **opera buffa** comic opera; **mano d'opera** labor (17)
l'operaio / l'operaia (*m. pl.* **gli operai**) blue-collar worker (16)
operatico (*m. pl.* **operatici**) operatic
operativo *adj.* operative
l'operatore worker (17)
operistico *adj.* (*m. pl.* **operistici**) opera
l'opinione *f.* opinion
opporsi (*p.p.* **opposto**) to oppose, be opposed
l'opportunità opportunity
l'opposto opposite
opposto *adj.* opposite
oppure or; or rather
l'ora hour; time; **a che ora?** (at) what time? (5); **che ora è / che ore sono?** what time is it? (3); **è ora** it's about time (16); **guardo l'ora** I check the time; **mezz'ora** half an hour; **non vedere l'ora** to not be able to wait (6); **ora di punta** peak hour, rush hour (13); **un quarto d'ora** a quarter of an hour (6)
ora now (3); **per ora** for the time being
orale: gli orali oral exams (3)
l'orario (*pl.* **gli orari**) schedule; **in orario** on time; **orario di apertura** opening and closing times
l'orchestra orchestra
ordinare to order (5)

ordinato neat
l'ordine *m.* order
le orecchiette *type of pasta*
l'orecchio (*pl.* **le orecchie**) ear (9); **duro d'orecchio** hard of hearing; **suonare a orecchio** to play by ear
l'oreficeria goldsmith's shop
l'orfanotrofio orphanage
l'organista *m., f.* (*m. pl.* **gli organisti**) organist
organizzare to organize (16); **organizzarsi** to get organized (7)
l'orgia (*pl.* **le orge**) orgy; riot
l'oriente the Orient; **in oriente** in the East
l'origano oregano
originale original
originario (*m. pl.* **originari**) original
l'origine *f.* origin (20); **la città d'origine** hometown; **dalle origini** from the start; from scratch
orizzontale horizontal
l'orizzonte *m.* horizon
ormai by now (17); by then
l'oro gold (17)
l'orologio (*pl.* **gli orologi**) clock (2); watch
l'oroscopo horoscope
orribile horrible (2); ugly
l'orso bear
l'orto vegetable garden
l'oscuro darkness; **all'oscuro (di)** in the dark (about)
l'ospedale *m.* hospital (1)
ospitale hospitable (2)
l'ospite *m., f.* guest (12); **la camera per gli ospiti** guest room (12)
osservare to observe
l'osservazione *f.* observation
ossessivo obsessive
l'ossigeno oxygen
l'osso (*pl.* **le ossa**) bone; **osso duro** tough person
l'ostello hostel (10)
ottavo eighth
ottenere to obtain
l'ottimismo optimism
l'ottimista *m., f.* (*m. pl.* **gli ottimisti**) optimist (16)
ottimista *adj.* (*m. pl.* **ottimisti**) optimistic
ottimo excellent, very good (9); **ottima idea!** great idea!
ottobre *m.* October (P)
l'ovest *m.* west
ovviamente obviously
ovvio (*m. pl.* **ovvi**) obvious
l'ozono ozone; **la fascia di ozono** ozone layer (13)

P

il pacco (*pl.* **i pacchi**) package (17)
la pace peace; **lasciare in pace** to leave alone

pacificamente peacefully
pacifico (*m. pl.* **pacifici**) peaceful
padano: il grana padano *type of cheese*
la padella pan; **cascare dalla padella nella brace** to jump out of the frying pan into the fire
il padre father (2)
il padrone / la padrona boss; **il padrone / la padrona di casa** landlord/landlady (12)
il paesaggio (*pl.* **i paesaggi**) landscape (15)
il paese country; land
pagare to pay (4); to pay for; **pagare in contanti** to pay cash (10)
la pagina page; **pagina del crimine** crime news
il paio (*pl.* **le paia**) pair, couple, a few (11)
il palazzo palace; apartment building (12)
il palcoscenico (*pl.* **i palcoscenici**) stage (14)
la palestra gym (7); **in palestra** in/to the gym (7)
la palla ball
la pallacanestro (il basket) basketball (*game*) (9); **giocare a pallacanestro** to play basketball
il pallone basketball, soccer ball; **giocare a pallone** to play soccer
la pancetta bacon
la panchina bench
il pane bread (6); **guadagnarsi il pane** to earn one's daily bread
la panetteria bakery (11)
il panettiere / la panettiera baker (11)
il panettone Christmas cake (6)
il panino sandwich (1); hard roll
la paninoteca sandwich shop
la panna cream (5)
il panorama (*pl.* **i panorami**) panorama, view (16)
i pantaloni pants (11)
il papa (*pl.* **i papi**) pope (16)
il papà (*pl.* **i papà**) father, dad (2)
la pappa mush, baby food
il paradosso paradox
parafrasare to paraphrase
il paragone comparison
il paragrafo paragraph
paranoico (*m. pl.* **paranoici**) paranoid
parcheggiare to park (13)
il parcheggio (*pl.* **i parcheggi**) parking lot (13); parking space
il parco (*pl.* **i parchi**) park (7)
il/la parente relative (1); **parente acquisito** in-law
***parere** (*p.p.* **parso**) to seem, appear; **pare** it seems (16)
il parere opinion; **al mio parere** in my opinion
parigino Parisian
il parka parka
parlare to speak (3); **chi parla?** who is

it (*over the phone*)?; **parli del diavolo e spuntano le corna** speak of the devil . . . ; **sentire parlare di** to hear about (9)

il parmigiano Parmesan cheese; **alla parmigiana** Parma-style

la parola word (1)

la parolaccia (*pl.* **le parolacce**) dirty word (8)

la parrocchia parish

il parrucchiere / la parrucchiera hairdresser

la parte part; role; **da parte di** on the part of, by; **da una parte... dall' altra parte** on the one hand . . . on the other hand; **fare la parte di** to play the part of; **fare parte di** to take part in, belong to; **la maggior parte (di)** most, the majority (of); **mettere da parte** to set aside; **scherzi a parte** all joking aside

partecipare (a) to participate (in); **partecipare a un concorso** to take a civil service exam (17)

il Partenone the Parthenon

il participio (*pl.* **i participi**) participle

particolare particular

particolarmente particularly

partire to leave, depart (4)

la partita match, game (9)

il partitivo (*gram.*) partitive

il partito (political) party (16)

la partitura musical score

il/la partner (*pl.* **i partner/le partner**) partner

il parto birth (delivery of a baby); **la sala parto** delivery room

la parvenza appearance

la Pasqua Easter; **buona Pasqua!** happy Easter! (1)

il passaggio (*pl.* **i passaggi**) lift, ride; **chiedere/dare un passaggio** to ask for / give a lift (13)

il passaporto passport

†**passare** to spend (*time*) (10); to pass; to stop by; **passare l'aspirapolvere** to vacuum; **passare la notte in bianco** to pull an all-nighter (10); **passare il tempo** (**a** + *inf.*) to spend time (*doing something*)

il passare: il passar degli anni the passage of time

il passatempo pastime

il passato past

passeggiare to go for a stroll, a walk (4)

la passeggiata walk, stroll; **fare una passeggiata** to go for a walk (9)

la passione passion

passivamente passively

il passivo passive voice

passivo passive

il passo step; **a due passi** within a step (12); **fare quattro passi** to take a stroll; **stare al passo** to keep up with

la pasta pasta; pasta products (6); pastry (5)

la pasticceria pastry shop (11)

il pasticciere / la pasticciera confectioner, pastry cook (11)

il pasto meal (6)

la patata potato

la patatina potato chip (5)

la patente driver's license (13)

paterno paternal (8)

il pathos pathos

la patria native land, homeland

il patrigno stepfather (8)

il patrimonio (*pl.* **i patrimoni**) heritage

il pattinaggio skating (9); **pattinaggio su ghiaccio** ice-skating (9)

pattinare to skate (9)

patto: a patto che provided that, on the condition that (17)

la paura fear; **avere paura (di)** to be afraid (of) (1)

pauroso fearful, cowardly

la pazienza patience; **avere pazienza** to be patient

pazzesco crazy (*idea, etc.*)

pazzo crazy (*person*) (13)

peccato! too bad! (14); **peccato che** it's a shame that

pedonale *adj.* pedestrian; **l'isola pedonale** pedestrian island

peggio *adv.* worse (9); *art.* + **peggio** the worst

peggiore *adj.* worse (9); *art.* + **peggiore** the worst

pelare to peel, skin; to take all one's money

la pelle skin; **arricchirsi sulla pelle di** to get rich at the expense of; **avere la pelle dura** to be tough

la pena penalty; pain; **vale la pena** it's worth it

pendente hanging; **la Torre Pendente** the Leaning Tower

la penisola peninsula

la penna feather; pen; **le penne** *type of pasta*

pennello: stare a pennello to fit like a glove

penoso troublesome; painful

pensare to think; **pensare a** (*qualcosa*) to think about (*something*) (11); **pensare di** (+ *inf.*) to plan to (*do something*); **pensare di** + *n.* to think of; to regard, have an opinion of

il pensiero thought

il pensionato / la pensionata retired person (16)

la pensione inn (10)

la pentola pot

il pepe pepper

il peperone bell pepper

per for (3); through; in order to; **per cento** percent; **per esempio** for example; **per favore, per piacere** please (P); **per quanto** although (17)

la pera pear (11)

la percentuale percentage

la percezione perception

perché why (3); because; **perché** + *subj.* so that

il perché the reason why

percorrere (*p.p.* **percorso**) to run through

perdere (*p.p.* **perduto** *or* **perso**) to lose (4); to waste; to miss (*a train, airplane, etc.*); **lasciamo perdere** let's forget it

la perdita loss; waste

il perdono pardon

perfettamente perfectly

perfetto perfect

perfezionare to perfect

il pericolo danger

pericoloso dangerous (9)

la periferia outskirts, suburb

periferici (*m. pl.* **periferici**) *adj.* surrounding, suburban

il periodo period; sentence; **periodo ipotetico** contrary-to-fact sentence

permanente permanent

il permesso permission

permettere (*p.p.* **permesso**) to permit

però however

persino even

persistere (*p.p.* **persistito**) to persist

perso lost; **l'anima persa** condemned soul

la persona person (5)

il personaggio (*pl.* **i personaggi**) famous person (14); character (*in a play*)

il personale personnel

personale personal

la personalità personality

personalizzare to personalize

personalmente personally

persuadere (*p.p.* **persuaso**) to persuade

pervenire (*p.p.* **pervenuto**) to reach, arrive at; to attain

pesante heavy

il pescatore / la pescatrice fisherman/ fisherwoman

il pesce fish (6); **chi dorme non piglia pesci** the early bird gets the worm

la pescheria fish market (11)

il pescivendolo / la pescivendola fish vendor (11)

il peso weight; **un peso morto** a dead weight

il/la pessimista (*m. pl.* **i pessimisti**) pessimist

pessimista (*m. pl.* **pessimisti**) pessimistic (16)

pessimo terrible, very bad (9)

pesto *sauce made of basil, olive oil, pine nuts, and Parmesan cheese* (6); **al pesto** with pesto

il petrolio petroleum

il pettegolezzo gossip (14)

il petto chest; **a doppio petto** double-breasted

il pezzo piece; **pezzo grosso** big-shot

*piacere (*p.p.* piaciuto) to like (6); to please, be pleasing to
il piacere pleasure (P); piacere! pleased to meet you! (P); per piacere please (P); avere il piacere (di + *inf.*) to be delighted (*to do something*) (9); mi piace da matti I'm crazy about (it)
il pianeta (*pl.* i pianeti) planet
piangere (*p.p.* pianto) to cry, weep (19); mi viene da piangere it makes me cry
il/la pianista (*m. pl.* i pianisti) pianist
il piano (*pl.* i piano) piano (4); plan; floor (*of a building*) (12); al primo (secondo, terzo) piano on the second (third, fourth) floor (12)
piano *adv.* quietly, slowly; chi va piano va sano e va lontano haste makes waste
il pianoforte piano
la pianta plant
pianterreno ground floor; al pianterreno on the ground floor (12)
il piatto plate, dish; primo/secondo piatto first/second course (6)
la piazza square, plaza (1); in piazza in/to the square
il piazzale square, plaza
piccante spicy
piccolo small, little (2); il piccolo schermo television
il piede foot (8); a piedi on foot; *andare a piedi to walk, go by foot (3); mettere piede to set foot
piegare to fold, bend; piegare la testa to tilt one's head
piemontese from Piedmont
pieno full; fare il pieno to fill up one's tank (13)
la pietà piety; pity
pigliare to take; chi dorme non piglia pesci the early bird gets the worm
la pigrizia lazyness
pigro lazy (7)
il pigrone / la pigrona lazybones
la pillola pill
il pinguino penguin
la pioggia (*pl.* le piogge) rain
il piolo rung; la scala a pioli ladder
*piovere to rain (8)
la piramide pyramid
la piscina swimming pool; in piscina in/to the pool; *andare in piscina to go swimming
i piselli peas
la pista track
il pittore / la pittrice painter (15)
pittoresco (*m. pl.* pittoreschi) picturesque
la pittura painting (*art form*) (15)
più more (9); plus; più di/che more than; di più more (11); *art.* + più the most (11); non ne posso più I can't stand it any more; non... più no

longer (6); no more sempre più (+ *adj.*) more and more (+ *adj.*)
piuttosto *inv., adj. or adv.* rather (2); piuttosto che rather than
la pizza pizza
la pizzeria pizzeria; in pizzeria in/to the pizzeria
il pizzo lace
la plastica plastic; il sacchetto di plastica plastic bag
plastificato covered with plastic
il plurale plural
plurale *adj.* plural
po': un po' (di) a little bit (of) (11)
pochi/poche few (11); ben pochi very few
poco *adj. or adv.* few, little, not many (11); not very; poco dopo soon after; tra poco in a little while
il podio (*pl.* i podi) podium
la poesia poem (4); poetry
il poeta (*pl.* i poeti) / la poetessa poet (15)
poi then, afterward (1)
il polacco / la polacca (*m. pl.* i polacchi) Polish person; il polacco Polish language
polacco (*m. pl.* polacchi) *adj.* Polish (2)
la polemica polemics; argument; disagreement
la polenta polenta (*cornmeal dish*)
la politica *s.* politics (16); politica estera foreign affairs; politica interna domestic politics
politico (*m. pl.* politici) political (16); partito politico political party (16); scienze politiche political science (3)
la polizia police (force); polizia carceraria prison guards
il/la poliziotto police officer
il pollice thumb; inch
il pollo chicken (6)
il polmone lung
la polpetta meatball (6)
la poltrona armchair (12)
il pomeriggio (*pl.* i pomeriggi) afternoon (3); nel pomeriggio in the afternoon (3)
il pomodoro tomato (5); succo di pomodoro tomato juice (5)
il pompelmo grapefruit (5); spremuta di pompelmo grapefruit juice (5)
il poncino *mulled alcoholic drink*
il ponte bridge
pop *adj.* pop (*music*)
popolare popular
la popolazione population
il popolo people
la porta door (4)
il portafoglio (*pl.* i portafogli) wallet (5)
portare to bring (6); to wear (8); to carry, bear
portato (per) gifted (in)
la portineria janitor's lodge (12)
il porto port

il portone main door; main entrance
positivo positive
la posizione position
possedere to possess
possibile possible; tutto il possibile everything possible
la possibilità (*pl.* le possibilità) possibility, chance (17)
possibilmente possibly
la posta mail, post office, postal service (17); il ministro delle poste e delle comunicazioni Postmaster General
postale *adj.* mail; ufficio postale post office (1)
il posteggio parking
il posto place (10); seat; posto di lavoro job
potere (+ *inf.*) to be able to (can, may) (*do something*) (4); non ne posso più I can't stand it any more; può darsi maybe, it's possible (16)
povero poor (1); poverino/poverina! poor thing!
la povertà poverty (18)
il pranzo lunch (5); dinner; la sala da pranzo dining room (5)
la pratica practice
praticamente practically
praticare to practice, be active in (9); praticare (uno sport) to play (a sport)
la precauzione precaution
precedente preceding, earlier
la preferenza preference; di preferenza preferably
preferire (isc) (+ *inf.*) to prefer (*to do something*) (4)
preferito favorite (3)
pregare to pray; to beg; prego! you're welcome! (P); come in!; make yourself at home!; ti prego! I beg you!
il pregiudizio (*pl.* i pregiudizi) prejudice (20)
preliminare preliminary
premiare to reward; to award a prize to
preminentemente preeminently
il premio (*pl.* i premi) prize
prendere (*p.p.* preso) to take (4); to have (*food*); to get; prendere appunti to take notes; prendere l'autobus to take the bus; prendere una decisione to make a decision (18); prendere il fresco to get some fresh air; prendere in giro to tease, make fun of; prendere la multa to get a ticket, fine (13); prendere a nolo to rent (*a vehicle*) (10); prendere il sole to get some sun; *andare/*venire a prendere to pick up (*a person*) (13)
prenotare/prenotarsi to reserve, make a reservation
la prenotazione reservation
preoccupare (+ *n.*) to worry (*someone*); preoccuparsi (di) to worry, be worried about

preoccupato worried; **avere l'aria pre-occupata** to look worried
la preoccupazione worry
preparare to prepare (6); to fix (*a dish*); to study
la preparazione preparation
la preposizione preposition; **preposizione articolata** preposition combined with article
prescrivere (*p.p.* **prescritto**) to prescribe
presentare to present; to introduce (*a person*); to show (*a film, TV show, etc.*)
la presentazione presentation; introduction (*of a person*)
il presente present; present tense; **presente progressivo** *gram.* present progressive (*tense*)
presente *adj.* present
la presenza presence
il presidente *m., f.* president (16)
pressante pressing, urgent
la pressione pressure
presso at; in care of
prestare (imprestare) to lend (6)
il prestigio prestige
prestigioso prestigious
presto early (3); quickly; soon; **a presto!** see you soon! (P)
presuntuoso presumptuous
la prevenzione prevention
la previsione prediction; **le previsioni** weather forecast
il prezzemolo parsley
il prezzo price (11); **tirare sul prezzo** to haggle about the price
la prigione prison
la prima opening night (14)
prima *adv.* before; first; **prima che** (+ *subj.*) *conj.* before (17); **prima di** *prep.* before (5); **prima di tutto** first of all
la primavera spring (P)
primitivo primitive
primo first; **anche prima** even before; **primo ballerino / prima ballerina** principal dancer; **la prima colazione** breakfast; **la prima guerra mondiale** First World War; **il primo ministro** prime minister (16); **al primo piano** on the second floor (12); **primo (piatto)** first course (6)
principale principal
il principe / la principessa prince/princess
il principio (*pl.* **i principi**) principle
la priorità (*pl.* **le priorità**) priority
privato private
privilegiato privileged
privo (di) without
probabile probable
la probabilità (*pl.* **le probabilità**) probability
probabilmente probably
il problema (*pl.* **i problemi**) problem (12)

problematico (*m. pl.* **problematici**) problematic
procedere (*p.p.* **processo**) to proceed
il procedimento procedure
processare to process
il processo process
il prodotto product
produrre (*p.p.* **prodotto**) to produce (19)
il produttore / la produttrice producer (19)
la produzione production
professionale *adj.* professional
la professione profession; **di professione** as a profession, professional (14)
il/la professionista professional
il professore / la professoressa professor (P)
profumato scented; nice-smelling
il profumo perfume
il progetto project, plan (10)
il programma (*pl.* **i programmi**) program (16); **mettere in programma** to set up, plan
il programmatore / la programmatrice computer programmer
il/la progressista (*m. pl.* **i progressisti**) progressive
progressivo: il presente progressivo *gram.* present progressive (*tense*)
proibire (isc) to prohibit
prolungare to prolong
la promessa promise
promettere (*p.p.* **promesso**) (**di** + *inf.*) to promise (*to do something*) (17)
promuovere (*p.p.* **promosso**) to promote
il pronome pronoun (P); **pronome tonico** *gram.* unattached pronoun
pronto ready (3); **pronto!** hello! (*over the phone*); **pronto in tavola!** come and get it!
la pronuncia (*pl.* **le pronunce**) pronunciation
pronunciare to pronounce; **come si pronuncia... ?** how do you pronounce . . . ? (P)
la propaganda propaganda
la proposta proposal
il proprietario (*pl.* **i proprietari**) / **la proprietaria** owner, proprietor
proprio (*m. pl.* **propri**) (one's) own
proprio just (1); really, exactly
il prosciutto ham (6)
la prospettiva perspective; prospect
prossimo next
il prostituto / la prostituta prostitute
il/la protagonista (*m. pl.* **i protagonisti**) protagonist (15)
proteggere (*p.p.* **protetto**) to protect (13)
protestare to protest
protettore/protettrice *adj.* protective
la protezione protection; **protezione dell'ambiente** environmentalism (13)
la prova proof; rehearsal; **avere le prove** to rehearse

provare to prove; to try; to try on (11)
il proverbio (*pl.* **i proverbi**) proverb (19)
la provincia (*pl.* **le province**) province
provinciale provincial
il provincialismo provincialism
la psichiatria psychiatry
la psicologia psychology (3)
psicologico (*m. pl.* **psicologici**) psychological
pubblicare to publish (19)
la pubblicità publicity; advertising
pubblicitario (*m. pl.* **pubblicitari**) *adj.* advertising; **la campagna pubblicitaria** ad campaign
pubblicizzare to publicize; to advertise
il pubblico public
pubblico (*m. pl.* **pubblici**) public
pulire (isc) to clean (4)
pulito *adj.* clean
punire (isc) to punish
punta: l'ora di punta peak hour, rush hour (13)
puntare to point
il punto point; period
puntuale punctual (9); **essere puntuale* to be on time
puntualmente punctually
può darsi maybe, it's possible (16)
purché provided that (17)
purificare to purify
il/la purista (*m. pl.* **i puristi**) purist
puro pure (17)
purtroppo unfortunately (3)

Q

qua here
il quaderno notebook
il quadretto small square; **a quadretti** checked; checkered
il quadro painting (*individual work*) (15)
qualche (+ *s. n.*) some, a few (12); **qualche cosa** something (12); **qualche volta** sometimes (12)
qualcosa something (12); **qualcosa di piacevole/necessario/speciale** something pleasant/necessary/special
qualcuno someone; anyone (12)
quale? *adj.* which? (3); *pron.* which one? (4)
la qualifica (*pl.* **le qualifiche**) qualification
la qualità (*pl.* **le qualità**) quality
qualsiasi any; whatever
qualunque any, any sort of (12); whichever; **qualunque cosa** whatever (17)
quando when; **da quando** since
quanti/quante how many (2); **quanti ne abbiamo oggi?** what's today's date? (11)
quanto how much (2); how many; **da quanto tempo** (for) how long (4); **per quanto** although (17); inasmuch

as; **quanto tempo?** how long (10); **(tanto)... quanto** as much as

quantunque although (17)

il quartiere neighborhood

il quarto quarter; **un quarto d'ora** a quarter of an hour (6)

quarto *adj.* fourth

quasi almost (6)

quattro four; **fare quattro chiacchiere** to have a chat (10); **fare quattro passi** to take a stroll

quello that (2); the one; **quello che** what; that which

il questionario (*pl.* **i questionari**) questionnaire

la questione issue, matter

questo this (2)

qui here; **qui vicino** near here, nearby (1)

quindi *adv.* then, afterward; *conj.* therefore

quinto fifth (12)

la quotidianità ordinariness

il quotidiano daily paper (19)

quotidiano daily

R

raccogliere (*p.p.* **raccolto**) to gather

la raccolta collection

raccomandarsi to implore, request earnestly; **mi raccomando!** I entreat (you)!

raccontare to tell, narrate (8)

il racconto short story (4)

la radice root (20)

la radio (*pl.* **le radio**) radio

raffinato refined

il raffreddore cold (*illness*) (14)

il ragazzo / la ragazza boy/girl (2); young man/young woman; boyfriend/girlfriend

il ragionamento reasoning

la ragione reason; **avere ragione** to be right

la ragioneria *n.* accounting, accountancy

ragionevole reasonable

il ragioniere / la ragioniera accountant

il ragno spider

il ragù meat sauce; **al ragù** with meat sauce (6)

rallegrare to cheer up

il ramo branch

rapidamente rapidly

rapido rapid, quick

il rapporto relationship

il/la rappresentante representative

rappresentare to represent

la rappresentazione representation; **rappresentazione teatrale** play (14)

raramente rarely

i ravioli ravioli

la razza race

il razzismo racism (18)

il/la razzista (*m. pl.* **i razzisti**) racist

razzista (*m. pl.* **razzisti**) racist

il re (*pl.* **i re**) / **la regina** king/queen

*****reagire (isc)** to react

il reale reality

reale real

il realismo realism

realizzare to realize; to achieve

la realtà reality; **in realtà** in reality

il reato crime, offence

la recensione review (19)

recensire to review (19)

il recensore reviewer

recente recent

recentemente recently

il/la recipiente recipient; receptacle

reciproco (*m. pl.* **reciproci**) reciprocal

recitare to act, play (*a role*) (14)

la recitazione acting (4); **la recitazione è da Oscar** the acting is worthy of an Oscar

il réclame advertisement

recuperare to recover, salvage

il recupero recovery

il redattore / la redattrice editor (19)

la redazione editorial staff (19)

il reddito income

la refrigerazione refrigeration

regalare to give (*as a gift*) (6)

il regalo gift, present; **fare un regalo** (**a** + *person*) to give a present (*to someone*) (7)

la regia *n.* directing

regionale regional

la regione region

il/la regista (*m. pl.* **i registi**) film or theater director

la regola rule

regolare regular

regolarmente regularly

relativo *adj.* relative

il relax relaxation

relazionare to relate

la relazione paper, report (15); relationship

la religione religion

religioso religious

rendere (*p.p.* **reso**) to return, give back (6); to make, cause to be; **rendersi conto (di/che)** to realize

il repertorio (*pl.* **i repertori**) repertory

la repubblica republic (16)

repubblicano *adj.* Republican

il requisito requirement (17)

residente residing

la residenza residence

resistere (*p.p.* **resistito**) (**a**) to resist

il resoconto report, essay

respirare to breathe

responsabile responsible

la responsabilità responsibility

*****restare** to stay, remain (10)

restaurare to restore

il restauro restoration (15); **la scuola di restauro** school of restoration

restituire (**isc**) give back, bring back

il resto rest, remainder

il retaggio (*pl.* **i retaggi**) heritage (20)

la rete net; network

la retorica rhetorics

la retribuzione retribution

la retrospettiva retrospective

il rettore / la rettrice president (*of a school*)

riabilitare rehabilitate

riaprire (*p.p.* **riaperto**) to reopen

riassumere (*p.p.* **riassunto**) to summarize

il riassunto summary

ribaltare to return, give over; **ribaltare il verdetto** to return a verdict

ricamato embroidered

ricapitolare to recapitulate, review

la ricapitolazione recapitulation, review

la ricchezza wealth (18)

il riccio (*pl.* **i ricci**) curl

riccio (*m. pl.* **ricci**) curly (*hair*)

il ricco / la ricca (*m. pl.* **i ricchi**) wealthy person

ricco wealthy

la ricerca research (15); **condurre delle ricerche** to conduct research

la ricetta recipe (6)

ricevere to receive (4)

il ricevimento reception

richiamare to call back

richiedere (*p.p.* **richiesto**) to require

la richiesta request, demand (17)

riciclabile recyclable

il riciclaggio *n.* recycling (13)

riciclare to recycle (13)

ricominciare to begin again

riconoscere (*p.p.* **riconosciuto**) to recognize

ricordare to remember (3); **ricordarsi di** to remember (*to do something*) (7)

ricorrente recurrent

*****ricorrere (a)** (*p.p.* **ricorso**) to rely (on)

la ricotta ricotta cheese

ridere (*p.p.* **riso**) to laugh (15); *****morire dal ridere** to die laughing

*****ridiventare** to become again

ridurre (*p.p.* **ridotto**) to reduce

la riduzione reduction (16)

riempire to fill; **riempire un modulo** to fill out a form (17)

rifare to redo

il riferimento reference

riferire (**isc**) to report (on); **riferirsi (isc) (a)** to refer (to)

il rifiuto *n.* garbage, refuse (13); **i rifiuti** garbage, trash

la riflessione reflection

il riflessivo reflexive (*pronoun form*)

riflettere (*p.p.* **riflesso**) to reflect

la riforma reform

rifugiarsi to take refuge

rigato striped

riguardare to regard, concern; **per**

quanto mi riguarda as far as I'm concerned
il riguardo *n.* regard; **riguardo a** with regard to
il rilassamento relaxation
rilassante relaxing
rilassarsi to relax
rileggere to reread
la rima rhyme
rimandare to defer, put back
*__rimanere__ (*p.p.* **rimasto**) to remain, stay (13); **rimanere senza benzina** to run out of gas (13)
rimettere (*p.p.* **rimesso**) to put (on) again; **rimettere a nuovo** to make new
il rimpianto lament
*__rinascere__ (*p.p.* **rinato**) to be reborn
il rinascimento Renaissance
ringraziare to thank
rinunciare (a) to renounce
riparare to repair, fix (19)
la riparazione repair
ripassare to review
il ripasso review
ripetere to repeat; **ripeta, per favore** please repeat (P); **ripetete** repeat (P)
ripieno stuffed
riportare to take back, bring back (6)
riposare (riposarsi) to rest (18)
riprendere (*p.p.* **ripreso**) to resume (16); **riprendere il lavoro** to get back to work
ripulire (isc) to clean up
il riscaldamento heating (12)
riservato reserved, set aside
risiedere to reside
il riso rice
risollevare to lift again; to cheer up
risolvere (*p.p.* **risolto**) to solve (13); to resolve (18)
il risotto *a creamy rice dish* (6)
risparmiare to save
rispecchiare to reflect, mirror
rispettare to respect (13); **rispettare il limite di velocità** to obey the speed limit (13)
il rispetto respect
rispondere (a) (*p.p.* **risposto**) to respond, answer (4); **rispondere a un annuncio** to answer an ad (17); **rispondete!** answer!
la risposta answer
il ristorante restaurant (1)
il risultato result
il ritaglio (*pl.* **i ritagli**) clipping, extract
il ritardo delay; *__essere in ritardo__ to be late, tardy; **in ritardo** late; not on time
ritenere to retain, maintain, consider
ritirare to withdraw; to get, draw
il rito rite, ritual
*__ritornare__ to return, go back, come back (5)
il ritorno return; **il biglietto di andata e ritorno** round-trip ticket
il/la ritrattista (*m. pl.* **i ritrattisti**) portrait artist
il ritratto portrait (15)
ritrovare to find, find again; **ritrovarsi (con)** to get together (with)
il ritrovo meeting-place
la riunione meeting (4)
riunire (isc) to meet
*__riuscire__ (**a** + *inf.*) to succeed (in) (*doing something*) (17); to manage to (*do something*)
il riutilizzo reuse
rivedere (*p.p.* **rivisto** *or* **riveduto**) to see again
rivelare to reveal
la rivelazione revelation
rivendere to resell
la rivista magazine (4)
la rivoluzione revolution
romano Roman
romantico (*m. pl.* **romantici**) romantic
il romanziere / la romanziera novelist
il romanzo novel (15)
roseo rosy
rosso red (2); **Cappuccetto Rosso** Little Red Riding Hood
rotto broken
rovinare to ruin
le rovine ruins (15)
il rubinetto tap, faucet
i ruderi ruins (15)
il rumore noise (12)
rumoroso noisy
il ruolo role
il russo / la russa Russian person; **il russo** Russian language
russo Russian (2)

S

il sabato Saturday (P); **il sabato sera** Saturday evening
il sacchetto small bag; **sacchetto di plastica** plastic bag
il sacco bag; **un sacco (di)** a ton (of) (3)
sacrificare to sacrifice
il sacrificio (*pl.* **i sacrifici**) sacrifice
la saggezza wisdom
la sala room; hall; **sala da pranzo** dining room (5); **sala parto** delivery room
il salame salami
salare to salt
il salario (*pl.* **i salari**) wage, salary (16)
il salatino snack (5)
il saldo sale; **in saldo** on sale (11)
il sale salt
saliente salient, noteworthy
*__salire__ to go up; to climb
la saliva saliva
il salmone salmon
il salotto living room (5)
la salsiccia (*pl.* **le salsicce**) sausage (6)
saltare to jump; to skip; **saltare addosso**

(**a** + *person*) to jump on top (of)
il salto jump, leap
la salumeria delicatessen (11)
i salumi cold cuts (6)
il salumiere delicatessen clerk (11)
salutare to greet, say hello to (7); to say good-bye to
la salute health (9)
il salvadoregno / la salvadoregna Salvadoran person
la salvaguardia *n.* safeguard, safekeeping
salvare to save
salve! hello!
la salvia sage (*herb*)
salvo safe
il sangue blood; **al sangue** rare (*meat*)
sanitario (*m. pl.* **sanitari**) *adj.* sanitary, health; **assistenza sanitaria nazionale** national health care (17); **servizio sanitario** health service
sano healthy (9)
il santo / la santa saint
santo (san, sant', santa) holy; blessed; **santo cielo!** good heavens! (9); **tutta la santa sera** the whole blasted evening
sapere to know (6); to find out (*in past tenses*); **sapere** + *inf.* to know how to
il sassofono saxophone (4)
la satira satire
sbagliare/sbagliarsi to be wrong, make a mistake (7)
*__sbarcare (da)__ to disembark (from)
gli scacchi chess; **a scacchi** checked
la scala staircase (12); **scala a pioli** ladder
lo scalino step (*of stairs*) (12)
scaltro shrewd, crafty
scambiare to exchange
lo scambio (*pl.* **gli scambi**) exchange
lo scampo prawn
lo scapolo bachelor (8)
lo scappamento exhaust
*__scappare__ to escape; to rush off
scaricare to unload (13); to discharge
la scarpa shoe (11)
scarso scarce
lo scarto trash
la scatola box; can; **in scatola** canned
lo scatolame canned goods
lo scavo excavation; **scavo archeologico** archeological dig (15)
scegliere (*p.p.* **scelto**) to choose (11)
la scelta choice (17); **l'imbarazzo della scelta** the problem of choosing among desirable options, embarassment of riches
scemo stupid, foolish
la scena scene; *__andare in scena__ to be performed; *__entrare in scena__ to go on stage; **mettere in scena** to stage, put on, produce (14); **il colpo di scena** coup de théâtre
la scenografia stage design

lo schema (*pl.* **gli schemi**) chart
lo schermo screen (19); **piccolo schermo** television
scherzare to joke
lo scherzo joke; **scherzi a parte** all joking aside
scherzosamente in jest, jokingly
lo schifo disgust; **fare schifo (a)** to disgust
lo sci skiing (9); **il giaccone da sci** ski-jacket; **sci di fondo** cross-country skiing (9); **sci nautico** waterskiing (9)
sciare to ski (4)
la sciarpa scarf (11)
lo sciatore / la sciatrice skier
scientifico (*m. pl.* **scientifici**) scientific; **il liceo scientifico** high school for the sciences
la scienza science (3); **scienze delle comunicazioni** communication studies (3); **scienze naturali** natural sciences; **scienze politiche** political science (3)
lo scienziato scientist
la sciocchezza silliness
scioperare to strike (16)
lo sciopero strike (16); ***essere in sciopero** to be on strike (16); **fare sciopero** to go on strike (16)
scocciare to bother, "bug" (9)
scolastico (*m. pl.* **scolastici**) *adj.* scholastic, school
scolpire (isc) to sculpt (15)
scommettere (*p.p.* **scommesso**) to bet
*scomparire (*p.p.* **scomparso**) to disappear
la scomparsa disappearance
sconfiggere (*p.p.* **sconfitto**) to defeat
lo sconosciuto / la sconosciuta stranger
scontare to discount
lo sconto discount (10); **fare uno sconto** to give a discount
scontrarsi con to hit (*vehicle*)
lo scontrino receipt
sconvolto *adj.* upset
lo scooter (*pl.* **gli scooter**) motorscooter
la scoperta discovery
lo scopo aim, scope
*scoppiare to break out, erupt
scoprire (*p.p.* **scoperto**) discover
scorso last, past (*with time expressions*) (5); **l'estate scorsa** last summer; **lo scorso week-end** last weekend
lo scotch Scotch (*drink*)
gli scritti written exams (3)
scritto *adj.* written
lo scrittore / la scrittrice writer (15)
la scrivania desk
scrivere (*p.p.* **scritto**) to write (4); **come si scrive?** how do you write? (P); **scrivere a mano** to write by hand; **scrivete!** write! (P)
lo scultore / la scultrice sculptor (15)
la scultura sculpture (4)
la scuola school (1); **scuola alberghiera** school of hotel management; **scuola di ballo** dancing school; **scuola media** middle school; **scuola media superiore** high school; **scuola di restauro** school of restoration; **scuola secondaria superiore** high school
la scure axe, hatchet
scuro dark (*color*)
scusare to excuse; **scusa** *fam.* (P), **scusami, scusi** *form.* excuse me (P)
se if (10); **anche se** even if; **come se** as if (18)
sebbene although (17)
seccare to bore
il seccatore / la seccatrice bore, nuisance (17)
secco dry; **lavare a secco** to dry-clean
la secessione secession
il secolo century; **attraverso i secoli** through the centuries
secondario (*m. pl.* **secondari**) secondary; **la scuola secondaria superiore** high school
secondo second; **la seconda guerra mondiale** Second World War; **secondo piatto** second course (6); **al secondo piano** on the third floor
secondo *prep.* according to; (12); **secondo l'esempio** according to the example; **secondo me** in my opinion
il sedano celery; **la costa di sedano** stalk of celery
la sede seat
sedersi to sit down (10)
seduto seated (5)
segnalare to signal (19)
il segnale sign (13)
segnare (un gol) to score (a goal)
il segno sign; **fare segno** to indicate
il segretario (*pl.* **i segretari**) / **la segretaria** secretary
il segreto *n.* secret
seguente following
seguire to follow; to be interested in (*a sport, a TV show, etc.*) (9); **seguire un corso** to take a class (4)
la selezione selection
*sembrare to seem; **sembra che** it seems that
il seme seed
il semestre semester (3)
il seminario (*pl.* **i seminari**) seminary
la semiotica semiotics
semplice simple (6)
semplicemente simply
la semplicità simplicity
semplificare to simplify
sempre always (3); **sempre più** (+ *adj.*) more and more (+ *adj.*) (9)
il Senato Senate (*upper house of Parliament*) (16)
il senatore / la senatrice senator (16)
il/la senegalese Senegalese person
senegalese Senegalese
sensazionale sensational
il sensazionalismo sensationalism
la sensazione sensation
sensibile sensitive (2)
la sensibilità sensitivity
il senso sense, meaning; **senso dell'umorismo** sense of humor
la sentenza sentence (*legal*)
sentimentale sentimental
sentire to hear (4); to listen to; **farsi sentire** to make oneself heard (16); **sentire dire (di)** to hear (about); **sentire parlare di** to hear about (9); **sentirsi** to feel (7); **sentirsi in colpa** to feel guilty
senza *prep.* without (9); **senz'altro** of course, definitely; **senza che** (+ *subj.*) *conj.* without (17)
il/la senzatetto (*pl.* **i senzatetto/le senzatetto**) homeless person (18)
separato separated (8)
la separazione separation
la sera evening (3); in the evening; **buona sera!** good afternoon!, good evening! (P); **di sera** in the evening (3); **ieri sera** last night (5); **il sabato sera** Saturday evening; **tutta la santa sera** the whole blasted evening
la serata evening, the evening long (4)
la serie (*pl.* **le serie**) series
la serietà seriousness
serio (*m. pl.* **seri**) serious
il serpente snake; **serpente a sonagli** rattlesnake
serra: l'effetto serra greenhouse effect (13)
servire to serve (4)
il servizio (*pl.* **i servizi**) service; **i servizi** facilities (12); **servizio sanitario** health service
il sesso sex
sesto sixth (12)
la seta silk
la sete thirst; **avere sete** to be thirsty (1)
settembre *m.* September (P)
settentrionale northern
la settimana week (P); **alla settimana** each week; **una volta alla settimana** once a week
il settimanale weekly; weekly publication (19)
settimanale weekly
il settore sector
la sezione section
sfinito exhausted
la sfortuna misfortune
lo sfortunato / la sfortunata unfortunate person
lo sfruttamento enjoyment
sfruttare to enjoy; to take advantage of
sì yes (P); **sissignore!** yessir!
la sibilla sybil
siccome since
sicuramente surely
sicuro sure, certain; safe
la sicurezza security; **la cintura di sicurezza** seat belt (13)

la sigaretta cigarette (6)
significare to mean
il significato meaning
la signora (*abbr.* **sig.ra**) lady; Mrs. (P)
il signore (*abbr.* **sig.**) gentleman; Mr. (P); **sissignore!** yessir!
la signorina (*abbr.* **sig.na**) young lady; Miss (P)
il silenzio (*pl.* **i silenzi**) silence
il simbolo symbol
simile similar
simpatico (*m. pl.* **simpatici**) nice, likeable (2)
sinceramente sincerely
sincero sincere
il sindacato labor union (17)
il sindaco / la sindaca (*m. pl.* **i sindaci**) mayor
la sinfonia symphony
sinfonico (*pl.* **sinfonici**) symphonic
singolare singular
singolo single (10); **camera singola** single room
la sinistra left; **a sinistra** to the left (1)
il sinonimo synonym
il sistema (*pl.* **i sistemi**) system
sistemare to arrange (12)
la sistemazione arrangement
la situazione situation
smettere (*p.p.* **smesso**) (**di** + *inf.*) to stop, quit (*doing something*) (17)
lo smog smog
il soccorso help, aid; **auto soccorso** self-help
sociale social (16); **il comportamento sociale** social behavior (20)
il socialismo socialism
il/la socialista (*m. pl.* **i socialisti**) socialist
la società (*pl.* **le società**) society
la sociologia sociology
il sociologo / la sociologa (*pl.* **i sociologi / le sociologhe**) sociologist
soddisfatto satisfied, happy (17)
la soddisfazione satisfaction
soffiare to blow; **vetro soffiato** blown glass
il soffitto ceiling (15)
soffriggere (*p.p.* **soffritto**) to sauté
soggettivo subjective
il soggetto subject
il soggiorno living room
la soglia threshold
la sogliola sole (*fish*)
sognare to dream (about) (20); **sognare** (**di** + *inf.*) to dream (*of doing something*) (8)
il sogno dream
solamente *adv.* only (9)
i soldi money (1)
il sole sun (8); **al sole** in the sun; **prendere il sole** to get some sun
la solidarietà solidarity
solito usual (4); typical; **come al solito** as usual; **di solito** usually (4)

la solitudine solitude
solo *adj.* alone (2); *adv.* only (1); **da solo/sola** alone; by oneself (6)
soltanto *adv.* only
la soluzione solution
il somalo / la somala Somalian person
somalo Somalian
***somigliare** to resemble
sommato: tutto sommato all-in-all
il sonaglio: il serpente a sonagli rattlesnake
il sondaggio (*pl.* **i sondaggi**) survey
il sonno sleepiness; **avere sonno** to be sleepy (1)
sono I am (P); **sono di...** I'm from . . . (P)
sono: ci sono there are (2)
sonoro: la colonna sonora sound track (19)
sopportare to (be able to) stand
sopra above, over
la soprano (*pl.* **le soprano**) soprano
soprattutto above all
la sopravvivenza survival
***sopravvivere** (*p.p.* **sopravvissuto**) (**a**) to survive
sordomuto deaf and mute
la sorella sister (3)
la sorellastra stepsister (8); half sister
sorprendere (*p.p.* **sorpreso**) to surprise
la sorpresa surprise
sorridere (*p.p.* **sorriso**) to smile (15)
sospettare to suspect
sospirare to sigh
la sosta pause; stop; **divieto di sosta** no-parking zone (13)
la sostanza substance
la sottana skirt
sotto under
sottolineare to underline
sottoporre to subjugate
il sottotitolo subtitle (14)
sottufficiale noncommissioned officer
sovvenzionare to subsidize (18)
spaccare to split
la spaghettata spaghetti dinner
gli spaghetti *type of pasta*
lo spagnolo / la spagnola Spanish person; **lo spagnolo** Spanish language
spagnolo Spanish (2)
la spalla shoulder (9)
sparare to shoot
spasso: *essere a spasso to be out of work
lo spauracchio (*pl.* **gli spauracchi**) scarecrow
spaventare to frighten
lo spazio space (12)
lo spazzacamino (*pl.* **gli spazzacamino**) chimney-sweep
lo specchio (*pl.* **gli specchi**) mirror (12)
speciale special; **niente/qualcosa di speciale** nothing/something special
lo/la specialista (*m. pl.* **gli specialisti**) specialist

specializzarsi to specialize (7)
la specializzazione specialization; specialty
specialmente especially
la specie (*pl.* **le specie**) kind, sort; species
specifico (*pl.* **specifici**) specific
spedire (isc) to send, mail
la spedizione expedition
spegnere (*p.p.* **spento**) to turn off
spendere (*p.p.* **speso**) to spend
la speranza hope
sperare to hope; **sperare di** (+ *inf.*) to hope to (*do something*) (14)
la sperimentazione experimentation
la spesa shopping; **fare la spesa** to go grocery shopping (11); **fare le spese** to go shopping (11)
spesso often (3)
lo spettacolo show (14); **allestire uno spettacolo** to stage a production (14)
spettare to be up (to someone); to be due
lo spettatore / la spettatrice spectator
la spezia spice
lo spezzatino stew
la spiaggia (*pl.* **le spiagge**) beach
lo spicchio (*pl.* **gli spicchi**) **d'aglio** clove of garlic
lo spiedo spit, skewer; **allo spiedo** skewered
spiegare to explain (3)
gli spinaci spinach (3)
spingere (*p.p.* **spinto**) to push
spinoso thorny
lo spirito spirit
spiritoso witty
splendere to shine
splendido splendid
lo sponsor (*pl.* **gli sponsor**) sponsor
lo sport (*pl.* **gli sport**) sport
sportivo athletic (9)
sposare to marry; **sposarsi** to get married (7)
sposato married
gli sposi newlyweds
spostarsi to move, get around
la spremuta freshly squeezed juice (5); **spremuta di pompelmo** grapefruit juice (5)
spronare to spur (on)
lo spumante sparkling wine
***spuntare** to come up, break through; **parli del diavolo e spuntano le corna** speak of the devil . . .
la squadra team (9)
squisito delicious
stabile *adj.* stable
lo stadio (*pl.* **gli stadi**) stadium (1)
stagionale seasonal
la stagione season (P); **di fuori stagione** *adj.* out-of-season
stamattina this morning (5)
la stampa press (19); **fresco di stampa** hot off the press

stampare to print (19); to publish
stanco (*m. pl.* **stanchi**) tired (2)
la stanza room (12); **il compagno / la compagna di stanza** roommate (2)
stanziare to appropriate
*****stare** to stay (3); **stare attento** to pay attention (3); **stare bene/male** to be well/unwell (3); **stare a casa / in casa** to be home; **stare a dieta** to be on a diet; **stare al passo** to keep up with; **essere a spasso** to be out of work; **stare zitto** to keep quiet (3)
stasera tonight (3); this evening
la statale state highway
statale *adj.* state; federal
statistico (*m. pl.* **statistici**) statistical
lo stato state (16); **Stato** government; **stato civile** marital status (2)
la statua statue (15)
la statura height (2); **di media statura** of average height
la stazione station (1)
la stella star
stendere (*p.p.* **steso**) to hang up
lo stereo stereo
stereotipato stereotyped
stereotipico (*m. pl.* **stereotipici**) stereotypical
lo stereotipo stereotype (20)
stesso same (2); **lo stesso** the same
lo stile style
lo stipendio (*pl.* **gli stipendi**) salary (1)
stirare to iron
lo stivale boot (11)
lo stop (*pl.* **gli stop**) stop-sign
la storia history (3); story; **storia dell'arte** art history (3)
storico (*m. pl.* **storici**) historical
la strada street, road (5)
stradale *adj.* road; **il cartello stradale** traffic sign; **l'incidente stradale** traffic accident
lo straniero / la straniera foreigner (5)
straniero foreign (3)
strano strange (12)
straordinario (*m. pl.* **straordinari**) extraordinary
la strategia strategy
stravagante extravagant (14)
stravagantemente extravagantly
la strega witch
lo stress stress
stressante stressful
stressato stressed, under stress (2)
stretto tight (11)
lo strumento (musicale) (musical) instrument
lo studente / la studentessa student (1)
studentesco (*m. pl.* **studenteschi**) *adj.* student
studiare to study (3)
lo studio (*pl.* **gli studi**) study, office (12); study, academic endeavor (3); **la borsa di studio** scholarship
studioso studious

stupendo stupendous (15)
stupido stupid (2)
su on, upon; above (5)
subire to experience
subito immediately, quickly, right away (4); **ecco subito!** right away!
*****succedere** (*p.p.* **successo**) to happen
il successo success; **avere successo** to be successful
il succo (*pl.* **i succhi**) juice (5); **succo di pomodoro** tomato juice (5)
il sud south
sufficiente sufficient
il suffisso suffix
il suggerimento suggestion
suggerire (isc) to suggest
il sugo (*pl.* **i sughi**) sauce; **al sugo** with tomato sauce (6)
il suocero / la suocera father-in-law/mother-in-law (8)
†**suonare** to play (*a musical instrument*) (3); to ring (*the doorbell*); to sound; **suonare a orecchio** to play by ear
Suor(a) Sister (*religious*)
super: la benzina super super gasoline (13)
superare to overcome
superficiale superficial
superiore superior; upper, higher; **la scuola media superiore** high school; **la scuola secondaria superiore** high school
il superlativo superlative (*gram.*)
il supermercato supermarket (1)
supersonico (*m. pl.* **supersonici**) supersonic
surgelato frozen (*food*)
surreale surrealistic
lo svantaggio (*pl.* **gli svantaggi**) disadvantage
lo/la svedese Swede; **lo svedese** Swedish language
svedese Swedish
la sveglia alarm; alarm-clock
svegliare to wake up (*someone*) (7); **svegliarsi** to wake up (7)
la svendita sale; **in svendita** on sale (11)
sviluppare to develop
lo sviluppo development
lo svizzero / la svizzera Swiss person
svizzero Swiss
svolgersi (*p.p.* **svolto**) to take place

T

il tabarro cloak
la tabella table, chart
il tabloid (*pl.* **i tabloid**) tabloid
il tacchino turkey
la taglia size
tagliare to cut
le tagliatelle noodles (20)
il talento talent
talvolta at times

la tangente bribe
il tango tango
tanto *adv.* so; *adj.* so much, so many; **così tanto** so much; **di tanto in tanto** from time to time; **ogni tanto** every once in a while; **tanto... quanto** as much as
la tappa stopover, stage (10)
tardi *adv.* late (5); **fino a tardi** till late (5); **dormire fino a tardi** to sleep late (5); **più tardi** later, later on
tardo *adj.* late
la targa (*pl.* **le targhe**) license plate (13)
la tasca pocket
la tassa tax (16)
il tassì (*pl.* **i tassì**) taxi
la tavola table; **apparecchiare la tavola** to set the table; **pronto in tavola!** come and get it!
il tavolino little table (5); café table
il tavolo table (5)
il taxi (*pl.* **i taxi**) taxi
il tè tea (1); **tè freddo** iced tea (5)
teatrale theatrical; **la rappresentazione teatrale** play (14)
il teatro theater (4)
la tecnica technique
tecnico (*m. pl.* **tecnici**) technical; **l'istituto tecnico** technical institute
la tecnologia technology
il tedesco (*m. pl.* **i tedeschi**) / **la tedesca** German person; **il tedesco** German language
tedesco (*m. pl.* **tedeschi**) German (2)
il/la teenager (*pl.* **i/le teenager**) teenager
le telecomunicazioni telecommunications
il telefilm (*pl.* **i telefilm**) movie made for television
telefonare (a) to phone, call
la telefonata phone call
telefonico (*m. pl.* **telefonici**) *adj.* telephone; **cabina telefonica** phone booth
il telefono telephone; **il numero di telefono** telephone number (P)
il telegiornale television news
il telegramma (*pl.* **i telegrammi**) telegram
il telespettatore / la telespettatrice television viewer
la televisione (la TV) television, TV (4)
televisivo *adj.* television; televised
il televisore TV set (10)
il tema (*pl.* **i temi**) theme (15)
la tematica thematics
il tempaccio bad weather
la temperatura temperature
la tempesta storm
il tempo time (2); weather (3); tense (*gram.*); **che tempo fa?** what's the weather like? (3); **da molto tempo** (for) a long time (4); **molto tempo fa** a long time ago; **quanto tempo?** how

long? (10); **da quanto tempo** (for) how long (4); **passare il tempo (a +** *inf.*) to spend time (*doing something*)

la tendenza tendency

tenere to keep; to hold; **tenere/tenerci a** to care about; **tenere alle apparenze** to care about appearances; **tenere per** to root for

il tennis tennis (4); **il campo da tennis** tennis court; **giocare a tennis** to play tennis

il/la tennista (*m. pl.* **i tennisti**) tennis player

il tenore tenor (14)

la tensione tension

tentare (di) to try (to)

il tentativo attempt

la teoria theory

la terapia therapy

le terme baths

il termine term

la terra earth; **per terra** on the ground, on the floor

la terrazza / il terrazzo terrace

il terremoto earthquake

il/la terrestre earthling

terribile terrible

terzo third; **al terzo piano** on the fourth floor (12)

la tesi (*pl.* **le tesi**) thesis

il tesoro treasure

la tessera pass (*for entry or boarding*)

tessile *adj.* textile

la testa head; **a testa** apiece; **avere la testa dura** to be hard-headed; **avere mal di testa** to have a headache; **piegare la testa** to tilt one's head

il testamento testament; **Vecchio Testamento** Old Testament

il testo text

il tetto roof

tiepido lukewarm

il tifo: fare il tifo (per) to be a fan (of)

il tifoso / la tifosa fan

la tigre tiger

timido shy

tipico (*m. pl.* **tipici**) typical

il tipo type, kind; guy

tipo like, similar to

il tiramisù *type of dessert*

tirare to pull; **tirare sul prezzo** to haggle about the price

la tisi tuberculosis

il/la titolare owner

il titolo title (P)

il titolone headline

la tivù TV

toccare to touch; **toccare a** (+ *person*) to be the turn of (*person*)

la toga robe

tolto taken away

tonico (*pl.* **tonici**) stressed; **il pronome tonico** *gram.* unattached pronoun

il topo mouse (12)

il torace chest area

*tornare to return, go back, come back (3); **ben tornato!** welcome back! (14)

il torneo tournament

la torre tower; **Torre Pendente** Leaning Tower

la torta cake

i tortellini *type of pasta*

i tortelloni *type of pasta*

torto fault, wrong; **avere torto** to be wrong

la tosse cough

tossico (*m. pl.* **tossici**) toxic

il/la tossicodipendente drug addict (18)

tossire (isc) to cough

il totale totale

totale *adj.* total

totalmente totally

la tovaglia tablecloth (20)

il tovagliolo napkin (20)

tra between, among; in, within (*time expression*) (10)

tradizionale traditional

la tradizione tradition (20)

tradurre (*p.p.* **tradotto**) to translate (19)

il traduttore / la traduttrice translator

la traduzione translation

il trafficante trafficker

il traffico traffic (12)

la tragedia tragedy (14)

il traghetto ferry

tragicamente tragically

tragico (*m. pl.* **tragici**) tragic

tragicomico (*m. pl.* **tragicomici**) tragicomic

il tram (*pl.* **i trami**) tram

la trama plot

il trampolino trampoline; **trampolino di lancio** launching pad

tranne except

tranquillo quiet, tranquil

la transazione transaction

transitare to move

il trapassato *gram.* past perfect (tense)

trapiantato transplanted

trascorrere (*p.p.* **trascorso**) to pass; to spend (*time*)

il trasferimento transfer

trasferirsi (isc) to move

trasformare to transform

traslocare to move (12)

il trasloco (*pl.* **i traslochi**) move

trasmettere (*p.p.* **trasmesso**) to broadcast, telecast

la trasmissione broadcast, telecast (19)

trasparente transparent

trasportare to transport

il trasporto transportation; **i mezzi di trasporto** (means of) transportation (13)

trattare to treat; to deal with; **trattare/trattarsi di** to be a matter of

la trattoria informal restaurant

traverso: *andare di traverso to go the wrong way

la treccia (*pl.* **le trecce**) braid

la tregua truce

il treno train (1); ***andare in treno** to go by train; **in treno** by train

la trigonometria trigonometry

il trimestre (*academic*) quarter (3); trimester

triste sad (2)

tritare to chop

il trittico (*pl.* **i trittici**) triptych

la tromba trumpet (14)

il trombone trombone

tropicale tropical

troppo *adj.* too much, too many (5); *adv.* too (5)

trovare to find (6); ***andare/*venire a trovare** to visit (6); **trovarsi** to find oneself (*in a place*) (9); to meet; **trovarsi bene/male** to get along well/poorly (9)

tu you *fam.* (P); **dare del tu (a)** to address (someone) in the **tu** form (9)

il tumore tumor

il turismo tourism

il/la turista (*m. pl.* **i turisti**) tourist (16)

turistico (*m. pl.* **turistici**) *adj.* touristic, tourist

il turno turn; **a turno** in turn

tutti/tutte *pron.* everyone, everybody (12); **tutti insieme!** all together! (P); **tutt'e due** both

tutto *inv.* all (12); everything; **tutt'altro** on the contrary

tutto (+ *def. art.* + *n.*) all, every, the whole of (3); **tutta la santa sera** the whole blasted evening; **tutto sommato** all-in-all

la TV TV

U

ubriacarsi to get drunk (19)

l'uccello bird

uccidere (*p.p.* **ucciso**) to kill (19)

uffa! *groan*

ufficiale official

l'ufficio (*pl.* **gli uffici**) office (5); **ufficio cambio** (currency exchange); **ufficio postale** post office (1)

l'Ufo (*pl.* **gli Ufo**) UFO

l'uguaglianza equality (18)

uguale equal

ugualmente equally

ulteriore *adj.* further

ultimo last; **all'ultima moda** trendy (11)

umanistico (*pl.* **umanistici**) *adj.* humanist

l'umanità humanity

umano *adj.* human

l'umidità humidity

l'umore humor, mood; **di cattivo/buon umore** in a bad/good mood (8); ***essere di umore nero** to be in a terrible mood

l'umorismo humor; **il senso dell'u-
morismo** sense of humor
ụnico (*m. pl.* ụnici) unique; only; **figlio
ụnico** only child
l'unione *f.* union
unire to add
unito united
universale: **il giudizio universale** the
Last Judgment
l'università (*pl.* **le università**) university (1)
universitario (*m. pl.* universitari) *adj.*
university; **il diploma universitario**
junior-college diploma
uno (un, una, un') one; a
l'uomo (*pl.* **gli uọmini**) man (2); **uomo
d'affari** businessman
l'uovo (*pl.* **le uova**) egg
urbano urban
urgente urgent
urlare to scream, shout
le urne voting booth; ***andare alle urne**
to vote
l'urologia urology
l'usanza custom (20)
usare to use
*uscire to go out (4); to leave; **uscire di
casa** to leave the house
utile useful
utilizzare to use, utilize
l'uva (*s.*) grapes (11)

V

va bene OK, fine (P); **va bene?** is that
OK? (1); **va bene così** that's enough
la vacanza vacation, holiday (10);
*andare in vacanza to go on vacation (10); **fare le vacanze** to take a
vacation
valere (*p.p.* **valso**) to be worth; to be
valid; **vale la pena** it's worth it
valido valid
la valigia: **disfare le valige** to unpack
(one's bags)
la valle valley
il valore value (20)
il valzer waltz
la vaniglia vanilla; **alla vaniglia**
vanilla (*flavored*)
il vantaggio (*pl.* **i vantaggi**) advantage
la varietà (*pl.* **le varietà**) variety
vario (*m. pl.* **vari**) various
la vastità vastness
vasto vast
il vecchio (*pl.* **i vecchi**) / **la vecchia** old
person
vecchio (*m. pl.* **vecchi**) old (2); **Vecchio
Testamento** Old Testament
vedere (*p.p.* **veduto** *or* **visto**) to see (4);
to watch; **non vedere l'ora** to not be
able to wait (6)
il vẹdovo / **la vẹdova** widower/widow
(8)

la veduta view
vegetariano vegetarian
la vegetazione vegetation
la vela sail; **barca a vela** sailboat;
*andare in barca a vela to go sailing
(4)
il veleno poison
veloce fast
velocemente quickly
la velocità velocity, speed; **rispettare il
limite di velocità** to obey the speed
limit (13)
la vena vein; **in vena** in the mood
vẹndere to sell (11)
la vendetta revenge
la vẹndita sale
il venditore / **la venditrice** vendor,
seller (11); **venditore ambulante**
street vendor
il venerdì Friday (P)
*venire to come (4); **venire in mente
(a)** to come to (*someone's*) mind;
venire a prẹndere to pick up (*a person*) (13); **venire a trovare** to visit (6);
mi fa venire la nạusea it makes me
sick (13); **mi viene da piạngere** it
makes me cry
veramente truly, really (6)
verbale verbal; **le espressioni verbali**
verbal expressions
il verbo verb (1)
verde green (2); **la benzina verde** unleaded gasoline (13)
il verdetto verdict; **ribaltare il verdetto**
to return a verdict
la verdura *s.* vegetables (6)
la Vẹrgine the Madonna
vẹrgine *adj.* virgin; virginal
la vergogna shame
verificato verified
la verità truth; **a dire la verità** to tell
the truth; **un granello di verità** a
grain of truth
la vernice paint
vero true; **vero?** right?; **non è vero?**
isn't it true? (2)
versare to pour
la versione version
verso toward
il vẹscovo bishop
la vespa motorscooter
vestire to dress; **vestirsi** to get dressed
(7)
il vestito dress (11); **i vestiti** clothes
la vetrina shop window (11)
il vetro glass; **vetro soffiato** blown
glass
la via street (1); way, route
via *adv.* away; ***andare via** to go away,
leave; **buttare via** to throw away; **e
così via** and so forth
viaggiare to travel (4)
il viaggio (*pl.* **i viaggi**) trip; **l'agenzịa
di viaggi** travel agency; **buon viaggio!** bon voyage!; **fare un viaggio** to

take a trip; **viaggio di nozze** honeymoon trip
il viale avenue (1)
la vicenda the matter
vicino close, near (1); **vicino a** near;
near to; **qui vicino** near here, nearby
(1)
il vịdeo (*pl.* **i vịdeo**) video
il videoregistratore video camera
vietare to prohibit (13)
il/la vietnamita (*m. pl.* **i vietnamiti**)
Vietnamese person (4)
vigilante vigilant
il/la vigile traffic officer (13)
la vignetta cartoon
la villa luxury home (12); country
house
il villaggio (*pl.* **i villaggi**) village
la villetta single-family house
(12)
vincente *adj.* winning
vịncere (*p.p.* **vinto**) to win (9)
vinịcolo *adj.* wine
il vino wine (1)
viola *inv.* violet, purple
violento violent
la violenza violence (18)
il violino violin (14)
la virtù (*pl.* **le virtù**) virtue
virtuoso virtuous
visịbile visible
la visione vision
la vịsita visit; **il biglietto da vịsita**
business card
visitare to visit (*a place*)
la vista view (12)
la vita life; **il costo della vita** cost of
living (17); **dolce vita** easy living
la vite vine
il vitello veal (6)
viva! hurray!; hurray for . . . !
vivace vivacious; lively
*vịvere (*p.p.* **vissuto**) to live (8);
guadagnarsi da vịvere to earn a
living (18); **il modo di vịvere** way
of life
viziato spoiled (*child*)
il vizio (*pl.* **i vizi**) vice
il vocabolario (*pl.* **i vocabolari**) vocabulary; dictionary
la vocazione vocation
la voce voice; **ad alta voce** out loud;
mettere in giro la voce to spread the
rumor (12)
la voglia desire; **avere voglia (di** + *n.
or inf.***)** to feel like (*something/doing
something*) (1)
volante *adj.* flying; **il disco volante** flying saucer
il volantino leaflet
volare to fly (17)
volentieri gladly, willingly (3)
volere to want (4); **volere (**+ *inf.***)** to
want (*to do something*) (4)
la volontà *n.* will

la volta time; occurrence; **ancora una volta** once more (P); **una volta / c'era una volta** once upon a time (there was) (8); **a volte** at times; **qualche volta** sometimes (12); **una volta alla settimana** once a week; **una volta tanto** once and for all
il volume volume
votare to vote (16)
il voto vote (16); grade; **un brutto voto** a bad grade
vuoto empty

W

il week-end (*pl.* **i week-end**) weekend; **lo scorso week-end** last weekend

Y

lo yoga yoga; **fare esercizi di yoga** to practice yoga (4)
lo yogurt yogurt (11)

Z

lo zaino backpack

la zanzara mosquito
lo zio (*pl.* **gli zii**) / **la zia** uncle/aunt (1)
zitto quiet; ***stare zitto** to keep quiet (3)
lo zodiaco (*pl.* **gli zodiaci**) zodiac
lo zolfo sulphur
la zona area, zone (10)
lo zoo zoo (1)
lo zucchero sugar (5)
lo zucchino / la zucchina zucchini squash
la zuppa inglese English trifle (*dessert*) (6)

ENGLISH–ITALIAN VOCABULARY

A

able **bravo** (2); to be able (*to do something*) **potere** (+ *inf.*) (4)
above **su** (5)
abroad **all'estero** (10); to go abroad **andare all'estero (10)
to act **recitare** (14)
acting **la recitazione** (4)
active: to be active in **praticare** (9); to be active in a sport **fare uno sport**
actor **l'attore** (19)
actress **l'attrice** (19)
ad **l'annuncio** (*pl.* **gli annunci**) (17); to answer an ad **rispondere a un annuncio** (17)
addict (*drug*) **il/la tossicodipendente** (18)
address **l'indirizzo** (8); to address a person in the tu/Lei form **dare del tu / del Lei a** (9)
to admire **ammirare** (15)
aerobics **l'aerobica**; to do aerobics **fare aerobica** (4)
afraid: to be afraid **avere paura** (1)
African **africano** (2)
after **dopo** (5); **dopo che** (10)
afternoon **il pomeriggio** (*pl.* **i pomeriggi**) (3); in the afternoon **nel pomeriggio** (3)
afterwards **dopo** (5)
again **ancora** (7)
against **contro**; to be against **essere contro (18)
ago **fa** (5)
air-conditioning **l'aria condizionata** (10)
airplane **l'aeroplano, l'aereo** (1)
airport **l'aeroporto** (1)
alcoholism **l'alcolismo** (18)
all **tutto** (+ *art.*) (3); all the time **sempre** (3)
almost **quasi** (6)
already **già** (5)
also **anche** (2)
although **benché** (17), **per quanto** (17), **quantunque** (17), **sebbene** (17)
always **sempre** (3)
amateur (*adj.*) **dilettante** (14)
American **americano** (2)
ancestor **l'antenato** (20)
and **e, ed** (*before vowels*) (1)
angry: to get angry **arrabbiarsi** (7); **arrabbiato**
to answer **rispondere** (*p.p.* **risposto**) (4); to answer an ad **rispondere a un annuncio** (17)
anthropology **l'antropologia** (3)
anxious **ansioso**
any: any sort of **qualunque** (12)

anybody, anyone **qualcuno** (12); not anybody **non... nessuno** (12)
anything **qualche cosa, qualcosa** (12)
apartment **l'appartamento** (1); studio apartment **il monolocale** (12); apartment building **il palazzo** (12)
aperitif **l'aperitivo** (5)
to applaud **applaudire** (14)
apple **la mela** (11)
to apply **applicare** (16); **fare domanda** (17)
appointment **l'appuntamento** (4)
to appreciate **apprezzare** (15)
April **aprile** (*m.*) (P)
archeological **archeologico** (*m. pl.* **archeologici**) (15); archeological dig **lo scavo archeologico** (15)
archeologist **l'archeologo** (*pl.* **gli archeologi**) (15)
archeology **l'archeologia** (15)
architect **l'architetto** *m., f.* (15)
architecture **l'architettura** (3)
area **la zona** (10)
aria **l'aria** (14)
to arrange **sistemare** (12)
to arrive **arrivare (3)
artist **l'artista** *m., f.* (*m. pl.* **gli artisti**) (15)
arts, liberal **le lettere** (3)
artwork **l'opera** (15)
as if **come se** (18)
to ask **domandare** (4); **chiedere** (*p.p.* **chiesto**) (5); to ask for **chiedere** (*p.p.* **chiesto**) (5); to ask for a lift **chiedere un passaggio** (13); to ask a question **fare una domanda** (3)
assignment **il compito** (3)
at **a** (1)
athletic **sportivo** (9)
to attend (*a school*) **frequentare** (3)
attic **la mansarda** (12)
attitude **l'atteggiamento** (20)
to attract **attirare** (14)
August **agosto** (P)
aunt **la zia** (1)
author **l'autore / l'autrice** (14)
authoritarian **autoritario** (*m. pl.* **autoritari**) (18)
automobile **l'automobile** *f.*, **l'auto** (*pl.* **le auto**) *f.* (1); **la macchina** (1)
avenue **il viale** (1)

B

bachelor **lo scapolo** (8)
bad **cattivo** (2); too bad **peccato** (14)
baked **al forno** (6)
baker: bread baker **il panettiere / la panettiera** (11)
bakery: bread bakery **la panetteria** (11)

balanced **equilibrato** (9)
balcony **il balcone** (12)
ballet **il balletto** (14)
bank **la banca** (1)
bar **il bar** (1)
baritone **il baritono** (14)
baseball **il baseball** (9)
basketball **la pallacanestro, il basket** (9)
bass **il basso** (14)
bath **il bagno**; to take a bath **fare il bagno** (7)
bathroom **il bagno** (4)
to be **essere (*p.p.* **stato**) (2); to be a + *profession* **fare il/la +** *profession* (17); to be against **essere contro (18); to be in favor of **essere a favore di (18)
beautiful **bello** (2)
because **perché** (3)
bed **il letto** (3); in bed, to bed **a letto** (3)
bedroom **la camera** (4); **la camera (da letto)** (12)
beef **il manzo** (6)
beer **la birra** (1)
before **prima di** (5); **prima che** (17)
to begin †**cominciare** (3)
behavior **il comportamento**; social behavior **il comportamento sociale** (20)
to believe (in) **credere (a)** (11)
belt **la cintura** (11); seat belt **la cintura di sicurezza** (13)
between **tra** (1)
beverage **la bevanda** (5), **la bibita** (5)
bicycle **la bicicletta** (1)
big **grande** (2), **grosso** (8)
bike **la bici** (1)
birthday **il compleanno** (5)
bit: a little bit (of) **un po' (di)** (11)
black **nero** (2)
blond **biondo** (2)
blouse **la camicetta** (11)
blue **azzurro** (2)
to boo **fischiare** (*lit.* to whistle) (14)
book **il libro** (2)
boots **gli stivali** (11)
bore **il seccatore / la seccatrice** (17)
bored: to be bored **annoiarsi** (7); **annoiato**
boring **noioso** (8)
born: to be born **nascere (*p.p.* **nato**) (5)
to bother **scocciare** (9)
boutique **la boutique** (11)
boy **il ragazzo** (2); little boy **il bambino** (2)
boyfriend **il ragazzo** (2)
bread **il pane** (11)
breakfast **la colazione**; to have breakfast **fare colazione** (5)
to bring **portare** (6)

broadcast **la trasmissione** (19); to broadcast **trasmettere** (*p.p.* **trasmesso**) (19), **mandare in onda** (19)

broth **il brodo;** in broth **in brodo** (6)

brother **il fratello** (3)

brother-in-law **il cognato** (8)

brown **castano** (2), **marrone** (2)

to buckle **allacciare** (13)

to bug (bother) **scocciare** (9)

to build **costruire (isc)** (15)

building: apartment building **il palazzo** (12)

bus **l'autobus** *m.* (1)

business **commercio** (17)

busy **impegnato** (18)

but **ma** (1)

butcher **il macellaio** (11); butcher shop **la macelleria** (11)

butter **il burro** (11)

to buy **comprare** (3)

bye **ciao** (P)

C

café **il bar** (1); **il caffè** (1)

cafeteria **la mensa** (2)

cake **la torta;** Christmas cake **il panettone** (6)

to call (*someone*) **chiamare** (7); to be called **chiamarsi** (7)

can **potere** (+ *inf.*)

Canadian **canadese** (2)

canapé **il crostino** (6)

cantaloupe **il melone** (6)

car **l'automobile** *f.,* **l'auto** (*pl.* **le auto**) *f.* (1); **la macchina** (1); car keys **le chiavi della macchina** (13)

care: national health care **l'assistenza sanitaria nazionale** (17)

cash **i contanti** (10)

cat **il gatto / la gatta** (1)

catalogue **il catalogo** (*pl.* **i cataloghi**) (4)

to celebrate **festeggiare** (10)

cellar **la cantina** (12)

center **il centro** (5)

ceramics **la ceramica** (4)

chain **la catena** (17)

Chamber (*House*) **la Camera** (16); Chamber of Deputies (*lower house of Parliament*) **la Camera dei Deputati** (16)

chance **la possibilità** (*pl.* **le possibilità**) (17)

character (*in a play*) **il personaggio** (*pl.* **i personaggi**) (14)

chat: to have a chat **fare quattro chiacchiere** (10)

check **l'assegno** (10); to check **controllare** (13)

cheerful **allegro** (2)

cheese **il formaggio** (6)

chicken **il pollo** (6)

child **il bambino / la bambina** (2)

Chinese **cinese** (2)

chocolate **la cioccolata** (1); hot chocolate **la cioccolata calda** (1)

to choose **scegliere** (*p.p.* **scelto**) (11)

Christmas **il Natale** (6)

church **la chiesa** (1)

cigarette **la sigaretta** (6)

city **la città** (1)

class **la lezione** (1); to take a class **seguire un corso** (4)

to clean **pulire (isc)** (4)

client **il/la cliente** (11)

clock **l'orologio** (*pl.* **gli orologi**) (2)

close by **qui vicino** (1)

coffee shop **il bar** (1); **il caffè** (1)

cold: to be cold **avere freddo** (1); cold cuts **i salumi** (6)

colleague **il collega** (*pl.* **i colleghi**) / **la collega** (17)

to come *****venire** (*p.p.* **venuto**) (4); to come back *****ritornare** (*****tornare**) (5)

comedy **la commedia** (14)

communist **comunista** (*m. pl.* **comunisti**) (16)

comparison **il confronto** (20)

to complain about **lamentarsi di** (7)

compliment **il complimento** (10)

composer **il compositore / la compositrice** (14)

concert **il concerto** (4)

confectioner **il pasticciere** (11)

Constitution **la costituzione** (16)

consumerism **il consumismo** (18)

to continue (*doing something*) **continuare (a** + *inf.*) (8)

convenience **la comodità;** with all the conveniences **con tutte le comodità** (10)

conventional **convenzionale** (18)

to cook **cucinare** (4)

cookbook **il libro di cucina** (6)

cooking **la cucina** (6)

cost **il costo;** the cost of living **il costo della vita** (17); to cost *****costare** (11)

counter **il banco** (5)

countryside **la campagna** (5); to go to the country *****andare in campagna** (10)

course (*of study*) **il corso** (3); course (*meal*) **il piatto** (6); first/second course **il primo/secondo piatto** (6)

cousin **il cugino / la cugina** (1)

crazy **pazzo** (13)

cream **la panna** (5)

credit card **la carta di credito** (10)

crowded **affollato** (5)

cruise **la crociera;** to take a cruise **fare una crociera** (10)

to cry **piangere** (*p.p.* **pianto**) (19)

cuisine **la cucina** (6)

custom **l'usanza** (20)

customer **il/la cliente** (11)

cute **carino** (2)

cycling **il ciclismo** (9)

D

dad **il padre** (2), **il papà** (2)

dairy **la latteria** (11)

dance: to dance **ballare** (3)

dancing **il ballo** (4)

dangerous **pericoloso** (9)

dark (*hair, complexion*) **bruno** (2)

date (*calendar*) **la data** (4); what's today's date? **quanti ne abbiamo oggi?** (11); date (*appointment*) **l'appuntamento** (4)

daughter **la figlia** (3)

daughter-in-law **la nuora** (8)

day **il giorno** (P)

dear **caro** (2)

December **dicembre** *m.* (P)

decision **la decisione;** to make a decision **prendere una decisione** (18)

delicatessen **la salumeria** (11); delicatessen clerk **il salumiere** (11)

demand **la richiesta** (17); to demand **esigere** (*p.p.* **esatto**) (16)

democracy **la democrazia** (16)

to depart *****partire** (4)

department (*academic*) **la facoltà** (*pl.* **le facoltà**) (3)

to depend: it depends **dipende** (10)

dessert **il dolce** (3)

to die *****morire** (*p.p.* **morto**) (5)

diet **l'alimentazione** *f.* (9); **la dieta;** to be on a diet *****essere a dieta** (5)

difficult **difficile** (2)

dig: archeological dig **lo scavo archeologico** (15)

dinner **il pranzo** (5), **la cena**

director (*film or theater*) **il/la regista** (*m. pl.* **i registi**) (14)

disagreeable **antipatico** (*m. pl.* **antipatici**) (2)

disc **il disco** (*pl.* **i dischi**) (4); compact disc **il Cd** (*pl.* **i Cd**) (4)

to discharge **scaricare** (13)

discount **lo sconto** (11)

discussion **la discussione** (16)

dish **il piatto** (6); side dish **il contorno** (6)

to divide **dividere** (*p.p.* **diviso**) (12)

divorced **divorziato** (8)

to do **fare** (*p.p.* **fatto**) (3); **eseguire (isc)** (15)

doctor **il dottore / la dottoressa** (4)

dog **il cane** (1)

dollar **il dollaro** (1)

door **la porta** (4)

double **doppio** (*pl.* **doppi**) (10); with a double bed **matrimoniale** (10)

to doubt **dubitare** (16)

downtown **in centro** (5)

drama **il dramma** (*pl.* **i drammi**) (14)

to draw **disegnare** (4)

to dream (*of doing something*) **sognare (di** + *inf.*) (8)

dress **il vestito** (11)

dressed: to get dressed **vestirsi** (7)

to drink **bere** (*p.p.* **bevuto**) (4); drink **la bibita** (5)
to drive ***andare in automobile** (3); **guidare** (3)
driver **l'automobilista** *m., f.* (*m. pl.* **gli automobilisti**) (13)
drugs **la droga** (18)
drunk **ubriaco; to get drunk **ubriacarsi** (19)
to dub **doppiare** (19)
dumplings **gli gnocchi** (6)
duty **la mansione** (17)
dwelling **l'abitazione** (12)

E

each **ogni** *inv.* (4)
early **presto** (3)
to earn **guadagnare; to earn a living guadagnarsi da vivere** (18)
easy **facile** (2)
to eat **mangiare** (3)
economy **l'economia** (3)
editor **il redattore / la redattrice** (19)
effect **l'effetto; greenhouse effect l'effetto serra** (13)
to elect **eleggere** (*p.p.* **eletto**) (16)
election **l'elezione** *f.* (16)
elegant **elegante** (2)
elevator **l'ascensore** *m.* (12)
to eliminate **eliminare** (18)
emancipated **emancipato** (20)
to embrace **abbracciare** (7)
to emigrate ***emigrare** (20)
end **la fine** (6)
to enforce **applicare** (16)
engaged (*politically*) **impegnato** (18)
engineering **l'ingegneria** (3)
English **inglese** (2)
enough **abbastanza** *inv.* (11)
to ensure **assicurare** (18)
to enter ***entrare** (5)
enthusiastic **entusiasta** (*m. pl.* **entusiasti**) (16)
environment **l'ambiente** (13)
environmentalism **la protezione dell'ambiente** (13)
environmentally safe **ecologico** (13) (*m. pl.* **ecologici**)
equality **l'uguaglianza** (18)
to establish oneself **affermarsi** (15)
evening **la sera** (3); **la serata** (4); in the evening **la sera** (3); this evening **stasera** (3)
ever **mai** (5)
every **ogni** *inv.* (4); **tutto** (+ *art.*) (3)
everybody, everyone **ognuno** (12), **tutti** (12)
everything **tutto** *inv.* (12)
everywhere **dappertutto** (12)
examination **l'esame** *m.* (3)
exams, oral **gli orali** (3); written exams **gli scritti** (3)
excuse me **scusa** (*fam.*), **scusi** (*form.*) (P)
to execute **eseguire (isc)** (15)

executive **il/la dirigente** (17)
exercise **l'esercizio** (*pl.* **gli esercizi**) (3); **la ginnastica** (9); to exercise **fare la ginnastica** (9)
exhibit **la mostra** (15)
to expect **esigere** (*p.p.* **esatto**) (16)
expensive **caro** (2)
experience **l'esperienza** (18)
to explain **spiegare** (3)
extravagant **stravagante** (14)
eye **l'occhio** (*pl.* **gli occhi**) (2)

F

fable **la favola** (8)
facilities **i servizi** (12)
fact: in fact **infatti** (14)
faith: to have faith in **fidarsi di** (18)
fall **l'autunno** (P); to fall in love with **innamorarsi di** (14)
family **la famiglia** (2); single-family house **la villetta** (12)
famous **famoso** (2)
far **lontano** (1)
fat **grasso** (2)
father **il padre** (2), **il papà** (2)
father-in-law **il suocero** (8)
favor **il favore; to be in favor of ***essere a favore di** (18)
favorite **preferito** (3)
February **febbraio** (P)
to feel **sentirsi** (7); to feel like **avere voglia di** (1)
few **pochi/poche** (11); a few **alcuni** (12); **qualche** (12)
fib **la bugia** (18)
to fill up one's gas tank **fare il pieno** (13); to fill out a form **riempire un modulo** (17)
to find **trovare** (6); to find oneself (*in a place*) **trovarsi** (9)
fine **la multa** (13); to get a fine **prendere la multa** (13)
to finish **finire (isc)** (4)
to fire **licenziare** (17)
firm **l'azienda** (17), **la ditta** (17)
fish **il pesce** (6); fish market **la pescheria** (11); fishmonger **il pescivendolo / la pescivendola** (11)
to fix **riparare** (19)
floor **il piano** (12); on the first floor **al pianterreno** (12); on the second/third/fourth floor **al primo/secondo/terzo piano** (12)
flower **il fiore** (7)
to fly ***andare in aeroplano** (3)
foot **il piede** (8)
football **il football** (9), **il calcio** (9)
for **per** (3)
to force to (*do something*) **obbligare a** (18)
foreign **straniero** (3)
to forget **dimenticare** (3); to forget (*to do something*) **dimenticarsi** (7)
form **il modulo; to fill out a form riempire un modulo** (17)

French **francese** (2)
fresco **l'affresco** (*pl.* **gli affreschi**) (15); to fresco **affrescare** (15)
fresh **fresco** (6)
Friday **il venerdì** (P)
friend **l'amico** (*pl.* **gli amici**) / **l'amica** (1)
friendship **l'amicizia** (18)
from **da** (4)
fruit **la frutta** (6); fruit cup **la macedonia di frutta** (6); fruit vendor **il fruttivendolo / la fruttivendola** (11)
function **la mansione** (17)

G

game **la partita** (9)
garbage **il rifiuto** (13)
gas (regular/super/unleaded) **la benzina (normale/super/verde)** (13); to get gas **fare benzina** (13); to fill up one's gas tank **fare il pieno** (13); to run out of gas ***rimanere senza benzina** (13); gas pump **il distributore di benzina** (13)
generalization **la generalizzazione** (20)
to generalize **generalizzare** (20)
genuine **genuino** (6)
German **tedesco** (*m. pl.* **tedeschi**) (2)
to get gas **fare benzina** (13); to get a ticket, fine **prendere la multa** (13)
girl **la ragazza** (2); little girl **la bambina** (2)
girlfriend **la ragazza** (2)
to give **dare** (3); to give (*as a gift*) **regalare** (6); to give back **rendere** (*p.p.* **reso**) (6); **riportare** (6); to give a lift **dare un passaggio** (13); to give a present (*to someone*) **fare un regalo** (**a** + *person*) (7)
gladly **volentieri** (3)
glass (*drinking*) **bicchiere** (1)
gloves **i guanti** (11)
to go ***andare** (3); to go (*to do something*) ***andare a** (+ *inf.*) (3); to go away ***andare via** (5); to go back, come back ***ritornare** (***tornare**) (5); to go by car ***andare in automobile** (3); to go horseback riding ***andare a cavallo** (9); to go sailing ***andare in barca a vela** (4); to go by train ***andare in treno** (3); to go in ***entrare** (5); to go out ***uscire** (4)
gold **l'oro** (17)
golf **il golf** (9)
good **bravo** (2); **buono** (1); good at **bravo in** (9); good afternoon **buona sera** (P); **buon giorno** (P); good evening **buona sera** (P); good morning **buon giorno** (P); good night **buona notte** (P); pretty good **abbastanza bene** (P)
good-bye **arrivederci** *fam.* (P); **arrivederLa** *form.* (P); to say good-bye to **salutare** (7)

gossip **il pettegolezzo** (14)
government **il governo** (16)
to graduate (*from high school*)
  diplomarsi (7); (*from college*)
  laurearsi (7)
grandchild **il/la nipote** (3)
grandfather/grandmother **il nonno / la
  nonna** (2)
grapes **l'uva** (*s.*) (11)
gray **grigio** (2)
great **grande** (2)
green **verde** (2)
greenhouse effect **l'effetto serra** (13)
to greet **salutare** (7)
grilled **alla griglia** (6)
group **il gruppo** (10)
to guess **indovinare** (13)
guest **l'ospite** (12); guest room **la
  camera per gli ospiti** (12)
guide **la guida** (15)
guidebook **la guida** (15)
guitar **la chitarra** (3)
gym **la palestra** (7); in/to the gym **in
  palestra** (7)
gymnastics **la ginnastica** (*s.*) (9)

H

habit **l'abitudine** *f.* (20)
hair **i capelli** (2)
half sister **la sorellastra** (8)
half brother **il fratellastro** (8)
ham **il prosciutto** (6)
hand **la mano** (*pl.* **le mani**) (7); on the
  other hand **invece** (10)
handsome **bello** (2)
happy **soddisfatto** (17)
hat **il cappello** (11)
to hate **odiare** (6)
to have **avere** (1); to have a good time,
  enjoy oneself **divertirsi** (7); to have
  breakfast **fare colazione** (5); to have
  a chat **fare quattro chiacchiere** (10);
  to have to (*do something*) **dovere** (+
  inf.) (4)
he **lui** (1)
health **la salute** (9); health insurance
  l'assistenza medica (17); national
  health care **l'assistenza sanitaria
  nazionale** (17)
healthy **sano** (9)
to hear **sentire** (4); to hear about
  sentire parlare di (9); to make oneself
  heard **farsi sentire** (16)
heating **il riscaldamento** (12)
hectogram **l'etto** (11)
hello **ciao** *fam.* (P); **buon giorno** (P); to
  say hello to **salutare** (7)
to help **aiutare** (7)
here **qui** (6); here is/are . . . **ecco...** (P)
heritage **il retaggio** (20)
hi **ciao** (P)
high **alto** (2)
highway **l'autostrada** (13)
to hire **assumere** (*p.p.* **assunto**) (17)

history **la storia** (3)
to hitchhike **fare l'autostop** (13)
holiday **la vacanza** (10)
home **casa** (3); at home **a casa** (3);
  luxury home **la villa** (12)
homeless person **il/la senzatetto** (*pl.*
  i/le senzatetto) (18)
homework **il compito** (3)
honey **il miele** (5)
to hope to (*do something*) **sperare di**
  (+ *inf.*) (14)
hors d'oeuvre **l'antipasto** (6)
horseback riding **l'equitazione** (9);
  to go horseback riding *****andare a
  cavallo** (9)
hospital **l'ospedale** *m.* (1)
hostel **l'ostello** (10)
hot **caldo** (3); to be hot **avere caldo** (1)
hotel **l'albergo** (*pl.* **gli alberghi**) (1)
house **la casa** (3); **l'abitazione** (12);
  at/to someone's house **a casa di**
  (3); country house **la villa** (12);
  single-family house **la villetta** (12)
how **come** (2); how much **quanto** (2);
  how many **quanti/quante** (2); how are
  you? **come stai** (*fam.*)?; **come sta**
  (*form.*)? (P); how is it going? **come va?**
  (1); no matter how **comunque** (17)
hungry: to be hungry **avere fame** (1)
hurry: to be in a hurry **avere fretta** (1)

I

I **io** (1)
ice **il ghiaccio** (*pl.* **i ghiacci**) (5); ice
  cream **il gelato** (1); ice cream
  maker/vendor **il gelataio / la
  gelataia** (11); ice cream parlor
  la gelateria (11)
if **se** (10); as if **come se** (18)
to illustrate **illustrare** (15)
immediately **subito** (4)
to immigrate *****immigrare** (20)
in **a** (1); **in** (1); (*with time expressions*)
  fra, tra (10)
incredible **incredibile** (16)
industry **l'industria** (17)
inexpensive **economico** (*m. pl.*
  economici) (10)
inflation **l'inflazione** *f.* (17)
injustice **l'ingiustizia** (18)
inn **la pensione** (10)
instead **invece** (10)
insurance: health insurance **l'assistenza
  medica** (17)
intelligent **intelligente** (2)
interested: to be interested in
  interessarsi di (9)
to interfere **interferire (isc)** (18)
interview **il colloquio** (*pl.* **i colloqui**)
  (17); **l'intervista** (19); to have an
  interview **avere un colloquio** (17);
  to set up an interview **fissare un
  colloquio** (17)
to invite **invitare** (6)

Irish **irlandese** (2)
Italian **italiano** (2)
itinerary **l'itinerario** (*pl.* **gli itinerari**)
  (10)

J

jacket **la giacca** (11)
January **gennaio** (P)
Japanese **giapponese** (2)
job **il lavoro** (1); to look for a job
  cercare lavoro (17)
to jog **fare il footing (il jogging)** (9)
journalist **il/la giornalista** (*m. pl.* **i
  giornalisti**) (19)
to judge **giudicare** (18)
juice **il succo** (5); orange/carrot/
  tomato/grapefruit juice **succo di
  arancia/carota/pomodoro/pompelmo**
  (5); freshly squeezed juice **la
  spremuta** (5)
July **luglio** (P)
June **giugno** (P)
just **proprio** (1)
justice **la giustizia** (18)

K

karate **il karatè** (4)
key **la chiave** (4); car keys **le chiavi
  della macchina** (13)
to kill **uccidere** (*p.p.* **ucciso**) (19)
kilogram **il chilo** (11)
to kiss **baciare** (7)
kitchen **la cucina** (5)
to know **conoscere** (*p.p.* **conosciuto**)
  (6); **sapere** (6)
Korean **coreano** (2)

L

labor **la mano d'opera** (17); labor union
  il sindacato (17)
lake **il lago** (*pl.* **i laghi**) (10)
landlord/landlady **il padrone / la
  padrona di casa** (12)
landscape **il paesaggio** (15)
language **la lingua** (3)
large **grande** (2)
last (*with time expressions*) **scorso** (5); at
  last **finalmente** (1)
late **tardi** (5); to sleep late **dormire
  fino a tardi** (5)
to laugh **ridere** (*p.p.* **riso**) (15)
law **la giurisprudenza** (3)
lazy **pigro** (7)
to learn **imparare** (3); to learn (*how to
  do something*) **imparare a** (+ *inf.*) (10)
leave: maternity/paternity leave
  l'aspettativa (16); to leave *****andare
  via** (5); *****partire** (4); to leave (behind)
  lasciare (5)
left: to the left **a sinistra** (1)
lemon **il limone** (5)
to lend **imprestare (prestare)** (6)

less **meno** (3)
lesson **la lezione** (1)
letter **la lettera** (4); man/woman of
   letters **il letterato / la letterata** (15)
library **la biblioteca** (3)
license **la patente** (13); license plate **la
   targa** (13)
lie **la bugia** (18)
lift **il passaggio**; to give a lift **dare un
   passaggio** (13); to ask for a lift
   chiedere un passaggio (13)
light **la luce** (8)
likable **simpatico** (*m. pl.* **simpatici**) (2)
like: what's he/she/it like? **com'è?**;
   what are they like? **come sono?** (2)
limit **il limite**; speed limit **il limite di
   velocità** (13); to obey the speed limit
   rispettare il limite di velocità (13)
lira (*Italian currency*) **la lira** (1)
to listen to **ascoltare** (4)
liter **il litro** (11)
literature **la letteratura** (3); **le lettere** (3)
little **poco** (11); **piccolo** (2)
to live *****vivere** (*p.p.* **vissuto**) (8); live
   (*reside*) *****abitare** (3); to live together
   *****convivere** (*p.p.* **convissuto**) (18)
living: the cost of living **il costo della
   vita** (17); to earn a living
   guadagnarsi da vivere (18)
long **lungo** (*m. pl.* **lunghi**) (2); (for)
   how long? **da quanto tempo?** (4)
longer: no longer **non... più** (6)
to look (for) **cercare** (6); to look for a
   job **cercare lavoro** (17)
to lose **perdere** (*p.p.* **perduto/perso**) (4)
lot: a lot **molto** (2)
love: to fall in love **innamorarsi** (7); to
   fall in love with **innamorarsi di** (14)
luckily **per fortuna** (15)
lunch **la colazione, il pranzo**; to have
   lunch **fare colazione** (5), **pranzare**
luxurious **di lusso** (10)

M

magazine **la rivista** (4)
mail **la posta** (17)
to make **fare** (*p.p.* **fatto**) (3); to make
   the acquaintance of **fare la
   conoscenza di** (9); to make a decision
   prendere una decisione (18); to make
   reservations **prenotare** (10); to make
   oneself heard **farsi sentire** (16)
man **l'uomo** (*pl.* **gli uomini**) (2); young
   man **il ragazzo** (2)
to manage to (*do something*) *****riuscire a**
   (*+ inf.*) (17)
manager **il/la dirigente** (17)
manner **il modo** (14)
many **molto** (2); not many
   pochi/poche (11)
marathon **la maratona** (9)
March **marzo** (P)
market **il mercato** (11)

married: to get married **sposarsi** (7)
masterpiece **il capolavoro** (15)
match **la partita** (9)
materialism **il materialismo** (18)
maternal **materno** (8)
mathematics **la matematica** (*s.*) (3)
matter: no matter how **comunque** (17)
may **potere** (*+ inf.*)
May **maggio** (P)
maybe **può darsi** (16)
meal **il pasto** (6)
meat **la carne** (6)
meatball **la polpetta** (6)
mechanic **il meccanico** (*pl.* **i meccanici**)
   (13)
medicine **la medicina** (3)
meet **fare la conoscenza di** (9); **trovarsi**
   (9)
meeting **la riunione** (4)
member (*of the lower house of Parliament*)
   il deputato / la deputata (16)
Mexican **messicano** (2)
milk **il latte** (1)
milkman **il lattaio** (*pl.* **i lattai**) / **la
   lattaia** (11)
minister (*in government*) **il ministro**
   (16); prime minister **il primo
   ministro** (16)
to miss **perdere** (*p.p.* **perduto/perso**) (4)
Miss **la signorina** (P)
mistake **l'errore** *m.* (3); to make a
   mistake **sbagliarsi** (7)
mixed **misto** (6)
modern period **l'età moderna / la
   modernità**
mom **la madre, la mamma** (2)
Monday **il lunedì** (P)
money **i soldi** (1)
month **il mese** (P)
mood: in a bad/good mood **di cattivo/
   buon umore** (8)
more and more + *adj.* **sempre più +
   agg.** (9)
morning **la mattina** (3); in the morning
   la mattina (3); this morning
   stamattina (5)
mosaic **il mosaico** (*pl.* **i mosaici**) (15)
mother **la madre, la mamma** (2)
mother-in-law **la suocera** (8)
motorcycle **la motocicletta, la moto**
   (*pl.* **le moto**) (1)
motorist **l'automobilista** *m., f.* (*m. pl.*
   gli automobilisti) (13)
mountain **la montagna**; to go to the
   mountains *****andare in montagna** (10)
mouse **il topo** (12)
to move **cambiare casa** (12); **traslocare**
   (12)
Mr. **il signore** (P)
Mrs. **la signora** (P)
much **molto** (2)
museum **il museo** (1)
music **la musica** (3); pop music **la
   musica leggera** (14)
musician **il/la musicista** (14)

must (*do something*) **dovere** (*+ inf.*) (4)
myth **il mito** (20)

N

name **il nome** (1); last name **il
   cognome** (1); to be named **chiamarsi**
   (7)
napkin **il tovagliolo** (20)
to narrate **raccontare** (8)
national **nazionale**; national health care
   l'assistenza sanitaria nazionale (17)
naughty **cattivo** (2)
near **vicino** (1)
nearby **vicino** (1)
to need, have need of **avere bisogno di**
   (1)
neither . . . nor **né... né** (12)
nephew **il nipote** (3)
never **non... mai** (3)
new **nuovo** (2)
news **la cronaca** (19); crime news **la
   cronaca nera** (19)
newspaper **il giornale** (4); daily
   newspaper **il quotidiano** (19)
nice **simpatico** (*m. pl.* **simpatici**) (2)
niece **la nipote** (3)
night **la notte** (3); at night **la notte** (3);
   last night **ieri sera** (5); opening night
   la prima (14)
no **no** (P); no one, nobody **non...
   nessuno** (12)
noise **il rumore** (12)
noodles **le tagliatelle** (20)
nose **il naso** (8)
not **non** (1); not bad **non c'è male** (P);
   not . . . yet **non... ancora** (12); not
   anybody **non... nessuno**
nothing **non... niente, nulla** (12)
noun **il nome** (1)
novel **il romanzo** (15)
November **novembre** *m.* (P)
now **ora** (3); **adesso** (12)
nuisance **il seccatore / la seccatrice** (17)
nutrition **l'alimentazione** *f.* (9)

O

to obey: to obey the speed limit
   rispettare il limite di velocità (13)
to oblige **obbligare a** (*+ inf.*) (18)
October **ottobre** *m.* (P)
of **di** (1)
offer **l'offerta** (17); to offer **offrire** (*p.p.*
   offerto) (4)
office **studio** (12); **l'ufficio** (*pl.* **gli
   uffici**) (5)
officer: traffic officer **il/la vigile** (13)
often **spesso** (3)
oil **l'olio** (*pl.* **gli oli**) (13)
OK? is that OK? **va bene?** (1)
old **vecchio** (*m. pl.* **vecchi**) (2)
olive **l'oliva** (5)
on **su** (5)

once upon a time **una volta (c'era una volta)** (8)
oneself: by oneself **da solo** (6)
only **solo** (1); **solamente** (9)
open **aperto** (5); to open **aprire** (*p.p.* **aperto**) (4)
opening night **la prima** (14)
opera **l'opera, il melodramma** (*pl.* **i melodrammi**) (14)
operatic **lirico** (*m. pl.* **lirici**) (14)
optimistic **ottimista** (*m. pl.* **ottimisti**) (16)
or **o** (1)
orange **l'arancia** (11)
orangeade, orange soda **l'aranciata** (1)
to order **ordinare** (5)
to organize **organizzare** (16)
organized: to get organized **organizzarsi** (7)
origin **l'origine** *f.* (20)
other **altro** (2)
outdoors *adj.* **all'aperto** (5)
overcoat **il cappotto** (11)
ozone **l'ozono;** ozone layer **la fascia di ozono** (13)

P

to paint **dipingere** (*p.p.* **dipinto**) (4)
painter **il pittore / la pittrice** (15)
painting **il quadro, il dipinto** (*individual work*) (15); **la pittura** (*art form*) (15)
pair **il paio** (*pl.* **le paia**) (11)
panorama **il panorama** (*pl.* **i panorami**) (16)
pants **i pantaloni** (11)
paper (*report*) **la relazione**
parents **i genitori** (3)
park **il parco** (*pl.* **i parchi**) (7); to park **parcheggiare** (13)
parking: no-parking zone **il divieto di sosta** (13)
party **la festa** (3); party (*political*) **il partito (politico)** (16)
pasta **la pasta** (6)
pastry **la pasta** (5); pastry shop **la pasticceria** (11); pastry cook **il pasticciere / la pasticciera** (11)
paternal **paterno** (8)
to pay, pay for **pagare** (4); to pay attention *stare attento (3)
peanut **la nocciolina** (5)
pear **la pera** (11)
pencil **la matita** (3)
penthouse **l'attico** (*pl.* **gli attichi**) (12)
people **la gente** (5)
performance **la rappresentazione teatrale** (14)
person **la persona** (5); famous person **il personaggio** (*pl.* **i personaggi**) (14)
pessimistic **pessimista** (*m. pl.* **pessimisti**) (16)
pharmacy **la farmacia** (1)
philosophy **la filosofia** (3)
photograph **la fotografia, la foto**

(*pl.* **le foto**) (1)
piano **il piano** (*pl.* **i piano**) (4)
to pick up (*a person*) *andare/*venire a prendere (13)
pie **la crostata** (6)
place **il posto** (10)
plan **il progetto** (10)
plate **il piatto** (6); license plate **la targa** (13)
play **la commedia** (14); **la rappresentazione teatrale** (14); to play **giocare;** to play tennis/soccer/basketball **giocare a tennis / a pallone / a pallacanestro** (4); to play (*a musical instrument*) **suonare** (3); to play (*a part*) **recitare** (14)
player **il giocatore / la giocatrice** (9)
please **per favore, per piacere** (P); to please, be pleasing to *piacere (6)
pleased to meet you **piacere** (P)
poem **la poesia** (4)
poet **il poeta** (*pl.* **i poeti**) / **la poetessa** (15)
poetry **la poesia** (4)
Polish **polacco** (*m. pl.* **polacchi**) (2)
political **politico** (*m. pl.* **politici**) (16)
politics **la politica** (16)
to pollute **inquinare** (13)
pollution **l'inquinamento** (13)
pope **il papa** (*pl.* **i papi**) (16)
pork **il maiale** (6)
porter's lodge **la portineria** (12)
portrait **il ritratto** (15)
possibility **la possibilità** (*pl.* **le possibilità**) (17)
possible **possibile;** it's possible **può darsi** (16)
post office **la posta** (17), **l'ufficio** (*pl.* **gli uffici**) **postale** (1)
potato chip **la patatina** (5)
poverty **la povertà** (18)
to practice **praticare** (9)
to prefer (*to do something*) **preferire (isc)** (+ *inf.*) (4)
prejudice **il pregiudizio** (*pl.* **i pregiudizi**) (20)
to prepare **allestire** (14); **preparare** (6)
president **il presidente** *m., f.* (16)
press **la stampa** (19)
pretty **carino** (2)
price **il prezzo** (11)
to print **stampare** (19)
problem **il problema** (*pl.* **i problemi**) (12)
to produce **produrre** (*p.p.* **prodotto**) (19); to produce (*a play*) **mettere in scena** (14)
producer **il produttore / la produttrice** (19)
profession **il mestiere** (17); as a profession **di professione** (14)
professional *adj.* **di professione** (14)
professor **il professore / la professoressa** (P)

program **il programma** (*pl.* **i programmi**) (16)
project **il progetto** (10)
to promise (*to do something*) **promettere** (*p.p.* **promesso**) (**di** + *inf.*) (17)
to protect **proteggere** (*p.p.* **protetto**) (13)
proverb **il proverbio** (*pl.* **i proverbi**) (19)
provided that **a condizione che** (17), **purché** (17), **a patto che** (17)
psychology **la psicologia** (3)
publication: monthly publication **il mensile** (19); weekly publication **il settimanale** (19)
to publish **pubblicare** (19); **stampare** (19)
pullover **il maglione** (11)
pump: gas pump **il distributore di benzina** (13)
punctual **puntuale** (9)
to purify **depurare** (13)
to put **mettere** (*p.p.* **messo**) (5); to put on (*clothes*) **mettersi** (7); (*a play*) **mettere in scena** (14)

Q

quarter (*academic*) **il trimestre** (3)
question **la domanda** (3)
quickly **subito** (4)
quiet: to keep quiet *stare zitto (3)
to quit **licenziarsi** (17); to stop, quit (*doing something*) **smettere** (*p.p.* **smesso**) (**di** + *inf.*) (17)

R

race **la corsa** (9)
racism **il razzismo** (18)
to rain *piovere (8)
raise **l'aumento** (16); to raise **aumentare** (16)
rather **piuttosto** (2)
to read **leggere** (4)
ready **pronto** (3)
really **proprio** (1)
to receive **ricevere** (4)
recipe **la ricetta** (6)
record **il disco** (*pl.* **i dischi**) (4)
to recycle **riciclare** (13)
recycling **il riciclaggio** (13)
red **rosso** (2)
to reduce **diminuire (isc)** (16)
reduction **la diminuzione** (16); **la riduzione** (16)
reform **la riforma** (16)
refrigerator **il frigo** (*from* **frigorifero**) (*pl.* **i frigo**) (4)
relative **il/la parente** (1)
to remain *rimanere (*p.p.* **rimasto**) (13)
to remember **ricordare** (3); to remember (*to do something*) **ricordarsi di** (7)
rent: for rent **in affitto** (12); to rent **in**

affitto (12); to rent (*a house or apartment*) **affittare** (10); to rent (*a vehicle*) **noleggiare, prendere a nolo** (10)

to repair **riparare** (19)

to reply **rispondere** (*p.p.* **risposto**) (4)

report **la relazione**

reporter **il/la cronista** (*m. pl.* **i cronisti**) (19)

representative **il deputato / la deputata** (16)

republic **la repubblica** (16)

request **la richiesta** (17)

requirement **il requisito** (17)

reservation: to make a reservation **prenotarsi** (7)

to reserve, make reservations **prenotare** (10)

to resolve **risolvere** (*p.p.* **risolto**) (18)

to respect **rispettare** (13)

to rest **riposarsi** (18)

restaurant **il ristorante** (1); informal restaurant **la trattoria** (6)

restoration **il restauro** (15)

to resume **riprendere** (*p.p.* **ripreso**) (16)

retired person **il pensionato / la pensionata** (16)

to return *****tornare** (3); *****ritornare** (*****tornare**) (5); to return, give back **rendere** (*p.p.* **reso**) (6); **riportare** (6)

review **la recensione** (19); to review **recensire (isc)** (19)

rice **il riso;** *creamy rice dish* **il risotto** (6)

to ride a bicycle *****andare in bicicletta** (3); to go for a ride on a bike / on a scooter / in a car **fare un giro in bicicletta/motocicletta/macchina** (4)

riding: to go horseback riding *****andare a cavallo** (9)

right: to the right **a destra** (1)

road **la strada** (5)

roast **l'arrosto** (6)

roll, hard **il panino** (1)

room **la camera** (4); **la stanza** (12); bedroom **la camera (da letto)** (12); dining room **la sala da pranzo** (5); guest room **la camera per gli ospiti** (12); living room **il salotto** (5)

roommate **il compagno / la compagna di stanza** (2)

root **la radice** (20)

rowing **il canottaggio** (9)

ruins **le rovine, i ruderi** (15)

to run *****correre** (*p.p.* **corso**) (4); to run into (*someone*) **incontrare** (7); to run out of gas *****rimanere senza benzina** (13)

running **la corsa** (9)

Russian **russo** (2)

S

sad **triste** (2)

safe (*environmentally*) **ecologico** (*m. pl.* **ecologici**) (13)

salad **l'insalata** (6)

salary **lo stipendio** (*pl.* **gli stipendi**) (1)

sale **la svendita** (11)

salesperson **il commesso / la commessa** (11)

same **stesso** (2)

sandwich **il panino** (1)

satisfied **soddisfatto** (17); to be satisfied with **accontentarsi di** (7)

Saturday **il sabato** (P)

sauce **il sugo;** with sauce **al sugo** (6); *sauce of eggs, cream, and bacon* **la carbonara** (6); basil sauce **il pesto** (6); meat sauce **il ragù** (6)

sausage **la salsiccia** (*pl.* **le salsicce**) (6)

saxophone **il sassofono** (4)

to say **dire** (*p.p.* **detto**) (4)

scarf **la sciarpa** (11)

school **la scuola** (1); **la facoltà** (*pl.* **le facoltà**) (3); elementary school **le elementari** (3)

science **la scienza** (3); political science **le scienze politiche** (3)

screen **lo schermo** (19)

to sculpt **scolpire (isc)** (15)

sculptor **lo scultore / la scultrice** (15)

sculpture **la scultura** (4)

sea **il mare** (10)

seashore: to go to the seashore *****andare al mare** (10)

seat belt **la cintura di sicurezza** (13)

seated **seduto** (5)

to see **vedere** (*p.p.* **visto/veduto**) (4); see you soon **a presto** (P)

to seem: it seems **pare** (16)

to sell **vendere** (11)

semester **il semestre** (3)

Senate (*upper house of Parliament*) **il Senato** (16)

senator **il senatore / la senatrice** (16)

to send **mandare** (6)

separated **separato** (8)

September **settembre** (P)

to serve **servire** (4)

server **il cameriere / la cameriera** (1)

to share **dividere** (*p.p.* **diviso**) (12); to share (*a residence*) **condividere** (*p.p.* **condiviso**) (12)

to shave **farsi la barba** (*of men*) (7)

she **lei** (1)

shirt **la camicia** (11)

shoes **le scarpe** (11)

to shoot (*film*) **girare** (19)

shop **il negozio** (*pl.* **i negozi**) (1)

shopkeeper **il negoziante** (11)

shopping: to go grocery shopping **fare la spesa** (11); to go shopping **fare le spese / le compere** (11)

short (*in height*) **basso** (2); (*in length*) **corto** (2); in short **insomma** (12)

show **lo spettacolo** (14); to show **mostrare** (6)

shower **la doccia;** to take a shower **fare la doccia** (7)

sick **ammalato** (5)

sign **il segnale** (13)

simple **semplice** (6)

to sing **cantare** (3)

singer **il/la cantante** (14); singer-songwriter **il cantautore / la cantautrice** (14)

single **singolo** (10); single-family house **la villetta, la casetta** (12); (*man*) **celibe** (8); (*woman*) **nubile** (8)

sister **la sorella** (3)

sister-in-law **la cognata** (8)

to sit down **sedersi** (10)

sitting **seduto** (5)

to skate **pattinare** (9)

skating, (*ice*) **il pattinaggio (su ghiaccio)** (9)

to ski **sciare** (4)

skiing **lo sci** (9); cross-country skiing **lo sci di fondo** (9); waterskiing **lo sci nautico** (9)

skirt **la gonna** (11)

to sleep **dormire** (4); to fall asleep **addormentarsi** (7)

sleepy: to be sleepy **avere sonno** (1)

slight **leggero** (17)

slowly **adagio** (7)

small **piccolo** (2)

smart **in gamba** (6)

to smile **sorridere** (*p.p.* **sorriso**) (15)

to smoke **fumare** (6)

snack **il salatino** (5)

so that **affinché** (17), **perché** + *subj.* (17)

so-so **così così** (P)

soccer **il calcio** (9)

social **sociale** (16)

sociology **la sociologia** (3)

socks **le calze** (11)

to solve **risolvere** (*p.p.* **risolto**) (13)

some **alcuni** (12); **qualche** (12)

someone **qualcuno** (12)

something **qualche cosa, qualcosa** (12)

sometimes **qualche volta** (12)

son **il figlio** (*pl.* **i figli**) (3)

son-in-law **il genero** (8)

song **la canzone** (14)

soprano **la soprano** (*pl.* **le soprano**) (14)

sorry: to be sorry **dispiacere** (6)

sort: any sort of **qualunque** (12)

sound track **la colonna sonora** (19)

soup **la minestra;** vegetable soup **il minestrone** (6)

Spanish **spagnolo** (2)

to speak **parlare** (3)

to specialize **specializzarsi** (7)

speed **la velocità;** speed limit **il limite di velocità** (13); to obey the speed limit **rispettare il limite di velocità** (13)

to spend (*time*) **passare (tempo)** (10)

spring **la primavera** (P)

square **la piazza** (1)

stadium **lo stadio** (1)

staff: editorial staff **la redazione** (19)

stage **il palcoscenico** (*pl.* **i palcoscenici**) (14); stage, stopover **la tappa** (10); to stage **mettere in scena** (14); to stage a production **allestire uno spettacolo** (14)
staircase **la scala** (12)
stall **la bancarella** (11)
stand **la bancarella** (11)
to start †**cominciare** (3); to start to (*do something*) †**cominciare a** (+ *inf.*) (9)
to starve *****morire di fame** (6)
state **lo stato** (16)
station **la stazione** (1); gas station **il distributore di benzina**
statue **la statua** (15)
to stay *****stare** (3), *****restare** (10), *****rimanere** (*p.p.* **rimasto**) (13)
steak **la bistecca** (6)
step (*of a stair*) **lo scalino** (12)
stepbrother **il fratellastro** (8)
stepfather **il patrigno** (8)
stepmother **la matrigna** (8)
stepsister **la sorellastra** (8)
stereotype **lo stereotipo** (20)
still **ancora** (7)
to stop **smettere** (*p.p.* **smesso**) (**di** + *inf.*) (17); to stop by *****passare** (10); to stop, come to a stop **fermarsi** (7); to stop (*someone or something*) **fermare** (7)
stopover **la tappa** (10)
store **il negozio** (*pl.* **i negozi**) (1); clothing store **il negozio di abbigliamento** (11); department store **il grande magazzino** (11); grocery store **il negozio di alimentari** (11)
story **il racconto** (4); short story **la novella** (15)
straight ahead **diritto** (1)
strange **strano** (12)
street **la via** (1); **la strada** (5)
strict **autoritario** (*m. pl.* **autoritari**) (18)
strike **lo sciopero** (16); to be on strike *****essere in sciopero** (16); to go on strike **fare sciopero** (16); to strike **scioperare** (16)
student **lo studente / la studentessa** (1)
study **lo studio** (*pl.* **gli studi**) (3); studio apartment **il monolocale** (12); to study **studiare** (3)
stupendous **stupendo** (15)
stupid **stupido** (2)
style: in style **di moda;** the latest style **all'ultima moda;** out of style **fuori moda**
subject **la materia** (3)
to subsidize **sovvenzionare** (18)
subtitle **il sottotitolo** (14)
to succeed in (*doing something*) *****riuscire a** (+ *inf.*) (17)
sugar **lo zucchero** (5)
suit **il vestito** (11)
suitable **adatto** (17)
summer **l'estate** (P)
sun **il sole** (8)
Sunday **la domenica** (P)

supermarket **il supermercato** (1)
supper **la cena** (5)
survey **l'indagine** *f.* (19)
sweater **il maglione** (11)
to swim **nuotare** (4)
swimming **il nuoto** (9)

T

T-shirt **la maglietta** (11)
table **il tavolo** (5); café table, little table **il tavolino** (5)
tablecloth **la tovaglia** (20)
to take **prendere** (*p.p.* **preso**) (4); to take back **riportare** (6); to take a bath **fare il bagno** (7); to take a civil service exam **partecipare a un concorso** (17); to take a class **seguire un corso** (4); to take a cruise **fare una crociera** (10); to take a picture **fare una fotografia** (3); to take a shower **fare la doccia** (7); to take a short trip **fare una gita (un'escursione)** (9); to take a test **dare un esame** (3)
to talk **parlare** (3)
tall **alto** (2)
taste **il gusto** (6)
tax **la tassa** (16)
tea **il tè** (1); iced tea **il tè freddo** (5)
to teach **insegnare** (3); teacher **l'insegnante** (m/f) (13)
team **la squadra** (9)
telecast **la trasmissione** (19); to telecast **trasmettere** (*p.p.* **trasmesso**) (19), **mandare in onda** (19)
television **la televisione (la TV)** (4)
to tell **dire** (*p.p.* **detto**) (4); **raccontare** (8)
tenant **l'inquilino / l'inquilina** (12)
tennis **il tennis** (4)
tenor **il tenore** (14)
thank goodness! **meno male!** (12)
thank you, thanks **grazie** (P)
that **quello** (2)
theater **il teatro** (4); movie theater **il cinema** (*pl.* **i cinema**), **il cinematografo** (1)
then **poi** (1); **allora** (1)
there is/are . . . **ecco...** (P); there is **c'è** (1); there are **ci sono** (1)
these **questo** (2)
thin **magro** (2)
to think about (*something*) **pensare a (qualcosa)** (11); to think **pensare** (3)
thirsty: to be thirsty **avere sete** (1)
this **questo** (2)
Thursday **il giovedì** (P)
ticket (*theater, train*) **il biglietto** (13); (*traffic*) **la multa** (13); to get a ticket **prendere la multa** (13)
tie **la cravatta** (11)
tight **stretto** (11)
till **fino a** (5)
time **il tempo** (2); (for) a long time **da**

molto tempo (4); (at) what time? **a che ora?** (5); what time is it? **che ora è?; che ore sono?** (3); to have a good time **divertirsi** (7); it's time **è ora** (16); once upon a time **una volta (c'era una volta)** (8)
tip **la mancia** (*pl.* **le mance**) (5)
tire **la gomma** (13)
tired **stanco** (*m. pl.* **stanchi**) (2)
tiring **faticoso** (9)
to **a** (1)
today **oggi** (P)
together **insieme** (4)
tomorrow **domani** (P)
a ton of **un sacco di** (3)
tonight **stasera** (3)
too **anche** (2); too much, too many **troppo** (5)
tour **il giro** (10)
tourist *adj.* **turistico** (*m. pl.* **turistici**) (10); *n.* **il/la turista** (*m. pl.* **i turisti**) (16)
track and field **l'atletica leggera** (9)
trade **il mestiere** (17), **il commercio** (17)
tradition **la tradizione** (20)
traffic **il traffico** (12); traffic officer **il/la vigile** (13)
tragedy **la tragedia** (14)
train **il treno** (1)
to translate **tradurre** (*p.p.* **tradotto**) (19)
transportation (*means of*) **i mezzi di trasporto** (13)
to travel **viaggiare** (4)
trifle, English **la zuppa inglese** (6)
trip: to take a short trip **fare una gita (un'escursione)** (9)
trolley bus **il filobus** (*pl.* **i filobus**) (5)
truly **veramente** (6)
to trust **fidarsi di** (18)
to try **provare** (11); to try to (*do something*) **cercare di** (+ *inf.*) (14); to try on **provare** (11)
Tuesday **il martedì** (P)
tune-up **il controllo** (13)
TV set **il televisore** (10)

U

ugly **brutto** (2)
uncle **lo zio** (*pl.* **gli zii**) (1)
to understand **capire (isc)** (4)
unemployed **disoccupato** (16)
unemployment **la disoccupazione** (16)
unfortunately **purtroppo** (3)
union (*labor*) **il sindacato** (17)
university **l'università** (*pl.* **le università**) (1)
unless **a meno che... non** (17)
to unload **scaricare** (13)
unpleasant **antipatico** (*m. pl.* **antipatici**) (2)
until **fino a** (5)
upon **su** (5)
used: to get used to (*doing something*)

abituarsi a (+ *inf.*) (17)
usual **solito** (4)
usually **di solito** (4)

V

vacation **la vacanza** (10); **le ferie** (10);
vacation days **le ferie** (10); to go on
vacation *****andare in vacanza, andare
in ferie** (10)
value **il valore** (20)
veal **il vitello** (6)
vegetables **la verdura** (6)
vendor **il venditore / la venditrice** (11);
fruit vendor **il fruttivendolo / la
fruttivendola** (11)
very **molto** *inv.* (2)
view **il panorama** (*pl.* **i panorami**) (16),
la vista (12)
violence **la violenza** (18)
to visit (*a person*) *****andare a trovare** (6)
vote **il voto** (16); to vote **votare** (16)

W

wage **il salario** (*pl.* **i salari**) (16)
to wake up (*someone else*) **svegliare** (7);
to wake up **svegliarsi** (7)
to walk *****andare a piedi** (3), **camminare**
(9); to go for a walk, stroll **fare un
giro a piedi** (4); **passeggiare** (4); **fare
una passeggiata** (9)
wallet **il portafoglio** (*pl.* **i portafogli**)
(5)
to want (*to do something*) **volere** (+ *inf.*)
(4)
warm **caldo** (3); to be warm **avere
caldo** (1)
to wash **lavare** (6); to wash up **lavarsi**
(7)
to waste **perdere** (*p.p.* **perduto/perso**)
(4)

watch **l'orologio** (*pl.* **gli orologi**) (2); to
watch **guardare** (4)
water **l'acqua;** mineral water **l'acqua
minerale** (5)
way **il modo** (14)
we **noi** (1)
wealth **la ricchezza** (18)
to wear **portare** (8)
weather **il tempo;** how's the weather?
che tempo fa? (3); it's nice/bad/hot/
cold/cool out **fa bello/brutto/caldo/
freddo/fresco** (3)
Wednesday **il mercoledì** (P)
week **la settimana** (P)
weep **piangere** (*p.p.* **pianto**) (19)
welcome **benvenuto;** welcome back
ben tornato (14)
well **bene** (P); to be well/unwell *****stare
bene/male** (3)
what? **che cosa?; cosa?** (3); what?; what
kind of? **che?** (4); what a . . . ! **che... !**
(1); what time is it? **che ora è?; che
ore sono?** (3)
whatever **qualunque cosa** (17)
where **dove** (1); where is . . . ? **dov'è?**
(1); where are . . . ? **dove sono?** (1);
where are you from? **di dove sei
(è)?;** wherever **dovunque** (17)
which? **quale** (3); which one? **quale?**
(4); which ones? **quali?** (4)
white **bianco** (*m. pl.* **bianchi**) (2)
who? **chi?** (3)
whoever **chiunque** (17)
whole, the **tutto** (+ *art.*) (3)
whomever **chiunque** (17)
why **perché** (3)
widow **la vedova** (8)
widower **il vedovo** (8)
willingly **volentieri** (3)
to win **vincere** (*p.p.* **vinto**) (9)
window **la finestra**
wine **il vino** (1)

winter **l'inverno** (P)
with **con** (1)
"with it" **in gamba** (6)
within (*with time expressions*) **fra, tra**
(10)
without **senza** (9); **senza che** (17)
woman **la donna** (2); young woman **la
ragazza** (2)
woods **il bosco** (*pl.* **i boschi**) (8)
word **la parola** (1)
to work **lavorare** (3)
worker **il lavoratore / la lavoratrice** (17);
white-collar worker **l'impiegato /
l'impiegata** (16); blue-collar worker
l'operaio (*pl.* **gli operai**) **/ l'operaia**
(16)
to wrap (*in paper*) **incartare** (11)
to write **scrivere** (*p.p.* **scritto**) (4)
writer **lo scrittore / la scrittrice** (15)
wrong: to be wrong **sbagliarsi** (7)

Y

years: to be . . . years old **avere... anni**
(1)
yes **sì** (P)
yesterday **ieri** (5)
yoga **lo yoga;** to practice yoga **fare
esercizi di yoga** (4)
yogurt **lo yogurt** (11)
you *fam.* **tu** (P); *form.* **Lei** (P); *pl. fam.*
voi (1)
you're welcome **prego** (P)
young **giovane** (2)

Z

zoo **zoo** (1)
zone **la zona** (10); no-parking zone **il
divieto di sosta** (13)

INDEX

ABOUT THE AUTHORS

Graziana Lazzarino is Professor of Italian at the University of Colorado, Boulder. She is a native of Genoa, received her *Laurea* from the University of Genoa, and has taught at various European schools and American colleges and universities. She is also the author of *Da capo: A Review Grammar* and *Per tutti i gusti.*

Mara Mauri Jacobsen, a native of Mantova, holds a *Laurea* in Philosophy from the University of Milan and received her Ph.D. in Italian at the University of California, Berkeley, where she was elected to Phi Beta Kappa. She has taught at public schools in Italy, at the University of California, Santa Cruz, and at the University of California, Berkeley. She has published articles in *Quaderni d'italianistica, Italiana, Italica,* and *La Rivista.* She is currently teaching at the Italian Cultural Institute in San Francisco while continuing her research in contemporary Italian literature.

Anna Maria Bellezza is a native of Luino, on Lago Maggiore, and has studied in Italy, England, and Belgium. She graduated *summa cum laude* from the University of Illinois with a B.A. in the Teaching of French, and she holds an M.A. in Italian Literature from the University of California, Berkeley. She taught French at public and private schools in Illinois, and Italian at the University of California, Berkeley, San Jose State University, and the Italian Cultural Institute in San Francisco. She is currently teaching and doing research at the Italian Historical Society of America while studying Dramatic Arts at New York University.

CREDITS

Grateful acknowledgment is made for use of the following materials:

All cartoons appear by permission of Disegnatori Riuniti, Milan.

All photographs are copyright © Stuart Cohen, with the exception of the following: page *17* © John H. Jacobsen; *85* © Dion Ogust/The Image Works; *128* (left) © SCALA/Art Resource, (right) Private Collection. Photograph courtesy of Acquavella Galleries, Inc., *129* (top & bottom) © SCALA/Art Resource; *130* (top) © F. Giaccone/Marka, (bottom) © The Metropolitan Museum of Art, New York. Purchase, Mrs. Charles Wrightsman Gift, 1988. (1988.162); *186* © Art Resource; *214* © John H. Jacobsen; *234, 235* © SCALA/Art Resource; *236* (top) © Erich Lessing/Art Resource, (bottom) © SCALA/Art Resource; *237 The Leopard,* © 1963 Twentieth Century Fox Film Corporation. All rights reserved. Photograph: The Kobal Collection; *296* © Patrick Forestier/SYGMA; *316, 324, 327* © Art Resource; *330* Courtesy *Istituto della Enciclopedia Italiana,* Rome; *331* (top) © SCALA/Art Resource, (bottom) © Luigi Ciminaghi/The Performing Arts Center at Purchase, the State University of New York; *332* (top) © SCALA/Art Resource, (bottom) Courtesy The British Library, London; *393, 409* © Everett Collection, Inc.; *426* © SCALA/Art Resource; *427* (top & bottom) © Fototeca Marka; *428* (top & bottom) © SCALA/Art Resource.

The brief histories in the Cultural Collages were adapted from the following sources: page *128 Lezione* by R.S. Lopez, Fondazione Cini, Venice; *234, 330 Enciclopedia Italiana di Scienze, Lettere ed Arti,* Istituto Giovanni Treccani, Milan; *426 Storia d'Italia Einaudi,* © Editore Einaudi.

The brief literary excerpts in the Cultural Collages were taken from the following works: page *130 Città invisibili* (1972) by Italo Calvino; *237 Il Gattopardo* (1957) by Giuseppe Tomasi di Lampedusa; *332 La locandiera* (1752) by Carlo Goldoni; *426 Casalinghitudine* (1987) by Clara Sereni.